AF314711

गणित एवं फलित ज्योतिषशास्त्र के दोनों ही पक्षों में 'लग्न' का बड़ा महत्त्व है। ज्योतिष में लग्न को 'बीज' कहा गया है। इसी पर फलित ज्योतिष का सारा भवन, विशाल वटवृक्ष खड़ा है। ज्योतिष में गणित की समस्या तो कम्प्यूटर ने समाप्त कर दी परन्तु फलादेश की विकटता ज्यों की त्यों मौजूद है। बिना सही फलादेश के ज्योतिष की स्थिति निर्गन्ध पुष्प के समान है कई बार विद्वान् व्यक्ति भी, व्यावसायिक पण्डित जी, जन्मकुण्डली पर शास्त्रीय फलादेश करने से घबराते हैं, कतराते हैं। अत: इस कमी को दूर करने के लिए प्रस्तुत पुस्तक का लेखन प्रत्येक लग्न के हिसाब से अलग-अलग पुस्तकें लिख कर किया जा रहा है। ताकि फलित ज्योतिष क्षेत्र में एक नया मार्ग प्रशस्त हो सके।

तुलालग्न सम्पूर्ण परिचय

डॉ. भोजराज द्विवेदी

डायमंड बुक्स

ISBN : 81-288-0546-0

प्रकाशक : **डायमंड पॉकेट बुक्स (प्रा.) लि.**
X-30, ओखला इंडस्ट्रियल एरिया, फेज-II
नई दिल्ली-110020
फोन : 011-41611861
फैक्स : 011-41611866
ई-मेल : sales@dpb.in
वेबसाइट : www.dpb.in
संस्करण : 2021
मुद्रक : सजय प्रिंटर्स, साहिबाबाद, यू.पी.

TULA LAGAN : SAMPURAN PARICHAYA
by : Dr. Bhojraj Dwivedi

तुलालग्न सम्पूर्ण परिचय

डॉ. भोजराज द्विवेदी

डायमंड बुक्स

ISBN : 81-288-0546-0

प्रकाशक	:	**डायमंड पॉकेट बुक्स (प्रा.) लि.** X-30, ओखला इंडस्ट्रियल एरिया, फेज-II नई दिल्ली-110020
फोन	:	011-41611861
फैक्स	:	011-41611866
ई-मेल	:	sales@dpb.in
वेबसाइट	:	www.dpb.in
संस्करण	:	2021
मुद्रक	:	सजय प्रिंटर्स, साहिबाबाद, यू.पी.

TULA LAGAN : SAMPURAN PARICHAYA
by : Dr. Bhojraj Dwivedi

अनुक्रमणिका

1.	पुस्तक परिचय	7
2.	लेखक परिचय	9
3.	ज्योतिषशास्त्र की उपयोगिता एवं महत्व	10
4.	लग्न प्रशंसा	17
5.	लग्न का महत्त्व	18
6.	जनश्रुतियों में प्रचलित प्रत्येक लग्न की चारित्रिक विशेषताएं	19
7.	लग्न किसे कहते हैं? लग्न क्या है? और लग्न का महत्त्व	21
8.	तुलालग्न का ज्योतिषीय विश्लेषण	25
9.	तुलालग्न एक परिचय	29
10.	तुलालग्न की प्रमुख विशेषता एक नजर में	31
11.	तुला लग्न के स्वामी शुक्र का वैदिक स्वरूप	33
12.	शुक्र का खगोलीय स्वरूप	35
13.	तुलालग्न के स्वामी शुक्र का पौराणिक स्वरूप	37
14.	तुलालग्न की चारित्रिक विशेषताएं	45
15.	नक्षत्रों के बारे में सम्पूर्ण जानकारी	57
16.	नक्षत्रों के अनुसार ग्रहों की शत्रुता-मित्रता पहचानने की टेबुल	58
17.	नक्षत्र चरण, नक्षत्रस्वामी एवं नक्षत्र चरण स्वामी	59
18.	तुलालग्न पर अंशात्मक फलादेश	65
19.	तुलालग्न में आयुष्य योग	86
20.	तुलालग्न और रोग	89
21.	तुलालग्न में विवाहयोग	92
22.	तुलालग्न में धनयोग	95
23.	तुलालग्न में संतानयोग	100
24.	तुलालग्न में राजयोग	103
25.	तुलालग्न में चन्द्रमा की स्थिति	106

26. तुलालग्न में सूर्य की स्थिति 122
27. तुलालग्न में मंगल की स्थिति 137
28. तुलालग्न में बुध की स्थिति 149
29. तुलालग्न में गुरु की स्थिति 162
30. तुलालग्न में शुक्र की स्थिति 176
26. तुलालग्न में शनि की स्थिति 188
27. तुलालग्न में राहु की स्थिति 199
28. तुलालग्न में केतु की स्थित 207
29. शुक्रवार की कथा 217
30. शुक्रस्तवराजः 219
31. शुक्र मंत्र 221
32. दृष्टांत कुण्डलियां 223

पुस्तक परिचय

गणित एवं फलित ज्योतिषशास्त्र के दोनों ही पक्षों में 'लग्न' का बड़ा महत्त्व है। ज्योतिष में लग्न को 'वीर्य' एवं 'बीज' कहा गया है। इसी पर फलित ज्योतिष का सारा भवन, विशाल वटवृक्ष खड़ा है। ज्योतिष में गणित की समस्या तो कम्प्यूटर ने समाप्त कर दी परन्तु फलादेश की विकटता ज्यों की त्यों मौजूद है। बिना सही फलादेश के ज्योतिष की स्थिति निर्गन्ध पुष्प के समान है कई बार विद्वान् व्यक्ति भी, व्यावसायिक पण्डित जी, जन्मकुण्डली पर शास्त्रीय फलादेश करने से घबराते हैं, कतराते हैं। अत: इस कमी को दूर करने के लिए प्रस्तुत पुस्तक का लेखन प्रत्येक लग्न के हिसाब से अलग-अलग पस्तुकें लिख कर किया जा रहा है ताकि फलित ज्योतिष क्षेत्र में एक नया मार्ग प्रशस्त हो सके।

सबसे पहले हमने '**कर्कलग्न**' एवं '**मेषलग्न**' की पुस्तके प्रकाशित की। जिसका ज्योतिष की दुनिया में जोरदार स्वागत हुआ। अब यह '**तुलालग्न**' की पुस्तक पाठकों के हाथों में सौंपते हुए अत्यन्त हर्ष हो रहा है तुलालग्न में चैतन्य महाप्रभु, मुगल सम्राट अकबर, राष्ट्रपिता महात्मा गांधी, प्रधानमंत्री अटलबिहारी वाजपेयी, गायत्री प्रचारक श्रीराम शर्मा आचार्य, विधिवेत्ता नानापालकी वाला, राज्यपाल रोमेश भण्डारी, फिल्म अभिनेता चार्ली चैप्लीन, अभिनेता देवानन्द, क्रिकेट खिलाड़ी कपिल देव जैसे व्यक्तित्व हुए हैं। तुलालग्न की इस हिन्दी पुस्तक का अंग्रेजी व गुजराती संस्करण भी शीघ्र प्रकाशित होगा। तुलालग्न की स्त्री जातक पर हम अलग से पुस्तक लिखकर अलग प्रकार से फलादेश देने का प्रयास कर रहे हैं।

इस प्रकार के प्रयास से आम आदमी अपनी जन्मपत्री स्वयं पढ़कर एवं अपने इष्ट मित्रों की जन्मकुण्डली पर शास्त्रीय फलादेश कर सकता है। आम आदमी तक फलित ज्योतिष का ज्ञान पहुंचाने का यह हमारा विनम्र प्रयास है। प्रत्येक दिन-रात में आकाश में बारह लग्नों का उदय होता है। एक लग्न लगभग दो घंटे का होता है। जन्म लग्न (जन्म समय) को लेकर जन्मपत्रिका के शास्त्रीय फलादेश को जानने व समझने की दिशा में उठाया गया, यह पहला कदम है, आशा है, ज्योतिष की दुनिया

में इसका जोरदार स्वागत होगा। प्रबुद्ध पाठकों के लगातार आग्रह पर गणित व फलित ज्योतिष पर एक सारगर्भित सॉफ्टवेयर प्रोग्राम 'सृष्टि' के नाम से भी बना रहे हैं जो अब तक के प्रचारित सभी सॉफ्टवेयर में अनुपम व अद्वितीय होगा। यदि प्रबुद्ध पाठकों का स्नेह, अविरल सम्बल इसी प्रकार मिलता रहा, तो शीघ्र ही फलित ज्योतिष में नई क्रान्ति इस सॉफ्टवेयर के माध्यम से सम्पूर्ण संसार में आएगी। पुस्तक के अन्त में दी गई 'दृष्टान्त लग्न कुण्डलियों' से इस पुस्तक का व्यवहारिक महत्त्व कई गुना बढ़ गया है। यह एक अकाट्य सत्य है कि अपने जन्म लग्न पर फलादेश करने में प्रत्येक ज्योतिष प्रेमी 'मास्टर' होता है। आपने इस पुस्तक के माध्यम से क्या पाया और आपके अनुभव के खजाने में और क्या अवशेष ज्ञान बचा है? अनुभवों को लिपिबद्ध करें और हमें भी अपने अनुभवों से परिचित कराएं। हमें आपके पत्रों की प्रतीक्षा रहेगी परन्तु टिकट लगा, पता टाईप किया हुआ जवाबी लिफाफा पत्रोत्तर पाने की दिशा में आपका पहला सार्थक कदम होगा।

डॉ. भोजराज द्विवेदी

लेखक परिचय

अंतर्राष्ट्रीय ख्याति प्राप्त वास्तुशास्त्री एवं ज्योतिषाचार्य डॉ. भोजराज द्विवेदी कालजयी समय के अनमोल हस्ताक्षर हैं। इन्टरनेशनल वास्तु एसोसियेशन के संस्थापक डॉ. भोजराज द्विवेदी की यशस्वी लेखनी से रचित ज्योतिष, वास्तुशास्त्र, हस्तरेखा, अंकविद्या, आकृति विज्ञान, यंत्र-तंत्र-मंत्र विज्ञान, कर्मकाण्ड व पौरोहित्य पर लगभग 258 से अधिक पुस्तकें देश-विदेश की अनेक भाषाओं में पढ़ी जाती हैं। फलित ज्योतिष के क्षेत्र में अज्ञातदर्शन (पाक्षिक) एवं श्रीचण्डमार्तण्ड (वार्षिक) के माध्यम से इनकी 3000 से अधिक राष्ट्रीय व अन्तर्राष्ट्रीय महत्त्व की भविष्यवाणियां पूर्व प्रकाशित होकर समय चक्र के साथ-साथ चलकर सत्य प्रमाणित हो चुकी हैं।

4 सितम्बर 1949 को "**कर्कलग्न**" के अन्तर्गत जन्मे डॉ. भोजराज द्विवेदी सन् 1977 से अज्ञातदर्शन (पाक्षिक) एवं श्रीचण्डमार्तण्ड (वार्षिक) का नियमित प्रकाशन व सम्पादन 26 वर्षों से करते चले आ रहे हैं। डॉ. द्विवेदी को अनेक स्वर्णपदक व सैकड़ों मानद उपाधियां विभिन्न नागरिक अभिनंदनों एवं राष्ट्रीय व अंतर्राष्ट्रीय सम्मेलनों के माध्यम से प्राप्त हो चुकी हैं। इनकी संस्था के अन्तर्गत भारतीय प्राच्य विद्याओं पर अनेक अन्तर्राष्ट्रीय व राष्ट्रीय सम्मेलन देश-विदेशों में हो चुके हैं तथा इनके द्वारा ज्योतिषशास्त्र, वास्तुशास्त्र, तंत्र-मंत्र, पौरोहित्य पर अनेक पाठ्यक्रम भी पत्राचार द्वारा चलाए जा रहे हैं। जिनकी शाखाएं देश-विदेश में फैल चुकी हैं तथा इनके द्वारा दीक्षित व शिक्षित हजारों शिष्य इन दिव्य विद्याओं का प्रचार-प्रसार कर रहे हैं। भारतीय प्राच्य विद्याओं के उत्थान में समर्पित भाव से जो काम डॉ. द्विवेदी कर रहे हैं, वह एक साधारण व्यक्ति द्वारा सम्भव नहीं है वे इक्कसीवीं शताब्दी, तंत्र-मंत्र, वास्तुशास्त्र व ज्योतिष जगत् के तेजस्वी सूर्य हैं तथा कालजयी समय के अनमोल हस्ताक्षर हैं, जो कि 'युग पुरुष' के रूप में याद किए जाएंगे। इनसे जुड़ना इनकी संस्था का सदस्य बनना आम लोगों के लिए बहुत बड़े गौरव व सम्मान की बात है।

ज्योतिष शास्त्र की उपयोगिता एवं महत्त्व

नारदीयम् में सिद्धांत, संहिता व होरा इन तीन भागों में विभाजित ज्योतिष शास्त्र को वेदभगवान का निर्मल (पवित्र) नेत्र कहा गया है।[1] पाणिनि काल से ही ज्योतिष की गणना वेद के प्रमुख छः अंगो में की जाने लगी थी।[2]

'वेदांग ज्योतिष' नामक बहुचर्चित व प्राचीन ग्रंथ हमें प्राप्त होता है जिसके रचनाकार ने ज्योतिष को काल विधायक शास्त्र बतलाया है, साथ में कहा है कि जो ज्योतिष शास्त्र को जानता है वह यज्ञ को भी जानता है।[3] छः वेदांगों में से ज्योतिष मयूर की शिखा व नाग की मणि के समान महत्त्व को धारण किए हुए वेदांगों में मूर्धन्य स्थान को प्राप्त है।[4]

कालज्ञान की महत्ता को स्वीकार करते हुए कालज्ञ, त्रिकालज्ञ, त्रिकालवित, त्रिकालदर्शी व सर्वज्ञ शब्दों का प्रयोग ज्योतिषी के लिए किया गया है।[5] स्वयं सायणाचार्य ने **'ऋग्वेदभाष्यभूमिका'** में लिखा है कि ज्योतिष का मुख्य प्रयोजन अनुष्ठेय यज्ञ के उचित काल का संशोधन है।[6] उदाहरणार्थ ''कृतिका नक्षत्र' में अग्नि का आधान करें।[7] कृतिका नक्षत्र में अग्नि का आधान ज्योतिष संबंधी ज्ञान के बिना संभव नहीं। इसी प्रकार से एकाष्टका में दीक्षा को प्राप्त होवे, फाल्गुण पौर्णमास में दीक्षित होवे[8] इत्यादि अनेक श्रुति वचन मिलते हैं।

1, सिद्धांत संहिता होरा रूप स्कन्ध त्रयात्मकम्।
वेदस्य निर्मलं चक्षुर्ज्योतिः शास्त्रमकल्मषम्।। इति नारदीयम् (शब्दकल्पद्रुम) पृ. 550
2. छंदः पादौ तु वेदस्य हस्तो कल्पोऽथ पठ्यते।
ज्योतिषामयंन चक्षुर्निरुक्त श्रोत्रमुच्चते।।–पाणिनी शिक्षा, श्लोक/41
मुर्हूत चिन्तामणि मोतीलाल बनारसीदास वाराणसी सन् 1972 (पृ. 7)
3. तस्मादिदं कालविधान शास्त्रं, यो ज्योतिष वेद स वेद यज्ञम्–फ. ज्यो. वि. बृ. समीक्षा, पृ. 4
4. यथा शिखा मयूराणा नागानां मणयो यथा तद्वद्वेदांगशास्त्राणां ज्योतिषं मूर्धनि सस्थितम् –इति वेदांग ज्योतिषम् 'शब्दकल्पद्रुम' (पृ. 550)
5. शब्द कल्पद्रुम, पृ. 655
6. वेद व्रतमीमांसक ''ज्योतिषविवेक (पृ. 4) गुरुकुल सिंहपुरा, रोहतक सन् 1976
7. कृतिकास्वाग्निमाधीत–तैत्तरीय ब्राह्मण 1/1/2/1
8. एकाष्टकामां दीक्षेरन् फाल्गुनीपूर्णमासे दीक्षेरन्–तैत्तरीय संहिता 6/4/8/1

ज्योतिष के सम्यक् ज्ञान के बिना इन श्रुति वाक्यों का समुचित पालन नहीं किया जा सकता अतः वेद के अध्ययन के साथ-साथ ज्योतिष को वेदांग बतलाकर ऋषियों ने ज्योतिष शास्त्र के अध्ययन पर पर्याप्त बल दिया।

ज्योतिष के ज्ञान की सबसे अधिक आवश्यकता कृषकों को पड़ती है क्योंकि वह जानना चाहता है कि पानी कब बरसेगा, खेतों में बीज कब बोना चाहिए? जमाना कैसा जाएगा? फसलें कैसी होंगी। वगैरा-वगैरा। हिन्दू षोडश-संस्कार एवं यज्ञ-हवन, निश्चित काल, मुहूर्त में ही किए जाते हैं। श्रुति कहती है।

ते असुरा अयज्ञा अदक्षिणा अनक्षत्राः।

यच्च किंच कुर्वत्त सतां कृत्यामेवाऽकुर्वत॥ 1 ॥[1]

अर्थात् वे यज्ञ जो करणीय हैं, वे कालानुसार (निश्चित मुहूर्त पर) न करने से देव रहित, दक्षिणा रहित, नक्षत्र रहित हो जाते हैं।

ज्योतिष से अत्यन्त स्वार्थिक अर्थ में अच् (अ) प्रत्यय–लगकर ज्योतिष शब्द निष्पन्न हुआ है। अच् प्रत्यय लगने से यह ज्योतिष शब्द पुल्लिंग में प्रयुक्त होता है।

द्युत् + इस् (इसिन्)

ज्युत + इस् =ज्योत् + इस्

ज्योतिस्

मेदिनी कोष के अनुसार ''ज्योतिष'' सकारान्त नपुंसक लिंग में 'नक्षत्र' अर्थ में तथा पुल्लिंग में अग्नि और प्रकाश अर्थ में प्रयुक्त होता है।[2]

'ज्योतस्' में 'इनि' और 'ठक्' प्रत्यय लगा कर ज्योतिषी और ज्योतिषिक: तीन शब्द व्युत्पन्न होते हैं। जो ज्योतिष शास्त्र का नियमित रूप से अध्ययन करे अथवा ज्योतिष शास्त्र का ज्ञाता हो वह ज्योतिषी, ज्योतिषिक, ज्यौतिषिक, ज्योतिष शास्त्रज्ञ तथा दैवज्ञ कहलाता है।[3]

शब्दकल्पद्रुम के अनुसार 'ज्योतिष' ज्योतिर्मय सूर्यादि ग्रहों की गति इत्यादि को लेकर लिखा गया वेदांग शास्त्र विशेष है। अमरकोष की टीका में व्याकरणाचार्य भरत ने ग्रहों की गणना, ग्रहण इत्यादि प्रतिपाद्य विषयों वाले शास्त्र को ज्योतिष कहा है।[4]

---

1. फलित ज्योतिष विवेचनात्मक बृहत्पाराशर समीक्षा पृ. 4
2. ज्योतिषग्नौ दिवाकरे 'पुमान्नपुसंक–दृष्टौ स्यान्नक्षत्र प्रकाशयो: इति मेदिनीकोष–1929, पृ. सं. 536
3. हलायुध कोश हिन्दी समिति लखनऊ सन् 1967 (पृ. सं. 321)
4. शब्द कल्पद्रुम खण्ड-2 मोतीलाल बनारसीदास सन् 1961 पृ. स. 550

हलायुधकोष में ज्योतिष के लिए सांवत्सर, गणक, दैवज्ञ, ज्योतिषिक, ज्यौतिषिक ज्योतिषी, ज्यौतिषी, मौहूर्तिक सांवत्सरिक शब्दों का प्रयोग हुआ है।[1]

वाचस्पत्यम् के अनुसार सूर्यादि ग्रहों की गति को जानने वाले तथा ज्योतिषशास्त्र का विधिपूर्वक अध्ययन करने वाले व्यक्ति को 'ज्योतिर्विद्' कहा गया है।[2]

ज्योतिष की प्राचीनता

ज्योतिष शास्त्र कितना प्राचीन है, इसकी कोई निश्चित तिथि या सीमा स्थापित नहीं की जा सकती। यह बात निश्चित है कि जितना प्राचीन वेद है उतना ही प्राचीन ज्योतिष शास्त्र है। यद्यपि वेद कोई ज्योतिष की पुस्तक नहीं है तथापि ज्योतिष-सम्बन्धी अनेक गूढ़ तथ्यों व गणनाओं के बारे में विद्वानों में मत ऐक्यता का नितान्त अभाव है।

तारों का उदय-अस्त प्राचीन (वैदिक) काल में भी देखा जाता था। तैत्तिरीय ब्राह्मण एवं शतपथ ब्राह्मण में ऐसे अनेक संकेत व सूचनाएं मिलती हैं। लोकमान्य तिलक ने अपनी पुस्तक **'ओरायन'** के पृष्ठ 18 पर ऋग्वेद का काल ईसा पूर्व 4500 हजार वर्ष बताया है।[3] वहीं पं. रघुनन्दन शर्मा ने अपनी पुस्तक **'वैदिक-सम्पत्ति'** में मृगशिरा में हुए इसी वसन्तसम्पात को लेकर, तिलक महोदय की त्रुटियों का आकलन करते हुए अकाट्य तर्क के साथ प्रमाणपूर्वक कहा है कि ऋग्वेद काल ईसा से कम 22,000 वर्ष प्राचीन है।[4]

भारतीय ज्योतिर्गणित एवं वेध-सिद्धांतों का क्रमबद्ध सबसे प्राचीन एवं प्रमाणिक परिचय हमे **'वेदांग ज्योतिष'** नामक ग्रन्थ में मिलता है।[6] यह ग्रन्थ सम्भवतः ईसा पूर्व 1200 का है। तब से लेकर अब तक ज्योतिष शास्त्र की अक्षुण्णता कायम है।[5]

वस्तुतः फिर वे यज्ञ ही नहीं कहलाते। इसलिए जो कुछ भी यज्ञादि (धार्मिक)

---

1. हलायुध कोश, हिन्दी समिति लखनऊ 1966 पृ. सं. 703
2. वाचस्पत्यम् भाग 4, चौखम्बा सीरिज वाराणसी सन् 1962 पृ. 3162
3. भारतीय ज्योतिष का इतिहास, डॉ गोरखप्रसाद (प्रकाशन 1974) उत्तरप्रदेश शासन लखनऊ, पृ. 10
4. वैदिक सम्पति पं. रघुनन्दन शर्मा (प्रकाशन 1930) सेठ शूरजी वल्लभ प्रकाशन, कच्छ केसल, बम्बई पृ. 90
5. **छन्दः पादौ तु वेदस्य हस्तौ कल्पोथ पठ्यते, ज्योतिषामयनं चक्षुर्निरुक्तं श्रोत्रमुच्चते।**
   शिक्षा घ्राणं तु वेदस्य मुखं व्याकरणं स्मृतम्, तस्मात्सांगमधीत्यैव, ब्रह्म लोके महीयते॥–पाणिनीय शिक्षा, श्लोक 41-42
7. Vedic Chronology and Vedanga Jyotisa&(Pub. 1925) Messrs Tilak Bross, Gaikwar Wada, POONA CITY, page-3

कृत्य करना हो, उसे निर्दिष्ट कालानुसार ही करना चाहिए। कहा भी है–**यो ज्योतिषं वेद स वेद यज्ञान्**[1]

अतीतानागते काले, दानहोमजपादिकम् ।
उषरे वापितं बीजं, तद्वद्भवति निष्फलम् ॥2॥[2]

इस प्रकार से यह सिद्ध है कि ज्योतिष के बिना कालज्ञान का अभाव रहता है। कालज्ञान के बिना समस्त श्रौत्, स्मार्त कर्म, गर्भाधान, जातकर्म, यज्ञोपवीत, विवाह इत्यादि संस्कार ऊसर जमीन में बोए गए बीज की भांति निष्फल हो जाते हैं। तिथि, वार, नक्षत्र, योग, करण के ज्ञान के बिना तालाब, कुंआ, बगीचा, देवालय-मन्दिर, श्राद्ध, पितृकर्म, व्रत-अनुष्ठान, व्यापार, गृहप्रवेश, प्रतिष्ठा इत्यादि कार्य नहीं हो सकते। अतः सभी वैदिक एवं लौकिक व्यवहारों की सार्थकता, सफलता के लिए ज्योतिष का ज्ञान अनिवार्य है।

अप्रत्यक्षाणि शास्त्राणि, विवादस्तेषु केवलम्।
प्रत्यक्षं ज्योतिषं शास्त्रं, चंद्रर्कौ यत्र साक्षिणौ ॥3॥[3]

संसार में जितने भी शास्त्र हैं वे केवल विवाद (शास्त्रार्थ) के विषय हैं, अप्रत्यक्ष हैं, परन्तु ज्योतिष विज्ञान ही प्रत्यक्ष शास्त्र है, जिसकी साक्षी सूर्य और चंद्रमा घूम-घूम कर दे रहे हैं। सूर्य, चंद्र-ग्रहण, प्रत्येक दिन का सूर्योदय, सूर्यास्त चंद्रोदय, चंद्रास्त, ग्रहों की श्रृंगोन्नति, वेध, गति, उदय-अस्त इस शास्त्र की सत्यता एवं सार्थकता के प्रत्यक्ष प्रमाण हैं।

ज्योतिश्चक्रे तु लोकस्य, सर्वस्योक्तं शुभाशुभम्।
ज्योतिर्ज्ञान तु यो वेद, स याति परमां गतिम् ॥4॥[4]

ज्योतिष चक्र ने संसार के लिए शुभ व अशुभ सारे काल बतलाए हैं। जो ज्योतिष के दिव्य ज्ञान को जानता है व जन्म-मरण से मुक्त होकर परमगति (स्वर्गलोक) को प्राप्त करता है। संसार में ज्ञान-विज्ञान की जितनी भी विद्याएं हैं, वह मनुष्य को ईश्वर की ओर नहीं मोड़ती, उसे परमगति का आश्वासन नहीं देती, पर ज्योतिष अपने अध्येता को परमगति (मोक्ष) प्राप्ति की गारन्टी देता है। यह क्या कम महत्त्व की बात है।

---

1. ज्योतिर्निबन्ध-श्री शिवराज, (पृ. 1919), आनन्दाश्रम मुद्रणालय पूना, पृष्ठ1
2. ज्योतिर्निबन्ध श्लोक (2) पृष्ठ 2
3. जातकसार दीप-चंद्रशेखरन् (पृष्ठ 5) मद्रास गवर्मेंट ओरियण्टल सीरिज, मद्रास
4. शब्दकल्पद्रुम, द्वितीय खण्ड, पृष्ठ 550

अर्थाजने सहाय पुरुषाणामापदर्णवे पोतः।
यात्रा समये मन्त्री जातकमपहाय नास्त्यपरः।।5।।[1]

ज्योतिष एक ऐसा दिलचस्प विज्ञान है जो कि जीवन की अनजान राहों में मित्र व शुभचिन्तकों लम्बी श्रृंखला खड़ी कर देता है। इसके अध्येता को समाज व राष्ट्र में भारी धन, यश व प्रतिष्ठा की प्राप्ति होती है।

जातक का ज्योतिष शास्त्र को छोड़कर कोई सच्चा मित्र मनुष्य का नहीं है। क्योंकि द्रव्योपार्जन में यह सहायता देता है, आपत्ति रूपी समुद्र में नौका का कार्य करता है तथा यात्रा काल में सुहृदय मित्र की तरह सही सम्मति देता है। जन सम्पर्क बनाता है। स्वयं वराहमिहिर कहते हैं कि देशकाल परिस्थिति को जानने वाला दैवज्ञ जो काम करता है, वह हजार हाथी और चार हजार घोड़े भी नहीं कर सकते।[2] यदि ज्योतिष न हो तो मुहूर्त, तिथि, नक्षत्र, ॠतु, अयन आदि सब विषय उलट-पुलट हो जाएं।[3] बृहत्संहिता की भूमिका में ही वराहमिहिर कहते हैं कि **दीपहीन रात्रि और सूर्य हीन आकाश की तरह ज्योतिषी से हीन राजा शोभित नहीं होता, वह जीवन के दुर्गम मार्ग में अंधे की तरह भटकता रहता है।[4] अतः जय, यश, श्री, भोग और मंगल की इच्छा रखने वाले राजपुरुष को सदैव विद्वान व श्रेष्ठ ज्योतिषी को अपने पास रखना चाहिए।[5]**

ज्योतिष शास्त्र के साथ एक विडम्बना यह है कि यह शास्त्र जितना अधिक प्रचलित व प्रसिद्ध होता चला गया, अनधिकारी लोगों की संगत से यह शास्त्र उतना ही अधिक विवादास्पद होता चला गया। अनेक नास्तिकों, अनीश्वर वादी सज्जनों एवं कुतर्की विद्वानों ने अपने-अपने ढंग से ज्योतिष विद्या पर क्रूरतम कठोर प्रहार किए। सत्य की निरन्तर खोज में एवं अनवरत अनुसंधान परीक्षणों में संलग्न भारतीय ॠषियों ने अपने आपको तिल-तिल जलाकर, अपने प्राणों की आहुति देकर श्रुति परम्परा से इस दिव्य विद्या को जीवित रखा।

ज्योतिष वस्तुतः सूचनाओं और सम्भावनाओं का शास्त्र है। इसके उपयोग व महत्त्व को सही ढंग से समझने पर मानव जीवन और अधिक सफल व सार्थक हो

---

1. सुगम ज्योतिष-पं. देवीदत्त जोशी (प्रकाशन-1992) मोतीलाल बनारसीदास दिल्ली, पृष्ट 17
2. बृहत्संहिता सांवत्सर सूत्राध्याय 1/37
3. बृहत्संहिता सांवत्सर सूत्राध्याय 1/25
4. अप्रदीपा यथा रात्रिरनादित्यां यथा नभः।
   तथाऽसांवत्सरो राजा, भ्रमत्यन्ध इवाध्वनि।।-बृहत्संहिता, अ.1/24
5. बृहत्संहिता सांवत्सर सूत्राध्याय 1/26

सकता है। मान लीजिए ज्योतिष गणना के अनुसार अष्टमी की शाम को आठ बजे समुद्र में ज्वारभाटा आएगा। आपको पता चला तो आप अपना जहाज समुद्र में नहीं उतारेंगे और करोड़ों रूपयों के जान व माल के नुकसान से बच जाएंगे। यदि आपको पता नहीं है, तो बीच रास्ते में आप मारे जाएंगे। ज्योतिषी कहता है कि आज अमुक योग के कारण वर्षा होगी तो वर्षा तो होगी पर आपको पता है तो आप छाता तान कर चलेंगे, दुनिया अचानक वर्षा के कारण तकलीफ में आ सकती है पर आपकी सावधानी से आप भीगेंगे नहीं।

ज्योतिष का उपयोग मनुष्य के दैनिक जीवन व दिनचर्या से जुड़ा हुआ है। मारक योग में ऑपरेशन या तेज गति का वाहन न चलाकर व्यक्ति दुर्घटना से बच सकता है। ज्योतिष अंधेरे में प्रकाश की तरह मनुष्य की सहायता करता है। ज्योतिष संकेत देता है कि समय खराब है सोने से हाथ डालेंगे, मिट्टी हो जाएगा, समय शुभ है तो मिट्टी में हाथ डालोगे, सोना हो जाएगी। मौसम विज्ञान की चेतावनी की तरह ज्योतिष का उपयोग किया जाना चाहिए। क्योंकि घड़ी की सुई के साथ-साथ चल रहा मानव जीवन का प्रत्येक पल ज्योतिष से जुड़ा हुआ है। यह तो मानव मस्तिष्क एवं बुद्धि की विलक्षणता है कि आप किस विज्ञान से क्या व कितना ग्रहण कर पाते हैं।

सच तो यह है कठिनाई के क्षणों मे ज्योतिष विद्या मानवीय सभ्यता के लिए अमृत-तुल्य उपादेय है। घोर कठिनाई के क्षणों में, विपत्ति की घड़ियों में, या ऐसे समय में जब व्यक्ति के पुरुषार्थ एवं भौतिक संसाधनों का जोर नहीं चलता, तब व्यक्ति सीधा मन्दिर-मस्जिद या गिरजाघरों में, या फिर सीधा किसी ज्योतिषी की शरण में जाकर अपने दु:ख दर्द की फरियाद करता है, प्रार्थनाएं करता है। मन्दिर-मस्जिद और गिरजाघरों में पड़े निर्जीव पत्थर तो बोलते नहीं, पर ईश्वर की वाणी ज्योतिषी के मुखारविन्द से प्रस्फुटित होती है। ऐसे में इष्ट सिद्ध ज्योतिषी की जिम्मेदारी और अधिक बढ़ जाती है। भारत में विद्वान ज्योतिषी हो और ब्राह्मण हो तो लोग उसे ईश्वर तुल्य सम्मान देते हैं। भविष्य वक्ता होना अलग बात है तथा ज्योतिषी होना दूसरी बात है। भारत में भविष्य वक्ता को उतना सम्मान नहीं मिलता, जितना शास्त्र ज्ञाता ज्योतिष शास्त्र के अध्येता को। स्वयं वराहमिहिर ने कहा है–

म्लेच्छा हि यवनास्तेषु, सम्यक् शास्त्रमिदं स्थितम्।
ऋषिवत्तेऽपि पूज्यन्ते, किं पुनर्दैवविद् द्विजः॥1॥[1]

अर्थात् व्यक्ति कितना भी पतित हो, शूद्र-म्लेच्छ चाहे यवन ही क्यों न हो इस ज्योतिषशास्त्र के सम्यक् (भली-भांति) अध्ययन से वह ऋषि के समान पूजनीय हो

---

1. बृहत्संहिता सांवत्सर सूत्राध्याय 1/30

जाता है। इस दिव्य-ज्ञान के गंगा स्नान से व्यक्ति पवित्र व पूजनीय हो जाता है। फिर उस ब्राह्मण की क्या बात? जो ब्राह्मण भी हो, दैवज्ञ भी हो, इस दिव्य विद्या को भी जानता हो, उसकी तो अग्रपूजा निश्चय ही होती है।

इस श्लोक मे 'सम्यक्' शब्द पर विशेष जोर दिया गया है। सम्यक् ज्ञान गुरु कृपा से ही आता है। पुस्तक के माध्यम से आप गुरु के विचारों के समीप तो जरूर पहुंचते हैं पर अन्ततोगत्वा वह किताबी ज्ञान ही कहलाता है। भारतीय वाड्गमय में गुरु का बड़ा महत्त्व है। अत: ज्योतिष जैसी गूढ़ विद्या गुरुमुख से ही ग्रहण करनी चाहिए तभी उसमें सिद्धहस्तता प्राप्त होती है।

कई लोग ज्योतिष को भाग्यवाद या जड़वाद से जोड़ने की कुचेष्टा भी करते हैं परन्तु अब सिद्ध हो चुका है कि ज्योतिष पुरुषार्थवाद की युक्ति संगत व्याख्या है। पुरुषार्थवाद की सीमाओं को ठीक से समझना ही ज्योतिर्विज्ञान की उपादेयता है। ज्योतिर्विज्ञान पुरुषार्थ का शत्रु नहीं, यह व्यक्ति को पुरुषार्थ करने से रोकता भी नहीं, अपितु सही समय(काल) में सही पुरुषार्थ करने की प्रेरणा देता है।[1]

'ज्योतिष विद्या वह दिव्य विज्ञान है जो भूत, भविष्य तथा वर्तमान तीनों कालों को जानने समझने की कला सिखलाता है। प्रकृति के गूढ़ रहस्यों को उद्घाटित करता है तथा इस देवविद्या के माध्यम से हम मानवीय प्राणी के शुभाशुभ भविष्य को संवारने की क्षमता भी प्राप्त कर सकते हैं।'

अत: इस शास्त्र की उपादेयता एवं महत्त्व गूंगे के गुड़ की तरह से मिठास परिपूर्ण परन्तु शब्दों से अनिर्वचनीय है। वेदव्यास अपनी वाणी से ज्योतिष शास्त्र का महत्त्व प्रकट करते हुए कहते हैं कि काष्ठ (लकड़ी) का बना सिंह एवं कागज पर सम्राट का चित्र आकर्षक होते हुए भी निर्जीव होता है। ठीक उसी प्रकार से वेदों का अध्ययन कर लेने पर भी ज्योतिष शास्त्र का अध्ययन किए बिना ब्राह्मण निवीर्य (निष्प्राण) कहलाता है।[2]

❑❑❑

---

1. वक्री ग्रह-(प्रकाशन-1991) डायमंड प्रकाशन, दिल्ली, पृष्ट 140
2. यथा काष्ठमय: सिंहो यथा चित्रमयो नृप:।
   तथा वेदावधीतोऽपिज्योतिषशास्त्रतं बिना द्विजा:।।-वेद व्यास, ज्योतिर्निबन्ध 20/ पृ. 2

लग्न प्रशंसा

लग्नं देवः प्रभुः स्वामी लग्नं ज्योतिः परं मतम्।

लग्नं दीपो महान् लोके, लग्नं तत्वं दिशन् गुरुः॥

त्रैलोक्यप्रकाश में बताया है कि लग्न ही देवता है। लग्न ही समर्थ स्वामी, परमज्योति है। लग्न से बड़ा दीपक संसार में कोई नहीं है, क्योंकि गुरु रूप ज्योतिष के ऋषियों का यही आदेश है।

न तिथिर्न च नक्षत्रं, न योगो नैन्दवं बलम्।

लग्नेमेव प्रशंसन्ति, गर्गनारदकश्यपाः॥5॥

आचार्य लल्ल ने बताया है कि गर्ग, नारद, कश्यप ऋषियों ने तिथि-नक्षत्र व चंद्र बल को श्रेष्ठ न मानकर, केवल लग्न बल की ही प्रशंसा की है॥5॥

इन्दुः सर्वत्र बीजाअम्भो, लग्नं च कुसुमप्रभम्।

फलेन सदृशों अंशश्च भावाः स्वादुफलं स्मृतम्॥7॥

भुवन दीपक नामक ग्रंथ में बताया है कि समस्त कार्यों में चंद्रमा बीज सदृश है। लग्न पुष्प के समान, नवमांश फल के तुल्य और द्वादश भाव स्वाद के समान होता है।

❑❑❑

लग्न का महत्त्व

यथा तनुत्पादनमन्तरैव पराङ्ग सम्पादनपत्र मिथ्या॥

विना विलग्नं परभावसिद्धिस्ततः प्रवक्ष्ये हि विलग्नसिद्धिम्॥

जिस प्रकार स्वयं के शरीर की उपेक्षा करके अन्य पराए अंगों (दूसरे लोगों पर) पर ध्यान देना दोषपूर्ण है (उचित नहीं है) ठीक उसी प्रकार से लग्न भाव की प्रधानता व महत्त्व को ठीक से समझे बिना अन्य भावों (षोडश वर्ग) को महत्त्व देना व्यर्थ है।

लग्नवीर्यं विना यत्र, यत्कर्म क्रियते बुधैः।

तत्फलं विलयं याति, ग्रीष्मे कुसरितो यथा॥8॥

ज्योतिर्विवरण' में कहा है कि जिस कार्य का आरम्भ निर्बल लग्न में किया जाता है वह कार्य नष्ट होता है, जैसे गरमी के समय में बरसाती नदियां विलीन हो जाती हैं॥8॥

आचार्य रेणुक ने बताया है कि जिस प्रकार जन्म लग्न से शुभ व अशुभ फल की प्राप्ति होती है, उसी प्रकार समस्त कार्यों में लग्न के बली होने पर कार्य की सिद्धि होती है। अतः समस्त कामों में बली लग्न का ही विचार करके आदेश देना चाहिए॥9॥

आदौ हि सम्पूर्णफलप्रदं स्यान्मध्ये पुनर्मध्यफलं विचिंत्यम्।

अतीव तुच्छं फलमस्य चान्ते विनिश्चयोउयं विदुषामभीष्टः॥10॥

आचार्य श्रीपति जी ने बताया है कि लग्न के प्रारम्भ में संपूर्ण फल की, मध्यकाल में मध्यम फल की और लग्नान्त में अल्प फल होता है, यह विद्वानों का निर्णय है॥10॥

❑❑❑

जनश्रुतियों में प्रचलित प्रत्येक लग्न की चारित्रिक विशेषताएं

राजस्थान के ग्रामीण अंचलों में जनश्रुतियों के आधार पर लावणी में प्रस्तुत यह गीत जब मैंने पहली बार समदंडी ग्राम के राजज्योतिषी पं. मगदत्त जी व्यास के मुख से राग व लय के साथ सुना तो मन्त्र-मुग्ध रह गया। इस गीत में द्वादश लग्नों में जन्मे मनुष्य का जन्मगत स्वभाव, चरित्र, सार रूप में संकलित है। जो कि निरन्तर अनुसंधान, अनुभव एवं अकाट्य सत्य के काफी नजदीक है। प्रबुद्ध पाठकों के ज्ञानार्जन एवं संग्रह हेतु इसे ज्यों का त्यों यहां दिया जा रहा है।

ज्योतिष शास्त्र सब शास्त्र शिरोमणि, बिना भाग्य नहीं पाता है।
भूत, भविष्यत्, वर्तमान यह तीनों काल बतलाता है॥ टेर ॥
जिसका जन्म हो ***मेषलग्न*** में, क्रोध युक्त और महाविकट।
सभी कुटुम्ब की करे पालना, लाल नेत्र रहते हर दम।
करे गुरु की सेवा सदा नर, जिसका होता ***वृषभलग्न***।
तरह-तरह के शाल-दुशाला, पहने कण्ठ में आभूषण
मिथुनलग्न के चतुर सदा नर, नहीं किसी से डरता है।
ज्योतिष शास्त्र सब शास्त्र शिरोमणि, बिना भाग्य नहीं पाता है।
भूत, भविष्यत्, वर्तमान यह तीनों काल बतलाता है॥ टेर ॥
कर्कलग्न के देखे सदा नर, उनके रहती बीमारी।
सिंहलग्न के महापराक्रमी, करे नाग की असवारी।
कन्यालग्न के होत नपुन्सक, रोवे मात और महतारी।
तुलालग्न के तस्कर बालक, खेले जुआं और अपनी नारी।
वृश्चिकलग्न के दुष्ट पदार्थ, आप अकेला खाता है।

ज्योतिष शास्त्र सब शास्त्र शिरोमणि, बिना भाग्य नहीं पाता है।
भूत, भविष्यत् वर्तमान यह तीनों काल बतलाता है।। टेर ।।
बुद्धिमान और गुणी सुखी नर, जिसका होता धनुलग्न।
मकरलग्न मन्द बुदि के, अपने धुन में वो भी मगन।
कुम्भलग्न के पूत बडे अवधूत, रात-दिन करते रहते भजन।
मीनलग्न के सुत का जीना, मृत्यु लोक में बड़ा कठिन।
नहीं किसी का दोष, कर्मफल अपने आप बतलाता है।
ज्योतिष शास्त्र सब शास्त्र शिरोमणि, बिना भाग्य नहीं पाता है।
भूत, भविष्यत्, वर्तमान यह तीनों काल बतलाता है।। टेर ।।

❑❑❑

लग्न किसे कहते हैं? लग्न क्या है? लग्न का महत्त्व

हिन्दी में 'लग्न' अंग्रेजी में जिसे ऐसंडेन्ट (Ascendent) कहते हैं। इसके पर्यायवाची शब्दों में देह, तनु, कल्प, उदय, आय, जन्म, विलग्न, होरा, अंग, प्रथम, वपु इत्यादि प्रमुख हैं। ज्योतिष की भाषा में एक "समय" विशेष की परिमापन का नाप है जो लगभग दो घंटे का होता है। ज्योतिष की भाषा में जिसे जन्मकुण्डली कहते हैं वह वस्तुत: 'लग्न' कुण्डली ही होती है। लग्न कुण्डली को जन्मांग भी कहते हैं। क्योंकि "लग्न" का गणितागणित स्पष्टीकरण जन्म समय के आधार पर ही किया जाता है।

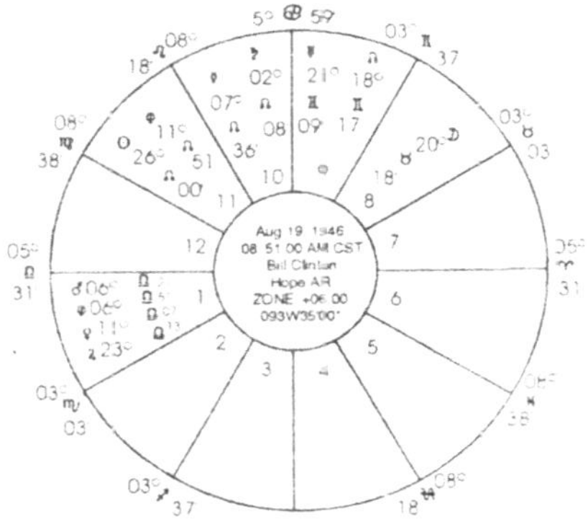

लग्न कुण्डली अभीष्ट समय में आकाश का मानचित्र है। इसकी स्पष्ट धारणा आप अंग्रेजी कुण्डली को सामने रखकर बनाएं तो साफ हो जाएगी क्योंकि अंग्रेजी में इसे हम Map of Heaven कहते हैं। बीच में पृथ्वी एवं उसके ऊपर वृताकार घूमती हुई राशिमाला को विदेशों में Birth-Horoscope कहते हैं। इसलिए पारम्परिक ज्योतिष वृत्ताकार कुण्डली को ही प्राथमिकता देते हैं। परन्तु भारत में इसका प्रचलन नगणय है। वस्तुत: आकाश में दिखने वाली बारह राशियां ही बारह लग्न हैं। जन्म कुण्डली के प्रथम भाव (पहले) घर को ही लग्न भाव, लग्न स्थान कहा जाता है। दिन और रात में 60 घटी होती है। 60 घटी में बारह लग्न

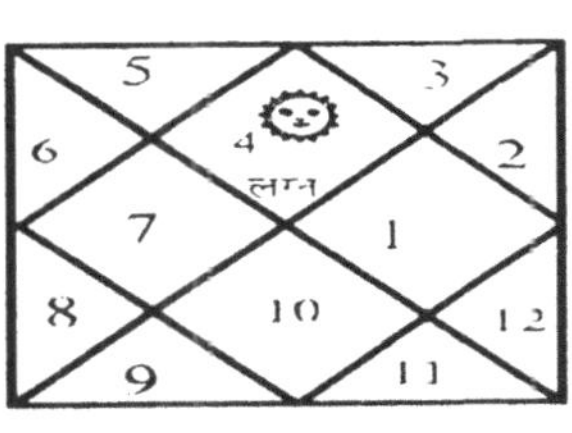

होते हैं। 60 में बारह का भाग देने पर 2½ घटी का एक लग्न कहलाता है। यह लग्न कुण्डली ही जन्मपत्रिका का मुख्य आधार है जो खगोलस्थ ग्रहों के द्वारा निर्मित होती है। यही ग्रह केन्द्र बिन्दु है जहां से गणित व फलित ज्योतिष सूत्रों की स्थापना प्रारम्भ होती है। उपर्युक्त खाली जन्मकुण्डली है। इसके 12 विभाजन ही "द्वादश घर" या "बारह भाव" कहलाते हैं। इसका ऊपरी मध्य घर जहां सूर्य दिखलाई देता है पहला घर माना जाता है। यह घर जन्मकुण्डली की सीधा पूर्व है। चूंकि सूर्य पूर्व दिशा में उदय होता है। इसलिए सूर्योदय के समय जन्म लेने वाले व्यक्ति की जन्मकुण्डली में सूर्य उसी घर में होगा जिसे "लग्न" कहते हैं। चूंकि पृथ्वी अपनी धुरी पर एक चक्र 24 घंटों में पूर्ण कर लेती है, इसलिए सूर्य प्रत्येक दो घंटों में एक घर से दूसरे घर में जाता हुआ दिखलाई देगा। दूसरे अर्थों में पाठक जन्मकुण्डली को देखकर बता सकता है कि अमुक जन्मकुण्डली वाले व्यक्ति का जन्म सूर्य के किन दो घंटों के समय में हुआ था।

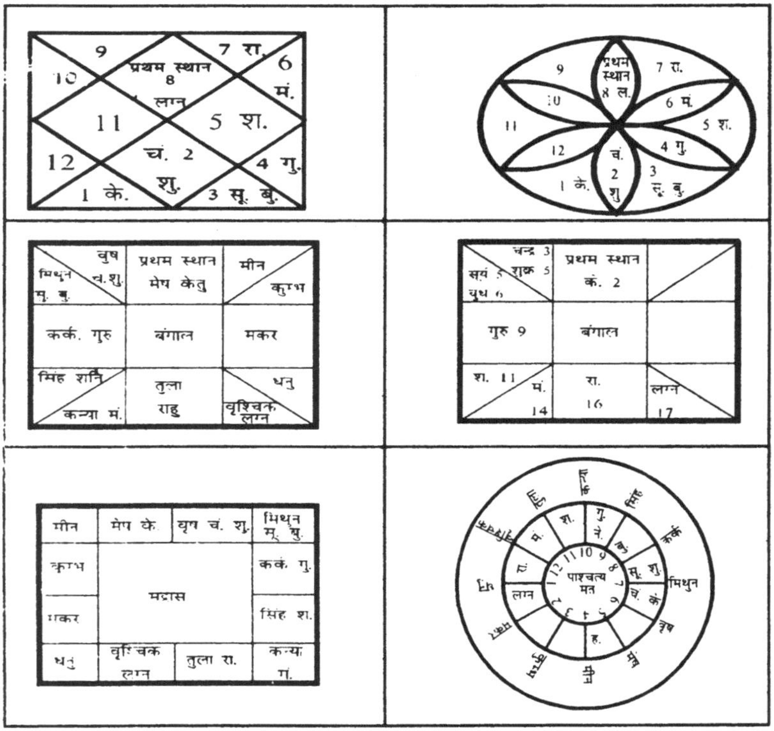

क्रमांक	लग्न	दीर्घादि	घटी पल	अवधि घ. मि.	दिशा
1.	मेष	ह्रस्व	4.00	1.36	पूर्व
2.	वृषभ	ह्रस्व	4.30	1.48	दक्षिण
3.	मिथुन	सम	5.00	2.00	पश्चिम
4.	कर्क	सम	5.30	2.12	उत्तर
5.	सिंह	दीर्घ	5.30	2.12	पूर्व
6.	कन्या	दीर्घ	5.30	2.12	दक्षिण
7.	तुला	दीर्घ	5.30	2.12	पश्चिम
8.	वृश्चिक	दीर्घ	5.30	2.12	उत्तर
9.	धनु	दीर्घ	5.30	2.12	पूर्व
10.	मकर	सम	5.00	2.00	दक्षिण
11.	कुम्भ	लघु	4.30	1.48	पश्चिम
12.	मीन	लघु	4.00	1.36	उत्तर

सही व शुद्ध लग्न साधन के लिए तीन वस्तुओं की जानकारी आवश्यक है। **1. जन्म तारीख, 2. जन्म समय 3. जन्म स्थान।**

विभिन्न पंचांगों में आजकल दैनिक ग्रह स्पष्ट के साथ-साथ, भिन्न-भिन्न देशों की दैनिक लग्न सारणियां, अंग्रेजी तारीख एवं भारतीय स्टेण्डर्ड समय में दी हुई होती हैं। जिन्हें देखकर आसानी से अभीष्ट तारीख के दैनिक लग्न की स्थापना की जा सकती है।

लग्न का महत्त्व

लग्न वह प्रारम्भ बिन्दु है जहां से जन्मपत्रिका निर्माण की रचना प्रारम्भ होती है। इसलिए शास्त्रकारों ने ''लग्नं देहो वर्ग षट्कोऽगांनि'' लग्न कुण्डली को जातक का शरीर माना है तथा जन्मपत्रिका के अन्य षोडश वर्ग उसके सोलह अंग कहे गए हैं।

जातक ग्रन्थों के अनुसार–

यथा तन्त्वादनमन्तरैव
परागसम्पादनम् अत्र मिथ्या।
बिना विलग्नं परभाव सिद्धिः
ततः प्रवक्ष्ये हि विलग्न सिद्धिम्॥

जैसे वृक्ष के बिना फल-पुष्प-पत्र एवं पराग प्रक्रियाओं की कल्पना व्यर्थ है। उसी प्रकार लग्न साधन के बिना अन्य भावों की कल्पना एवं फल कथन प्रक्रिया भी व्यर्थ है। अतः जन्मपत्रिका निर्माण में ''बीजरूप लग्न'' ही प्रधान है तभी कहा गया है कि–**''लग्न बलं सर्वबलेषु प्रधानम्''**

लग्न ही व्यक्ति का चेहरा

फलित ज्योतिष में कालपुरुष के शरीर के विभिन्न अंगों पर राशियों की कल्पना की गई है। लग्न कुण्डली में भी कालपुरुष के इन अंगों को विभिन्न भागों में विभाजित किया गया है।

जिसमें लग्न ही व्यक्ति का चेहरा है। जैसा लग्न होगा वैसा ही व्यक्ति का चेहरा होगा। इस पर हमारी पुस्तक **"ज्योतिष और आकृति विज्ञान"** पढ़िए। लग्न पर जिन-जिन ग्रहों का प्रभाव होगा व्यक्ति का चेहरा व स्वभाव भी उन-उन ग्रहों के स्वभाव व चरित्र से मिलता-जुलता होगा। लग्न

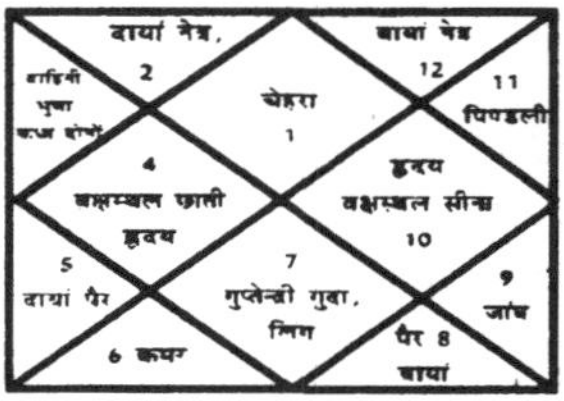

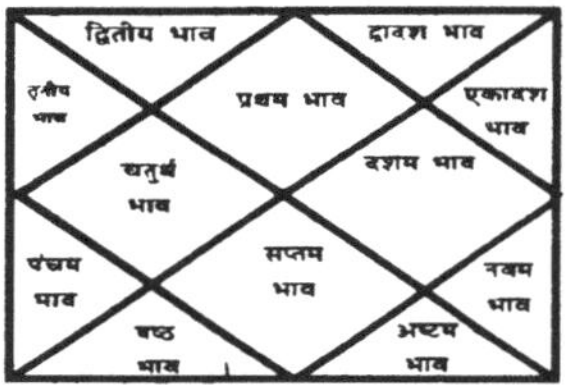

कुण्डली में कालपुरुष का जो भाव विकृत एवं पाप पीड़ित होगा सम्बन्धित मनुष्य का वही अंग विशेष रूप से विकृत होगा, यह निश्चित है। अत: अकेले लग्न कुण्डली पर यदि व्यक्ति ध्यान केन्द्रित कर फलादेश करना शुरू कर दे तो वह फलित ज्योतिष का सिद्धहस्त चैम्पियन बन जाएगा।

जन्मकुण्डली का प्रथम भाव ही लग्न कहलाता है। इसे पहला घर भी कह सकते हैं। इसी प्रकार दाएं से चलते हुए कुण्डली के 12 कोष्ठक, बारह भाव या बारह घर कहलाते हैं। चाहे इस भाव में कोई भी अंक या राशि नम्बर क्यों न हो, उसमें कोई अन्तर नहीं पड़ता। अब किस भाव पर घर में क्या देखा जाता है इस पर जातक में ग्रन्थों काफी चिन्तन किया गया है। एक प्रसिद्ध श्लोक इस प्रकार है–

देहं द्रव्यं पराक्रमः सुख, सुतौ शत्रुकलत्रं वृत्तिः।
भाग्यं राज्यं पदे क्रमेण, गदिता लाभ-व्ययै लग्नतः॥

अर्थात् पहले भाव में देह-शरीर सुख, दूसरे में धन, तीसरे में पराक्रम, जन-सम्पर्क, भाई-बहन, चौथे में सुख, नौकर, माता, पांचवें में सन्तान एवं विद्या, छठे में शत्रु व रोग, सातवें में पत्नी, आठवें में आयु, नवमें स्थान में भाग्य, दसवें में राज्य, ग्यारहवें में लाभ एवं बारहवें स्थान में खर्च का चिन्तन करना चाहिए।

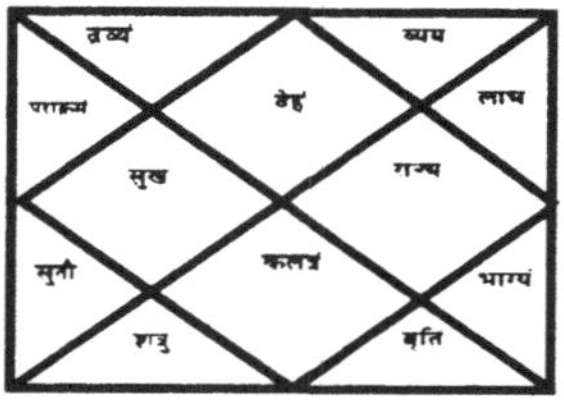

तुलालग्न का ज्योतिषीय विश्लेषण

पहला पाठ

जीवार्कमहिजा: पापा:,
शनैश्चरबुधौ शुभौ।
भवेतां राजयोगस्य कारकौ,
चंद्रतत्सुतौ।।28।।
कुजो निहन्ति जीवाया:,
परे मारकलक्षणा:।
निहन्तार: फलान्येवं काव्यो न तु तुलाभुव:।।29।।

दूसरा पाठ

जीवार्कभूसुता: पापा: शनैश्चरबुधौ शुभौ।
भवेतां राजयोगस्य कारकौ चंद्र-चंद्रजौ।।30।।
कुजो निहन्ता जीवाया: पर मारकलक्षणा:।
निहन्तार: फलान्येवं ज्ञातव्यानि तुलाभवे।।31।।

तीसरा पाठ

राजयोगकर: साक्षादेक एवांशुमत्सुत:।।32।।

चौथा पाठ

जीवार्कमाहिजा: पापा: शनैश्चरबुधौ शुभौ।
राजयोगकर: साक्षाद् एक एवांशुमत्सुत:।।33।।

भवेतां राजयोगस्य कारकाबिन्दु तत्सुतौ।
कुजः साक्षान्न हन्ता स्यान् मारकत्वेन लक्षितः।।34।।
जीवादयो निहन्तारो भवेयुः पापिनो ग्रहाः।
शुभाशुभफलान्येवं ज्ञातव्यानि तुलाभुवः।।35।।

पहला पाठ—गुरु, रवि और मंगल पाप उत्पन्न करने वाले हैं। शनि और बुध शुभफलदायक हैं। कारण गुरु तृतीय और षष्ठ स्थानों का स्वामी है, रवि एकादश स्थान का स्वामी है, और मंगल द्वितीय और सप्तम स्थानों का स्वामी होने से मारकेश है।

शनि त्रिकोण और केन्द्र का अधिपति है और बुध त्रिकोणपति है। इसलिये ये दोनों ग्रह शुभ फल उत्पन्न करते हैं। चंद्रमा दशम स्थान का स्वामी है और बुध नवम्-भाग्य स्थान का स्वामी है। इसलिए इन दोनों का योग राजयोग करने वाला होता है। मंगल द्वितीय और सप्तम स्थान का स्वामी होने से मारक है। गुरु, रवि और मंगल इनकी दशान्तर्दशांओं में मृत्यु की संभावना होती है। शुक्र लग्नेश और अष्टमेश होने से शुभ है।

दूसरा पाठ—इस पाठ में शुक्र का उल्लेख नहीं है। शेष सब पहले पाठ के अनुसार ही शुभाशुभ ग्रह हैं।

तीसरा पाठ—इस पाठ में शनि अकेला राजयोग करता है ऐसा कहा है कारण वह चतुर्थ (केन्द्र) और पंचम (त्रिकोण) का स्वामी है। इस पर से यह स्पष्ट है कि दूसरे (2) पाठ में बुध चंद्र के योग को अधिक महत्त्व नहीं दिया गया है।

चौथा पाठ—तुलालग्न हो तो, गुरु, रवि और मंगल अशुभ फल देते हैं। शनि और बुध शुभ फल देते हैं। अकेला शनि प्रत्यक्ष रूप से राजयोग कारक होता है। मंगल मारक लक्षणों से युक्त हो फिर भी स्वयं मारक नहीं बनता। गुरु आदि करके अशुभ ग्रह मारक हैं। तुलालग्न में जन्म हो तो ने इस प्रकार शुभाशुभ फल समझना चाहिए।

स्पष्टीकरण

तुलालग्न हो तो गुरु, रवि और मंगल अशुभ फल देते हैं। शनि अकेला राजयोग करता है। कारण वह केन्द्र और त्रिकोण दोनों का स्वामी है। बुध द्वादशेश होने से अशुभ होता है। परन्तु वह त्रिकोणपति होने से उसका शुभ ग्रह से संबंध शुभ फलदायक माना गया है। पहले पाठ के अंतिम चरण में ग्रंथकार ने कहा है कि ''काव्यो न तु तुलाभवः'' याने मंगल, गुरु और सूर्य जिस प्रकार से मारक होकर मनुष्य का नाश करने वाले होते हैं उस प्रकार शुक्र नहीं है। इस पर से ऐसा मालूम

होता है कि ग्रंथकार ने शुक्र के संबंध में यहां कुछ भी नहीं लिखा है। पाठ 2, 3, 4 इसमें तो शुक्र का कुछ भी उल्लेख नहीं है। शुक्र लग्नेश होने के नाते केन्द्राधिपति है और केन्द्राधिपति होने के कारण वह कदाचित् अशुभ फल देता है और वह क्वचित् शुभ फल देगा क्योंकि वह अष्टम स्थान का स्वामी भी है। इसलिए कदाचित् ग्रंथकार ने शुक्र का विशेष उल्लेख किया हुआ नहीं है। परन्तु श्लोक 9 के अनुसार यदि अष्टमेश लग्नेश भी हो तो अशुभ फल नहीं देता ऐसा कहा है।

तुलालग्न के लिए शुभाशुभ योग

1. **शुभयोग**–शनि निसर्गतः स्वयं पाप ग्रह होकर भी चतुर्थ केन्द्र का स्वामी होने से श्लोक 7 के अनुसार वह शुभ माना गया है और साथ ही वह पंचम (त्रिकोण) का स्वामी भी होने से श्लोक 6 के अनुसार शुभ होकर शुभ फल देने वाला होता है।
2. **शुभयोग**–बुध नैसर्गिक शुभ ग्रह है और वह नवम (त्रिकोण) स्थान का स्वामी होने से श्लोक 6 के अनुसार शुभ होकर शुभ फल देने वाला होता है।
3. **शुभयोग**–दशम केन्द्र का अधिपति चंद्रमा श्लोक 11 के अनुसार दूषित नहीं होता और उसका नवमाधिपति बुध से स्थानाधिपत्य साहचर्य योग हुआ हो तो वह राजयोग होता है और शुभ फलदायक होता है।
4. **शुभयोग**–शुक्र प्रथम (निर्बल) केन्द्र का स्वामी होकर अष्टम स्थान का भी स्वामी होता है। श्लोक 9 के अनुसार वह लग्नेश होने के कारण शुभ होता है और शुभ फल देनेवाला होता है।

तुलालग्न के लिए अशुभयोग

1. **अशुभयोग**–गुरु तृतीय और षष्ठ स्थान का स्वामी होने से श्लोक 6 के अनुसार अशुभ फल देने वाला होता है।
2. **अशुभयोग**–सूर्य नैसर्गिक स्वयं पाप ग्रह है और वह एकादश स्थान का स्वामी होने से अशुभ होता है और अशुभ फल करता है।
3. **अशुभयोग**–मंगल स्वयं पाप ग्रह है और वह द्वितीय तथा सप्तम स्थानों का स्वामी (मारक स्थानों का स्वामी) होने से अशुभ फल देता है।

तुलालग्न के लिए निष्फल योग

1. मंगल-बुध

तुलालग्न के लिए सफल योग

1. शुक्र-शनि, 2. शनि अकेला, 3. बुध-शनि (श्रेष्ठ) दो त्रिकोणेश का केन्द्रेश के साथ संबंध होता है 4. शनि-चंद्रमा, 5. चंद्र-बुध, 6. बुध-शुक्र, 7. मंगल-शनि (निकृष्ट और सदोष) कारण मंगल मारकेश होता है और दो मारक स्थानों का स्वामी है।

तुलालग्न एक परिचय

1.	लग्नेश, अष्टमेश	–	शुक्र
2.	धनेश, सप्तमेश	–	मंगल
3.	पराक्रमेश, षष्ठेश	–	गुरु
4.	सुखेश, पंचमेश	–	शनि
5.	भाग्येश, खर्चेश	–	बुध
6.	राज्येश	–	चंद्र
7.	लाभेश	–	सूर्य
8.	त्रिकोणाधिपति	–	5-शनि, 9-बुध
9.	दु:स्थान के स्वामी	–	6-गुरु, 8-शुक्र, 12-बुध
10.	केन्द्राधिपति	–	1-शुक्र, 4-शनि, 7-मंगल, 10-चंद्र
11.	पणकर के स्वामी	–	2-मंगल, 5-शनि, 8-शुक्र, 11-सूर्य
12.	आपोक्लिम	–	3-गुरु, 6-शनि 9, 12-बुध
13	त्रिकेश	–	6-गुरु, 8-शुक्र, 12-बुध
14.	उपचय के स्वामी	–	3, 6-गुरु, 10-चंद्र, 11-सूर्य
15.	शुभ योग	–	1. शनि, 2. बुध, 3. चंद्र+बुध, 4. शुक्र
16.	अशुभ योग	–	1. गुरु, 2. सूर्य, 3. मंगल
17.	निष्फल योग	–	1. मंगल+बुध
18.	सफल योग	–	1. शुक्र+शनि, 2. शनि अकेला, 3. बुध+शनि, 4.शनि+चंद्र, 5. चंद्र+बुध 6. बुध+शुक्र, 7. मंगल+शनि (निकृष्ट सदोष)

19. **राजयोग कारक** – चंद्र, बुध, शनि
20. **मारकेश** – मंगल मारकेश, द्वितीय मारकेश गुरु
21. **पापफलद** – सूर्य, गुरु, मंगल, परमपापी-गुरु
22. **शुभयुति** –
23. **अशुभयुति** –

विशेष-तुलालग्न के लिए मुख्य मारकेश मंगल पर द्वितीय मारकेश के रूप में गुरु भी काम करता है।

❑❑❑

तुलालग्न की प्रमुख विशेषताएं एक नजर में

1.	लग्न	–	तुला
2.	लग्न चिह्न	–	तराजू
3.	लग्न स्वामी	–	शुक्र
4.	लग्न तत्त्व	–	वायु तत्त्व
5.	लग्न उदय	–	
6.	लग्न स्वरूप	–	चर
7.	लग्न अवधि	–	
8.	लग्न दिशा	–	पश्चिम
9.	लग्न लिंग व गुण	–	पुरुष, रजोगुणी
10.	लग्न जाति	–	शुक्र
11.	लग्न प्रकृति व स्वभाव	–	क्रूर स्वभाव, त्रिधातु प्रकृति
12.	लग्न का अंग	–	गुप्तांग
13.	जीवन रत्न	–	हीरा
14.	अनुकूल रंग	–	सफेद
15.	शुभ दिवस	–	शुक्रवार
16.	अनुकूल देवता	–	लक्ष्मी/संतोषी माता
17.	व्रत, उपवास	–	शुक्रवार
18.	अनुकूल अंक	–	छः
19.	अनुकूल तारीखें	–	6/15/24
20.	मित्र लग्न	–	मिथुन, मकर, कुम्भ, धनु, कर्क
21.	शत्रु लग्न	–	सिंह

22.	**व्यक्तित्व**	–	अन्वेषक, खोजी, मास्टर माइन्ड
23.	**सकारात्मक तथ्य**	–	आत्मविश्वासी, आकर्षक वाणी
24.	**नकारात्मक तथ्य**	–	ईर्ष्या, घमण्ड, अति धूर्तता।

❑❑❑

तुलालग्न के स्वामी शुक्र का वैदिक स्वरूप

वैदिक मंत्रों में अनेक जगह शुक्र का उल्लेख मिलता है।[1] तिलक के अनुसार शुक्र शब्द से आकाशीय ग्रह अभिप्रेत है।[2]

असौ वा आदित्यः शुक्रः –शतपथ ब्राह्मण 9/4/2/21

एष वै शुक्रो व एष तपति –शतपथ ब्राह्मण 4/3/1/26

अस्य (अग्नेः) एवैतानि नामानि (छत्री अक्रः शुक्रः ज्योतिः सूर्य)

–शतपथ ब्राह्मण 9/4/2/25

अत्तैव शुक्र आद्यो मन्थी –शतपथ ब्राह्मण 4/2/1/13

ज्योतिर्वैशुक्रं हिरण्यम् –ऐतरेय ब्राह्मण 7/12

सत्यं वै शुक्रम् –शतपथ ब्राह्मण 3/9/3/25

शतपथ ब्राह्मण में शुक्र की चर्चा इस प्रकार से है–शुक्र और मंथी उसकी दो आंखें हैं। शुक्र वही है जो चमकता है। यह चमकता है इसलिए इसको शुक्र कहा गया है। चंद्रमा मंथी है।[3]

शुक्र के लिये **'अयं वेनश्चोदयत् पृश्निगर्भा ज्योतिर्जरायु रजसोविमाने**[4]**'** मंत्र बड़ा प्रसिद्धि है, जिसमें शुक्र के उदय का वर्णन मिलता है। कुछ लोग इसे वेन देवतात्मक सूत्र मानते हैं। लेटिन भाषा में शुक्र का नाम 'वीनस' है। बालगंगाधर तिलक ने वेन और शुक्र से सादृश्य स्थापित्र किया।[5]

---

1. चक्षुषी हवा अस्य शुक्रामंथिनौ। तद्वा एष एवं शुक्रो य
   तष तपति तद्य देष एत्तपत्सि तेपैषशुक्रश्चंद्रमा एवं मर्थ।।–शतपथ ब्राह्मण 4/2/1
   मन्थिन शब्द से शनि ग्रह का ग्रहण भी किया गया है। भारतीय ज्योतिष–श. बा. दीक्षित पृ. 87
2. ऋग्वेद 10/12/3, स्वाध्याय मण्डली नारडी (बलसाड) गुजरात
3. भारतीय ज्योतिष–शंकर बालकृष्ण दीक्षित पृ. 87
4. श नो ग्रहाश्चान्द्रमामाः शमादित्यश्च राहुणा।
   शं नो मृत्युर्धूमकेतुः रुद्रातिग्मतेजसः।। –अथर्ववेद 19/9/10
5. यं वै सूर्य स्वर्भानुतमसा विद्याध्यदासुखः। ऋग्वेद 5/40/9

आचार्य शुक्र

शुक्राचार्य दानवों के पुरोहित हैं (तै. सं. 2/5/8/5, तां. ब्रा. 7/5/20)। ये योग के आचार्य हैं। अपने शिष्य दानवों पर इनकी कृपा बरसती रहती है। मृतसंजीवनी विद्या के बल पर ये मरे हुए दानवों को जिला देते हैं (महाभा., आदि. 76/8)। असुरों के कल्याण के लिये इन्होंने एक ऐसे कठोर व्रत का अनुष्ठान किया, जिसे आज तक कोई कर नहीं सका था। इस व्रत से इन्होंने देवाधिदेव शंकर को प्रसन्न कर लिया। औढरदानी ने वरदान दिया कि तुम देवताओं को पराजित कर दोगे और तुम्हें कोई मार नहीं सकेगा (मत्स्य पु., अ. 47)। अन्य वरदान देकर भगवान ने इन्हें धनों का अध्यक्ष और प्रजापति भी बना दिया।

इसी वरदान के आधार पर शुक्राचार्य इस लोक और परलोक में जितनी सम्पत्तियां हैं, सबके स्वामी बन गए (महाभा., आदि 78/39)। सम्पत्ति ही नहीं, शुक्राचार्य तो समग्र औषधियों, मंत्रों और रसों के भी स्वामी हैं (मत्स्य पु. 47/64)। इन्होंने अपनी समस्त सम्पत्तियों को अपने शिष्य असुरों को प्रदान कर दिया था (मत्स्य पु. 67/65)। दैत्यगुरु शुक्राचार्य का सामर्थ्य अद्भुत है।

ब्रह्मा की प्रेरणा से शुक्राचार्य ग्रह बनकर तीनों लोकों के प्राण का परित्राण करने लगे। कभी वृष्टि, अभी अवृष्टि, कभी भय और कभी अभय उत्पन्न कर ये प्राणियों के योग-क्षेम का कार्य पूरा करते हैं (महाभा. आदि. 66/42-44)। ग्रह के रूप में ये ब्रह्मा की सभा में भी उपस्थित होते हैं (महाभा., सभा. 11/29)। लोकों के लिये ये अनुकूल ग्रह हैं। ये वर्षा रोकने वाले ग्रहों को शान्त कर देते हैं (श्रीमद्भा. 5/22/12)। इनके अधिदेवता इन्द्र और प्रत्याधिदेवता इन्द्राणी हैं।

वर्ण–शुक्राचार्य का वर्ण श्वेत है (मत्स्य.पु. 94/5)।

वाहन–इनके वाहन रथ में अग्नि के समान वर्ण वाले आठ घोड़े जुते रहते हैं। रथ पर ध्वजाएं फहराती रहती हैं (मत्स्य.पु. 127/7)।

आयुध–दण्ड इनका आयुध है (मत्स्य.पु. 94/5)।

परिवार–शुक्राचार्य की दो पत्नियां हैं। एक का नाम 'गो' है जो पितरों की कन्या है, दूसरी पत्नी का नाम जयन्ती है, जो देवराज इन्द्र की पुत्री है। गो से इनके चार पुत्र हुए–त्वष्ठा, वरुत्री, शंड और अमर्क। जयन्ती से देवयानी का जन्म हुआ।

❑❑❑

शुक्र का खगोलीय स्वरूप

सौरमण्डल में बुध के बाद दूसरा स्थान शुक्र का है। शुक्र ग्रह सूर्य से 10,80,00,000 किमी. की दूरी पर स्थित है और अपने परिभ्रमण मार्ग पर 225 दिन में सूर्य की एक परिक्रमा पूरी करता है। इसका व्यास 12,600 किमी. है तथा गुरुत्व लगभग पृथ्वी के समान है। सूर्य तथा चंद्रमा के बाद शुक्र ही आकाश में सबसे अधिक तेजस्वी ग्रह है। इसके संबंध में सबसे विचित्र बात यह है कि चंद्रमा की भांति इसकी भी कलायें हैं, जो किसी भी दूरदर्शी यंत्र द्वारा सुगमता से देखी जा सकती हैं। शुक्र सूर्योदय के समय पूर्व में अथवा सूर्यास्त के समय पश्चिम में देखा जाता है। इसे ''संध्या'' तथा ''प्रभात का तारा'' भी कहते हैं। शुक्र ग्रह पूर्व में अस्त होने के 75 दिन बाद उदय होता है। उदय के 240 दिन बाद वक्री होता है। वक्री के 23 दिन बाद पश्चिम में अस्त होता है। पश्चिम में अस्त होने के 6 दिन बाद पूर्व में उदित होता है। पूर्वादय में 23 दिन बाद मार्गी तथा मार्गी के 240 दिन बाद पुन+ पूर्व में अस्त होता है। शुक्र ग्रह सूर्यास्त के एक-दो घण्टे तक सूर्योदय से एक-दो घण्टे पूर्व ही दिखाई देने लगता है। अर्थात् सूर्य को छोड़कर 45 अंश अधिक दूर कभी नहीं जाता।

शुक्र को भृगु, कवि, सीत, आच्छा, ऊशना, कारक, आस्फुजित, दानवेज्य, दैत्यगुरु आदि विभिन्न नाम दिये गये हैं।

शुक्र की गति–यह अपनी धुरी पर 23 घण्टा 21 मिनट में पूरा घूम लेता है तथा सूर्य की परिक्रमा 224 दिन 42 घटी 2 पल में पूरी कर लेता है। इसकी गति एक सैकेंण्ड में 22 मील है। स्थूल मान से यह एक राशि पर एक मास, एक नक्षत्र पर 11 दिन रहता है।

यह एक वर्ष वक्री और एक वर्ष मार्गी रहता है। वक्री अवस्था में यह पूर्व में उदय और पश्चिम में अस्त होता है। यह मार्गी अवस्था में सूर्य से 9 डिग्री अंश पर और वक्री अवस्था में 8 डिग्री अंशों पर अस्त रहता है। इसी प्रकार मार्गी अवस्था में 250 और वक्री अवस्था में 248 दिन उदय रहता है। इस ग्रह की मार्गी अवस्था

510 दिन और वक्री अवस्था 45 दिन तक रहती है। यह सूर्य से दूसरी राशि पर वक्री, बारहवीं पर शीघ्रगामी, तीसरी और ग्यारहवीं पर समचारी रहता है। जब इसकी गति 75.42 होती है तब यह परम शीघ्रगामी हो जाती है। अविचारी अवस्था में यह 10 दिन तक ही रह पाता है। वक्री होने के दो दिन आगे या पीछे यह स्थिर भी प्रतिभासित होता है।

शुक्र कई बार सूर्योदय के कुछ समय पहले तेजी से चमकता हुआ पूर्व दिशा में दिखलाई पड़ता है। फलत: लोग इसे प्रभात या भोर का तारा भी कहते हैं। कई बार यह सूर्यास्त के समय पश्चिम दिशा में भी चमकता हुआ दिखलाई देता है। ऐसी वेला में इसे ''संध्या'' का तारा भी कहते हैं। किन्तु शुक्र ग्रह जब भी पूर्व दिशा में अस्त होता है तो 15 दिन बाद ही उदय हो पाता है। उदय के प्राय: 250 दिन बाद वक्री होता है। वक्री के 23 दिन बाद पश्चिम दिशा में अस्त हो जाता है। पश्चिम में अस्त होने के 9 दिन बाद पूर्व में पुन: उदित होता है। पूर्वोदय के 23 दिन बाद मार्गी तथा मार्गी के 250 दिन बाद पुन: पूर्व में अस्त हो जाता है यह क्रम चलता ही रहता है।

❑❑❑

तुलालग्न के स्वामी शुक्र का पौराणिक स्वरूप

दैत्यों के गुरु शुक्र का वर्ण श्वेत है। उनके सिर पर सुन्दर मुकुट तथा गले में माला है। वे श्वेत कमल के आसन पर विराजमान हैं। उनके चार हाथों में क्रमश: दण्ड, रुद्राक्ष की माला, पात्र तथा वरमुद्रा सुशोभित रहते है। शुक्राचार्य की दो पत्नियां हैं। एक का नाम 'गो' है जो पितरों की कन्या है, दूसरी पत्नी का नाम जयन्ती है, जो देवराज इन्द्र की पुत्री है। गो से इनको चार पुत्र हुए–त्वष्टा, वरूत्री, शंड और अमर्क। जयन्ती से देवयानी का जन्म हुआ।

शुक्राचार्य दानवों के पुरोहित हैं। ये योग के आचार्य हैं। अपने शिष्य दानवों पर इनकी कृपा सर्वदा बरसती है। इन्होंने भगवान शिव की कठोर तपस्या करके उनसे मृतसंजीवनी विद्या प्राप्त की थी। उसके बल से ये युद्ध में मरे हुए दानवों को जिन्दा करते थे (महाभारत आदि. 73/8)

मत्स्य पुराण के अनुसार शुक्राचार्य ने असुरों के कल्याण के लिए ऐसे कठोर व्रत का अनुष्ठान किया जैसा आज तक कोई नहीं कर सका। इस व्रत से इन्होंने देवाधिदेव शंकर को प्रसन्न कर लिया। शिव ने इन्हें वरदान दिया कि तुम युद्ध में देवताओं को पराजित कर दोगे और तुम्हें कोई नहीं मार सकेगा। भगवान शिव ने इन्हें धन का भी अध्यक्ष बना दिया। इसी वरदान के आधार पर शुक्राचार्य इस लोक और परलोक की सारी सम्पत्तियों के स्वामी बन गये।

महाभारत आदिपर्व (78/39) के अनुसार सम्पत्ति ही नहीं, शुक्राचार्य औषधियों, मंत्रों तथा रसों के भी स्वामी हैं। इनकी सामर्थ्य अद्‌भुत है। इन्होंने अपनी समस्त सम्पत्ति अपने शिष्य असुरों को दे दी और स्वयं तपस्वो-जीवन ही स्वीकार किया।

ब्रह्मा की प्रेरणा से शुक्राचार्य ग्रह बनकर तीनों लोकों के प्राण का परित्राण करने लगे। कभी वृष्टि, कभी अवृष्टि, कभी भय, कभी अभय उत्पन्न कर ये प्राणियों

के योग-क्षेम का कार्य पूरा करते हैं। ये ग्रह के रूप में ब्रह्मा की सभा में भी उपस्थित होते हैं। लोकों के लिए ये अनुकूल ग्रह हैं तथा वर्षा रोकने वाले ग्रहों को शान्त कर देते हैं। इनके अधिदेवता इन्द्राणी तथा प्रत्यधिदेवता इन्द्र हैं। मत्स्य पुराण (14/4) के अनुसार इनका वाहन रथ है, उसमें अग्नि के सामन आठ घोड़े जुते रहते हैं। रथ पर ध्वजाएं फहराती रहती हैं। इनका आयुध दण्ड है। शुक्र वृष और तुला राशि के स्वामी हैं तथा इनकी महादशा 20 वर्ष की होती है।

शुक्र ग्रह की शान्ति के लिए गो पूजा करनी चाहिए तथा हीरा धारण करना चाहिए। चांदी, सोना, चावल, घी, सफेद वस्त्र, सफेद चंदन, हीरा, सफेद अश्व, दही चीनी गौ और भूमि ब्राह्मणों को दान देनी चाहिए।

नवग्रह मण्डल में शुक्र का प्रतीक पूर्व में श्वेत पंचकोण है। शुक्र की प्रतिकूल दशा में इनकी अनुकूलता और प्रसन्नता हेतु वैदिक मंत्र–'ओउम् अन्नात्परिस्त्रुतो रसं ब्रह्मणा व्यपिबत् क्षत्रं पयः सोमं प्रजापतिः। ऋतेन सतयमिन्द्रियं विपान शुक्रमन्धस इन्द्रस्येन्द्रियमिदं पयोऽमृतं मधु।।' पौराणिक मंत्र–'हिमकुन्दमृणालाभं दैत्यानां परमं गुरुम्। सर्वशास्त्रप्रवक्तारम् भार्गवं प्रणमाम्यहम्।।' बीज मंत्र–'ओउम द्रां द्रीं द्रौं सः शुक्राय नमः', तथा सामान्य मंत्र 'ओउम शुं शुक्राय नमः' है। इनमें से किसी एक का नित्य एक निश्चित संख्या में जप करना चाहिए। कुल जप–संख्या 16000 तथा जप का समय सूर्योदयकाल है। विशेष वस्था में विद्वान ब्राह्मण का सहयोग लेना चाहिए।

ज्योतिषीय स्वरूप–हमारे शास्त्रों में लक्ष्मी की उत्पत्ति की तीन गाथाएं चल रहीं हैं। 1. समुद्र मंथन, 2, ज्वाला से उत्पत्ति, 3 भृगु कन्या के रूप में श्रीमाल पुराण में। ये तीनों कथायें रहस्यवाद व छायावाद से ओत-प्रोत होकर प्रतीकात्मक रही हैं। कथन का तात्पर्य है। 1. विचार मन्थन से सृजनात्मक शक्ति द्वारा श्री प्राप्ति 2. संगठनात्मक के तेज से लक्ष्मी को प्रकट करना। 3. भृगु की तपस्या से, तप से व ब्रह्मचर्य द्वारा लक्ष्मी प्राप्त करना। इन कथाओं में दो तत्त्व जल प्रकट होते हैं। इन दोनों का संबंध शुक्र से है। भृगु से लक्ष्मी के जन्म की कथा ने ही भृगु-शुक्र से लक्ष्मी का संबंध जोड़ा है।

ज्योषित शास्त्र में देव गुरु बृहस्पति को धन दायक ग्रह नहीं माना गया है। नैसर्गिक कुण्डली में भी भाग्य भवन खर्च के अधिपति गुरु हैं, अतः यह विद्यादायक हैं धन दायक नहीं है। जबकि शुक्र नैसर्गिक कुण्डली में धनेश बनता है। दोनों ही स्थान ऐश्वर्य और व्यापार से संबंधित हैं। ''व्यापारो वर्धते लक्ष्मीः'' व्यापार से लक्ष्मी बढ़ती है। ऐश्वर्य से शोभा बढ़ती है। अतः हमारे भृगु शुक्र का श्री से सम्पूर्ण संबंध है।

शुक्र का एक पर्यायवाचक नाम वन्त है। मदन है और कवि है। यह ऐश्वर्य का उपभोक्ता ग्रह है संजीवनी विद्या का सर्जक है, दैत्य गुरु है, दैत्य ही धन का

संग्रह करते थे। यह कर्म है। अत: मदन है। ऋतु बसन्त मदन उद्दीपक है। वीर्य ही संजीवनी है, वीर्य रक्षण ही प्रधान तत्त्व है। धर्नशास्त्रों की प्रत्येक क्रिया पुण्याहवाचन से प्रारम्भ होती है। उसमें ग्रहों के क्रम में "शुक्रोंगरको बृहस्पति शनैश्चर राहु केतु सोम संहिता आदित्याद्या सर्वेग्रहा+प्रीयन्ताम" का उद्घोष क्रम, क्रमश: शुक्र, मंगल, बुध, गुरु, शनि, राहु, केतु, सोम और सूर्य का चयन करता है। इसका मुख्य कारण वीर्य प्रधानता है। जब आप का वीर्य ही बलवान नहीं तो आप के जीवन में क्या रहेगा? न सुख का उपयोग कर सकेंगे न काम की प्रेरणा प्राप्त कर सकेंगे। गुरु वसा प्रधान ग्रह है जबकि शुक्र वीर्य प्रधान ग्रह है। अत: वीर्यवान व्यक्ति ही धन प्राप्त करने में समर्थ होता है। वीर्यवान बनने के लिए 25 वर्षों तक ब्रह्मचर्य आवश्यक है। अत: शुक्र से संबंधित भाग्योदय की आयु का 25वां वर्ष है। "नाय आत्मा बलहीनेन लम्य" आत्मा साक्षात्कारी भी बलहीन नहीं कर सकता अत: इस लोक में परलोक दोनों की प्राप्ति शुक्र की बलवत्ता से संभव मानी गई है। यही कारण रहा है कि धर्मशास्त्रों ने भी शुक्र को ही प्रमुख स्थान दिया।

शुक्र का विवेचन–शुक्र की दो राशियां उनकी अपनी हैं। 1. वृषभ और 2. तुला। वृषभ राशि में बैल का स्वरूप है तो तुला में तराजू हाथ में तौलते हुए मनुष्य का स्वरूप है।

अत: वृषभ लग्न हो चाहे राशि हो उसके जातक दृढ़ स्कंध वाले पाए जाएंगे। प्राय: गौर वर्ण से संबंधित होंगे। अपनी धुन के पक्के व कामी होंगे, ऐश्वर्यशाली बनेंगे। हठ पर दृढ़ रहेंगे। उनमें शासन क्षमता होगी भावुक होंगे और अनुचित कार्य पर पछतावा भी करेंगे। इनकी हंसी लुभावनी होगी। स्वार्थी तो होंगे पर अपने स्वार्थ के लिए दूसरों का कम नुकसान करेंगे। इनमें कुछ कला झगड़ने की भी पाई जाएगी।

जबकि तुला राशि शुक्र की मूल त्रिकोणीय राशि है। तुलालग्न व राशि वाले अगर किसी के लिए 10 रुपये खर्च करेंगे तो 100 का लाभ उठाना चाहेंगे। अपने स्वार्थ को साधने में दूसरों का भरपूर नुकसान कर देंगे। ये भी विलासी व व्यसनी होंगे पर व्यापारी क्रिया में दक्ष होने से मीठा बोल कर अपना काम निकालेंगे। इंसाफ पसंद, धीरज वाले धार्मिक भी होंगे। वे न्यायाधीश भी होगे।

शुक्र की उच्च राशि मीन जो जलग्रह है और नीच राशि कन्या अत: शुक्र प्रधान, जलविहार व घूमना पसंद करेंगे और स्त्रियों के प्रति उनका आकर्षण गहरा होगा। वे चरित्र भ्रष्ट भी बन सकते हैं। शुक्र पंच कोण का सितारा है। " पंच कोणेतु भार्गवे" ऐसा वर्णन है। यह दूर्वादल श्याम वर्ण का है न अधिक गोरा और न काला। गेहूंआ वर्ण कह सकते हैं।

लग्नस्थ शुक्र पर जब चंद्र व गुरु की दृष्टि हो तो वह गौर वर्ण का जातक होगा। अन्यथा कुछ कालापन लिए गेहुंआ रंग का होगा। लग्नस्थ शुक्र के पति-पत्नी में एक सा रंग कुछ कालापन का होगा। इसे चित्रभानु भी कहा गया है। अत: यह स्त्रियों जैसा आचरण करने वाला जातक होता है। स्त्रियोचित्त विभिन्न कपड़े पहनती रहती है। इसकी ऋतु बसंत है। बसंत ऋतु में ही प्राय: प्रकृति पुष्पित, सुरभित होती है। और काम उद्दीप्त होती है। इसकी देवी इंद्राणी व लक्ष्मी हैं। यह इंद्रिय है और ऐश्वर्यशाली है। वैभव सम्पन्न लोग ही भोग विलास का आनन्द उठाते हैं। इसकी दिशा पूर्व और दक्षिण है परन्तु अग्नि कोण मुख्य स्थान है। क्योंकि यह आर्द्र भी है, और आग भी है। इसमें जल व तेज का समन्वय है। इसकी जाति ब्राह्मण है। क्योंकि यह तपस्वी 25 वर्ष के ब्रह्मचर्य धारण से वीर्य परिपक्व होता है। यह रजोगुणी है, क्योंकि यह ग्रह भोग प्रधान ग्रह है। यह सदैव शुभ रहता है क्योंकि यह शुभ वर्ण का है इसमें गौरता प्रमुख पाई जाती है।

यह हमेशा मनोरंजन में आसन्न रहता है क्योंकि इसका जातक दर्शनीय शरीर वाला, सुन्दर नेत्र वाला, लहरीले केशों वाला तथा कफवान प्रधान प्रकृति वाला होता है जिस पर स्त्रियां आसक्त रहती हैं। यह कवि है, क्योंकि प्राकृतिक सौन्दर्य पर इसका अधिकार है प्रात: वेला में ही कवि व संगीतकार अपने काव्य व संगीत की साधना करते हैं।

शुक्र की बलवत्ता–प्राकृतिक कुण्डली में चतुर्थ स्थान चंद्र का है पर शुक्र 4थे भाव में बैठकर बली होता है। पुरुषों की कुण्डली, स्त्री राशियों में बैठा शुक्र जातक की कुण्डलियों में पुरुष राशि में बैठा शुक्र बलवान होता है।

चौथे भाव में शुक्र दिग्बली और 5वें भाव में हर्षबली होता है। शुक्र सप्तम भाव का कारक है। अत: सप्तमस्थ शुक्र शुभ फल नहीं देता है। ''कारको भावनाशाय'' ऐसा प्रसिद्धि है। सप्तम का शुक्र कामेच्छा बलवान करता है। शुक्र राशि के मध्य भाग में अपनी उच्च राशि में द्रेष्कोण में और नवांश कुण्डली में स्वगृह में दिन में तीसरे, चौथे, षष्ठ तथा व्यय स्थान में, तीसरे पहर में ग्रह मुहूर्त में चंद्र के साथ तथा वक्री ग्रह के साथ सूर्य के आगे गया हुआ बलवान होता है। परन्तु वक्री बुध के साथ शुक्र कर्म होता है। शुक्र का बल चंद्र तोड़ देता है। यह षष्ट स्थान में विफल रहता है। इसमें विवाद भी है।

शुक्र का उदयास्त–पूर्व का शुक्र, द्वितीय भाव लग्न और व्यय स्थान में होता है। पश्चिम का शुक्र छठवें, सातवें और आठवें स्थान में होता है।

द्वितीय भाव षष्ठ और सप्तम में यह नजर नहीं आता और लग्न, व्यय और अष्टम में दिखाई देता है। शुक्र पश्चिम की ओर उदय होता है तब यह सूर्य के पीछे

रहता है उस समय यह सांवला दिखाई देता है। जब शुक्र पूर्व की ओर हो तो सूर्य के आगे होता है इस समय यह अति तेजस्वी होता है। सूर्य के साथ बैठा शुक्र अस्त हो जाता है। शुक्र हमेशा सूर्य के आगे या पीछे घर में रहता है।

शुक्र के रत्न–शुक्र के रत्नों में मोती, हीरा व स्फटिक हैं। इसकी धातु सफेद सोना (प्लेटिनम) और चांदी है। निर्बल शुक्र को रत्न पहना कर बलवान किया जा सकता है।

शुक्र के फल

1. कन्या लग्न में नीच का शुक्र उत्तम वैभव देता है।
2. चतुर्थ स्थान में बैठा शुक्र किसी भी राशि में हो उसे उम्र सुख से गुजार देता है।
3. शुक्र धनदाता ग्रह है। शुक्र प्रधान व्यक्ति सुखी रहता है। शुक्र की दशा विंशोतरी में 20 वर्ष की होती है।
4. धन स्थान में शुक्र धनवान बनाता है।
5. तीनों लग्नों में 12वें गया शुक्र राजा के तुल्य धन देता है।
6. शनि+शुक्र का संबंध एक दूसरे का पूरक है।
7. शुक्र की महादशा में शनि की अन्तर्दशा, शनि की महादशा में शुक्र की अंतर्दशा धनु और मीन राशि व लग्न के जातकों को छोड़कर सभी को योग हीन बना देती है।
8. जिस भाव में शनि+शुक्र की युति होती है उस भाव के फल में प्राय: वृद्धि होती है। परन्तु 7वें भाव में यह व्यक्ति का चरित्र गिरा देती है।
9. चौथे भाव में शनि+शुक्र की युति अनेक स्त्रियों से धन प्राप्ति और दशम में हो तो राजा तुल्य वैभव देगी।
10. मकर व कुम्भलग्न में शुक्र योगकारक है। वहां शुक्र+शनि की युति ज्यादा लाभप्रद है।
11. तुला व वृष लग्नों में शनि+शुक्र युति विशेष फल नहीं करेगी। केवल शनि अकेला योग कारक होगा।
12. शुक्र से 4-8वें 12वें श., मं. या पाप ग्रह हो तो दाम्पत्य जीवन कष्टप्रद रहेगा, अगर शुभ दृष्ट हो तो और बात है।
13. मं.+शु समसप्तक हो तो कामी विशेष बना देगा।

14. वक्री ग्रह स. के साथ या अन्य वक्री ग्रह बुध को छोड़ कर बैठा शुक्र वैभव से पूर्ण करेगा।

15. शुक्र की एक पाद, द्विपाद, त्रिपाद या सम्पूर्ण दृष्टि से शून्य मंगल होगा तो संतान का अभाव रहेगा।

निर्बल शुक्र को शांत करने व बलवान करने के उपाय

1. श्री यंत्र का पूजन नित्य करें।
2. श्री सूक्त या लक्ष्मी स्रोत वा कनक धारा स्रोत का पाठ करें।
3. ब्राह्मणों द्वारा शुक्र व बाधक ग्रह के जाप करवाएं।
4. नित्य 1 मुट्ठी ताजे चावल सूर्योदय से पहले बनवाकर घी शक्कर डालकर सूर्योदय से पहले गौ को दें/ गौ पालतू न हो। सफेद व काली हो तो श्रेष्ठ। ऐसा 28 रोज करें।
5. हर शुक्र को मछलियों को चुग्गा दें।
6. बीमारी हो तो हर शुक्रवार मोरों को चने चुगाएं।
7. हर शुक्र, मंगल को कुत्तों को दूध और डबल रोटी देते रहें।
8. लेख में प्रदर्शित शुक्र के रत्न धारण करें।
9. मंदिर में हर शुक्र को सफेद वस्तु, दूध, दही, चावल या शक्कर का दान करें।
10. शुक्र की अनिष्टता के परिहारार्थ दूध, जवारी का दान सतत् करते रहें। भोजन के पूर्व थाली में परोसी सभी चीजें थोड़ी-थोड़ी निकालकर सफेद गाय या सफेद बैल को खिलाएं।
11. लग्न में स्थित शुक्र अनिष्ट हो एवं सप्तम तथा दशम स्थान में कोई ग्रह न हो तो ऐसे जातक का विवाह 25वें साल में होता है। विवाह के बाद वह कंगाल बनता है। उसकी पत्नी उसे छोड़ देती है। इस अनिष्टता को दूर करने के लिए घास (जवस) की चटनी बनाकर नित्य भोजन में लें। गोमूत्र रोज सेवन करें। सप्तधान्य इकट्ठा करके पंछियों को खिलाएं।
12. अनिष्ट शुक्र द्वितीय स्थान में और बृहस्पति 8, 9 या 10 में से किसी स्थान में हो तो जातक का वैवाहिक जीवन कलहपूर्ण रहता है। पत्नी नौकरी करती हो तो उसका चरित्र भ्रष्ट होता है। जातक जीवन भर दु:खी रहता है। जातक को गुप्त रोग एवं शीघ्र वीर्यपतन के विकार होते हैं। यह अनिष्टता दूर करने के लिए प्रवाल भस्म का सेवन करें।

13. अनिष्ट शुक्र पंचम स्थान में हो एवं राहु लग्न में या सप्तम स्थान में हो तो जातक कामातुर रहता है। उसकी संतान आज्ञाकारी नहीं रहती है। चोरी का डर रहता है। इस अनिष्टता के निवारण के लिए गाय की सेवा करें। स्वयं का चरित्र शुद्ध रखें। जातक स्त्री या पुरुष दोनों ही दही-दूध से अपने गुप्तांग स्वच्छ करें। इससे आय में बढ़ोत्तरी होकर जीवन सौभाग्यशाली बनेगा।

14. शुक्र अष्टम स्थान में हो तो अनिष्ट फल देता है। इस अनिष्टता को दूर करने के लिए सफेद सिक्का, चवन्नी, अठन्नी या रुपया सफेद पुष्प के साथ गंदे पानी में प्रवाहित करें। देवी के मंदिर में जाकर नित्य प्रार्थना करें।

15. नवम स्थान में शुक्र होने पर जातक धनी तथा उद्योगपति बनता है। उसकी बुद्धि की कुशाग्रता को बढ़ावा मिलता है। यदि नवमस्थ शुक्र अनिष्ट हो तो उसके शुभ फल न मिलकर अशुभ फल ही प्राप्त होंगे। इन अशुभ फलों की निवृत्ति के लिए चांदी के चौकोर टुकड़े कड़वे नीम के पेड़ के नीचे गाड़ दें। नवम स्थान में शुक्र के साथ चंद्र व मंगल हों तो गृह निर्माण के समय एक छोटे-से मिट्टी के पात्र में शहद भरकर यह मधुघट मकान की नींव में गाड़ दें।

16. बारहवें स्थान में शुक्र पत्नी के लिए अनिष्टकर होता है। इस अनिष्टता को दूर करने के लिए नीले या बैंगनी रंग के कुछ फूल संध्या समय जंगल में गाड़ दें।

17. बारहवें स्थान में शुक्र एवं 2, 6, 7, 12 में से किसी एक स्थान में राहु होने पर जातक की उम्र के 25वें साल तक स्थिति कष्टकारक रहती है। इस अनिष्टता को दूर करने के लिए काली गाय या भैंस पालें।

18. चांदी, चावल, चित्र-विचित्र रंग के वस्त्र, बछड़े सहित गाय, हीरा, रूपा, इसमें से जो संभव हो उसका दान करें।

19. वाघाटी की जड़ तावीज में धारण करें।

20. हर शुक्रवार को सफेद सीसा पानी नें डालकर स्नान करें।

शनि अनिष्ट से बचने हेतु टोटके

21. कुण्डली में शनि शुभ हो तो उसे और शुभ बनाने के लिए मकान में लोहे के फर्नीचर का इस्तेमाल करें। भोजन में काला नमक और काली मिर्च का प्रयोग करें। आंखों में काजल या काला सुरमा लगाएं।

22. शनि की अनिष्टता साढ़ेसाती या ढैय्या में होने वाले कष्ट कम करने के लिए भोजन के लिए थाली में परोसे सभी पदार्थ थोड़े-थोड़े अलग निकालकर रखें। यह पदार्थ कौओं को खिलाएं।

23. संतति प्राप्ति में शनि रोड़े अटकाता हो या अनिष्ट शनि के कारण गर्भपात होता हो तो ऐसी स्त्री भोजन पूर्व थाली में परोसे सभी पदार्थ से थोड़ा-थोड़ा अलग निकालकर काले कुत्ते को खिलाए।

24. अनिष्ट शनि की अनिष्टता निवारण के लिए सरसों या तिल का एवं शनि तेल का दान करें।

25. अनिष्ट शनि होने पर उस जातक के मकान का प्रवेश द्वारा पश्चिम दिशा में होता है। जातक की आयु के 36, 42, 45, 48वें साल क्लेशदायक बीतते हैं। शिक्षा पूर्ण नहीं होती। अपच की शिकायत रहती है। ऐसे जातक सुरमा खरीदकर जमीन में गाड़ दें। सुरमा एवं बड़ की जड़ दूध में उबालकर उसका तिलक स्वयं के माथे पर करें। इससे शरीर की मानसिक एवं आर्थिक अड़चनें दूर होती हैं।

26. चतुर्थ स्थान में शनि हो, ऐसे जातक रात को दूध न पीएं। क्योंकि दूध जहरीला बनकर शनि की अनिष्टता बढ़ाता है।

27. चतुर्थ स्थान में शनि हो तो ऐसे जातक काले सांप को दूध पिलाएं, भैंस को घास खिलाएं, मजदूरों को भोजन दें। हमेशा आर्थिक तंगी रहती हो तो कुएं में कच्चा दूध डालें।

❑❑❑

तुलालग्न की चारित्रिक विशेषताएं

तुलालग्न का स्वरूप

शीर्षोदयी द्युवीर्याढ्यरूतुलः कृष्णो रजोगुणी।
पश्चिमो भूचरो घाती शूद्रो मध्यतनुद्विपात् ॥15॥

—बृहत्पाराशरहोराशास्त्र/अ. 4/श्लो. 15

तुला शीर्षोदय, दिगबली, कृष्णवर्ण, रजोगुणी, पश्चिमवासी, भूमिचारी, हिंसक, शूद्रजाति, मध्यदेह है, इसका स्वामी शुक्र है॥15॥

देवब्राह्मणसाधुपूजनरतः प्राज्ञः शुचिः स्त्रीजितः
प्रांशु सोन्नतनासिकः कृशचलद्गात्रोऽटनोऽर्थान्वितः।
हीनांगः कय-विक्रयेषु कुशलो देवद्विनामा सरुग,
बन्धूनामुपकारकद् विरुषितस्त्यक्तश्च तैः सप्तमे॥1।7।

बृहज्जातकम् अ. 16/श्लो. 7

तुला में चंद्रमा रहने पर देवता, ब्राह्मणों व साधु सज्जनों का सत्कार करने वाला, बुद्धिमान, पवि आचरण करने वाला अर्थात् दूसरों की स्त्री व धनादि का अलोलुप, सत्याचारणशील, स्त्री द्वारा वश मे किया गया, ऊंचे कद वाला, ऊची नामक वाला, कमजोर एवं अस्वस्थप्राय शरीर वाला, यात्रा प्रेमी, धनी, अंगहीन, क्रय-विक्रय में कुशल, देवता वाचक किसी द्वितीय नाम वाला अर्थात् सामान्यतः दो नामों वाला, रोगी, अपने बंधु-बान्धवों का उपकार करने वाला किन्तु अपने ही बन्धुओं से तिरस्कृत व त्यक्त होता है।

तुलाविलग्ने तु नरः प्रसूतः स्वकर्मणा जीवति बुद्धिमांश्च।
विद्वत्प्रियः सर्वकलास्वभिज्ञश्चलस्वभावो वनिताजितश्च॥7॥

वृद्धयवन जातक अ. 24/श्लो. 7/पृ. 288

यदि जन्म समय में तुलालग्न विद्यमान हो तो मनुष्य बुद्धिमान, अपने कार्य में

संलग्न रहने वाला या पैतृक कार्य से जीविका कमाने वाला, विद्वानों का प्यारा, साभी कलाओं का जानकार, चंचल स्वभाव वाला, स्त्री से पराजित होने वाला होता है।

ललितवदननेत्रो राजपूज्यश्च विद्वान् मदनरतिविलोलः स्त्रीधनक्षत्रशाली।
विरलदशनमुख्यः शान्तबुद्धिर्विषादी चलमतिरतिभीरुर्जायते तौलिलग्ने।7।

–जातक पारिजात श्लो. 7/पृ. 678

सुन्दर चेहरा (मुखाकृति) और नेत्र, राजपूज्य (राजा से सम्मानित), विद्वान, स्त्रियों से रति के लिये जिसका चित्त चंचल रहे। स्त्री, धन और क्षेत्र (खेत, भूमि) से युक्त, विरल (परस्पर भिड़े हुए नहीं) दांत, मुख्य (प्रधान), शान्त बुद्धि, विषादी (किसी एक विचार पर दृढ़ न रहना अस्थिर मति का लक्षण है), अत्यन्त भीरु (डरपोक) हो।

कन्दर्परूपनिकपुणस्तुलादिभागेऽध्वसेवज्ञः।
श्यामकला पण्यरतो नियोगधीरः समेधावी ॥10॥

–सारावली पृ. 466/श्लो. 10

यदि जन्म लग्न में तुला राशि व तुला राशि का पहला द्रेष्काण हो तो जातक कामदेव के तुल्य स्वरूपवान, चतुर मार्ग सेवन की विधि का ज्ञाता, कृष्ण वर्ण, व्यापार में लीन, वियोग में धैर्यवान् और सुन्दर मेधावी होता है।

तुलालग्नोदये जातः सुधीः सत्कर्म जीविकः।
विद्वान सर्वकलाभिज्ञो धनाढ्यो जनपूजितः।।

–मानसागरी

तुलालग्न वाला जीव ज्ञानशील, विवेकी, सतकार्य युक्त, मान-सम्मान वाला, धनसम्पदाशील, अनेक कलाओं द्वारा जीवनयापन करने वाला, जनसमाज में पूज्य, वाणिज्य कार्य में कुशल रहे।

भोज संहिता

तुला राशि का स्वामी शुक्र है। शुक्र ऐश्वर्यशाली व विलास पूर्ण ग्रह है। गौर वर्ण, मध्यम कद तथा सुन्दर, आकर्षक चेहरा इस राशि वाले जातक के प्रारम्भिक लक्षण हैं।

यह राशि चर संज्ञक, वायु तत्त्व प्रधान व पश्चिम दिशा की स्वामिनी है। इसका प्राकृतिक स्वभाव वृष-तुल्य होते हुए भी विशेषतः इस राशि वाले जातक विचारशील, ज्ञानप्रिय, कुशल कार्य सम्पादक व राजनीतिज्ञ होते हैं।

इस राशि का चिह्न तुला (तराजू) है। तराजू दो वस्तुओं के संतुलन का परीक्षण करते हुए हल्की व भारी वस्तु का बोध कराती है। अत: इस राशि वाले व्यक्ति की संतुलन शक्ति बड़ी गजब की होती है। यदि आपका जन्म चित्रा नक्षत्र में है तो आप किसी भी व्यक्ति के मन की थाह पा लेते हैं। कोई व्यक्ति क्या कहना चाहता है ये बोलने से पहले ही उसके हृदय की बात समझ लेते हैं। अपनी इसी फुर्तीली निर्णयात्मक शक्ति के कारण आप शीघ्र ही लोगों पर छा जाते हैं। "तराजू" जैसे व्यापार का परिचायक है इस राशि वाले बड़े कुशल व्यापारी होते हैं तथा लोक व्यवहार में चतुर होने के कारण इनको व्यापारिक सफलता शीघ्र मिल जाती है।

तुला राशि पुरुष जाति सूचक व क्रूर स्वभाव राशि मानी जाती है। यदि आपका जन्म स्वाति नक्षत्र में है तो आपमें एक जबरदस्त व्यापारी के समस्त गुण विद्यमान हैं। आप सच्चा व खरा परीक्षण करने की क्षमता रखते है। आप सहज में ही किसी व्यक्ति के छलावे में नहीं आ सकते। आप राजनीति के क्षेत्र में भी सफलता प्राप्त कर सकते हैं। जन्मकुण्डली में यदि शुक्र की स्थिति अच्छी है तो कुशल अभिनेता भी बन सकते हैं।

नक्षत्र चरणानुसार फलादेश

रा-री	रू-रे-रो-ता	ती-तू-ते
चित्रा	स्वाति	विशाखा

चित्रार्द्धम् स्वाति विशाखा पादत्रयं तुला।

तुला नक्षत्र में चित्रा–मंगल+स्वाति–राहु+विशाखा–गुरु इन ग्रहों का समावेश है। तब ही तुला के सौन्दर्य का आकार विकसित होगा यह हमारा स्पष्ट ध्यातव्य है।

चित्रा नक्षत्र

चित्रासु चित्रांवरमाल्यधारी सुलोचनांग: पुरुष जात:।

चरण	नक्षत्रांश	राशि	नक्षत्र स्वामी	उ. नक्ष. स्वामी	अंश
तृतीय	0.00 से 3.20 शु.	शुक्र शुक्र शुक्र	मंगल मंगल मंगल	बुध केतु शुक्र	0.0.0 से 1.53.20 1.43.20 से 2.40.0 2.40.0 से 4.53.20
चतुर्थ	3.20 से 6.40 मं	शुक्र शुक्र	मंगल मंगल	सूर्य चंद्र	4.53.20. से 4.33.2 4.33.20 से 6.40.0

चंद्रमा जब चित्रा नक्षत्र में हो–चंद्रमा जब चित्रा नक्षत्र में स्थित हो तो जातक कई प्रकार के वस्त्र और मालाएं धारण करता है। उसकी आंखें और अंग सुन्दर होते हैं। मंगल का नक्षत्र होने से चित्रा के लिए मित्र है और शुभप्रद है।

चित्रा नक्षत्र तृतीय चरण में हो–चित्रा नक्षत्र तृतीय चरण में यदि चंद्र हो तो जातक परदारगामी होता है। यह पाद शुक्र का नक्षत्र है, स्वामी मंगल और शुक्र दोनों कामुक हैं। अत: परदारगामी होना उपयुक्त है।

चित्रा नक्षत्र चतुर्थ चरण में हो–चित्रा नक्षत्र चतुर्थ चरण में यदि चंद्र जन्म समय में हो तो जातक पीड़ित रहता है अर्थात् कोई चोट खाता रहता है। इस पाद का स्वामी मंगल है। इस नक्षत्र का स्वामी भी मंगल है। अत: मंगल का चंद्र पर बहुत प्रभाव रहेगा जिसके फलस्वरूप शरीर (चंद्र) पर चोट आदि का बहुधा लगना व्यक्त होगा।

आपके जन्म समय में तुला राशि उदित हो रही थी जिसका स्वामी शुक्र है। सामान्यतया तुला राशि में उत्पन्न जातक सुन्दर एवं दर्शनीय होते हैं तथा उनका व्यक्तित्व भी आकर्षक होता है जिससे अन्य लोग उनसे प्रभावित रहते हैं। उनकी प्रवृत्ति हास्यप्रिय होती है तथा बच्चों के प्रति इनके मन में प्रबल स्नेह का भाव विद्यमान रहता है। सुन्दर दृश्यों एवं वस्तुओं के प्रति भी इनमें आकर्षण रहता है। स्वाभाविक रूप से ये अन्य जनों को किसी भी प्रकार का कष्ट नहीं देते हैं तथा सबके साथ समानता का व्यवहार करते हैं जिससे समाज में ये सम्मानित, प्रतिष्ठित तथा प्रसिद्ध रहते हैं। कला के प्रति इनका भावनात्मक लगाव रहता है तथा अच्छे कार्यों से ये अपनी आजीविका अर्जित करते हैं। नीति ज्ञान में ये चतुर होते हैं अत: राजनीति के क्षेत्र में इनको नेतृत्व प्राप्त हो जाता है परन्तु इनका कोई निश्चित सिद्धान्त नहीं होता तथा समयानुसार ये परिवर्तन करते हैं।

अत: इसके प्रभाव से आपका शारीरिक सौष्ठव व्यक्तित्व आकर्षक होगा तथा अन्य जनों को प्रभावित करने में समर्थ होंगे। आपकी प्रवृत्ति हास्यप्रिय होगी तथा गम्भीरता आपको विशेष अच्छी नहीं लगेगी। बच्चों के प्रति आपके मन में स्नेह का भाव रहेगा तथा प्राकृतिक दृश्यों के प्रति आपके मन में आकर्षण रहेगा। साथ ही कला से आपका भावनात्मक संबंध रहेगा।

आप सभी लोगों से समानता का व्यवहार करेंगे तथा आपके मन में किसी भी प्रकार का भेदभाव नहीं रहेगा। अपने कार्यक्षेत्र में आपका प्रभाव रहेगा तथा आपके अधिकारी एवं सहयोगी आपसे प्रसन्न तथा संतुष्ट रहेंगे। आप किसी नवीन सिद्धान्त या ग्रंथ की भी रचना कर सकते हैं जिससे आपको यश की प्राप्ति होगी।

आप एक बुद्धिमान पुरुष होंगे तथा बुद्धिमत्ता से अपने सांसारिक कार्यों को सम्पन्न करेंगे तथा इनमें आपको इच्छित सफलताएं भी मिलती रहेंगी। आपकी प्रवृत्ति विलासी होगी तथा भौतिकता के प्रति अत्यधिक आकर्षण रहेगा जिस्से आपकी प्रवृत्ति काफी व्ययशील होगी। आपकी प्रवृत्ति भ्रमण प्रिय होगी तथा यात्रा आदि भी समय पर सम्पन्न करते रहेंगे। कला एवं संगीत में आप निपुण होंगे तथा कार्य करने में अत्यन्त ही दक्ष होंगे।

चंद्रमा स्वाति नक्षत्र में

दाता कृपालु प्रियवाक् धनी च धर्माश्रितः शीतकरेऽनिलर्क्षे।

चरण	नक्षत्रांश	राशि	नक्षत्र स्वामी	उ. नक्ष. स्वामी	अंश
प्रथम	6.40 से 10.0 गु.	शुक्र शुक्र	राहु राहु	राहु गुरु	6.40.0 से 8.40.0 8.40 से 10.26.40
द्वितीय	10.0 से 13.20 श.	शुक्र शुक्र	राहु राहु	शनि बुध	10.26.040 से 12.33.20 12.33.20 से 14.26.40
तृतीय	13.20 से 16.40 श.	शुक्र शुक्र	राहु राहु	केतु शुक्र	14.26.40 से 15.13.20 15.13.20 से 17.26.40
चतुर्थ	16.40 से 20.00 गु.	शुक्र शुक्र शुक्र	राहु राहु राहु	सूर्य चंद्र मंगल	17.26.40 से 18.6.40 18.5.40 से 19.13.20 19.13.20 से 20.00

चंद्रमा यदि स्वाति नक्षत्र में स्थित हो तो व्यक्ति दाता, कृपालु, मीठा बोलने वाला, धनी तथा धार्मिक होता है। यह उल्लेख उस फल से मिलता है जो कि जातक पारिजात ने इस सन्दर्भ में दिया है, हम इस फल से अधिक सहमत नहीं हैं। हमारी टिप्पणी जातक पारिजात से उद्धृत विवरण में देखिए।

स्वाति नक्षत्र के प्रथम चरण में चंद्रमा–स्वाति नक्षत्र प्रथम चरण में चंद्रमा के स्थित होने पर व्यक्ति चोर होता है। यहां नक्षत्र स्वामी राहु और पाद स्वामी गुरु है। राहु गुरु को बिगाड़ देगा और अपना फल देकर चोर बना देगा।

स्वाति नक्षत्र के द्वितीय चरण में चंद्रमा–स्वाति नक्षत्र के द्वितीय चरण में चंद्रमा के स्थित होने पर व्यक्ति की आयु थोड़ी होती है। इस पाद का स्वामी भी

शनि है। इस नक्षत्र का स्वामी राहु है, राहु और शनि दोनों चंद्र के शत्रु हैं। चंद्र लग्न रूप होने से आयु का प्रतिनिधि है। अत: दो पापी प्रभावों में आकर आयु को अल्प करता है।

स्वाति नक्षत्र के तृतीय चरण में चंद्रमा–स्वाति नक्षत्र के तृतीय चरण में चंद्रमा के स्थित होने पर जातक धार्मिक होता है। इस पाद का स्वामी भी शनि है। नक्षत्र का स्वामी राहु है। राहु और शनि चंद्र पर प्रभाव डालकर धार्मिक कैसे बना सकते हैं यह विचारणीय विषय है। हां, वैराग्यवान अवश्य बना सकते हैं, क्योंकि चंद्र का मन है और शनि और राहु दोनों वैराग्य के प्रतिनिधि हैं।

स्वाति नक्षत्र के चतुर्थ चरण में चंद्रमा–स्वाति नक्षत्र के चतुर्थ चरण में चंद्रमा के स्थित होने पर जातक राजा होता है। इस चरण का स्वामी गुरु है। नक्षत्र यद्यपि राहु का है, परन्तु ऐसा लगता है कि राहु यहां गुरु के प्रभाव में आ गया है और चंद्र और गुरु मिलकर राजयोग का फल कर रहे हैं। परन्तु यह विचारणीय है कि कहीं राहु गुरु को बिगाड़ कर उल्टा फल तो न करेगा।

आपमें सहनशीलता का भाव विद्यमान होगा तथा धैर्यपूर्वक कार्यों को सम्पन्न करके उसमें सफलता की प्रतीक्षा करने मे समर्थ होंगे। साथ ही सरकार या उच्चाधिकारी वर्ग से आपको समय-समय पर धनार्जन होता रहेगा। आपमें शारीरिक बल की भी प्रचुरता रहेगी फलत: परिश्रम एवं पराक्रम का प्रदर्शन करके आप जीवन में मनोवांछित सफलताओं को अर्जित करेंगे जिससे समाज में आपका प्रभाव रहेगा तथा सभी लोग आपका आदर करेंगे। साथ ही यश भी दूर-दूर तक व्याप्त रहेगा। धर्म के प्रति आपके मन में पूर्ण श्रद्धा रहेगी तथा अवसरानुकूल आप धार्मिक कृत्यों को विनयपूर्वक सम्पन्न करेंगे। जिससे आपको मानसिक शान्ति की अनुभूति होगी। मित्र वर्ग के मध्य आप प्रिय एवं आदरणीय रहेंगे तथा उनसे आपको वांछित लाभ एवं सहयोग मिलता रहेगा।

चंद्रमा विशाखा नक्षत्र में

ईर्ष्युर्नर: कान्तियुतोऽतिलुब्धो द्विदैवते वाक्चतुर: कुलेप्सु।

चंद्रमा जब जन्म कुण्डली में विशाखा नक्षत्र में हो मनुष्य ईर्ष्या करने वाला, सुन्दर कान्ति वाला होता है। यह फलादेश भी जातक पारिजात में दिए फलादेश से बहुत कुछ मिलता-जुलता है। इस सन्दर्भ में हमारी टिप्पणी वहां देखिए।

विशाखा नक्षत्र के प्रथम चरण में यदि जन्म समय में चंद्रमा स्थित हो तो जातक नीति को जानने वाला होता है। यह पाद मंगल ग्रह का है और नक्षत्र है गुरु का।

चरण	नक्षत्रांश	राशि	नक्षत्र स्वामी	उ. नक्ष. स्वामी	अंश
प्रथम	20.0 से 23.20 मं.	शुक्र शुक्र	गुरु गुरु	गुरु शनि	20.0.0 से 21.46.40 21.46.40 से 23.53.20
द्वितीय	23.20 से 26.40 शु.	शुक्र शुक्र	गुरु गुरु	बुध केतु	23.53.20 से 25.46.50 25.46.40 से 26.33.20
तृतीय	26.40 से 30.0 बु.	शुक्र शुक्र	गुरु	शुक्र सूर्य चंद्र	26.33.20 से 28.46.40 28.46.40 से 29.26.40 29.26.40 से 30.0.0

अत: चंद्र पर गुरु और मंगल राजकीय तथा तर्कशील ग्रहों का प्रभाव पड़ेगा जिसके फलस्वरूप मनुष्य नीति में निपुण होगा।

विशाखा नक्षत्र के द्वितीय चरण में जन्म के समय चंद्र स्थित हो तो जातक शास्त्रवेत्ता अर्थात् शास्त्रों को जानने वाला होता है। इस पाद का स्वामी शुक्र है। इस नक्षत्र का स्वामी गुरु है। दोनों आचार्य हैं, विद्वान हैं, इसलिए शास्त्रवेत्ता कहा। दोनों का प्रभाव लग्नरूप चंद्र पर पड़ेगा ही।

यदि आपका जन्म ''विशाखा'' नक्षत्र में हुआ है तो शारीरिक श्रम न तो आपके वश की बात है और न ही उससे आपका भाग्योदय हो सकता है। इसके विपरीत मानसिक श्रम से आप लाभ उठा सकते हैं। आप वाक पटु हैं। सेल्समैन शिप आपके लिए सर्वथा लाभप्रद है। ब्लैक मार्केटिंग से भी आपका संबंध हो सकता है। सेक्स के मामले में आप बहुत ही रंगीले व्यक्ति हैं। लड़कियां सहज ही आपकी ओर आकर्षित हो जाती हैं, और इस बात का आपने हमेशा फायदा उठाया है।

यदि आपका जन्म 17 अक्टूबर से 13 नवम्बर के बीच में हुआ है तो आपका आत्मबल कमजोर है। इन दिनों सूर्य तुला राशि पर भ्रमण करता है। पराशर के मतानुसार ''तुला का सूर्य'' 1000 राजयोग नष्ट करता है। ऐसे व्यक्तियों की दिमागी उपज बहुत तेज होती है तथा कला, विज्ञान व मशीनरी कार्य में रुचि रखते हैं। जीवन के 24 वर्ष के पश्चात् इनका भाग्योदय होता है। बाल्यपन में जीवन निरुद्देश्य व लापरवाही से ही बीतेगा तथा माता-पिता से भी कुछ मनमुटाव रहेगा। विशेषकर पिता के साथ।

तुला राशि वाले व्यक्ति को विवाह से धन प्राप्ति के अवसर बनते हैं तथा विवाहोपरान्त इनके जीवन में कुछ महत्वपूर्ण परिवर्तन देखे जा सकते हैं। समुद्री यात्रा

आपके लिए कोई विशष लाभप्रद नहीं है।

शुक्र एक विलासी, शीतल व सौम्य ग्रह है। यह रात्रि को हल्की श्वेत झलकदार किरणें बिखेरता है। अत: श्वेत रंग व साफ सुथरी व ऐश्वर्य प्रधान वस्तुओं का व्यापार आपके अनुकूल कहा जा सकता है। आपका सदा सर्वदा अनुकूल रत्न ''हीरा'' है।

तुलालग्न स्त्री जातक

इस लग्न में जन्मी कन्या वैसे तो काफी सुंदर होती है परन्तु गर्दन कुछ छोटी होना स्वाभाविक है। वह चंचल स्वभाव की होगी, माता-पिता आदि गुरुजनों की भक्त होगी। उपकार को मानने वाली धर्मशीला। वर्ष पर्यन्त तीर्थयात्रा करने वाली दर्शनीय स्थानों को देखने की इच्छुक और कुल के अनुसार अच्छे धन वाली होती है। बचपन से ही यह प्रिय वचन बोलने में कुशल होती है। उसके मस्तक पर प्राय: तिल होता है। शरीर में कभी-कभी दर्द बना रहता है। इसके लिए हर शनिवार शुभ होता है। साथी कम व शत्रु अधिक होते हैं। प्रकृति पित्त की होती है। संतान अधिक होती है। वर्ष 2 में अग्नि, 8वें जल भय रहता है। वर्ष 15, 18, 22 में कष्ट होते हैं। उम्र लम्बी होती है। 70 से ऊपर जा सकती है। जातक की मृत्यु किसी प्रियजन के वियोग का आघात लगने से या ज्यादा उपवास व्रतों से कफ द्वारा होती है।

तुलालग्न के शुभाशुभ फल

- ❑ लग्नेश शुक्र फल। शुक्र अष्टमेश है इसका दोष भी है। अत: कुछ पापी है अत: यह सम फल प्रदान करेगा।
- ❑ धनेश, सप्तमेश मंगल मारक भी है। साथ में गुरु योग हो तो ज्यादा मारक होगा।
- ❑ तृतीयेश षष्ठेश गुरु पाप फल करता है, मारक भी बन जाता है।
- ❑ चतुर्थेश, पंचमेश शनि शुभ फलकर्ता है। तुलालग्न में शनि योगकारक होता है। वृषलग्न से भी ज्यादा शुभ होता है। यह शनि जहां बैठेगा वहां उस भाव के फल में वृद्धि करेगा।
- ❑ भाग्येश द्वादशेश बुध है, शुभ फल देता है।
- ❑ दशमेश चंद्र पाप फलदाता है। यदि बलवान तिथि का हो तो मध्य का फल और चंद्र+बुध योग बना हो तो शुभ फल देगा। चंद्रमा को केन्द्राधिपति दोष है।

- एकादशेश सूर्य पापी है। चर लग्न होने से यह सूर्य बाधक भी है।
- इस लग्न में चंद्र+बुध ही राजयोगकर्त्ता है। सफलयोग युति–1. शुक्र+शनि, 2. शनि अकेला, 3. बुध+शनि, 4. शनि+चंद्र, 5. चंद्र+बुध, 6. बुध+शुक्र, 7. मंगल+शनि।

रोग

- यह कालपुरुष का सातवां स्थान है। अत: गुप्तेन्द्रिय है। अत: तुला राशि शुक्र एवं सप्तम भाव या सप्तमेश पाप प्रभाव में हो तो गुप्तेन्द्रियों के रोग होंगे।
- लग्न में मंगल और सातवें गुरु हो तो उच्च रक्तचाप रहेगा।

राजयोग

- लग्न में शनि शश योग देगा।
- लग्न में शुक्र मालव्य योग करेगा।
- चौथे शनि शश योग करेगा।
- सातवें मंगल रूचक योग करेगा।
- शनि लग्न में दसवें चंद्र में हो तो राजयोग होगा।
- दसवें चंद्र+शनि योग हो तो उत्तम राजयोग बनेगा।
- चं+बु की युति भी राजयोग करेगी।

विलम्ब विवाह योग

कर्क या सिंह का शुक्र विलम्ब से विवाह करायेगा। एक बार निश्चित शादी छुड़वा कर फिर विवाह होगा।

स्वरूप

- लम्बा कद या औसत लम्बा कद होगा।
- चेहरा थोड़ा-सा लम्बाई लिए, नाक-नक्श सुंदर।
- गौण वर्ण होगी। नजाकत वाली हो, चंद्र लग्न में सुंदर, शुक्र लग्न में या तो स्वयं गौर हो पति गेहुंआ हो या स्वयं गेहुंए रंग वाली हो तो पति गौर वर्ण मिलेगा।
- मोटी नासिका, लम्बी आकृति, सुंदर नेत्र।

- ❑ चेहरे पर लावण्यतामय आकर्षकता रहेगी।
- ❑ दांत सुंदर सफेद चमक वाले।
- ❑ सीना चौड़ा होगा। रूप में यौवनमद रहेगा, स्तन कुछ कठोर पर अति सुंदर होंगे।
- ❑ कफ प्रधान प्रकृति होगी। चंचल हो, स्वभाव लचीला होगा।

विशेषताएं

- ❑ विलासी शौकीन हो। व्यसनप्रिय हो। ऐश्वर्य पूर्ण हो। सेक्स के मामले में अत्यधिक रंगीली होगी।
- ❑ स्वयं को आकर्षक व दूसरों को भी आकर्षित करने का प्रयत्न हो। घूमने की शौकीन होगी।
- ❑ अपना मतलब सिद्ध करने व दूसरों से धन ग्रहण की प्रवृत्ति होगी।
- ❑ अपना स्वार्थ साधते वक्त दूसरों के हितों की परवाह न करें। 10 रु. खर्च करें तो 100 रुपये वसूलने की प्रवृत्ति हो।
- ❑ गप्प मारने व झूठ बोलने में रुचि ज्यादा होगी। मीठा बोलकर काम निकाले।
- ❑ देव, ब्राह्मण, गुरु भक्त हो व इंसाफ पसंद हो, धार्मिक होगी।
- ❑ मस्तिष्क क्रियाशील, बुद्धि संतुलित, ज्ञानप्रिय, कुशाग्र बुद्धि दक्ष राजनीतिज्ञ व सम्पादिका भी हो सकती है।
- ❑ खरीद फरोख्त में अति होशियार, कुशल व्यापारी व व्यवसायिक सफलता शीघ्र प्राप्त करेगी।
- ❑ भाग्योदय देर से होगा। संतान भी सीमित होगी।
- ❑ कला कौशल, विज्ञान व मशीनरी के कामों में रुचि होगी।
- ❑ नौकरी करे तो सेक्रेटरी, न्यायाधीश, निर्देशक हो व पुस्तक लेखिका, काव्यप्रेमी, साहित्य प्रेमी हो। स्मगलर, अभिनेत्री, पंच, सरपंच, प्रधानमंत्री आदि उत्तम पद पाती है।
- ❑ शुक्र बलवान हो व बुध गुरु से प्रभावित हो तो सत्यप्रिय तथा धार्मिक एवं दीर्घायु होवें। शुक्र ज्यादा पाप प्रभावी हो तो अल्पायु।

तुलालग्न में रत्न धारण का वैज्ञानिक विवेचन

1. माणिक्य–तुलालग्न की कुण्डली में सूर्य जो लग्नेश शुक्र का शुत्र है, एकादश (लाभ) भाव का स्वामी है। इस लग्न के जातक के माणिक्य केवल सूर्य

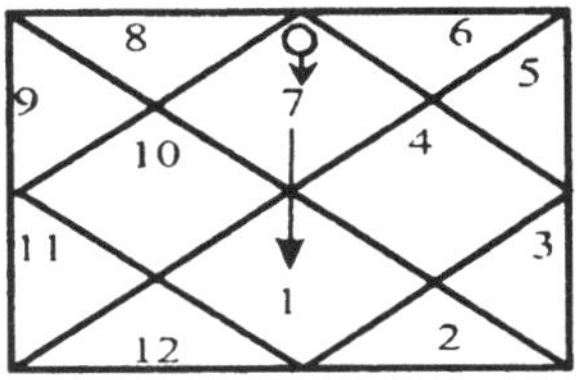

की महादशा में धारण करना आर्थिक लाभ के लिये शुभ फलदायक होगा।

2. मोती—कन्या लग्न में चंद्र दशम भाव का स्वामी होता है। यद्यपि चंद्र और लग्नेश मित्र नहीं है। परन्तु तुलालग्न वाले को मोती धारण करने से राज्य-कृपा, यश, मान-प्रतिष्ठा प्राप्त होती है। नौकरी या व्यवसाय में उन्नति होती है। महादशा में मोती धारण बड़ा लाभदायक होता है।

3. मूंगा—तुलालग्न में मंगल द्वितीय भाव में स्वराशि में हो तो मंगल की महादशा में यदि उनकी मृत्यु का समय निकट न आ गया हो तो मूंगा धारण करके धन-लाभ प्राप्त किया जा सकता है।

4. पन्ना—तुलालग्न के लिए नवम और द्वादश भावों का स्वामी होता है। द्वादश में उसकी मूल त्रिकोण राशि पड़ती है। परन्तु जब भी नवम त्रिकोण का स्वामी होने के कारण बुध इस लग्न के लिए शुभ ग्रह माना गया है। इसके जातक के पन्ने को हीरे के साथ धारण करना चाहिए।

5. पुखराज—तुलालग्न के लिए बृहस्पति व षष्ठ का स्वामी होने के कारण शुभ ग्रह माना गया है। इसके अतिरिक्त लग्नेश मंगल और वृहस्पति परस्पर मित्र हैं। अत: वृश्चिक लग्न के जातकों को पीला पुखराज तथा तुलालग्न के जातक को यह धारण नहीं करना चाहिए।

6. हीरा—तुलालग्न के लिए शुक्र लग्न का स्वामी है। अत: इस लग्न के जातक को हीरा धारण करने से स्वास्थ्य लाभ, आयु में वृद्धि, यश, मान तथा भाव शुक्र की महादशा में धारण करने में अति लाभकारी होगा। आपका जीवन रत्न हीरा है। शुक्र अष्टमेश है पर लग्नेश को अष्टमेश का दोष नहीं लगता।

7. नीलम—तुलालग्न के लिए चतुर्थ और पंचम का स्वामी होने के कारण अत्यन्त शुभ और योगकारक ग्रह माना गया है। यह लग्नेश शुक्र का अभिन्न मित्र है। अत: इस लग्न का जातक इस रत्न को धारण करके सब प्रकार सुख प्राप्त कर सकता है। शानि की महादशा में यह विशेष रूप से फलदायी होता है। लग्नेश शुक्र का रत्न हीरा या नवम् भाव के स्थाई बुध का रत्न पन्ना है।

विशिष्ट उद्देश्यपूरक संयुक्त रत्न

1. **सन्तान हेतु**—नीलम सवा पांच रत्ती, जिरकॉन सवा पांच रत्ती।
2. **भाग्योदय हेतु**—पन्ना सवा चार रत्ती, हीरा सवा चार रत्ती।

3. आरोग्य हेतु–सवा आठ रत्ती जिरकॉन चांदी में शुक्र यंत्र के साथ।

4. स्थाई लक्ष्मी हेतु–मूंगा सवा चार रत्ती, हीरा (जिरकॉन) सवा चार रत्ती, पन्ना सवा चार रत्ती बीसा यंत्र में धारण कर लॉकेट गले में पहने। अथवा नीलम सवा पांच रत्ती, पन्ना सवा पांच रत्ती भी त्रिधातु में पहन सकते हैं।

नक्षत्रों के बारे में सम्पूर्ण जानकारी

क्र.	नक्षत्र	नक्षत्र अक्षर	राशि	स्वामी	योनि	गण	वर्ण	भुजा	हंस	नाड़ी	वश्य	पाया	वर्ग	जन्म दशा	दशा धर्म
1	अश्विनी	चू,चे,चो,ला	मेष	मंगल	अश्व	देव	क्षत्री	पूर्व	अग्नि	आद्य	चतु.	सोना	सिंह 3 हि. 1	केतु	7
2.	भरणी	ली,लू,ले,लो	मेष	मंगल	गज	मनु.	क्षत्री	पूर्व	अग्नि	मध्य	चतु.	सोना	हिरण	शुक्र	20
3.	कृतिका	अ	मेष	मंगल	मींढा	राक्षस	क्षत्री	पूर्व	अग्नि	अन्त्य	चतु.	सोना	गरूड़	सूर्य	6
3.	कृतिका	इं,उ,ए	वृष	शुक्र	मींढा	राक्षस	वैश्य	पूर्व	भूमि	अन्त्य	चतु.	सोना	गरूड़	सूर्य	6
4.	रोहिणी	ओ,वा,वी,वु	वृष	शुक्र	सर्प	मनु.	वैश्य	पूर्व	भूमि	अन्त्य	चतु.	सोना	ग. 1 हि. 3	चन्द्र	10
5.	मृगशिरा	वे,वो	वृष	शुक्र	सर्प	देव	वैश्य	पूर्व	भूमि	मध्य	चतु.	सोना	हिरण	मंगल	7
5.	मृगशिरा	का,की	मिथुन	बुध	सर्प	देव	शूद्र	पूर्व	वायु	मध्य	द्विप	सोना	बिलाड़	मंगल	7
6.	आर्द्रा	कु,घ,ङ,छ	मिथुन	बुध	श्वान	मनु.	शूद्र	मध्य	वायु	आद्य	द्विप	चांदी	बि. 2 सि.1	राहु	18
7.	पुनर्वसु	के,को,ह	मिथुन	बुध	मार्जार	देव	शूद्र	मध्य	वायु	आद्य	द्विप	चांदी	बि.2 मी. 1	गुरू	16
7.	पुनर्वसु	ही	कर्क	चन्द्र	मार्जार	देव	विप्र	मध्य	जल	आद्य	द्विप	चांदी	मींढा	गुरू	16
8.	पुष्य	हु,हे,हो,डा	कर्क	चन्द्र	मींढा	देव	विप्र	मध्य	जल	मध्य	द्विप	चांदी	मि. 3 श्वा. 1	शनि	19
9.	आश्लेषा	डी,डु,डे,डो	कर्क	चन्द्र	मार्जार	राक्षस	विप्र	मध्य	जल	आद्य	द्विप	चांदी	श्वान	बुध	17
10.	मघा	मा,मी,मू,मो	सिंह	सूर्य	मूषक	राक्षस	क्षत्रीय	मध्य	वायु	आद्य	चतु.	चांदी	मूषक	केतु	7
11.	पूर्व फा.	मो,टा,टी,टू	सिंह	सूर्य	मूषक	मनुष्य	क्षत्रीय	मध्य	वायु	मध्य	चतु.	चांदी	मि. 3 श्वा. 3	शुक्र	20
12	उ. फा.	टे	सिंह	सूर्य	गौ	मनुष्य	क्षत्रीय	मध्य	वायु	आद्य	चतु.	चांदी	श्वान	सूर्य	6
12.	उ. फा.	टो,पा,पी	कन्या	बुध	गौ	मनुष्य	वैश्य	मध्य	भूमि	आद्य	द्विपद	चांदी	श्वा. 1 मू. 2	सूर्य	6
13.	हस्त	पू,ष,ण,ठ	कन्या	बुध	भैंस	देव	वैश्य	मध्य	भूमि	आद्य	द्विपद	चांदी	मी. 1 मी. 1 श्वा. 2	चन्द्र	10
14.	चित्रा	पे,पो	कन्या	बुध	व्याघ्र	राक्षस	वैश्य	मध्य	भूमि	मध्य	द्विपद	चांदी	मूषक	मंगल	7
14.	चित्रा	रा,री	तुला	शुक्र	व्याघ्र	राक्षस	शूद्र	मध्य	वायु	मध्य	द्विपद	चांदी	मूषक	मंगल	7
15.	स्वाति	रू,रे,रो,ता	तुला	शुक्र	भैंस	देव	शूद्र	मध्य	वायु	अन्त्य	द्विपद	चांदी	हि. 3 सर्प 1	राहु	18
16.	विशाखा	ती,तू,ते	तुला	शुक्र	मध्य	राक्षस	शूद्र	मध्य	वायु	अन्त्य	द्विपद	ताम्बा	सर्प	गुरू	16
16.	विशाखा	तो	वृश्चिक	मंगल	मध्य	राक्षस	विप्र	मध्य	जल	अन्त्य	कीट	ताम्बा	सर्प	गुरू	16
17.	अनुराधा	ना,नी,नू,ने	वृश्चिक	मंगल	मृग	देव	विप्र	मध्य	जल	व्याघ्र	कीट	ताम्बा	सर्प	शनि	19
18.	ज्येष्ठा	नो,या,यी,यु	वृश्चिक	मंगल	मृग	राक्षस	विप्र	अन्त्य	जल	आद्य	कीट	ताम्बा	सर्प 1 हिरण 3	बुध	17
19.	मूल	ये,यो,भा,भी	धनु	गुरू	श्वान	राक्षस	क्षत्रीय	अन्त्य	अग्नि	आद्य	द्विपद	ताम्बा	हि. 2 मूषा 2	केतु	7
20.	पूर्वाषाढ़ा	भू,धा,फा,ढा	धनु	गुरू	कपि	मनुष्य	क्षत्रीय	अन्त्य	अग्नि	मध्य	द्विपद	ताम्बा	1 मृ 1 स 1 मृ2 कु	शुक्र	20
21.	उ. षा.	भे	धनु	गुरू	नकुल	मनुष्य	क्षत्रीय	अन्त्य	अग्नि	अन्त्य	द्विपद	ताम्बा	मूषक	सूर्य	6
21.	उ. षा.	भो,जा,जी	मकर	शनि	नकुल	मनुष्य	वैश्य	अन्त्य	भूमि	अन्त्य	चतु.	ताम्बा	1 मू. 2 मिं.	सूर्य	6
22.	अभिजित्	जू,जे,जो,खा	मकर	शनि	नकुल	मनुष्य	वैश्य	अन्त्य	भूमि	अन्त्य	चतु.	ताम्बा	सि. 3 वि. 1	×	×
23.	श्रवण	खी,खू,चो,खो	मकर	शनि	कपि	देव	वैश्य	अन्त्य	भूमि	अन्त्य	चतु.	ताम्बा	बिलाड़	चन्द्र	10
24.	धनिष्ठा	गा,गी	मकर	शनि	सिंह	राक्षस	वैश्य	अन्त्य	भूमि	मध्य	चतु.	ताम्बा	बिलाड़	मंगल	7
24.	धनिष्ठा	गू. गे	कुम्भ	शनि	सिंह	राक्षस	शूद्र	अन्त्य	वायु	मध्य	द्विपद	ताम्बा	बिलाड़	मंगल	7
25.	शतभिषा	गो,सा,सी,सू	कुम्भ	शनि	अश्व	राक्षस	शूद्र	अन्त्य	वायु	आद्य	द्विपद	लोहा	1 वि. 3 मी	राहु	18
26.	पूर्वा भा.	से,सो,द	कुम्भ	शनि	सिंह	मनुष्य	शूद्र	अन्त्य	वायु	आद्य	द्विपद	लोहा	2 मी. 2 सर्प	गुरू	16
26.	पूर्व भा.	दी	मीन	गुरू	सिंह	मनुष्य	विप्र	अन्त्य	जल	आद्य	जल	लोहा	सर्प	गुरू	16
27.	उ. भा.	दु,थ,झ,ञ	मीन	गुरू	गौ	मनुष्य	विप्र	अन्त्य	जल	मध्य	जल	लोहा	2 सर्प 2 सिंह	शनि	19
28.	रेवती	दे,दो,चा,ची	मीन	गुरू	गज	देव	विप्र	पूर्व	जल	अन्त्य	जल	सोना	2 सर्प 2 सिंह	बुध	17

नक्षत्रों के अनुसार ग्रहों की शत्रुता-मित्रता पहचानने की टेबुल

क्र.	नक्षत्र	देवता	नक्षत्र स्वामी	सूर्य	चन्द्र	मंगल	बुध	गुरु	शुक्र	शनि	राहु	केतु
1	अश्विनी	अश्विन	केतु	शत्रु	शत्रु	मित्र	शत्रु	मित्र	मित्र	शत्रु	मित्र	स्व
2.	भरणी	यम	शुक्र	शत्रु	महाशत्रु	सम	मित्र	शत्रु	स्व	सम	मित्र	मित्र
3.	कृतिका	अग्नि	सूर्य	स्व	मित्र	सम	मित्र	मित्र	शत्रु	महाशत्रु	शत्रु	शत्रु
4.	रोहिणी	ब्रह्मा	चन्द्र	मित्र	स्व	मित्र	शत्रु	मित्र	शत्रु	शत्रु	शत्रु	शत्रु
5.	मृगशिरा	चन्द्र	मंगल	मित्र	मित्र	स्व	शत्रु	मित्र	सम	सम	शत्रु	शत्रु
6.	आर्द्रा	रुद्र	राहु	शत्रु	शत्रु	शत्रु	मित्र	सम	मित्र	मित्र	स्व	मित्र
7.	पुनर्वसु	अदिति	बृहस्पति	मित्र	मित्र	मित्र	शत्रु	स्व	शत्रु	सम	सम	सम
8.	पुष्य	बृहस्पति	शनि	शत्रु	शत्रु	शत्रु	मित्र	सम	मित्र	स्व	मित्र	मित्र
9.	आश्लेषा	सर्प	बुध	मित्र	शत्रु	सम	स्व	सम	मित्र	सम	सम	सम
10.	मघा	पितारस	केतु	शत्रु	महाशत्रु	मित्र	शत्रु	मित्र	मित्र	शत्रु	मित्र	स्व
11.	पूर्व फा.	भग	शुक्र	शत्रु	महाशत्रु	सम	मित्र	शत्रु	स्व	स्म	मित्र	मित्र
12	उ. फा.	अर्पमण	सूर्य	स्व	मित्र	सम	मित्र	मित्र	शत्रु	महाशत्रु	शत्रु	शत्रु
13.	हस्त	आदित्य	चन्द्रमा	मित्र	स्व	मित्र	शत्रु	मित्र	शत्रु	शत्रु	शत्रु	शत्रु
14.	चित्रा	त्वसत्व	मंगल	मित्र	मित्र	स्व.	शत्रु	मित्र	सम	सम	शत्रु	शत्रु
15.	स्वाति	वायु	राहु	शत्रु	शत्रु	शत्रु	मित्र	सम	मित्र	मित्र	स्व.	मित्र
16.	विशाखा	इन्द्राग्नि	बृहस्पति	मित्र	मित्र	शत्रु	शत्रु	स्व.	शत्रु	सम	सम	सम
17.	अनुराधा	मित्र	शनि	शत्रु	शत्रु	शत्रु	मित्र	सम	मित्र	स्व.	मित्र	मित्र
18.	ज्येष्ठा	इन्द्र	बुध	मित्र	शत्रु	सम	स्व.	सम	मित्र	शत्रु	शत्रु	सम
19.	मूल	नैऋति	केतु	शत्रु	शत्रु	मित्र	शत्रु	मित्र	मित्र	शत्रु	मित्र	स्व.
20.	पूर्वाषाढ़ा	जल	शुक्र	शत्रु	महाशत्रु	सम	मित्र	शत्रु	स्व.	सम	मित्र	मित्र
21.	उ. षा.	विश्वदेव	सूर्य	स्व	मित्र	सम	मित्र	मित्र	शत्रु	महाशत्रु	शत्रु	शत्रु
22.	श्रवण	विष्णु	चन्द्र	मित्र	स्व	मित्र	शत्रु	मित्र	शत्रु	शत्रु	शत्रु	शत्रु
23.	धनिष्ठा	अष्टवसु	मंगल	मित्र	मित्र	स्व.	शत्रु	मित्र	सम	सम	शत्रु	शत्रु
24.	शतभिषा	वरुण	राहु	शत्रु	शत्रु	शत्रु	मित्र	सम	मित्र	मित्र	स्व	मित्र
25.	पूर्वा भा.	अनेकपाद	बृहस्पति	मित्र	मित्र	मित्र	शत्रु	स्व.	शत्रु	सम	सम	सम
26.	उ. भा.	अहिर बुध्न	शनि	शत्रु	शत्रु	शत्रु	मित्र	सम	मित्र	स्व.	मित्र	मित्र
27.	रेवती	पूषा	बुध	मित्र	शत्रु	सम	स्व.	सम	मित्र	सम	सम	सम

नक्षत्र चरण, नक्षत्रस्वामी एवं नक्षत्र चरणस्वामी

मेष राशि											
1. **अश्विनी** (केतु)				2. **भरणी** (शुक्र)				3. **कृतिका** (सूर्य)			
अक्षर		चरण	स्वामी	अक्षर		चरण	स्वामी	अक्षर		चरण	स्वामी
चु.	0/3/20/0	1	मं.	ली.	0/16/40/0	1	सू.	आ	0/30/0/0	1	गु.
चे.	0/6/40/0	2	शु.	लू	0/20/0/0	2	बु.	–	–	–	–
चो	0/10/0/0	3	बु.	ले.	0/23/20/0	3	शु.	–	–	–	–
ला	0/13/20/4/	4	चं.	लो	0/26/40/0	4	मं.	–	–	–	–

वृष राशि											
3. **कृतिका** (सूर्य)				4. **रोहिणी** (चंद्र)				5. **मृगशिरा** (मंगल)			
अक्षर		चरण	स्वामी	अक्षर		चरण	स्वामी	अक्षर		चरण	स्वामी
ई	1/30/20/0	2	श.	ओ	1/13/20/0	1	मं.	वे	0/20/40/1	1	सू.
उ	1/6/40/0	3	श	वा	1/16/40/0	2	शु.	वो	0/30/0/0	2	बु.
				वी	1/20/0/0	3	बु.	–	–	–	–
ए	1/10/0/0	4	मं.	चू	1/23/20/0	4	चं.	–	–	–	–

मिथुन राशि

5. **मृगशिरा** (मंगल)				6. **आर्द्रा** (राहु)				7. **पुनर्वसु** (गुरु)			
अक्षर		चरण	स्वामी	अक्षर		चरण	स्वामी	अक्षर		चरण	स्वामी
का	2/3/20/0	3	शु.	कु	2/10/0/0	1	गु.	के	2/23/20/0	1	मं.
की	2/6/40/0	4	मं.	घ	2/13/20/0	2	श.	को	2/26/40/0	2	शु.
				ड़	2/16/40/0	3	श.	हा	2/30/0/0	3	बु.
				छ	2/20/0/0	4	गु.	–	–	–	–

कर्क राशि

7. **पुनर्वसु** (गुरु)				8. **पुष्य** (शनि)				9. **आश्लेषा** (बुध)			
अक्षर		चरण	स्वामी	अक्षर		चरण	स्वामी	अक्षर		चरण	स्वामी
ही	3/30/20/0	4	चं.	हू	3/6/40/0	1	सू.	डी	3/20/0/0	1	गु.
–	–	–	–	हे	3/10/0/0	2	बु.	डू	3/23/20/0	2	श.
–	–	–	–	हो	3/13/20/0	3	शु.	डे	3/26/40/0	3	श.
–	–	–	–	डा	3/16/40/0	4	मं.	डो	3/30/0/0	4	गु.

सिंह राशि

10. **मघा** (केतु)				11. **पूर्वाफाल्गुनी** (शुक्र)				12. **उत्तरफाल्गुनी** (सूर्य)			
अक्षर		चरण	स्वामी	अक्षर		चरण	स्वामी	अक्षर		चरण	स्वामी
मा	4/3/20/0	1	मं.	मो	4/16/40/0	1	सू.	टे	4/30/0/0	1	गु.
मी	4/6/40/0	2	शु.	टा	4/20/0/0	2	बु.	–	–	–	–
मू	4/10/0/0	3	बु.	टी	4/23/20/0	3	शु.	–	–	–	–
मे	4/13/20/0	4	चं.	टू	4/26/40/0	4	मं.	–	–	–	–

कन्या राशि

12. **उत्तराफाल्गुनी** (सूर्य)				13. **हस्त** (चंद्र)				14. **चित्रा** (मंगल)			
अक्षर		चरण	स्वामी	अक्षर		चरण	स्वामी	अक्षर		चरण	स्वामी
टो	5/3/20/0	2	श.	पू	5/13/20/0	1	मं.	पे	5/26/40/0	1	सू.
पा	5/6/40/0	3	श.	ष	5/16/40/0	2	शु.	पे	5/30/0/0	2	बु.
पी.	5/10/0/0	4	गु.	ण	5/20/0/0	3	बु.	–	–	–	–
–	–	–	–	ठ	5/23/20/0	4	चं.	–	–	–	–

तुला राशि

14. **चित्रा** (मंगल)				15. **स्वाति** (राहु)				16. **विशाखा** (गुरु)			
अक्षर		चरण	स्वामी	अक्षर		चरण	स्वामी	अक्षर		चरण	स्वामी
रा	6/3/20/0	3	शु.	रू	6/10/0/0	1	गु.	ती	6/23/20/0	1	मं.
री	6/6/40/0	4	मं.	रे	6/13/20/0	2	श.	तू	6/26/40/0	2	शु.
–	–	–	–	रो	6/16/40/0	3	श.	ते	6/30/0/0	3	बु.
–	–	–	–	ता	6/20/0/0	4	गु.	–	–	–	–

वृश्चिक राशि

16. **विशाखा** (गुरु)				17. **अनुराधा** (शनि)				18. **ज्येष्ठा** (बुध)			
अक्षर		चरण	स्वामी	अक्षर		चरण	स्वामी	अक्षर		चरण	स्वामी
तो	7/3/20/0	4	चं.	ना	7/6/40/0	1	सू.	नो	7/20/0/0	1	गु.
–	–	–	–	नी	7/10/0/0	2	बु.	या	7/23/20/0	2	श.
–	–	–	–	नू	7/13/20/0	3	शु.	यी	7/26/40/0	3	श.
–	–	–	–	ने	7/16/40/0	4	मं.	यू	7/30/0/0	4	शु.

धनु राशि

17. **मूल** (केतु)				18. **पूर्वाषाढ़ा** (शुक्र)				21. **उत्तराषाढ़ा** (सूर्य)			
अक्षर		चरण	स्वामी	अक्षर		चरण	स्वामी	अक्षर		चरण	स्वामी
ये	8/3/20/0	1	मं.	भू	8/16/40/0	1	सू.	भे	8/30/0/0	1	गु.
यो	8/6/40/0	2	शु.	धा	8/20/0/0	2	बु.	–	–	–	–
या	8/10/0/0	3	बु.	फा	8/23/20/0	3	शु.	–	–	–	–
यी	8/13/20/0	4	चं.	ढा	8/26/40/0	4	मं.	–	–	–	–

मकर राशि

21. **उत्तराषाढ़ा** (सूर्य)				22. **श्रावण** (चंद्र)				23. **धनिष्ठा** (मंगल)			
अक्षर		चरण	स्वामी	अक्षर		चरण	स्वामी	अक्षर		चरण	स्वामी
भो	9/3/20/0	2	श.	खी	9/13/20/0	1	मं.	गा	9/26/40/0	1	सू.
जा	9/6/40/0	3	श.	खू	9/16/40/0	2	शु.	गी	9/30/0/0	2	बु.
जी	9/10/0/0	4	गु.	खे	9/20/0/0	3	बु.	–	–	–	–
–	–	–	–	खो	9/23/20/0	4	चं.	–	–	–	–

कुंभ राशि

23. **धनिष्ठा** (मंगल)				24. **शतभिषा** (राहु)				26. **पूर्वाभाद्रपद** (गुरु)			
अक्षर		चरण	स्वामी	अक्षर		चरण	स्वामी	अक्षर		चरण	स्वामी
गू	10/3/20/0	3	शु.	गो	10/10/0/0	1	गु.	ते	10/23/20/0	1	मं.
गे	10/6/40/0	4	मं.	ता	10/13/20/0	2	श.	तो	10/26/40/0	2	श.
–	–	–	–	ती	10/16/40/0	3	श.	दा	10/30/0/0	3	बु.
–	–	–	–	तू	10/19/0/04	4	गु.	–	–	–	–

मीन राशि

26. **पूर्वाभाद्रपद** (गुरु)				27. **उत्तराभाद्रपद** (शनि)				28. **रेवती** (बुध)			
अक्षर		चरण	स्वामी	अक्षर		चरण	स्वामी	अक्षर		चरण	स्वामी
दी	10/3/20/0	4	चं.	दू	11/6/40/4	1	सू.	दे	11/20/0/0	1	गु.
–	–	–	–	थ	11/10/0/0	2	बु.	दो	11/23/20/0	2	श.
–	–	–	–	झ	11/13/20/0	3	शु.	चा	11/26/40/0	3	श.
–	–	–	–	ञ	11/16/40/0	4	गु.	ची	11/30/0/0	4	गु.

तुलालग्न पर अंशात्मक फलादेश

तुलालग्न, अंश 0 से 1

1. **लग्न नक्षत्र**–चित्रा
2. **नक्षत्र पद**–3
3. **नक्षत्र अंश**–5/30/0 से 6/13/20 तक
4. **वर्ण**–शूद्र
5. **वश्य**–द्विपद
6. **योनि**–व्याघ्र
7. **गण**–राक्षस
8. **नाड़ी**–मध्य
9. **नक्षत्र देवता**–विश्वकर्मा
10. **वर्णाक्षर**–रा
11. **वर्ग**–हरिण
12. **लग्न स्वामी**–शुक्र
13. **लग्न नक्षत्र स्वामी**–मंगल
14. **नक्षत्र चरण स्वामी**–शुक्र
15. **लग्न स्वामी से सम्बन्ध**–शत्रु
16. **लग्न नक्षत्र से सम्बन्ध**–शत्रु
17. **नक्षत्र चरण स्वामी से सम्बन्ध**–शत्रु
18. **प्रधान विशेषता**–'परदारगामी'

चित्रा नक्षत्र में जन्म लेने वाले व्यक्ति के अंग व आंखें सुन्दर होती हैं. ऐसा जातक अनेक प्रकार के वस्त्र, आभूषण, माला व अलंकार धारण करने का शौकीन होता है। चित्रा नक्षत्र का स्वामी मंगल एवं देवता विश्वकर्मा है। चित्रा नक्षत्र के तृतीय चरण का स्वामी शुक्र है। लग्न नक्षत्र का स्वामी मंगल, लग्नेश एवं नक्षत्र चरण स्वामी शुक्र दोनों ग्रह कामुक हैं। फलत: जातक कामी होगी एवं पराई स्त्रियों में अत्यधिक रुचि रखेगा।

लग्न जीरो (Zero) से एक अंश के भीतर होने से मृतावस्था में है। अत्यन्त कमजोर है। जातक का लग्न बली नहीं होने से विकास रुका हुआ रहेगा। लग्नेश शुक्र एवं मंगल की दशा बैठकर जायेगी।

तुलालग्न, अंश 1 से 2

1. लग्न नक्षत्र—चित्रा
2. नक्षत्र पद—3
3. नक्षत्र अंश—6/3/20 से 6/6/40 तक
4. वर्ण—शूद्र
5. वश्य—द्विपद
6. योनि—व्याघ्र
7. गण—राक्षस
8. नाड़ी—मध्य
9. नक्षत्र देवता—विश्वकर्मा
10. वर्णाक्षर—रा
11. वर्ग—हरिण
12. लग्न स्वामी—शुक्र
13. लग्न नक्षत्र स्वामी—मंगल
14. नक्षत्र चरण स्वामी—शुक्र
15. लग्न स्वामी से सम्बन्ध—शत्रु
16. लग्न नक्षत्र से सम्बन्ध—शत्रु
17. नक्षत्र चरण स्वामी से सम्बन्ध—शत्रु
18. प्रधान विशेषता—'परदारगामी'

चित्रा नक्षत्र में जन्म लेने वाले व्यक्ति के अंग व आंखें सुन्दर होती हैं ऐसा जातक अनेक प्रकार के वस्त्र, आभूषण, माला व अलंकार धारण करने का शौकीन होता हैं। चित्रा नक्षत्र का स्वामी मंगल एवं देवता विश्वकर्मा है। चित्रा नक्षत्र के तृतीय चरण का स्वामी शुक्र है। लग्न नक्षत्र का स्वामी मंगल, लग्नेश एवं नक्षत्र चरण स्वामी शुक्र दोनों ग्रह कामुक हैं। फलत: जातक कामी होगा एवं पराई स्त्रियों में अत्यधिक रुचि रखेगा।

लग्न एक से दो अंश के भीतर होने से उदित अंशों का है। बलवान है। जातक लग्नबली एवं चेष्टावान होगा। लग्नेश शुक्र एवं धनेश मंगल की दशा बेकार जायेगी।

तुलालग्न, अंश 2 से 3

1. लग्न नक्षत्र—चित्रा
2. नक्षत्र पद—3
3. नक्षत्र अंश—6/3/20 से 6/6/40 तक
4. वर्ण—शूद्र
5. वश्य—द्विपद (चर)
6. योनि—व्याघ्र
7. गण—राक्षस
8. नाड़ी—मध्य
9. नक्षत्र देवता—विश्वकर्मा
10. वर्णाक्षर—रा
11. वर्ग—हरिण
12. लग्न स्वामी—शुक्र
13. लग्न नक्षत्र स्वामी—मंगल
14. नक्षत्र चरण स्वामी—शुक्र
15. लग्न स्वामी से सम्बन्ध—शत्रु

16. लग्न नक्षत्र से सम्बन्ध—शत्रु **17. नक्षत्र चरण स्वामी से सम्बन्ध**—शत्रु

18. प्रधान विशेषता—परदारगामी

चित्रा नक्षत्र में जन्म लेने वाले व्यक्ति के अंग व आंखें सुन्दर होती हैं। ऐसा जातक अनेक प्रकार के वस्त्र, आभूषण, माला व अलंकार धारण करने का शौकीन होता है। चित्रा नक्षत्र का स्वामी मंगल एवं देवता विश्वकर्मा है। चित्रा नक्षत्र के तृतीय चरण का स्वामी शुक्र है। लग्न नक्षत्र का स्वामी मंगल, लग्नेश एवं नक्षत्र चरण स्वामी शुक्र दोनों ग्रह कामुक हैं। फलतः जातक कामी होगा एवं पराई स्त्रियों में अत्यधिक रुचि रखेगा।

लग्न दो से तीन अंशों के भीतर उदित अंशों में होने से बलवान है। शुक्र की दशा अच्छा फल देगी परन्तु धनेश मंगल की दशा नेष्ट फल देगी क्योंकि उसकी लग्नेश से शत्रुता है।

तुलालग्न, अंश 3 से 4

1. लग्न नक्षत्र—चित्रा **2. नक्षत्र पद**—4

3. नक्षत्र अंश—6/6/40 से 6/10/0 तक

4. वर्ण—शूद्र **5. वश्य**—द्विपद

6. योनि—व्याघ्र **7. गण**—राक्षस

8. नाड़ी—मध्य **9. नक्षत्र देवता**—विश्वकर्मा

10. वर्णाक्षर—री **11. वर्ग**—हरिण

12. लग्न स्वामी—शुक्र **13. लग्न नक्षत्र स्वामी**—मंगल

14. नक्षत्र चरण स्वामी—मंगल **15. लग्न स्वामी से सम्बन्ध**—शत्रु

16. लग्न नक्षत्र से सम्बन्ध—स्वगृह **17. नक्षत्र चरण स्वामी से सम्बन्ध**—शत्रु

18. प्रधान विशेषता—'पीड़ित'

चित्रा नक्षत्र में जन्म लेने वाले व्यक्ति के अंग व आंखें सुन्दर होती हैं। ऐसा जातक अनेक प्रकार के वस्त्र, आभूषण, माला व अलंकार धारण करने का शौकीन होता है। चित्रा नक्षत्र का स्वामी मंगल एवं देवता विश्वकर्मा है। चित्रा नक्षत्र के चतुर्थ चरण का स्वामी भी मंगल है। मंगल शरीर पर चोट अथवा पीड़ा का निशान देगा।

लग्न तीन से चार अंशों के भीतर होने से 'उदित अंशों' वाला है, बलवान है। लग्नेश शुक्र की दशा अच्छा फल देगी। लग्न नक्षत्र स्वामी मंगल और नक्षत्र चरण स्वामी भी मंगल होने से मंगल की दशा भी उत्तम फल देगी।

तुलालग्न, अंश 4 से 5

1. **लग्न नक्षत्र**–चित्रा
2. **नक्षत्र पद**–4
3. **नक्षत्र अंश**–6/6/40 से 6/10/0 तक
4. **वर्ण**–शूद्र
5. **वश्य**–द्विपद
6. **योनि**–व्याघ्र
7. **गण**–राक्षस
8. **नाड़ी**–मध्य
9. **नक्षत्र देवता**–विश्वकर्मा
10. **वर्णाक्षर**–री
11. **वर्ग**–हरिण
12. **लग्न स्वामी**–शुक्र
13. **लग्न नक्षत्र स्वामी**–मंगल
14. **नक्षत्र चरण स्वामी**–मंगल
15. **लग्न स्वामी से सम्बन्ध**–शत्रु
16. **लग्न नक्षत्र से सम्बन्ध**–स्वगृह
17. **नक्षत्र चरण स्वामी से सम्बन्ध**–शत्रु
18. **प्रधान विशेषता**–पीड़ित

चित्रा नक्षत्र में जन्म लेने वाले व्यक्ति के अंग व आंखें सुन्दर होती हैं। ऐसा जातक अनेक प्रकार के वस्त्र, आभूषण, माला व अलंकार धारण करने का शौकीन होता है। चित्रा नक्षत्र का स्वामी मंगल एवं देवता विश्वकर्मा है। चित्रा नक्षत्र के चतुर्थ चरण का स्वामी भी मंगल है। मंगल शरीर पर चोट अथवा पीड़ा का निशान देगा।

लग्न चार से पांच अंशों के भीतर होने से 'उदित अंशों' वाला है, बलवान है। लग्नेश शुक्र की दशा अच्छा फल देगी। लग्न नक्षत्र स्वामी मंगल एवं नक्षत्र, चरण स्वामी भी मंगल होने से मंगल की दशा भी उत्तम फल देगी।

तुलालग्न, अंश 5 से 6

1. **लग्न नक्षत्र**–चित्रा
2. **नक्षत्र पद**–4
3. **नक्षत्र अंश**–6/6/40 से 6/10/0 तक
4. **वर्ण**–शूद्र
5. **वश्य**–द्विपद
6. **योनि**–व्याघ्र
7. **गण**–राक्षस
8. **नाड़ी**–मध्य
9. **नक्षत्र देवता**–विश्वकर्मा
10. **वर्णाक्षर**–री
11. **वर्ग**–हरिण
12. **लग्न स्वामी**–शुक्र
13. **लग्न नक्षत्र स्वामी**–मंगल
14. **नक्षत्र चरण स्वामी**–मंगल
15. **लग्न स्वामी से सम्बन्ध**–शुत्र
16. **लग्न नक्षत्र से सम्बन्ध**–स्वगृह
17. **नक्षत्र चरण स्वामी से सम्बन्ध**–शत्रु
18. **प्रधान विशेषता**–पीड़ित

चित्रा नक्षत्र में जन्म लेने वाले व्यक्ति के अंग व आंखें सुन्दर होती हैं। ऐसा जातक अनेक प्रकार के वस्त्र, आभूषण, माला व अलंकार धारण करने का शौकीन होता है। चित्रा नक्षत्र का स्वामी मंगल एवं देवता विश्वकर्मा है। चित्रा नक्षत्र के चतुर्थ चरण का स्वामी भी मंगल है। मंगल शरीर पर चोट अथवा पीड़ा का निशान देगा।

लग्न पांच से छ: अंशों के भीतर होने से 'उदित अंशों' वाला है। बलवान है। लग्नेश शुक्र की दशा अच्छा फल देगी। लग्न नक्षत्र स्वामी मंगल एवं नक्षत्र चरण स्वामी भी मंगल होने से मंगल की दशा उत्तम फल देगी।

तुलालग्न, अंश 6 से 7

1. **लग्न नक्षत्र**—चित्रा
2. **नक्षत्र पद**—4
3. **नक्षत्र अंश**—6/6/40 से 6/10/0 तक
4. **वर्ण**—शूद्र
5. **वश्य**—द्विपद
6. **योनि**—व्याघ्र
7. **गण**—राक्षस
8. **नाड़ी**—मध्य
9. **नक्षत्र देवता**—विश्वकर्मा
10. **वर्णाक्षर**—री
11. **वर्ग**—हरिण
12. **लग्न स्वामी**—शुक्र
13. **लग्न नक्षत्र स्वामी**—मंगल
14. **नक्षत्र चरण स्वामी**—मंगल
15. **लग्न स्वामी से सम्बन्ध**—शुत्र
16. **लग्न नक्षत्र से सम्बन्ध**—स्वगृह
17. **नक्षत्र चरण स्वामी से सम्बन्ध**—शत्रु
18. **प्रधान विशेषता**—पीड़ित

चित्रा नक्षत्र में जन्म लेने वाले व्यक्ति के अंग व आंखें सुन्दर होती हैं। ऐसा जातक अनेक प्रकार के वस्त्र, आभूषण, माला व अलंकार धारण करने का शौकीन होता है। चित्रा नक्षत्र का स्वामी मंगल एवं देवता विश्वकर्मा है। चित्रा नक्षत्र के चतुर्थ चरण का स्वामी भी मंगल है। मंगल शरीर पर चोट अथवा पीड़ा का निशान देता है।

लग्न छ: से सात अंशों के भीतर 'उदित अंशों' में होने से बलवान है। लग्नेश शुक्र की दशा अच्छा फल देगी। लग्न नक्षत्र मंगल एवं नक्षत्र चरण स्वामी भी मंगल होने से मंगल की दशा भी उत्तम फल देगी।

तुलालग्न, अंश 7 से 8

1. **लग्न नक्षत्र**—स्वाति
2. **नक्षत्र पद**—1
3. **नक्षत्र अंश**—6/10/0 से 6/13/20 तक
4. **वर्ण**—शूद्र
5. **वश्य**—द्विपद

6. योनि–भैंस
7. गण–देव
8. नाड़ी–अन्त्य
9. नक्षत्र देवता–वायु
10. वर्णाक्षर–रू
11. वर्ग–हरिण
12. लग्न स्वामी–शुक्र
13. लग्न नक्षत्र स्वामी–राहु
14. नक्षत्र चरण स्वामी–गुरु
15. लग्न स्वामी से सम्बन्ध–मित्र
16. लग्न नक्षत्र से सम्बन्ध–शत्रु
17. नक्षत्र चरण स्वामी से सम्बन्ध–शत्रु
18. प्रधान विशेषता–तस्कर

स्वाति नक्षत्र में जन्म लेने वाले व्यक्ति दाता, दयालु, मीठा वचन बोलने वाला, धार्मिक एवं धनी व्यक्ति होता है। स्वाति नक्षत्र का स्वामी राहु एवं देवता वायु है। स्वाति नक्षत्र के प्रथम चरण का स्वामी बृहस्पति है। यहां नक्षत्र स्वामी राहु राक्षसों का सेनापति है। राहु गुरु की सद्बुद्धि को बिगाड़ देता है। फलतः जातक की मनोवृत्ति चौर्य कार्य की ओर प्रेरित होती है। जातक तस्करी में रुचि रखता है।

लग्न सात से आठ अंशों के भीतर उदित अंशों में होने से बलवान है। लग्नेश शुक्र की दशा अच्छा फल देगी। लग्न नक्षत्र राहु एवं नक्षत्र चरण स्वामी गुरु दोनों परस्पर शत्रु होने से राहु व गुरु की दशा प्रतिकूल (खराब) फल देगी।

तुलालग्न, अंश 8 से 9

1. लग्न नक्षत्र–स्वाति
2. नक्षत्र पद–1
3. नक्षत्र अंश–6/10/0 से 6/13/20 तक
4. वर्ण–शूद्र
5. वश्य–द्विपद (नर)
6. योनि–भैंस
7. गण–देव
8. नाड़ी–अन्त्य
9. नक्षत्र देवता–वायु
10. वर्णाक्षर–रू
11. वर्ग–हरिण
12. लग्न स्वामी–शुक्र
13. लग्न नक्षत्र स्वामी–राहु
14. नक्षत्र चरण स्वामी–गुरु
15. लग्न स्वामी से सम्बन्ध–मित्र
16. लग्न नक्षत्र से सम्बन्ध–शत्रु
17. नक्षत्र चरण स्वामी से सम्बन्ध–शत्रु
18. प्रधान विशेषता–तस्कर

स्वाति नक्षत्र में जन्म लेने वाले व्यक्ति दाता, दयालु, मीठा वचन बोलने वाला, धार्मिक एवं धनी व्यक्ति होता है। स्वाति नक्षत्र का स्वामी राहु एवं देवता वायु है। स्वाति नक्षत्र के प्रथम चरण का स्वामी बृहस्पति है। स्वाति नक्षत्र का स्वामी राहु

राक्षसों का सेनापति है। राहु, गुरु की सद्बुद्धि को बिगाड़ देता है। फलतः जातक की मनोवृत्ति चौर्य कार्य की ओर प्रेरित होती है। जातक तस्करी में रुचि रखता है।

तुलालग्न आठ से नौ अंशों के भीतर, उदित अंशों में होने से बलवान है। लग्नेश शुक्र की दशा अच्छा फल देगी। लग्न नक्षत्र स्वामी राहु, नक्षत्र चरण स्वामी गुरु दोनों में परस्पर शत्रुता होने से राहु एवं गुरु दोनों की दशाएं प्रतिकूल (खराब) फल देंगी।

तुलालग्न, अंश 9 से 10

1. लग्न नक्षत्र–स्वाति
2. नक्षत्र पद–1
3. नक्षत्र अंश–6/10/0 से 6/13/20 तक
4. वर्ण–शूद्र
5. वश्य–द्विपद (नर)
6. योनि–भैंस
7. गण–देव
8. नाड़ी–अन्त्य
9. नक्षत्र देवता–वायु
10. वर्णाक्षर–रू
11. वर्ग–हरिण
12. लग्न स्वामी–शुक्र
13. लग्न नक्षत्र स्वामी–राहु
14. नक्षत्र चरण स्वामी–गुरु
15. लग्न स्वामी से सम्बन्ध–मित्र
16. लग्न नक्षत्र से सम्बन्ध–शत्रु
17. नक्षत्र चरण स्वामी से सम्बन्ध–शत्रु
18. प्रधान विशेषता–तस्कर

स्वाति नक्षत्र में जन्म लेने वाला व्यक्ति दाता, दयालु, मीठा वचन बोलने वाला, धार्मिक एवं धनी व्यक्ति होता है। स्वाति नक्षत्र का स्वामी राहु एवं देवता वायु है। स्वाति नक्षत्र के प्रथम चरण का स्वामी बृहस्पति है। स्वाति नक्षत्र का स्वामी राहु राक्षसों का सेनापति है। राहु, गुरु की सद्बुद्धि को बिगाड़ देता है। फलतः जातक को मनोवृत्ति चौर्य कार्य की ओर प्रेरित होती है। जातक तस्करी में रुचि रखता है।

तुलालग्न नौ से दस अंशों के भीतर, उदित अंशों में होने से बलवान है। लग्नेश शुक्र की दशा अच्छा फल देगी। लग्न नक्षत्र स्वामी राहु एवं नक्षत्र चरण स्वामी गुरु, दोनों में परस्पर शत्रुता होने से राहु एवं गुरु दोनों की दशाएं प्रतिकूल (खराब) फल देंगी।

तुलालग्न, अंश 10 से 11

1. लग्न नक्षत्र–स्वाति
2. नक्षत्र पद–2
3. नक्षत्र अंश–6/13/20 से 6/16/40 तक

4. **वर्ण**–शूद्र

5. **वश्य**–द्विपद

6. **योनि**–भैंस

7. **गण**–देव

8. **नाड़ी**–अन्त्य

9. **नक्षत्र देवता**–वायु

10. **वर्णाक्षर**–रे

11. **वर्ग**–हरिण

12. **लग्न स्वामी**–शुक्र

13. **लग्न नक्षत्र स्वामी**–राहु

14. **नक्षत्र चरण स्वामी**–शनि

15. **लग्न स्वामी से सम्बन्ध**–मित्र

16. **लग्न नक्षत्र से सम्बन्ध**–मित्र

17. **नक्षत्र चरण स्वामी से सम्बन्ध**–मित्र

18. **प्रधान विशेषता**–अल्पायुषी

स्वाति नक्षत्र में जन्म लेने वाला व्यक्ति दाता, दयालु, मीठा वचन बोलने वाला, धार्मिक एवं धनी व्यक्ति होता है। स्वाति नक्षत्र का स्वामी राहु एवं देवता वायु है। स्वाति नक्षत्र के द्वितीय चरण का स्वामी शनि है। लग्न राहु व शनि दो पापग्रहों के प्रभाव में आने से जातक को अल्पायु वाला घोषित करता है।

तुलालग्न दस से ग्यारह अंशों के भीतर 'आरोह अवस्था' में होने से बलवान है। लग्नेश शुक्र की दशा अच्छी जायेगी। नक्षत्र स्वामी राहु एवं नक्षत्र चरण स्वामी शनि परस्पर मित्र हैं। फिर भी इन दोनों की दशाएं स्वास्थ्य के लिए सावधानी रखने योग्य हैं।

तुलालग्न, अंश 11 से 12

1. **लग्न नक्षत्र**–स्वाति

2. **नक्षत्र पद**–2

3. **नक्षत्र अंश**–6/13/20 से 6/16/40 तक

4. **वर्ण**–शूद्र

5. **वश्य**–द्विपद

6. **योनि**–भैंस

7. **गण**–देव

8. **नाड़ी**–अन्त्य

9. **नक्षत्र देवता**–वायु

10. **वर्णाक्षर**–रे

11. **वर्ग**–हरिण

12. **लग्न स्वामी**–शुक्र

13. **लग्न नक्षत्र स्वामी**–राहु

14. **नक्षत्र चरण स्वामी**–शनि

15. **लग्न स्वामी से सम्बन्ध**–मित्र

16. **लग्न नक्षत्र से सम्बन्ध**–मित्र

17. **नक्षत्र चरण स्वामी से सम्बन्ध**–मित्र

18. **प्रधान विशेषता**–अल्पायुषी

स्वाति नक्षत्र में जन्म लेने वाला व्यक्ति दाता, दयालु, मीठा वचन बोलने वाला, धार्मिक एवं धनी व्यक्ति होता है। स्वाति नक्षत्र का स्वामी राहु एवं देवता वायु है।

स्वाति नक्षत्र के द्वितीय चरण का स्वामी शनि है। लग्न राहु व शनि दो पापग्रहों के प्रभाव में होने से जातक को अल्पायु वाला घोषित करता है।

तुलालग्न ग्यारह से बारह अंशों के भीतर आरोह अवस्था में होने से बलवान है। लग्नेश शुक्र की दशा अच्छी जायेगी। नक्षत्र स्वामी राहु एवं नक्षत्र चरण स्वामी शनि परस्पर मित्र हैं, फिर भी इन दोनों की दशाएं स्वास्थ्य के लिए सावधानी रखने योग्य हैं।

तुलालग्न, अंश 12 से 13

1. **लग्न नक्षत्र**–स्वाति
2. **नक्षत्र पद**–2
3. **नक्षत्र अंश**–6/13/20 से 6/16/40 तक
4. **वर्ण**–शूद्र
5. **वश्य**–द्विपद
6. **योनि**–भैंस
7. **गण**–देव
8. **नाड़ी**–अन्त्य
9. **नक्षत्र देवता**–वायु
10. **वर्णाक्षर**–रे
11. **वर्ग**–हरिण
12. **लग्न स्वामी**–शुक्र
13. **लग्न नक्षत्र स्वामी**–राहु
14. **नक्षत्र चरण स्वामी**–शनि
15. **लग्न स्वामी से सम्बन्ध**–मित्र
16. **लग्न नक्षत्र से सम्बन्ध**–मित्र
17. **नक्षत्र चरण स्वामी से सम्बन्ध**–मित्र
18. **प्रधान विशेषता**–अल्पायुषी

स्वाति नक्षत्र में जन्म लेने वाला व्यक्ति दाता, दयालु, मीठा वचन बोलने वाला, धार्मिक एवं धनी व्यक्ति होता है। स्वाति नक्षत्र का स्वामी राहु एवं देवता वायु है। स्वाति नक्षत्र के द्वितीय चरण का स्वामी शनि है। लग्न राहु व शनि दो पापग्रहों के प्रभाव में होने से जातक को अल्पायु वाला घोषित करता है।

तुलालग्न बारह से तेरह के अंशों के भीतर होने से 'आरोह अवस्था' में है, बलवान है। फलतः शुक्र की दशा अच्छा फल देगी। लग्न नक्षत्र स्वामी राहु एवं नक्षत्र चरण स्वामी शनि परस्पर मित्र हैं फिर भी राहु एवं शनि की दशा स्वास्थ्य के लिए सावधानी रखने योग्य है।

तुलालग्न, अंश 13 से 14

1. **लग्न नक्षत्र**–स्वाति
2. **नक्षत्र पद**–3
3. **नक्षत्र अंश**–6/16/40 से 6/20/0 तक

4. **वर्ण**–शूद्र

5. **वश्य**–द्विपद

6. **योनि**–भैंस

7. **गण**–देव

8. **नाड़ी**–अन्त्य

9. **नक्षत्र देवता**–वायु

10. **वर्णाक्षर**–रो

11. **वर्ग**–हरिण

12. **लग्न स्वामी**–शुक्र

13. **लग्न नक्षत्र स्वामी**–राहु

14. **नक्षत्र चरण स्वामी**–शनि

15. **लग्न स्वामी से सम्बन्ध**–मित्र

16. **लग्न नक्षत्र से सम्बन्ध**–मित्र

17. **नक्षत्र चरण स्वामी से सम्बन्ध**–मित्र

18. **प्रधान विशेषता**–धर्मी

स्वाति नक्षत्र में जन्म लेने वाला व्यक्ति दाता, दयालु, मीठा वचन बोलने वाला, धार्मिक एवं धनी व्यक्ति होता है। स्वाति नक्षत्र का स्वामी राहु एवं देवता वायु है। स्वाति नक्षत्र के तृतीय चरण का स्वामी शनि है। यहां शनि व राहु के प्रभाव के से जातक में वैराग्य भाव जल्दी आयेगा। फलत: जातक धार्मिक होगा।

तुलालग्न तेरह से चौदह अंशों के भीतर होने से 'आरोह अवस्था' में है। बलवान है। फलत: लग्नेश शुक्र की दशा उत्तम फल देगी। यहां लग्न नक्षत्र स्वामी राहु एवं नक्षत्र चरण स्वामी शनि दोनों परस्पर मित्र हैं। फिर भी राहु एवं शनि की दशा स्वास्थ्य के लिए सावधानी रखने योग्य है।

तुलालग्न, अंश 14 से 15

1. **लग्न नक्षत्र**–स्वाति

2. **नक्षत्र पद**–3

3. **नक्षत्र अंश**–6/16/40 से 6/20/0 तक

4. **वर्ण**–शूद्र

5. **वश्य**–द्विपद (नर)

6. **योनि**–भैंस

7. **गण**–देव

8. **नाड़ी**–अन्त्य

9. **नक्षत्र देवता**–वायु

10. **वर्णाक्षर**–रो

11. **वर्ग**–हरिण

12. **लग्न स्वामी**–शुक्र

13. **लग्न नक्षत्र स्वामी**–राहु

14. **नक्षत्र चरण स्वामी**–शनि

15. **लग्न स्वामी से सम्बन्ध**–मित्र

16. **लग्न नक्षत्र से सम्बन्ध**–मित्र

17. **नक्षत्र चरण स्वामी से सम्बन्ध**–मित्र

18. **प्रधान विशेषता**–धर्मी

स्वाति नक्षत्र में जन्म लेने वाले व्यक्ति दाता, दयालु, मीठा वचन बोलने वाला, धार्मिक एवं धनी व्यक्ति होता है। स्वाति नक्षत्र का स्वामी राहु एवं देवता वायु है।

स्वाति नक्षत्र के तृतीय चरण का स्वामी शनि है। यहां शनि व राहु के प्रभाव से जातक में वैराग्य भाव जल्दी आयेगा। फलतः जातक धार्मिक होगा।

तुलालग्न चौदह से पन्द्रह अंशों के भीतर होने से 'आरोह अवस्था' में है, पूर्ण बलवान है। फलतः लग्नेश शुक्र की दशा उत्तम फल देगी नक्षत्र स्वामी राहु एवं नक्षत्र चरण स्वामी शनि में परस्पर मित्रता है। फिर भी राहु व शनि की दशा स्वास्थ्य के लिए ध्यान रखने योग्य है।

तुलालग्न, अंश 15 से 16

1. **लग्न नक्षत्र**–स्वाति
2. **नक्षत्र पद**–3
3. **नक्षत्र अंश**–6/16/40 से 6/20/0 तक
4. **वर्ण**–शूद्र
5. **वश्य**–द्विपद (नर)
6. **योनि**–भैंस
7. **गण**–देव
8. **नाड़ी**–अन्त्य
9. **नक्षत्र देवता**–वायु
10. **वर्णाक्षर**–रो
11. **वर्ग**–हरिण
12. **लग्न स्वामी**–शुक्र
13. **लग्न नक्षत्र स्वामी**–राहु
14. **नक्षत्र चरण स्वामी**–शनि
15. **लग्न स्वामी से सम्बन्ध**–मित्र
16. **लग्न नक्षत्र से सम्बन्ध**–मित्र
17. **नक्षत्र चरण स्वामी से सम्बन्ध**–मित्र
18. **प्रधान विशेषता**–धर्मी

स्वाति नक्षत्र में जन्म लेने वाला व्यक्ति दाता, दयालु, मीठा वचन बोलने वाला, धार्मिक एवं धनी व्यक्ति होता है। स्वाति नक्षत्र का स्वामी राहु एवं देवता वायु है। स्वाति नक्षत्र के तृतीय चरण का स्वामी शनि है। यहां शनि व राहु के प्रभाव से जातक में वैराग्य भाव जल्दी आयेगा। फलतः जातक धार्मिक होगा।

तुलालग्न चौदह से पन्द्रह अंशों के भीतर होने से आरोह अवस्था में है, पूर्ण बलवान है। फलतः लग्नेश शुक्र की दशा उत्तम फल देगी। नक्षत्र स्वामी राहु एवं नक्षत्र चरण स्वामी शनि में परस्पर मित्रता है। फिर भी राहु व शनि की दशा स्वास्थ्य के लिए ध्यान रखने योग्य है।

तुलालग्न, अंश 16 से 17

1. **लग्न नक्षत्र**–स्वाति
2. **नक्षत्र पद**–4
3. **नक्षत्र अंश**–6/20/0 से 6/20/0 तक

4. **वर्ण**–शूद्र
5. **वश्य**–द्विपद
6. **योनि**–भैंस
7. **गण**–देव
8. **नाड़ी**–अन्त्य
9. **नक्षत्र देवता**–वायु
10. **वर्णाक्षर**–ता
11. **वर्ग**–हरिण
12. **लग्न स्वामी**–शुक्र
13. **लग्न नक्षत्र स्वामी**–राहु
14. **नक्षत्र चरण स्वामी**–गुरु
15. **लग्न स्वामी से सम्बन्ध**–मित्र
16. **लग्न नक्षत्र से सम्बन्ध**–शत्रु
17. **नक्षत्र चरण स्वामी से सम्बन्ध**–शत्रु
18. **प्रधान विशेषता**–नृपति

स्वाति नक्षत्र में जन्म लेने वाला व्यक्ति दाता, दयालु, मीठा वचन बोलने वाला, धार्मिक एवं धनी व्यक्ति होता है। स्वाति नक्षत्र का स्वामी राहु एवं देवता वायु है। स्वाति नक्षत्र के चतुर्थ चरण का स्वामी गुरु है। स्वाति नक्षत्र के चतुर्थ चरण में जन्मा व्यक्ति राजा होता है तथा बड़ी भू-सम्पत्ति का स्वामी होता है।

तुलालग्न सोलह से सत्रह अंशों के भीतर होने से 'मध्यबली' है। बलवान है। फलत: लग्नेश शुक्र की दशा अच्छा फल देगी। लग्न नक्षत्र स्वामी राहु एवं नक्षत्र चरण स्वामी गुरु में परस्पर शत्रुता है अत: राहु व गुरु दोनों की दशाएं नेष्ट फल देंगी।

तुलालग्न, अंश 17 से 18

1. **लग्न नक्षत्र**–स्वाति
2. **नक्षत्र पद**–4
3. **नक्षत्र अंश**–6/20/0 से 6/20/0 तक
4. **वर्ण**–शूद्र
5. **वश्य**–द्विपद
6. **योनि**–भैंस
7. **गण**–देव
8. **नाड़ी**–अन्त्य
9. **नक्षत्र देवता**–वायु
10. **वर्णाक्षर**–ता
11. **वर्ग**–हरिण
12. **लग्न स्वामी**–शुक्र
13. **लग्न नक्षत्र स्वामी**–राहु
14. **नक्षत्र चरण स्वामी**–गुरु
15. **लग्न स्वामी से सम्बन्ध**–मित्र
16. **लग्न नक्षत्र से सम्बन्ध**–शत्रु
17. **नक्षत्र चरण स्वामी से सम्बन्ध**–शत्रु
18. **प्रधान विशेषता**–नृपति

स्वाति नक्षत्र में जन्म लेने वाला व्यक्ति दाता, दयालु, मीठा वचन बोलने वाला, धार्मिक एवं धनी व्यक्ति होता है। स्वाति नक्षत्र का स्वामी राहु एवं देवता वायु है।

स्वाति नक्षत्र के चतुर्थ चरण का स्वामी गुरु है। स्वाति नक्षत्र के चतुर्थ चरण में जन्मा व्यक्ति राजा होता है तथा बड़ी भू-सम्पत्ति का स्वामी होता है।

तुलालग्न सत्रह से अठारह अंशों के भीतर होने से 'मध्यबली' है। बलवान है। फलत: लग्नेश शुक्र की दशा अच्छा फल देगी। लग्न नक्षत्र स्वामी राहु एवं नक्षत्र चरण स्वामी गुरु में परस्पर शत्रुता है अत: राहु व गुरु दोनों की दशाएं नेष्ट फल देंगी।

तुलालग्न, अंश 18 से 19

1. लग्न नक्षत्र—स्वाति
2. नक्षत्र पद—4
3. नक्षत्र अंश—6/20/0 से 6/20/0 तक
4. वर्ण—शूद्र
5. वश्य—द्विपद
6. योनि—भैंस
7. गण—देव
8. नाड़ी—अन्त्य
9. नक्षत्र देवता—वायु
10. वर्णाक्षर—ता
11. वर्ग—सर्प
12. लग्न स्वामी—शुक्र
13. लग्न नक्षत्र स्वामी—राहु
14. नक्षत्र चरण स्वामी—गुरु
15. लग्न स्वामी से सम्बन्ध—मित्र
16. लग्न नक्षत्र से सम्बन्ध—शत्रु
17. नक्षत्र चरण स्वामी से सम्बन्ध—शत्रु
18. प्रधान विशेषता—नृपति

स्वाति नक्षत्र में जन्म लेने वाला व्यक्ति दाता, दयालु, मीठा वचन बोलने वाला, धार्मिक एवं धनी व्यक्ति होता है। स्वाति नक्षत्र का स्वामी राहु एवं देवता वायु है। स्वाति नक्षत्र के चतुर्थ चरण का स्वामी गुरु है। स्वाति नक्षत्र के चतुर्थ चरण में जन्मा व्यक्ति राजा होता है तथा बड़ी भू-सम्पत्ति का स्वामी होता है।

तुलालग्न अठारह से उन्नीस अंशों के भीतर होने से 'मध्यबली' है। बलवान है। फलत: लग्नेश शुक्र की दशा अच्छा फल देगी। लग्न नक्षत्र स्वामी राहु एवं नक्षत्र चरण स्वामी गुरु में परस्पर शत्रुता है अत: राहु व गुरु दोनों की दशाएं नेष्ट फल देंगी।

तुलालग्न, अंश 19 से 20

1. लग्न नक्षत्र—स्वाति
2. नक्षत्र पद—4
3. नक्षत्र अंश—6/20/0 से 6/20/0 तक

4. वर्ण–शूद्र
5. वश्य–द्विपद
6. योनि–भैंस
7. गण–देव
8. नाड़ी–अन्त्य
9. नक्षत्र देवता–वायु
10. वर्णाक्षर–ता
11. वर्ग–सर्प
12. लग्न स्वामी–शुक्र
13. लग्न नक्षत्र स्वामी–राहु
14. नक्षत्र चरण स्वामी–गुरु
15. लग्न स्वामी से सम्बन्ध–मित्र
16. लग्न नक्षत्र से सम्बन्ध–शत्रु
17. नक्षत्र चरण स्वामी से सम्बन्ध–शत्रु
18. प्रधान विशेषता–नृपति

स्वाति नक्षत्र में जन्म लेने वाला व्यक्ति दाता, दयालु, मीठा वचन बोलने वाला, धार्मिक एवं धनी व्यक्ति होता है। स्वाति नक्षत्र का स्वामी राहु एवं देवता वायु है। स्वाति नक्षत्र के चतुर्थ चरण का स्वामी गुरु है। स्वाति नक्षत्र के चतुर्थ चरण में जन्मा व्यक्ति राजा होता है तथा बड़ी भू-सम्पत्ति का स्वामी होता है।

तुलालग्न उन्नीस से बीस अंशों के भीतर होने से 'मध्यबली' होने से बलवान है। लग्नेश शुक्र की दशा अच्छा फल देगी। लग्न नक्षत्र स्वामी राहु एवं नक्षत्र चरण स्वामी गुरु में परस्पर शत्रुता होने से राहु व गुरु दोनों की दशाएं नेष्ट फल देंगी।

तुलालग्न, अंश 20 से 21

1. लग्न नक्षत्र–विशाखा
2. नक्षत्र पद–1
3. नक्षत्र अंश–6/20/0 से 6/23/20 तक
4. वर्ण–शूद्र
5. वश्य–द्विपद (नर)
6. योनि–व्याघ्र
7. गण–राक्षस
8. नाड़ी–अन्त्य
9. नक्षत्र देवता–इन्द्राग्नि
10. वर्णाक्षर–ती
11. वर्ग–सर्प
12. लग्न स्वामी–शुक्र
13. लग्न नक्षत्र स्वामी–गुरु
14. नक्षत्र चरण स्वामी–मंगल
15. लग्न स्वामी से सम्बन्ध–शत्रु
16. लग्न नक्षत्र से सम्बन्ध–शत्रु
17. नक्षत्र चरण स्वामी से सम्बन्ध–शत्रु
18. प्रधान विशेषता–नीतिज्ञ

विशाखा नक्षत्र में जन्म लेने वाला व्यक्ति सुन्दर कान्तिवाला किन्तु ईर्ष्यालु होता है। विशाखा नक्षत्र का स्वामी बृहस्पति एवं देवता इन्द्राग्नि है। विशाखा नक्षत्र के

प्रथम चरण का स्वामी मंगल है। लग्न पर गुरु, मंगल एवं शुक्र के प्रभाव से जातक तर्कशील एव नीतिशास्त्र में निपुण होता है।

तुलालग्न बीस से इक्कीस अंशों के भीतर मध्यबली होने से बलवान है। लग्नेश शुक्र की दशा अति उत्तम फल देगी। लग्न नक्षत्र स्वामी गुरु एवं नक्षत्र चरण स्वामी मंगल में परस्पर शत्रुता होने से गुरु एवं धनेश मंगल दोनों की दशाएं नेष्ट फल देंगी।

तुलालग्न, अंश 21 से 22

1. लग्न नक्षत्र–विशाखा | **2. नक्षत्र पद**–1

3. नक्षत्र अंश–6/20/0 से 6/23/20 तक

4. वर्ण–शूद्र | **5. वश्य**–द्विपद (नर)

6. योनि–व्याघ्र | **7. गण**–राक्षस

8. नाड़ी–अन्त्य | **9. नक्षत्र देवता**–इन्द्राग्नि

10. वर्णाक्षर–ती | **11. वर्ग**–सर्प

12. लग्न स्वामी–शुक्र | **13. लग्न नक्षत्र स्वामी**–गुरु

14. नक्षत्र चरण स्वामी–मंगल | **15. लग्न स्वामी से सम्बन्ध**–शत्रु

16. लग्न नक्षत्र से सम्बन्ध–मित्र | **17. नक्षत्र चरण स्वामी से सम्बन्ध**–मित्र

18. प्रधान विशेषता–नीतिज्ञ

विशाखा नक्षत्र में जन्म लेने वाला व्यक्ति सुन्दर कान्तिवाला, किन्तु ईर्ष्यालु होता है। विशाखा नक्षत्र का स्वामी बृहस्पति एवं देवता इन्द्राग्नि है। विशाखा नक्षत्र के प्रथम चरण का स्वामी मंगल है। लग्न पर गुरु, मंगल एवं शुक्र के प्रभाव से जातक तर्कशील एव नीतिशास्त्र में निपुण होता है।

तुलालग्न इक्कीस से बाईस अंशों के भीतर 'अवरोह अवस्था' में होने से थोड़ा उतार में है। फिर भी लग्नेश शुक्र की दशा शुभ फल देगी। लग्न नक्षत्र स्वामी गुरु एवं नक्षत्र चरण स्वामी मंगल में परस्पर शत्रुता होने से धनेश मंगल एवं पराक्रमेश गुरु दोनों ही दशाएं नेष्ट फल देंगी।

तुलालग्न, अंश 22 से 23

1. लग्न नक्षत्र–विशाखा | **2. नक्षत्र पद**–1

3. नक्षत्र अंश–6/20/0 से 6/23/20 तक

4. वर्ण–शूद्र | **5. वश्य**–द्विपद (नर)

6. **योनि**–व्याघ्र
7. **गण**–राक्षस
8. **नाड़ी**–अन्त्य
9. **नक्षत्र देवता**–इन्द्राग्नि
10. **वर्णाक्षर**–ती
11. **वर्ग**–सर्प
12. **लग्न स्वामी**–शुक्र
13. **लग्न नक्षत्र स्वामी**–गुरु
14. **नक्षत्र चरण स्वामी**–मंगल
15. **लग्न स्वामी से सम्बन्ध**–शत्रु
16. **लग्न नक्षत्र से सम्बन्ध**–मित्र
17. **नक्षत्र चरण स्वामी से सम्बन्ध**–मित्र
18. **प्रधान विशेषता**–नीतिज्ञ

विशाखा नक्षत्र में जन्म लेने वाला व्यक्ति सुन्दर कान्तिवाला, किन्तु ईष्यालु होता है। विशाखा नक्षत्र का स्वामी बृहस्पति एवं देवता इन्द्राग्नि है। विशाखा नक्षत्र के प्रथम चरण का स्वामी मंगल है। लग्न पर गुरु, मंगल एवं शुक्र के प्रभाव से जातक तर्कशील एव नीतिशास्त्र में निपुण होता है।

तुलालग्न बाईस से तेईस अंशों के भीतर होने से 'अवरोह अवस्था' में है। फिर भी लग्नेश शुक्र की दशा उत्तम फल देगी। लग्न नक्षत्र स्वामी गुरु एवं नक्षत्र चरण स्वामी मंगल में परस्पर शत्रुता है। अत: धनेश मंगल एवं पराक्रमेश गुरु दोनों की दशाएं नेष्ट फल देंगी।

तुलालग्न, अंश 23 से 24

1. **लग्न नक्षत्र**–विशाखा
2. **नक्षत्र पद**–2
3. **नक्षत्र अंश**–6/23/20 से 6/26/40 तक
4. **वर्ण**–शूद्र
5. **वश्य**–द्विपद
6. **योनि**–व्याघ्र
7. **गण**–राक्षस
8. **नाड़ी**–अन्त्य
9. **नक्षत्र देवता**–इन्द्राग्नि
10. **वर्णाक्षर**–तू
11. **वर्ग**–सर्प
12. **लग्न स्वामी**–शुक्र
13. **लग्न नक्षत्र स्वामी**–गुरु
14. **नक्षत्र चरण स्वामी**–शुक्र
15. **लग्न स्वामी से सम्बन्ध**–शत्रु
16. **लग्न नक्षत्र से सम्बन्ध**–स्वगृह
17. **नक्षत्र चरण स्वामी से सम्बन्ध**–शत्रु
18. **प्रधान विशेषता**–शास्त्रवेत्ता

विशाखा नक्षत्र में जन्म लेने वाला व्यक्ति सुन्दर कान्तिवाला, किन्तु ईष्यालु होता है। विशाखा नक्षत्र का स्वामी बृहस्पति एवं देवता इन्द्राग्नि है। विशाखा नक्षत्र

के द्वितीय चरण का स्वामी शुक्र है। गुरु व शुक्र के प्रभाव से जातक धार्मिक शास्त्रों का ज्ञाता, दार्शनिक व शास्त्रवेत्ता होता है।

तुलालग्न तेईस से चौबीस अंशों के भीतर होने से 'अवरोह अवस्था' में है फिर भी लग्नेश शुक्र की दशा उत्तम फल देगी। लग्न नक्षत्र स्वामी गुरु एवं नक्षत्र चरण स्वामी शुक्र में परस्पर शत्रुता है। अत: तृतीयेश गुरु की दशा नेष्ट फल देगी। गुरु में शुक्र या शुक्र में गुरु का अन्तर भी नेष्ट फल देगा।

तुलालग्न, अंश 24 से 25

1. **लग्न नक्षत्र**–विशाखा
2. **नक्षत्र पद**–2
3. **नक्षत्र अंश**–6/23/20 से 6/26/40 तक
4. **वर्ण**–शूद्र
5. **वश्य**–द्विपद
6. **योनि**–व्याघ्र
7. **गण**–राक्षस
8. **नाड़ी**–अन्त्य
9. **नक्षत्र देवता**–इन्द्राग्नि
10. **वर्णाक्षर**–तू
11. **वर्ग**–सर्प
12. **लग्न स्वामी**–शुक्र
13. **लग्न नक्षत्र स्वामी**–गुरु
14. **नक्षत्र चरण स्वामी**–शुक्र
15. **लग्न स्वामी से सम्बन्ध**–शत्रु
16. **लग्न नक्षत्र से सम्बन्ध**–स्वगृह
17. **नक्षत्र चरण स्वामी से सम्बन्ध**–शत्रु
18. **प्रधान विशेषता**–शास्त्रवेत्ता

विशाखा नक्षत्र में जन्म लेने वाला व्यक्ति सुन्दर कान्तिवाला, किन्तु ईर्ष्यालु होता है। विशाखा नक्षत्र का स्वामी बृहस्पति एवं देवता इन्द्राग्नि है। विशाखा नक्षत्र के द्वितीय चरण का स्वामी शुक्र है। गुरु व शुक्र के प्रभाव से जातक धार्मिक शास्त्रों का ज्ञाता, दार्शनिक व शास्त्रवेत्ता होता है।

तुलालग्न चौबीस से पच्चीस अंशों के भीतर होने से 'अवरोह अवस्था' में है फिर भी लग्नेश शुक्र की दशा उत्तम फल देगी। लग्न नक्षत्र स्वामी गुरु एवं नक्षत्र चरण स्वामी शुक्र में परस्पर शत्रुता है। अत: तृतीयेश गुरु की दशा नेष्ट फल देगी। गुरु में शुक्र या शुक्र में गुरु का अन्तर भी नेष्ट फल देगा।

तुलालग्न, अंश 25 से 26

1. **लग्न नक्षत्र**–विशाखा
2. **नक्षत्र पद**–2
3. **नक्षत्र अंश**–6/23/20 से 6/26/40 तक

4. वर्ण–शूद्र

5. वश्य–द्विपद

6. योनि–व्याघ्र

7. गण–राक्षस

8. नाड़ी–अन्त्य

9. नक्षत्र देवता–इन्द्राग्नि

10. वर्णाक्षर–तू

11. वर्ग–सर्प

12. लग्न स्वामी–शुक्र

13. लग्न नक्षत्र स्वामी–गुरु

14. नक्षत्र चरण स्वामी–शुक्र

15. लग्न स्वामी से सम्बन्ध–शत्रु

16. लग्न नक्षत्र से सम्बन्ध–स्वगृह

17. नक्षत्र चरण स्वामी से सम्बन्ध–शत्रु

18. प्रधान विशेषता–शास्त्रवेत्ता

विशाखा नक्षत्र में जन्म लेने वाला व्यक्ति सुन्दर कान्तिवाला, किन्तु ईष्यालु होता है। विशाखा नक्षत्र का स्वामी बृहस्पति एवं देवता इन्द्राग्नि है। विशाखा नक्षत्र के द्वितीय चरण का स्वामी शुक्र है। गुरु व शुक्र के प्रभाव से जातक धार्मिक शास्त्रों का ज्ञाता, दार्शनिक व शास्त्रवेत्ता होता है।

तुलालग्न पच्चीस से छब्बीस अंशों के भीतर होने से 'अवरोह अवस्था' में है, फिर भी लग्नेश शुक्र की दशा उत्तम फल देगी। लग्न नक्षत्र स्वामी गुरु एवं नक्षत्र चरण स्वामी शुक्र में परस्पर शत्रुता है। अतः तृतीयेश गुरु की दशा नेष्ट फल देगी। गुरु में शुक्र या शुक्र में गुरु का अन्त भी नेष्ट फल देगा।

तुलालग्न, अंश 26 से 27

1. लग्न नक्षत्र–विशाखा

2. नक्षत्र पद–3

3. नक्षत्र अंश–6/26/40 से 6/30/0 तक

4. वर्ण–शूद्र

5. वश्य–द्विपद (नर)

6. योनि–व्याघ्र

7. गण–राक्षस

8. नाड़ी–अन्त्य

9. नक्षत्र देवता–इन्द्राग्नि

10. वर्णाक्षर–ते

11. वर्ग–सर्प

12. लग्न स्वामी–शुक्र

13. लग्न नक्षत्र स्वामी–गुरु

14. नक्षत्र चरण स्वामी–बुध

15. लग्न स्वामी से सम्बन्ध–शत्रु

16. लग्न नक्षत्र से सम्बन्ध–शत्रु

17. नक्षत्र चरण स्वामी से सम्बन्ध–शत्रु

18. प्रधान विशेषता–वादी

विशाखा नक्षत्र में जन्म लेने वाला व्यक्ति सुन्दर कान्तिवाला, किन्तु ईष्यालु होता है। विशाखा नक्षत्र का स्वामी बृहस्पति एवं देवता इन्द्राग्नि है। विशाखा नक्षत्र

के तृतीय चरण का स्वामी बुध है। गुरु ज्ञान का एवं बुध तर्क का प्रतीक है। ऐसे जातक में वाद-विवाद, तर्क करने की प्रखरता रहती है।

तुलालग्न छब्बीस से सत्ताईस अंशों के मध्य होने से 'अवरोह अवस्था' का है। फिर भी लग्नेश शुक्र की दशा उत्तम फल देने वाली साबित होगी। लग्न नक्षत्र स्वामी गुरु एवं नक्षत्र चरण स्वामी बुध में परस्पर शत्रुता है। अत: तृतीयेश गुरु एवं व्ययेश बुध दोनों की दशाएं जातक के लिए नेष्ट (अशुभ) साबित होंगी।

तुलालग्न, अंश 27 से 28

1. **लग्न नक्षत्र**–विशाखा
2. **नक्षत्र पद**–3
3. **नक्षत्र अंश**–6/26/40 से 6/30/0 तक
4. **वर्ण**–शूद्र
5. **वश्य**–द्विपद
6. **योनि**–व्याघ्र
7. **गण**–राक्षस
8. **नाड़ी**–अन्त्य
9. **नक्षत्र देवता**–इन्द्राग्नि
10. **वर्णाक्षर**–ते
11. **वर्ग**–सर्प
12. **लग्न स्वामी**–शुक्र
13. **लग्न नक्षत्र स्वामी**–गुरु
14. **नक्षत्र चरण स्वामी**–बुध
15. **लग्न स्वामी से सम्बन्ध**–शत्रु
16. **लग्न नक्षत्र से सम्बन्ध**–शत्रु
17. **नक्षत्र चरण स्वामी से सम्बन्ध**–शत्रु
18. **प्रधान विशेषता**–वादी

विशाखा नक्षत्र में जन्म लेने वाला व्यक्ति सुन्दर कान्तिवाला, किन्तु ईर्ष्यालु होता है। विशाखा नक्षत्र का स्वामी बृहस्पति एवं देवता इन्द्राग्नि है। विशाखा नक्षत्र के तृतीय चरण का स्वामी बुध है। गुरु ज्ञान का एवं बुध तर्क का प्रतीक है। ऐसे जातक में वाद-विवाद, तर्क करने की प्रखरता रहती है।

तुलालग्न सत्ताईस से अठ्ठाईस अंशों में होने से 'अवरोह अवस्था' में हीन बली है। यहां लग्नेश शुक्र की दशा मध्यम फल देगी। नक्षत्र स्वामी गुरु एवं नक्षत्र चरण स्वामी बुध में परस्पर शत्रुता होने से तृतीयेश गुरु एवं व्ययेश बुध दोनों की दशा नेष्ट फल देगी।

तुलालग्न, अंश 28 से 29

1. **लग्न नक्षत्र**–विशाखा
2. **नक्षत्र पद**–3
3. **नक्षत्र अंश**–6/26/40 से 6/30/0 तक

4. वर्ण–शूद्र

5. वश्य–द्विपद

6. योनि–व्याघ्र

7. गण–राक्षस

8. नाड़ी–अन्त्य

9. नक्षत्र देवता–इन्द्राग्नि

10. वर्णाक्षर–ते

11. वर्ग–सर्प

12. लग्न स्वामी–शुक्र

13. लग्न नक्षत्र स्वामी–गुरु

14. नक्षत्र चरण स्वामी–बुध

15. लग्न स्वामी से सम्बन्ध–शत्रु

16. लग्न नक्षत्र से सम्बन्ध–शत्रु

17. नक्षत्र चरण स्वामी से सम्बन्ध–शत्रु

18. प्रधान विशेषता–वादी

विशाखा नक्षत्र में जन्म लेने वाला व्यक्ति सुन्दर कान्तिवाला, किन्तु ईष्यालु होता है। विशाखा नक्षत्र का स्वामी बृहस्पति एवं देवता इन्द्राग्नि है। विशाखा नक्षत्र के तृतीय चरण का स्वामी बुध है। गुरु ज्ञान का एवं बुध तर्क का प्रतीक है। ऐसे जातक में वाद-विवाद, तर्क करने की प्रखरता रहती है।

तुलालग्न अठ्ठाईस से उन्नतीस अंशों में होने से 'अवरोह अवस्था' में हीन बली है। यहां लग्नेश शुक्र की दशा मध्यम फल देगी। नक्षत्र स्वामी गुरु एवं नक्षत्र चरण स्वामी बुध में परस्पर शत्रुता होने से तृतीयेश गुरु एवं व्ययेश बुध दोनों की दशा नेष्ट फल देगी।

तुलालग्न, अंश 29 से 30

1. लग्न नक्षत्र–विशाखा

2. नक्षत्र पद–3

3. नक्षत्र अंश–6/26/40 से 6/30/0 तक

4. वर्ण–शूद्र

5. वश्य–द्विपद

6. योनि–व्याघ्र

7. गण–राक्षस

8. नाड़ी–अन्त्य

9. नक्षत्र देवता–इन्द्राग्नि

10. वर्णाक्षर–ते

11. वर्ग–सर्प

12. लग्न स्वामी–शुक्र

13. लग्न नक्षत्र स्वामी–गुरु

14. नक्षत्र चरण स्वामी–बुध

15. लग्न स्वामी से सम्बन्ध–शत्रु

16. लग्न नक्षत्र से सम्बन्ध–शत्रु

17. नक्षत्र चरण स्वामी से सम्बन्ध–शत्रु

18. प्रधान विशेषता–वादी

विशाखा नक्षत्र में जन्म लेने वाला व्यक्ति सुन्दर कान्तिवाला, किन्तु ईष्यालु होता है। विशाखा नक्षत्र का स्वामी बृहस्पति एवं देवता इन्द्राग्नि है। विशाखा नक्षत्र

के तृतीय चरण का स्वामी बुध है। गुरु ज्ञान का एवं बुध तर्क का प्रतीक है। ऐसे जातक में वाद-विवाद, तर्क करने की प्रखरता रहती है।

तुलालग्न उन्नतीस से तीस अंशों के मध्य होने से लग्न 'मृतावस्था' में है तथा निस्तेज है। लग्न नक्षत्र स्वामी गुरु एवं नक्षत्र चरण स्वामी बुध में परस्पर शत्रुता होने से तृतीयेश गुरु एवं व्ययेश बुध दोनों की दशा नेष्ट फल देगी।

❑❑❑

तुलालग्न और आयुष्य योग

1. तुलालग्न वालों के लिए मंगल द्वितीयेश होकर भी मारक का कार्य नहीं करेगा। गुरु षष्टेश होने से अशुभ फलदायक है। सूर्य व शुक्र पापी हैं। मंगल साहचार्य से मारक का कार्य करेगा। आयुष्य प्रदाता ग्रह शुक्र है।
2. तुलालग्न वालों की मृत्यु कफ जनित रोगों से, मृत्यु प्राय जन्म स्थल एवं घर में होती है।
3. तुलालग्न वालों की औसत आयु 85 वर्ष मानी गई है। जन्म उपरान्त 4, 8 माह और 1, 2, 4, 8, 12, 16, 20, 25, 27, 31, 40, 51, 55, 59, 60, 61, 65, 69, 72 और 76 वर्ष शारीरिक कष्ट या अल्प मृत्यु के कहे गए हैं।
4. तुलालग्न में कन्या का सूर्य द्वादश में हो तो ऐसा जातक सौ वर्ष जीता है।
5. तुलालग्न में शुक्र हो तो जातक दीर्घ देह वाला एवं उत्तम आयु को भोगने वाला प्राणी होता है।
6. तुलालग्न में बुध, बृहस्पति व शुक्र छठे हो तथा मंगल आठवें या नीच का शनि सातवें हो अन्य ग्रह चंद्रमा के पीछे हो तो व्यक्ति कुबड़ा होता है।
7. तुलालग्न में शनि हो, शुक्र या बृहस्पति केन्द्र में हो, सभी पाप ग्रह तीसरे छठे या ग्यारहवें स्थान में हों तो जातक 120 वर्ष की परमायु को भोगता है।
8. तुलालग्न में शनि शुक्र के साथ चौथे स्थान मकर राशि में हो तो जातक सौ वर्ष से ऊपर स्वस्थ दीर्घायु को भोगता है।
9. तुलालग्न में शुक्र गुरु एवं अन्य शुभग्रहों से दृष्ट हो तो जातक सौ वर्ष की स्वस्थ दीर्घायु को प्राप्त करता है।
10. तुलालग्न में चंद्रमा छठे मीन का हो, अष्टम स्थान में कोई पाप ग्रह न हो तो तथा सभी शुभग्रह केन्द्रवर्ती हों तो जातक 86 वर्ष की स्वस्थ आयु को प्राप्त करता है।
11. तुलालग्न में शुक्र लग्न को देखता हो तथा सभी शुभ ग्रह केन्द्र में हों तो जातक 85 वर्ष की स्वस्थ आयु को भोगता है।

12. तुलालग्न में मेष का मंगल दशम भाव को देखता हो तथा बुध एवं शुक्र की युति केन्द्र-त्रिकोण में हो तो जातक 85 वर्ष की आयु प्राप्त करता है।
13. तुलालग्न में उच्च का बृहस्पति केन्द्र में हो, बुध त्रिकोण में तथा लग्नेश शुक्र बलवान हो तो जातक 80 वर्ष की स्वस्थ आयु भोगता है।
14. तुलालग्न में मंगल पांचवें कुम्भ का, शनि मेष का, सूर्य सातवें शनि के साथ हो जातक 70 वर्ष की आयु को प्राप्त करता है।
15. तुलालग्न में सूर्य+मंगल+शनि हो, चंद्रमा द्वादश में हो, गुरु बलहीन हो तो जातक 70 वर्ष की आयु को भोगता है।
16. शनि लग्न में, मकर का चंद्र चौथे, मंगल स्वगृही सातवें, सूर्य दसवें किसी अन्य शुभ ग्रह के साथ हो तो ऐसा जातक राजातुल्य ऐश्वर्य को भोगता हुआ 60 वर्ष की आयु में गुजर जाता है।
17. तुलालग्न में अष्टमेश शुक्र सातवें हो तथा चंद्रमा पाप ग्रहों के साथ छठे या आठवें स्थान में हो तो व्यक्ति 58 वर्ष की आयु में गुजर जाता है।
18. तुलालग्न में शनि किसी भी अन्य ग्रह के साथ लग्नस्थ हो, चंद्रमा पाप ग्रहों के साथ आठवें या द्वादश भाव में हो तो ऐसा व्यक्ति सैद्धान्तिक, चरित्रवान एवं विद्धान होते हुए 52 वर्ष की आयु में गुजर जाता है।
19. तुलालग्न में लग्नेश शुक्र पाप ग्रहों के साथ आठवें हो तथा षष्टम भाव में चंद्रमा पाप ग्रहों के साथ हो, शुभ ग्रहों से दृष्ट न हो तो ऐसा जातक मात्र 45 वर्ष तक ही जी पाता है।
20. तुलालग्न में शनि+मंगल हो, चंद्रमा पाप ग्रहों के साथ आठवें एवं बृहस्पति छठे पाप ग्रहों के साथ हो तो ऐसा जातक राजा तुल्य ऐश्वर्य को प्राप्त करता हुआ 32 वर्ष की अल्पायु को भोगता है।
21. तुलालग्न के द्वितीय व द्वादश भाव में पाप ग्रह हो, लग्नेश शुक्र निर्बल हो तथा लग्न, द्वितीय या द्वादश भाव शुभ ग्रहों से दृष्ट न हो तो जातक मात्र 32 वर्ष की अल्पायु को प्राप्त करता है।
22. तुलालग्न में बृहस्पति मेष का तथा मंगल मीन का परस्पर घर बदल कर बैठे तो बालारिष्ट योग बनता है ऐसे बालक की मृत्यु 12 वर्ष के भीतर होती है।
23. तुलालग्न में बुध यदि छठे हो, लग्न व चंद्रमा कमजोर हो तो बालारिष्ट योग बनता है। उपचार न करने पर ऐसा जातक छः वर्ष के पूर्व मृत्यु को प्राप्त करता है।
24. तुलालग्न में शनि सप्तम में नीच का एवं द्वादश भाव में गुरु+शुक्र+राहु हो अन्य शुभ योग न हो तो ऐसा बालक एक वर्ष के भीतर मृत्यु को प्राप्त होता है।

25. तुलालग्न में सूर्य चौथे, अष्टम में बृहस्पति, द्वादश में चंद्रमा हो तथा लग्नेश शुक्र कमजोर हो तो ऐसा बालक जन्म लेते ही शीघ्र मृत्यु को प्राप्त होता है।

26. तुलालग्न के सप्तम भाव में शनि+राहु+मंगल+चंद्र की युति शुभ ग्रहों से दृष्ट न हो तो ऐसा बालक शीघ्र मृत्यु को प्राप्त होता है।

27. तुलालग्न के दूसरे स्थान में वृश्चिक का मंगल हो तथा चतुर्थ एवं दशम भाव में भी पापग्रह हो तो ऐसा व्यक्ति बहुत कष्ट से जीता है।

28. तुलालग्न के सप्तम भाव में शनि के साथ राहु या केतु हो तो ऐसा जातक मातृघातक होता है।

29. तुलालग्न में लग्नस्थ सूर्य के साथ राहु या केतु हो तो ऐसा बालक मातृघातक होता है।

30. तुलालग्न में लग्नेश शुक्र एवं मंगल दोनों पाप ग्रहों के मध्य हो, सप्तम में पाप ग्रह हो तथा आत्मकारक सूर्य निर्बल हो तो ऐसा जातक जीवन से निराश होकर आत्महत्या करता है।

31. तुला(चर)लग्न में चंद्रमा पाप ग्रहों के साथ हो, सप्तम में शनि हो तो जातक देवता के शाप या शत्रुकृत अभिचार कर्म से पीड़ित रहता है।

32. तुलालग्न में षष्टेश बृहस्पति सप्तम या दशम भाव में हो, लग्न पर मंगल की दृष्टि हो तो व्यक्ति शत्रुकृत अभिचार रोग से पीड़ित रहता है।

33. तुलालग्न में निर्बल चंद्रमा अष्टमा स्थान में शनि के साथ हो तो जातक प्रेत बाधा एवं शत्रुकृत अभिचार रोग से पीड़ित रहता हुआ अकाल मृत्यु को प्राप्त करता है।

❑❑❑

तुलालग्न और रोग

1. तुलालग्न में षष्टेश गुरु लग्न में पाप ग्रहों से दृष्ट हो तो व्यक्ति जलस्राव से अंधा होता है।
2. तुलालग्न के चौथे भाव में पाप ग्रह हो तथा चतुर्थेश शनि पाप ग्रहों के मध्य हो तो जातक का हृदय रोग होता है।
3. तुलालग्न में चतुर्थेश शनि यदि अष्टमेश शुक्र के साथ अष्टम स्थान में हो तो जातक को हृदय रोग होता है।
4. तुलालग्न में चतुर्थेश शनि मेष, सिंह या वृश्चिक राशि में हो, निर्बल या अस्तगत हो तो जातक को हृदय रोग होता है।
5. तुलालग्न में चतुर्थ स्थान में शनि एवं छठे स्थान में सूर्य अन्य पाप ग्रहों के साथ हो तो व्यक्ति को हृदय रोग होता है।
6. तुलालग्न के चौथे एवं पांचवें भाव में पाप ग्रह हो तो व्यक्ति को हृदय रोग होता है।
7. तुलालग्न के चतुर्थ भाव में शनि एवं पंचम भाव में कुंभ का सूर्य हो तो जातक को हृदय रोग होता है।
8. तुलालग्न के चतुर्थ भाव में राहु अन्य पाप ग्रहों से दृष्ट हो तथा लग्नेश शुक्र निर्बल हो तो जातक को असहय हृदय शूल (हार्ट-अटैक) होता है।
9. तुलालग्न में वृश्चिक का सूर्य दो पाप ग्रहों के मध्य हो तो जातक को तीव्र हृदय शूल (हार्ट-अटैक) होता है।
10. तुलालग्न में शुक्र+शनि+गुरु की युति एक साथ दु:स्थानों में हो तो जातक की वाहन दुर्घटना से अकाल मृत्यु होती है।
11. तुलालग्न में पाप ग्रह हो, लग्नेश शुक्र बलहीन हो तो व्यक्ति रोगी रहता है।
12. तुलालग्न में क्षीण चंद्रमा बैठा हो, लग्न पाप ग्रह से दृष्ट हो तो व्यक्ति रोगग्रस्त रहता है।

13. तुलालग्न में अष्टमेश शुक्र लग्न में हो, अष्टम स्थान में कोई पाप ग्रह हो तथा लग्न पर एकाधिक पाप ग्रहों का प्रभाव हो तो ऐसा व्यक्ति दवाई लेने पर भी ठीक नहीं होता, सदैव रोगी रहता है।

14. तुलालग्न में लग्नेश शुक्र चौथे या द्वादश भाव में मंगल+बुध के साथ हो तो जातक कुष्ट रोग से पीड़ित रहता है।

15. तुलालग्न में चंद्र+शनि+बृहस्पति छठे स्थान में हो तो जातक कुष्ठ रोग से पीड़ित रहता है।

16. तुलालग्न में उच्च का बृहस्पति केंद्र में हो, बुध त्रिकोण में तथा लग्नेश शुक्र बलवान हो तो जातक 80 वर्ष की स्वस्थ आयु को भोगता है।

17. तुलालग्न में मंगल पांचवें कुंभ का, शनि मेष का, सूर्य सातवें शनि के साथ हो तो जातक 70 वर्ष की आयु को प्राप्त करता है।

18. तुलालग्न में सूर्य+मंगल+शनि हो, चंद्रमा द्वादश में हो, गुरु बलहीन हो तो जातक 70 वर्ष की आयु को भोगता है।

19. शनि लग्न में मकर का चंद्र चौथे, मंगल स्वगृही सातवें, सूर्य दसवें किसी अन्य शुभ ग्रह के साथ हो तो ऐसा जातक राजा तुल्य ऐश्वर्य को भोगता हुआ 60 वर्ष की आयु में गुजर जाता है।

20. तुलालग्न में अष्टमेश शुक्र सातवें हो तथा चंद्रमा पाप ग्रहों के साथ छठे या आठवें स्थान में हो तो व्यक्ति 58 वर्ष की आयु में गुजर जाता है।

21. तुलालग्न में शनि किसी भी अन्य पाप ग्रह के साथ लग्नस्थ हो, चंद्रमा पाप ग्रहों के साथ आठवें या द्वादश भाव में हो तो ऐसा व्यक्ति सैद्धांतिक, चरित्रवान एवं विद्वान् होते हुए 52 वर्ष की आयु में गुजर जाता है।

22. तुलालग्न में लग्नेश शुक्र पाप ग्रहों के साथ आठवें हो तथा षष्टम भाव में चंद्रमा पाप ग्रहों के साथ हो, शुभ ग्रहों से दृष्ट न हो तो ऐसा जातक मात्र 45 वर्ष तक ही जी पाता है।

23. तुलालग्न में शनि+मंगल हो, चंद्रमा पाप ग्रहों के साथ आठवें एवं बृहस्पति छठे पाप ग्रहों के साथ हो तो ऐसा जातक राजातुल्य ऐश्वर्य को प्राप्त करता हुआ मात्र 32 वर्ष की अल्पायु को भोगता है।

24. तुलालग्न के द्वितीय व द्वादश भाव में पाप ग्रह हो, लग्नेश शुक्र निर्बल हो तथा लग्न, द्वितीय या द्वादश भाव शुभ ग्रहों से दृष्ट न हो तो जातक 32 वर्ष की अल्पायु को प्राप्त करता है।

25. तुलालग्न में बृहस्पति मेष का तथा मंगल मीन का परस्पर घर बदल कर बैठे तो 'बालारिष्ट योग' बनता है। ऐसे बालक की मृत्यु 12 वर्ष के भीतर होती है।

26. तुलालग्न में बुध यदि छठे हो, लग्न व चंद्रमा कमजोर हो तो 'बालारिष्ट योग' बनता है उपाय न करने पर ऐसा जातक छः वर्ष के पूर्व मृत्यु को प्राप्त करता है।

27. तुलालग्न में शनि सप्तम में नीच का एवं द्वादश भाव में गुरु+शुक्र+राहु हो अन्य शुभ योग न हो तो ऐसा बालक एक वर्ष के भीतर मृत्यु को प्राप्त होता है।

28. तुलालग्न में सूर्य चौथे, अष्टम में बृहस्पति, द्वादश में चंद्रमा हो तथा लग्नेश शुक्र कमजोर हो तो ऐसा बालक जन्म लेते ही 'शीघ्र मृत्यु' को प्राप्त होता है।

29. तुलालग्न में सप्तम भाव में शनि+राहु+मंगल+चंद्र की युति, शुभ ग्रहों से दृष्ट न हो तो ऐसा बालक 'शीघ्र मृत्यु' को प्राप्त होता है।

30. तुलालग्न के दूसरे स्थान में वृश्चिक का मंगल हो तथा चतुर्थ एवं दशम भाव में भी पाप ग्रह हो तो ऐसा व्यक्ति बहुत कष्ट से जीता है।

31. तुलालग्न के सप्तम भाव में शनि के साथ राहु या केतु हो तो ऐसा जातक 'मातृघातक' होता है।

32. तुलालग्न में लग्नस्थ सूर्य के साथ राहु या केतु हो तो ऐसा बालक 'मातृघातक' होता है।

33. तुलालग्न में लग्नेश शुक्र एवं लग्न दोनों पाप ग्रहों के मध्य हों, सप्तम में पाप ग्रह हो तथा आत्मकारक सूर्य निर्बल हो तो ऐसा जातक जीवन से निराश होकर 'आत्महत्या' करता है।

34. तुला(चर)लग्न में चंद्रमा पाप ग्रहों के साथ हो, सप्तम में शनि हो तो जातक देवता के शाप या शत्रुकृत अभिचार कर्म से पीड़ित रहता है।

35. तुलालग्न में षष्टेश बृहस्पति सप्तम या दशम भाव में हो, लग्न पर मंगल की दृष्टि हो तो व्यक्ति शत्रुकृत अभिचार रोग से पीड़ित रहता है।

36. तुलालग्न में निर्बल चंद्रमा अष्टम स्थान में शनि के साथ हो तो जातक प्रेत बाधा एवं शत्रुकृत अभिचार रोग से पीड़ित रहता हुआ अकाल मृत्यु को प्राप्त करता है।

❑❑❑

तुलालग्न और विवाहयोग

1. लग्न में शनि तथा चंद्रमा हो, छठे भवन में शुक्र हो, तो जातक राज्य-मान्य, अतिकामी व पत्नी को भोगने वाला होता है।
2. यदि स्त्री की कुण्डली में लग्नेश, सप्तमेश, नवमेश और चंद्र स्थित राशि उन सबके स्वामी शुभ ग्रहों के उत्तम स्थानों में स्थित हों पर अस्त न हो तो स्त्री भाग्यशालिनी, सुन्दरी, बन्धुओं में पूज्य और पुण्य कर्म करने में कुशल होती है।
3. तुलालग्न हो, शुक्र बली हो तो स्त्री संचित धन द्वारा सहायता करे।
4. शुक्र के नवमांश में शनि और शनि के नवमांश में शुक्र हो दोनों में परस्पर दृष्टि हो तो वह स्त्री कामातुर होकर पुरुष की आकृति बनाती हुई, अपनी सहेली आदि स्त्री के साथ मैथुन क्रिया से कामाग्नि को शान्त कराती है।
5. मंगल द्वितीय स्थान में वृश्चिक राशि का हो, शुक्र भी वृश्चिक राशि में स्थित हो तो जातक स्त्री आत्महत्या करती है।
6. तुलालग्न में शनि सप्तम भाव में चंद्रमा के साथ से तथा लग्न में सूर्य हो तो ऐसे जातक के विवाह में भयंकर बाधा आती है। विलम्ब विवाह तो निश्चित है, अविवाह की स्थिति भी बन सकती है।
7. तुलालग्न में शनि द्वादशस्थ हो, द्वितीय स्थान में सूर्य हो तथा लग्नेश शुक्र निर्बल हो तो जातक का विवाह नहीं होता।
8. तुलालग्न में शनि छठे हो, सूर्य अष्टम में हो एवं सप्तमेश मंगल बलहीन हो तो ऐसे जातक का विवाह नहीं होता।
9. तुलालग्न में सूर्य, शनि और शुक्र की युति हो, सप्तमेश मंगल बलहीन हो तो ऐसे जातक का विवाह नहीं होता।
10. तुलालग्न में शुक्र दशम या लाभ स्थान में हो, शुक्र से द्वितीय या द्वादश स्थान में सूर्य या चंद्रमा हो तो ऐसे जातक का विवाह नहीं होता।

11. तुलालग्न में द्वितीयेश मंगल वक्री हो अथवा द्वितीय स्थान में कोई भी ग्रह वक्री होकर बैठा हो तो जातक के विवाह में अत्यधिक अवरोध उत्पन्न होता है।
12. राहु या केतु सप्तम भाव या नवम भाव में क्रूर ग्रहों से युक्त होकर बैठे हों तो निश्चय ही जातक का विवाह विलम्ब से होता है। ऐसा जातक प्राय: अन्तर्जातीय विवाह करता है।
13. तुलालग्न में सप्तमेश मंगल वक्री हो, सप्तम भाव में कोई ग्रह वक्री हो अथवा किसी भी वक्री ग्रह की सप्तम भाव पर दृष्टि हो तो जातक के विवाह मे अवरोध आते हैं और विवाह समय पर सम्पन्न नहीं होता।
14. तुलालग्न वालों के लिए शनि का द्वितीयस्थ होना और मंगल का अष्टमस्थ होना अनिष्टकारक है। ऐसे जातक का विवाह नहीं होता। विवाह हो भी जाए तो जातक का वैवाहिक सुख से वंचित रहना पड़ता है।
15. तुलालग्न में सप्तमेश मंगल यदि शनि से दृष्ट हो तो विवाह में विलम्ब व ससुराल से खटपट रहती है।
16. तुलालग्न में राहु यदि सप्तम भाव मे मंगल की राशि में हो तो ऐसी स्त्री को वैधव्य दु:ख भोगना पड़ता है।
17. तुलालग्न में चंद्रमा चर राशि (मेष, कर्क, तुला, मकर) में हो, पाप ग्रह केन्द्र में हो शुभ ग्रह उन्हें न देखते हो तो ऐसी स्त्री विवाह के पूर्व अन्य पुरुषों से संसर्ग करती है।
18. तुलालग्न में सप्तम भावस्थ मंगल पर शनि की दृष्टि हो तो जातक में प्रबल कामवासना होती है। ऐसा जातक स्त्री के यौनांग का स्पर्श अपने मुंह से करता है। यदि ऐसे मंगल के साथ राहु हो तो जातक अपने आश्रम में रहने वाली सेविका से यौन संबंध रखता है।
19. तुलालग्न वाली कुण्डली में कुम्भ का नवमांश हो तो ऐसी स्त्री की सहायता से अपनी कामपिपासा शान्त करती है अर्थात् अपने साथ रमण कराने के लिए अन्य स्त्री से पुरुष के समान आचरण कराती है। यदि यह योग पुरुष की कुण्डली में हो तो जातक समलैंगिक यौनाचार करता है।
20. तुलालग्न में सप्तमेश मंगल यदि चर राशि में हो तो स्त्री का पति परदेश में रहेगा। ऐसे में यदि बुध व शनि सप्तम भाव मे हो तो स्त्री का पति नपुंसक होगा।
21. तुलालग्न में मंगल आठवें हो तो स्त्री मृगनयनी एवं कुटिल होती है। ऐसी स्त्री प्रेम विवाह करती है तथा स्वच्छंद यौनाचार में विश्वास करती है।

22. तुलालग्न में लग्नस्थ सूर्य और मंगल यदि शुभ ग्रहों से दृष्ट न हो तो ऐसी स्त्री विधवा होती है।

23. तुलालग्न में द्वितीयेश मंगल शनि से युत हो एवं शुभ ग्रहों से दृष्ट न हो, तो ऐसी स्त्री व्याभिचारिणी होती है।

24. तुलालग्न में चंद्रमा यदि (1/3/5/7/9/11) राशि में हो तो ऐसी स्त्री पुरुष की तरह कठोर स्वभाव वाली एवं साहसिक प्रकृति की महिला होती है।

25. तुलालग्न में यदि सूर्य, मंगल, गुरु, चंद्र, बुध, शुक्र व शनि बलवान हों तो ऐसी स्त्री गलत सोहबत या परिस्थिति वश पर पुरुष की अंकशयिनी बन सकती है।

26. तुलालग्न में सप्तमेश मंगल यदि चर राशि (1/4/7/10) में हो तो ऐसी स्त्री का पति निरन्तर प्रवास में रहता है।

27. जातक पारिजात के अनुसार तुलालग्न में उत्पन्न कन्याएं सुन्दर होती हैं। यदि चंद्रमा लग्न में हो तो ऐसी स्त्री पति की प्रिया प्राण-वल्लभा होती है।

28. तुलालग्न में स्वगृही शुक्र लग्न में हो तो ''दिभार्या योग'' बनता है। ऐसा जातक दो नारियों के साथ रमण करता है।

29. तुलालग्न में सप्तमेश मंगल द्वितीय या द्वादश भाव में हो तो पूर्ण व्यभिचारी योग बनता है। ऐसा पुरुष जीवन में अनेक स्त्रियों से सम्भोग करता है।

❑❑❑

तुलालग्न और धनयोग

तुलालग्न में जन्म लेने वाले जातकों के लिए धन प्रदाता ग्रह मंगल है। धनेश मंगल की शुभाशुभ स्थिति से धन स्थान से सम्बन्ध जोड़ने वाले ग्रहों की स्थिति एवं योगायोग, मंगल एवं धनस्थान पर पड़ने वाले ग्रहों की दृष्टि सम्बन्ध से जातक की आर्थिक स्थिति, आय के स्रोतों तथा चल सम्पत्ति को पता चलता है। इसके अतिरिक्त लग्नेश शुक्र, पंचमेश शनि, भाग्येश बुध एवं लाभेश सूर्य की अनुकूल परिस्थितियां तुलालग्न वालों के लिए धन ऐश्वर्य एव वैभव को बढ़ाने में पूर्ण सहायक होती हैं।

तुलालग्न के लिए गुरु, सूर्य और मंगल अशुभ फल देते हैं। शनि, बुध शुभ होते है। चंद्र और बुध राजयोग कारक हैं। मंगल प्रधान मारकेश होकर भी मारक का कार्य नहीं करेगा। गुरु षष्टेश होने से अशुभ फलदायक है। गुरु परम पापी है। सूर्य व शुक्र भी पापी हैं। शनि अतिशुभ फलदायक है। मंगल साहचार्य से मारक का कार्य करेगा।

शुभयोग– 1. शुक्र+शनि, 2. शुक्र+बुध, 3. चंद्र+बुध,

सफल योग– 1. गु.+श. 2. बु.+श. 3. श.+चं., 4. मं.+श.

योगकारक–चंद्र, बुध, शनि।

निष्फल योग–मंगल + बुध

लक्ष्मी योग–मंगल द्वितीय, सप्तम या नवम में, सूर्य सप्तम या एकादश में, शनि केन्द्र त्रिकोण में।

विशेष योगायोग

1. तुलालग्न में शुक्र हो, शनि, बुध से युत किंवा दृष्ट हो तो जातक शहर का प्रतिष्ठित धनवान व्यक्ति होता है।

2. तुलालग्न हो, पंचम स्थान में शनि हो, लाभ स्थान में सिंह का बुध हो तो जातक अपनी विद्या, हुनर के द्वारा लाखों रुपया कमाता हुआ, शहर का प्रतिष्ठित धनवान व्यक्ति होता है।
3. तुलालग्न के पंचम स्थान में शनि तथा लाभ स्थान मे सिंह का मंगल हो तो जातक शहर का माना हुआ धनवान होता है।
4. तुलालग्न में बुध, मिथुन या सिंह राशि में हो तो जातक अल्प प्रदान से बहुत रुपया कमाता है। धन के मामले में ऐसा व्यक्ति भाग्यशाली कहलाता है।
5. तुलालग्न में मंगल मेष, वृश्चिक या मकर राशि में हो तो व्यक्ति धनाध्यक्ष होता है, लक्ष्मी चेरी की तरह उस व्यक्ति की सेवा करती है।
6. तुलालग्न में मंगल बुध के घर में तथा बुध मंगल के घर में हो तो अर्थात् बुध मेष या वृश्चिक राशि में हो तो तथा मंगल मिथुन या कन्या राशि में परिवर्तन योग करके बैठा हो तो व्यक्ति भाग्यशाली होता है तथा जीवन में खूब धन कमाता है।
7. तुलालग्न में मंगल यदि सूर्य के घर में तथा सूर्य मंगल के घर में हो अर्थात् मंगल, सिंह राशि का हो तथा सूर्य मेष या वृश्चिक का हो तो जातक महाभाग्यशाली होता है। ऐसे व्यक्ति की लक्ष्मी दासी के समान सेवा करती है।
8. तुलालग्न में यदि चंद्रमा केन्द्र-त्रिकोण में हो तथा मंगल स्वगृही हो तो जातक कीचड़ में कमल की तरह खिलता है अर्थात् सामान्य परिवार में जन्म लेकर धीरे-धीरे अपने पुरुषार्थ व पराक्रम से लक्षाधिपति व कोट्याधिपति हो जाता है। यह स्थिति प्राय: 28 वर्ष के बाद होती है।
9. तुलालग्न में शुक्र, चंद्रमा और सूर्य की युति हो तो जातक महाधनी होता है तथा धनशाली व्यक्तियों में अग्रगण्य गिना जाता है।
10. तुलालग्न में शनि मकर या कुम्भ का हो तो जातक धनवान होता है।
11. तुलालग्न में शुक्र सिंह राशि में एवं सूर्य तुला राशि में हो तो जातक 33वें वर्ष में पांच लाख रुपये कमा लेता है तथा शत्रुओं का नाश करते हुये स्वअर्जित धनलक्ष्मी को भोगता है। ऐसे व्यक्ति को जीवन में अचानक रुपया मिलता है।
12. तुलालग्न हो, लग्नेश शुक्र, धनेश मंगल, भाग्येश बुध तथा लाभेश सूर्य अपनी-अपनी उच्च एवं स्वराशि में हों तो जातक करोड़पति होता है।
13. तुलालग्न में धनेश मंगल यदि छठे, आठवें और बारहवें स्थान में हो तो "धनहीन योग" की सृष्टि होती है। जिस प्रकार से घड़े में छिद्र होने के कारण उसमें पानी नहीं ठहर पाता, ठीक उसी प्रकार से ऐसे व्यक्ति के पास धन नहीं

ठहर पाता। सदैव रुपयों की तंगी बनी रहती है। इस दुर्योग से बचने के लिए गले में अभियन्त्रित "मंगल यन्त्र" धारण करना चाहिए। पाठक चाहें तो "मंगल यन्त्र" हमारे कार्यालय से प्राप्त कर सकते हैं।

14. तुलालग्न में धनेश मंगल यदि आठवें हो परन्तु सूर्य यदि लग्न को देखता हो तो ऐसे व्यक्ति को भूमि में गढ़े हुए धन की प्राप्ति होती है या लॉटरी से रुपया मिल सकता है पर रुपया पास में टिकेगा नहीं।

15. तुलालग्न में मंगल यदि मेष या मकर राशि में हो तो "रूचक योग" बनता है। ऐसा जातक राजतुल्य ऐश्वर्य को भोगता हुआ अथाह भूमि, सम्पत्ति व धन का स्वामी होता है।

16. तुलालग्न में सुखेश शनि, लाभेश सूर्य यदि नवम भाव में मंगल से दृष्ट हो तो व्यक्ति को अनायास धन की प्राप्ति होती है।

17. तुलालग्न में गुरु + चंद्र की युति वृश्चिक, मकर, कुम्भ या मिथुन राशि में हो तो इस प्रकार के गणकेसरी योग के कारण व्यक्ति को अनायास उत्तम धन की प्राप्ति होती है। ऐसे व्यक्ति को लॉटरी, शेयर बाजार या अन्य व्यापारिक स्रोत से अकल्पनीय धन की प्राप्ति होती है।

18. तुलालग्न में धनेश मंगल अष्टम स्थान में एवं अष्टमेश शुक्र धन स्थान में परस्पर परिवर्तन करके बैठे हों तो जातक गलत तरीके से धन कमाता है। ऐसा व्यक्ति ताश, जुआ, मटका, घुड़रेस स्मगलिंग एवं अनैतिक कार्यों से धन अर्जित करता है।

19. तुलालग्न में तृतीयेश गुरु लाभ स्थान में एवं लाभेश गुरु तृतीय स्थान में परस्पर परिवर्तन करके बैठे हों तो ऐसे व्यक्ति को भाई, मित्र एवं भागीदारों द्वारा धन की प्राप्ति होती है।

20. तुलालग्न में बलवान मंगल के साथ यदि चतुर्थेश शनि हो तो व्यक्ति को मातृपक्ष के द्वारा धन की प्राप्ति होती है।

21. गुरु धनु राशि का हो, बुध भाग्य भवन में तथा शनि स्वगृही हो तो जातक अतुल धनवान होता है।

22. जन्म का लग्न तुला हो तथा राहु, शुक्र, मंगल, शनि 12वें भाव में यानी कन्या राशि में हों तो जातक कुबेर से भी अधिक धनवान होता है।

23. यदि लग्न में सर्वोत्तम नवांश हो और चंद्रमा भी वर्गोत्तम नवांश हो और लग्न को चंद्रमा के अतिरिक्त 4 अन्य ग्रह देखते हों, ऐसा जातक अधम से अधम घर में जन्म लेकर भी उत्तम शुभ सुख भोगता है, लक्ष्मीवान होता है।

24. तुलालग्न हो, पंचम भाव में शनि बैठा हो तो जातक का पुत्र गोद जाता है। वहां से उसे धन मिलता है।

25. शुक्र यदि केतु सहित द्वितीय भाव में हो तो जातक को निश्चय ही लक्ष्याधिपति बना देता है।

26. षष्टापति का तथा लग्नाधिपति का परस्पर परिवर्तन योग बनता हो तो जातक ऋण ग्रस्त रहता है।

27. शुक्र-शनि की युति धनु राशि में हो तथा गुरु की भाग्य भवन से दृष्टि हो, मंगल कर्क का हो तथा सूर्य व बुध चतुर्थ भावस्थ हों तो जातक अतुल धनवान होता है।

28. सूर्य मेष का सप्तम भाव में एवं चंद्रमा द्वादश भाव में हो, बुध शत्रु भाव में स्थित हो, गुरु की 5वीं दृष्टि चंद्रमा पर हो तो जातक मंत्री बनता है तथा खूब धनोपार्जन करता है।

29. तुलालग्न हो तथा मंगल यदि बलवान हो तो स्त्री पक्ष से अर्थ की प्राप्ति होती है।

30. तुलालग्न हो, शुक्र बली हो तो स्त्री संचित धन द्वारा सहायता करें।

31. पंचम स्थान में चंद्रमा हो उस पर शुक्र की दृष्टि हो तो जातक को लॉटरी इत्यादि से यकायक धन मिलता है।

32. लग्नेश धन भाव में हो तथा धनेश अष्टमस्थ हो तो भूमि से धन प्राप्ति होती है।

33. सूर्य, बुध, मंगल व शनि एक साथ 10वें, 5वें 9वें भाव में हों तो जातक लक्ष्याधिपति होता है।

34. तुलालग्न में यदि बलवान मंगल पंचमेश शनि के साथ हो तथा द्वितीय भाव शुभ ग्रहों से दृष्ट हो तो ऐसे व्यक्ति को पुत्र द्वारा धन की प्राप्ति होती है। किंवा पुत्र जन्म के बाद ही जातक का भाग्योदय होता है।

35. तुलालग्न में बलवान मंगल की यदि षष्टेश गुरु से युति हो तथा धन भाव शनि से दृष्ट हो तो ऐसे जातक को शत्रुओं के द्वारा धन की प्राप्ति होती है। ऐसा जातक कोर्ट-कचहरी में शत्रुओं को पराजित करता है तथा शत्रुओं के कारण ही उसे धन व यश की प्राप्ति होती है।

36. तुलालग्न में बलवान मंगल की शुक्र से युति हो, सप्तम भाव में शुभग्रहों से दृष्ट हो तो ऐसे जातक का भाग्योदय विवाह के बाद होता है तथा उसे पत्नी, ससुराल पक्ष से धन की प्राप्ति होती है।

37. तुलालग्न में बलवान मंगल की नवमेश बुध से युति हो तो ऐसा जातक राजा से, राज्य पक्ष से, सरकारी अधिकारियों, अनुबन्ध (ठेकों) से काफी धन कमाता है।

38. तुलालग्न में बलवान मंगल की दशमेश चंद्रमा से युति हो तो जातक को पैतृक सम्पत्ति मिलती है। पिता द्वारा सम्पादित धन की प्राप्ति होती है तथा पैतृक व्यवसाय से जातक को लाभ होता है।

39. तुलालग्न में दशम भवन का स्वामी चंद्रमा यदि छठे, आठवें या बारहवें स्थान में हो तो जातक को परिश्रम का पूरा फल नहीं मिलता। ऐसा जातक जन्म स्थान पर नहीं कमाता, उसे सदैव धन की कमी बनी रहती है।

40. तुलालग्न में लग्नेश शुक्र यदि छठे, आठवें या बारहवें स्थान में हो एवं सूर्य छठे या आठवें स्थान में हो तो व्यक्ति कर्जदार होता है तथा धन के मामले में कमजोर होता है।

41. धन स्थान में पाप ग्रह हो तथा लाभेश सूर्य यदि छठे, आठवें या बारहवें स्थान में हो तो व्यक्ति दरिद्री होता है।

42. तुलालग्न में केन्द्र स्थानों को छोड़कर चंद्रमा बृहस्पति से यदि छठे, आठवें या बारहवें स्थान में हो तो शकट योग बनता है। जिसके कारण व्यक्ति को सदैव धन का अभाव रहता है।

43. तुलालग्न में धनेश मंगल अस्त हो, नीच राशि (कर्क) में हो एवं धन स्थान तथा अष्टम स्थान में कोई पाप ग्रह हो तो व्यक्ति सदैव ऋण ग्रस्त रहता है।

44. तुलालग्न में लाभेश सूर्य यदि छठे, आठवें या बारहवें स्थान में हो, लाभेश अस्तगत हो तथा पाप पीड़ित हो तो जातक महादरिद्री होता है।

45. तुलालग्न में अष्टमेश शुक्र वक्री होकर कहीं भी बैठा हो या अष्टम स्थान में कोई भी ग्रह वक्री होकर बैठा हो तो अकस्मात् धन हानि का योग बनता है। अर्थात् ऐसे व्यक्ति को धन के मामले में परिस्थितिवश अचानक भारी नुकसान हो सकता है।

46. तुलालग्न में अष्टमेश शुक्र शत्रुक्षेत्री, नीच राशिगत या अस्त हो तो अचानक धन की हानि होती है।

❑❑❑

तुलालग्न एवं संतान योग

1. तुलालग्न में शनि पांचवें स्थान में बैठा हो तो पांच पुत्र होते हैं।
2. तुलालग्न में पंचमेश शनि आठवें हो तो जातक के अल्प सन्तति होती है।
3. तुलालग्न में पंचमेश शनि अस्त हो या पाप ग्रस्त होकर छठे, आठवें या बारहवें हो तो व्यक्ति के पुत्र नहीं होता।
4. तुलालग्न में पंचमेश शनि लग्न (तुला राशि) में हो, गुरु से युत या दृष्ट हो तो जातक की प्रथम सन्तति पुत्र ही होता है।
5. तुलालग्न में पंचमेश शनि कुम्भ राशि का हो तो जातक के पांच पुत्र होते हैं।
6. तुलालग्न में पंचमेश शनि लग्न में हो एवं लग्नेश शुक्र पंचम में परस्पर परिवर्तन करके बैठे हों तो जातक दूसरों की सन्तान गोद में लेकर अपने पुत्र की तरह पालता है।
7. तुलालग्न में पंचमेश शनि पंचम, षष्ठ या द्वादश भावों में हो तो ''अनपत्य योग'' बनता है। ऐसे जातक को निर्बीज पृथ्वी की तरह पुत्र सन्तान नहीं होती, पर उपाय करने से इस योग की शांति हो जाती है।
8. राहु, सूर्य एवं मंगल पंचम भाव में हो तो ऐसे जातक को शल्य चिकित्सा द्वारा कष्ट से पुत्र सन्तान की प्राप्ति होती है। आज की भाषा में ऐसे बालक को ''सिजेरियन चाइल्ड'' कहते हैं।
9. तुलालग्न में पंचमेश शनि कमजोर हो तथा राहु एकादश में हो तो जातक को वृद्धावस्था में सन्तान की प्राप्ति होती है।
10. पंचम स्थान में राहु, केतु या शनि इत्यादि पापग्रह हों तो गर्भपात अवश्य होता है।
11. तुलालग्न में लग्नेश शुक्र द्वितीय स्थान में हो तथा पंचमेश, शनि पापग्रस्त या पाप पीड़ित हो तो जातक के पुत्र उत्पन्न होने के साथ नष्ट हो जाता है।

12. तुलालग्न में पंचमेश शनि बारहवें स्थान में शुभ ग्रहो से युत या दृष्ट हो तो ऐसे व्यक्ति के पुत्र की वृद्धवस्था में अकाल मृत्यु हो जाती है। जिससे जातक संसार में विरक्त होकर वैराग्य की ओर उन्मुख हो जाता है।

13. पंचमेश यदि वृष, कर्क, कन्या या तुला राशि में हो तो जातक को प्रथम सन्तति के रूप में कन्या रत्न की प्राप्ति होती है।

14. तुलालग्न में पंचमेश शनि की सप्तमेश मंगल से युति हो तो जातक को प्रथम सन्तति के रूप में कन्या रत्न की प्राप्ति होती है।

15. चंद्रमा सिंह राशिस्थ हो तथा गुरु स्वराशि (9, 12) में हो तथा पाप व शुभ ग्रह 1/4/7/10 स्थानों में हो तो जातक 5 सन्तान को नाश करने वाला होता है।

16. जातक की कुण्डली में यदि गुरु, शुक्र और चंद्रमा तीनों मीन राशि में हों तो उसकी पत्नी के पुत्र अधिक होते हैं।

17. समराशि (2,4,6,8,10,12) में गया हुआ बुध कन्या सन्तति की बाहुल्यता देता है। यदि चंद्रमा और शुक्र का भी पंचम भाव पर प्रभाव हो तो यह योग अधिक पुष्ट हो जाता है।

18. पंचमेश निर्बल हो, लग्नेश शुक्र भी निर्बल हो तथा पंचम भाव में राहु हो तो जातक के सर्पदोष के कारण जातक के पुत्र सन्तान नहीं होती। ऐसे जातक को वंश की वृद्धि की चिन्ता एवं मानसिक तनाव रहता है।

19. पंचम भाव में राहु हो और एकादश स्थान में स्थित केतु के मध्य सारे ग्रह हों तो पद्यनामक ''कालसर्प योग'' के कारण जातक के पुत्र सन्तान नहीं होती। ऐसे जातक को वंश वृद्धि की चिन्ता एवं मानसिक तनाव रहता है।

20. सूर्य अष्टम हो, पंचम भाव में शनि हो, पंचमेश राहु से युत हो तो जातक को पितृ दोष होता है तथा पितृ शाप के कारण पुत्र सन्तान नहीं होती।

21. लग्न में मंगल, अष्टम में शनि, पंचम में सूर्य एवं बारहवें स्थान में राहु या केतु हो तो ''वंशविच्छेद योग'' बनता है। ऐसे जातक के स्वयं का वंश समाप्त हो जाता है। आगे पीढ़ियां नहीं चलतीं।

22. तुलालग्न के चतुर्थ भाव में पाप ग्रह हो तथा चंद्रमा जहां बैठा हो उससे आठवें स्थान में पाप ग्रह हो तो ''वंशविच्छेद योग'' बनता है ऐसे जातक के स्वयं का वंश समाप्त हो जाता है, उसके आगे पीढ़ियां नहीं चलतीं।

23. तीन केन्द्रों में पाप ग्रह हो तो व्यक्ति को ''इलाख्य नामक'' सर्पयोग बनता है।

इस दोष के कारण जातक को पुत्र सन्तान का सुख नहीं मिलता। दोष निवृत्ति पर शांति हो जाती।

24. तुलालग्न में पंचमेश पंचम, षष्ठ या द्वादश भाव में हो तथा पंचम भाव शुभ ग्रहों से दृष्ट न हो तो ''अनपत्य योग'' बनता है ऐसे जातक को निर्बीज पृथ्वी की तरह सन्तान उत्पन्न नहीं होती पर उपाय से दोष शांत हो जाता है।

25. जिस स्त्री की जन्म कुण्डली में सूर्य लग्न में और शनि यदि सातवें हो, अथवा सूर्य+शनि का युति सातवें हो, तथा दशम भाव पर बृहस्पति की दृष्टि हो तो ''अनगर्भा योग'' बनता है ऐसी स्त्री गर्भधारण योग्य नहीं होती।

26. पंचम भाव मंगल बुध की युति हो तो जातक के जुड़वा सन्तान होती है। पुत्र या पुत्री की कोई शर्त नहीं।

27. जिस स्त्री की जन्म कुण्डली में सूर्य लग्न में और शनि यदि सातवें हो, अथवा सूर्य+शनि हो सुति सातवें हो, तथा दशम भाव पर बृहस्पति की दृष्टि हो तो ''अनगर्भा योग'' बनता है ऐसी स्त्री गर्भधारण योग्य नहीं होती।

28. जिस स्त्री की जन्म कुण्डली में शनि+मंगल छठे या चौथे स्थान में हो तो ''अनगर्भा योग'' बनता है ऐसे स्त्री गर्भधारण करने योग्य नहीं होती।

29. शुभ ग्रहों के साथ सूर्य+चंद्रमा यदि पंचम स्थान में हो तो ''कुलवर्द्धन योग'' बनता है। ऐसी स्त्री दीर्घजीवी, धनी एवं ऐश्वर्यशाली सन्तानों को उत्पन्न करती है।

30. पंचमेश मिथुन या कन्या राशि में हो, बुध से युत हो, पंचमेश और पंचम भाव पर पुरुष ग्रहों की दृष्टि न हो तो जातक को ''केवल कन्या योग'' होता है। पुत्र सन्तान नहीं होती।

❑❑❑

तुलालग्न और राजयोग

1. यदि तुलालग्न अपने पूर्णांश पर उच्च के शनि से युक्त हो तो और साथ ही उच्च का एकाकी मंगल चतुर्थ स्थान में हो, उच्च सूर्य सप्तम स्थान में हो और उच्च का बृहस्पति दशम में अपने उच्चांश पर हो तो जातक राजा के समान ऐश्वर्य एवं वैभव को भोगता है।
2. उच्च का शनि लग्न में, सप्तम में तथा उच्च का गुरु दशम में हो ता या उच्च का शनि लग्न में, उच्च का मंगल चतुर्थ में और उच्च का सूर्य सप्तम में हो तो जातक राजा के समान ऐश्वर्य एवं वैभव को भोगता है।
3. उच्च का शनि लग्न में हो, उच्च का मंगल चतुर्थ में और उच्च का गुरु दशम में हो तो जातक राजा के समान ऐश्वर्य एवं वैभव को भोगता है।
4. उच्च का शनि लग्न में उच्च का सूर्य सप्तम में और स्वगृही कर्क का चंद्रमा दशम में हो तो जातक राजा के समान ऐश्वर्य एवं वैभव को भोगता है।
5. उच्च का शनि लग्न में और उच्च का वृहस्पति स्वगृही चंद्र के साथ दशम में हो तो जातक राजा के समान ऐश्वर्य एवं वैभव को भोगता है।
6. उच्च का शनि लग्न में, उच्च का मंगल चतुर्थ और स्वगृही कर्क का चंद्रमा दशम में हो तो जातक राजा के समान ऐश्वर्य एवं वैभव को भोगता है।
7. उच्च का मंगल चतुर्थ, स्वगृही शनि पंचम, उच्च का सूर्य सप्तम तथा स्वगृही बुध नवम स्थान में हो तो जातक राजा के समान ऐश्वर्य एवं वैभव को भोगता है।
8. वृश्चिक का मंगल धन स्थान में, मकर का शनि चतुर्थ स्थान में, कर्क का चंद्रमा दशम स्थान में और सिंह का सूर्य एकादश या लाभ स्थान में हो तो जातक राजा के समान ऐश्वर्य एवं वैभव को भोगता है।
9. वृश्चिक का मंगल धन भाव में, मेष का सूर्य सप्तम भाव में, कर्क का बृहस्पति दशम में और उच्च का शनि लग्न में हो तो जातक राजा के समान ऐश्वर्य एवं वैभव को भोगता है।

10. तुलालग्न में शुक्र शनि व कर्क का, गुरु दशम हो, कन्या का सूर्य द्वादश में बुध के साथ, मेष का मंगल सप्तम स्थान में, वृष का चंद्रमा अष्टम स्थान में पूर्ण हो जातक बड़ा आदमी बनता हैं।

11. गुरु तीसरे स्थान में हो शुकु छठे स्थान में हो तो शेष सभी ग्रह गुरु व शुक्र के मध्य हों तो यह एक उत्तम राजयोग होता है।

12. शुक्र, मंगल धन भाव में हो, गुरु मीन राशि में हो, तुला में बुध शनि व चंद्रमा नीच के क्रमशः मेष वृश्चिक में बैठे हों, तो यह निश्चित राजयोग होता है

13. व्ययेश बुध 1,2,4,5,9,10 भावों में से किसी भाव में हो तो उत्तम नौकरी का योग बनता है।

14. लग्नेश व जन्म राशि का अधिपति केन्द्र में हो तथा शुभ व मित्र ग्रहों से दृष्ट हो, शत्रु और पाप ग्रहों की दृष्टि न हो तथा जन्म राशि के स्वामी से चंद्रमा 9वें भाव में हो तो वह जातक एम. पी. या एम. एल. ए. होता है।

15. जन्म समय में सभी ग्रह योग कारक हों तो जातक राष्ट्रपति होता है। दो-तीन ग्रहों के योग कारक होने से राज्यपाल होने का योग बनता है यदि एक ग्रह भी अपने पंचमांश में हो तो एम० एल० ए० योग होता है।

16. तुलालग्न हो तथा गुरु उच्च, त्रिकोण या स्वराशि में स्थिति होकर चंद्रमा को सम्पूर्ण दृष्टि से देखता हो तो जातक को निश्चय ही मंत्री पद प्राप्त होता है।

17. यदि गुरु, बुध, चंद्रमा 2,5,11 वें भाव में हों, दो ग्रह षष्ट भाव में, शेष दो ग्रह सप्तम भाव में हों तो व्यक्ति राजदूत का पद प्राप्त करता है।

18. तुलालग्न हो तथा शुक्र द्वादश भाव में हो, शनि शत्रु भवन में हो सूर्य, चंद्र लग्न में हो तो जातक खूब धन प्राप्त करता है तथा कुशल नीतिज्ञ मंत्री होता है।

19. सूर्य, शुक्र, मकर राशि में चतुर्थ भाव से तथा चंद्र शनि दशम भाव में हों परस्पर दृष्टि डाल रहे होने से जातक को उत्तम धन योग व राजयोग होता है।

20. शनि प्रथम भाव में, मंगल उच्च का, सूर्य उच्च का 7वें भाव में हो तो जातक राज्य में उच्चाति उच्च पद प्राप्त करता है। यथा मंत्री होता है।

21. शनि षष्ट भाव में नीच का हो, पद वक्री व बलवान हो उस पर शनि की दृष्टि हो, सूर्य-चंद्र लग्न में हों तो असाधारण राजयोग बनता है।

22. लग्न की राशि तुला हो, चंद्र व शनि तथा शुक्र केन्द्र स्थानों में हों लग्नेश मकर राशि का हो, गुरु अष्टम भाव में हो, सूर्य व शुक्र की युति हो तो जातक राज्य में उच्च स्थान प्राप्त करता है।

23. तुलालग्न में जन्म काल में तुला, धनु, मीन व लग्न में शनि बैठा हो तो जातक का राजकुल में जन्म और वह राजा होता है।

24. तुलालग्न में जलचर राशि में छठा चंद्रमा हो लग्न में उदित शुभ ग्रह और केन्द्र में पाप ग्रह न हो तो राजयोग होता है।

❑❑❑

तुलालग्न में चंद्रमा की स्थिति

तुलालग्न में चंद्रमा की स्थिति प्रथम स्थान में

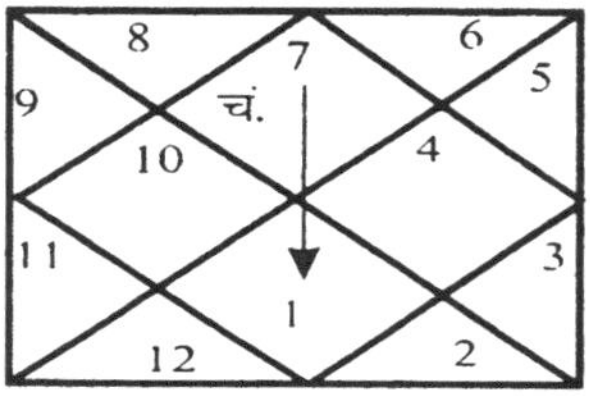

तुलालग्न में चंद्रमा दशम स्थान का स्वामी, राज्येश होने से शुभ फल प्रदाता व राजयोग कारक है। यह लग्नेश शुक्र का मित्र है। यहां प्रथम स्थान में चंद्रमा तुला राशि का होगा। ऐसा जातक विख्यात कवि, लेखक, कला संगीत मर्मज्ञ होता है। उसे संसार के सभी सुख ऐश्वर्य, भोग विलास की सामग्री सहज में प्राप्त हो जाती है।

दृष्टि–चंद्रमा की दृष्टि सप्तम भाव (मेष राशि) पर होने से जीवन साथी।

निशानी–ऐसे व्यक्ति के नेत्र कमनीय, चंचल व शरीर सुन्दर होता है। जातक सुन्दर, सौम्य और विनम्र स्वभाव का होगा।

चंद्रमा का अन्य ग्रहों से सम्बन्ध–

1. चंद्र के साथ गुरु होने से तुलालग्न के प्रथम स्थान में यह युति वस्तुत: राज्येश चंद्रमा की तृतीयेश+षष्ठेश बृहस्पति के साथ युति होगी। यहां बैठकर दोनों शुभ ग्रह पंचम स्थान, सप्तम भाव एवं भाग्य स्थान को पूर्ण दृष्टि से देखेंगे। तुलालग्न में यह योग ज्यादा सार्थक नहीं है क्योंकि तुलालग्न के लिए बृहस्पति पापी ग्रह है। अशुभ फल प्रदाता है। फलत: ऐसे जातक के पराक्रम में न्यूनता आएगी। जातक की प्रथम सन्तति की मृत्यु होगी। जातक को भाग्योदय हेतु काफी संघर्ष करना पड़ेगा। फिर अन्तिम रूप से सफल रहेंगे।
2. चंद्र के साथ सूर्य होने से तुलालग्न में सूर्य+चंद्र की युति प्रथम स्थान में होने पर जातक का जन्म कार्तिक कृष्ण अमावस्या को प्रात: 6 से 8 बजे के मध्य

होगा। सूर्य+चंद्र की तुला राशिगत प्रथम स्थान में यह युति वस्तुतः दशमेश चंद्र की लाभेश सूर्य के साथ युति कहलायेगी। तुलालग्न में चंद्रमा राज्येश होने से शुभ फलदायक है, जबकि लग्नेश शुक्र का शत्रु होने से सूर्य अशुभ फलदायक है। सूर्य लग्न में नीच राशि का भी है। जातक को सरकारी नौकरी नहीं मिलेगी फिर भी जातक पराक्रमी होगा। जातक की पत्नी सुंदर होगी।

3. तुलालग्न में यदि चंद्र के साथ बुध हो तो जातक के स्वयं के निर्णय विवादास्पद रहेंगे।
4. तुलालग्न में चंद्र के साथ मंगल होने से जातक महाधनी होगा।
5. तुलालग्न में चंद्र के साथ शुक्र हो तो जातक का व्यक्तित्व सुन्दर होगा। चेहरा भी सुन्दर होगा।
6. तुलालग्न में चंद्र के साथ शनि हो तो 'शश योग' के कारण जातक चक्रवर्ती राजा के समान धनी होगा।
7. तुलालग्न में चंद्र के साथ राहु हो तो यहां पर राहु की दशा में रोगोत्पत्ति होगी। जातक हठी होगा।
8. तुलालग्न में चंद्र के साथ केतु हो तो जातक जिद्दी होगा। निर्णय संदिग्ध होंगे।

तुलालग्न में चंद्रमा की स्थिति द्वितीय स्थान में

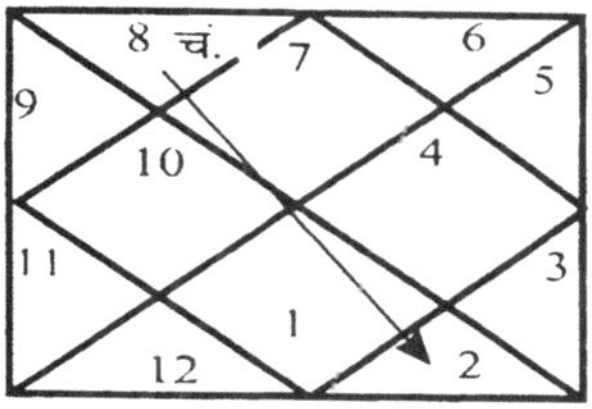

तुलालग्न में चंद्रमा दशम स्थान का स्वामी, राज्येश होने से शुभ फल प्रदाता व राजयोग कारक है। यह लग्नेश शुक्र का मित्र है। यहां चंद्रमा द्वितीय स्थान में वृश्चिक राशि का होगा जो कि इसकी नीच राशि है। इसके तीन अंशों तक यह परम नीच का होता है। परन्तु अपनी राशि में पांचवे स्थान पर होने के कारण नीच होते हुए भी चंद्रमा यहां शुभ फल देगा। पाराशर ऋषि के अनुसार ऐसा जातक राजमान्य, गुणी, धनी, अतिदानी और पिता के सुख से युक्त सम्पन्न व्यक्ति होगा।

दृष्टि–द्वितीयस्थ चंद्रमा की दृष्टि अष्टम भाव (वृष राशि) पर होगी। फलतः जातक लंबी उम्र जीने वाला व्यक्ति होगा।

निशानी–जातक की वाणी विष बुझे के तीर की तरह विषैली होगी।

दशा–चंद्रमा की दशा-अन्तर्दशा में जातक धनवान होगा।

चंद्रमा का अन्य ग्रहों से सम्बन्ध–

1. चंद्र के साथ गुरु तुलालग्न के द्वितीय स्थान में यह युति वस्तुत: राज्येश चंद्रमा की तृतीयेश+षष्ठेश बृहस्पति के साथ युति होगी। चंद्रमा यहां नीच राशि का होगा। यहां बैठकर ये दोनों शुभ ग्रह षष्टम स्थान, अष्टम स्थान एवं राज्य स्थान को पूर्ण दृष्टि से देखेंगे। यह युति यहां ज्यादा सार्थक नहीं है। फिर भी जातक के शत्रुओं का नाश होगा। जातक की आयु बढ़ेगी। राजपक्ष में प्रभाव बढ़ेगा। ऋण, रोग और शत्रु का भय तो रहेगा परन्तु इस शुभ योग के कारण जातक का बचाव होता रहेगा। मुसीबत में मदद मिलती रहेगी।
2. तुलालग्न में सूर्य+चंद्र की युति द्वितीय स्थान में होने के कारण जातक का जन्म मार्गशीर्ष कार्तिक कृष्ण अमावस्या को सूर्योदय के पूर्व प्रात: पांच बजे के आस-पास होगा। सूर्य+चंद्र की वृश्चिक राशिगत धन स्थान में यह युति वस्तुत: राज्येश होने से शुभ फलदायक है। जबकि लग्नेश शुक्र का शत्रु होने से सूर्य प्रतिकूल है। चंद्रमा वहां नीच का होगा। ये दोनों ग्रह यहां धन हानि देने वाले हैं। अष्टम स्थन (वृष राशि) पर इनकी दृष्टि जातक के जीवन में रोग उत्पन्न कराने वाली है तथा आयु के लिए अनिष्ट सूचक है।
3. तुलालग्न में चंद्र के साथ मंगल हो तो 'नीचभंग राजयोग' एवं 'महालक्ष्मी योग' के कारण जातक धनी एवं पराक्रमी होगा।
4. तुलालग्न में चंद्र के साथ बुध हो तो धन का अपव्यय होगा। रोकना कठिन है।
5. तुलालग्न में चंद्र के साथ शुक्र हो तो जातक को परिश्रम का पूरा लाभ मिलेगा।
6. तुलालग्न में चंद्र के साथ शनि हो तो जातक को जीवन में सभी प्रकार के भौतिक सुख मिलेंगे।
7. तुलालग्न में चंद्र के साथ राहु हो तो धन के घड़े में भारी छेद है।
8. तुलालग्न में चंद्र के साथ केतु हो तो धन का अपव्यय होगा। संग्रह कठिन है।

तुलालग्न में चंद्रमा की स्थिति तृतीय स्थान में

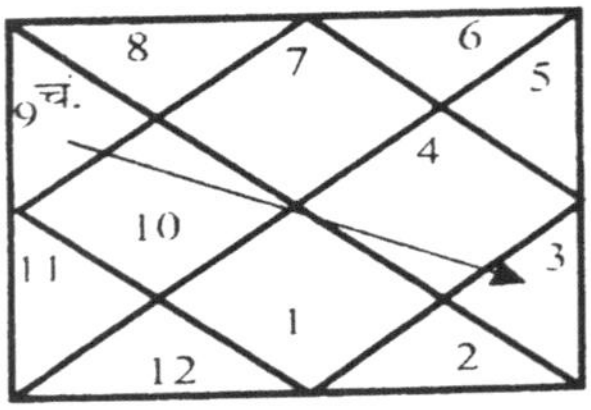

तुलालग्न में चंद्रमा दशम स्थान का स्वामी, राज्येश होने से शुभ फल प्रदाता व राजयोग कारक है। यह लग्नेश शुक्र का मित्र है। यहं पर तृतीयस्थ चंद्रमा धनु राशि में होगा जो कि चंद्रमा की मित्र राशि है ऐसा जातक धन-धान्य, पद-प्रतिष्ठा से

युक्त, भाई व नौकरों से युक्त, पराक्रमी, गुणी व सत्यवक्ता होता है।

दृष्टि–तृतीयस्थ चंद्रमा की दृष्टि भाग्य भवन (मिथुन राशि) पर होगी। फलत: जातक के भाग्य में 24 वर्ष की आयु के बाद दिन-प्रतिदिन वृद्धि होती रहेगी।

निशानी–ऐसा जातक कुछ क्रोधी स्वभाव का एवं महत्वकांक्षी होगा।

दशा–चंद्रमा की दशा-अन्तर्दशा में उन्नति होगी, पराक्रम बढ़ेगा, नौकरी लगेगी।

चंद्रमा का अन्य ग्रहों से सम्बन्ध–

1. चंद्र के साथ गुरु होने से तुलालग्न के तृतीय स्थान में यह युति वस्तुत: राज्येश चंद्रमा की तृतीयेश+षष्ठेश बृहस्पति के साथ युति होगी। बृहस्पति तुलालग्न के लिए पापी व अशुभ फलकर्त्ता है। परन्तु यहां तृतीय स्थान में धनु राशि में बृहस्पति स्वगृही होगा। जहां से वह सप्तम भाव, भाग्य स्थान एवं लाभ स्थान को पूर्ण दृष्टि से देखेगा। फलत: आपका पराक्रम तेज रहेगा। विवाह के बाद शीघ्र आपका भाग्योदय होगा। आपकी गिनती भाग्यशाली लोगों में होगी। इस गजकेसरी योग के कारण आपको व्यापार-व्यवसाय में भी उचित लाभ होता रहेगा।
2. चंद्र के साथ सूर्य होने से तुलालग्न में चंद्र+सुर्य की युति तृतीय स्थान में होने के कारण जातक का जन्म पौर्ष कृष्ण अमावस्या को सूर्यादय के पूर्व रात्रि 3 बजे के आस-पास होगा। सूर्य+चंद्र की धनु राशिगत तृतीय स्थान में यह युति वस्तुत: राज्येश चंद्र की लाभेश सूर्य के साथ युति होगी। तुलालग्न में चंद्रमा राज्येश होने से शुभ फलदायक है। जबकि शुक्र का शत्रु होने के कारण सूर्य प्रतिकूल है। ये दोनों अग्नि संज्ञक राशि में होने से तृतीय स्थान के शुभ फल को नष्ट करेंगे पर इनकी दृष्टि भाग्य स्थान पर शुभ है। ऐसे जातक को भाई-बहन दोनों का सुख रहेगा।
3. तुलालग्न में चंद्र के साथ मंगल हो तो भाई-बहनों का सुख होगा।
4. तुलालग्न में चंद्र के साथ बुध हो तो भाई-बहनों का सुख होगा। बहन अधिक होंगी।
5. तुलालग्न में चंद्र के साथ शुक्र हो तो बहनें अधिक होंगी।
6. तुलालग्न में चंद्र के साथ शनि हो तो बहनें अधिक होंगी पर सभी सुखी होंगी।
7. तुलालग्न में चंद्र के साथ राहु हो तो भाई-बहनों में विवाद रहेगा।
8. तुलालग्न में चंद्र के साथ केतु हो तो परिजनों में अविश्वास रहेगा।

तुलालग्न में चंद्रमा की स्थिति चतुर्थ स्थान में

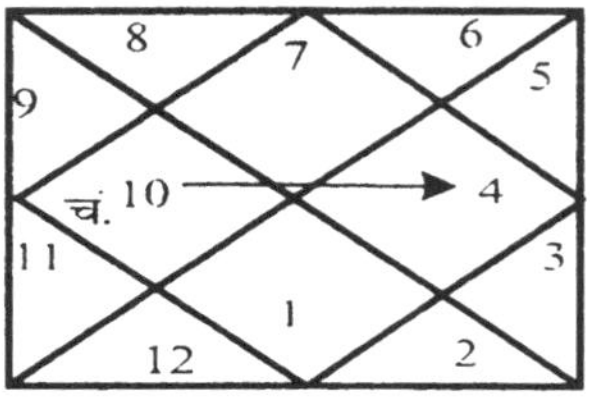

तुलालग्न में चंद्रमा दशम स्थान का स्वामी, राज्येश होने से शुभ फल प्रदाता व राजयोग कारक है। यह लग्नेश शुक्र का मित्र है। यहां चतुर्थ स्थान में चंद्रमा दिग्बली होकर मकर राशि में होगा जो कि इसकी मित्र राशि है। ऐसा जातक माता-पिता, वृद्धजन के आदर-सत्कार, सेवा भाव में विश्वास रखता है। ऐसा जातक सुनीति एवं न्याय में विश्वास रखता है। जातक राजनीति में हस्तक्षेप रखता है।

दृष्टि–चतुर्थ भाव स्थित चंद्रमा की दृष्टि अपने स्वगृह (कर्क राशि) दशम भाव पर होगी। फलत: जातक को उत्तम मकान एवं वाहन का परिपूर्ण सुख मिलेगा।

निशानी–ऐसा जातक घर की आन्तरिक सजावट पर विशेष ध्यान देता है।

दशा–चंद्रमा की दशा सुख में वृद्धि करेगी। यह दशा उन्नति दायक एवं प्रतिष्ठा वर्धक होगी।

चंद्रमा का अन्य ग्रहों से सम्बन्ध–

1. तुलालग्न के चतुर्थ स्थान में चंद्र के साथ गुरु यह युति वस्तुत: राज्येश चंद्रमा की तृतीयेश+षष्ठेश बृहस्पति के साथ युति होगी। बृहस्पति यहां नीच तथा पापी भी है। परन्तु केन्द्रवर्ती होने से शुभ फलदायक होगा। इन दोनों शुभ ग्रहों की दृष्टि अष्टम भाव, राज्य स्थान एवं व्यय भाव पर होगी। इस युति के कारण आपको माता का सुख मिलेगा, आयु लंबी होगी। धन खर्च बहुत होगा पर खर्चा शुभ होगा। जीवन में कोई कार्य रुका हुआ नहीं रहेगा। अन्तिम सफलता निश्चित है।
2. तुलालग्न में चंद्र+सूर्य की युति चतुर्थ स्थान में होने के कारण जातक का जन्म माघ कृष्ण अमावस्या मध्य रात्रि 12 बजे के आस-पास होगा। सूर्य+चंद्र की मकर राशिगत चतुर्थ स्थान में यह युति वस्तुत: राज्येश चंद्र की लाभेश सूर्य के साथ युति होगी। तुलालग्न में चंद्रमा राज्येश होने से शुभ फलदायक है। सूर्य यहां शत्रुक्षेत्री होने से अशुभ फलदायक है। ऐसे जातक को माता-पिता की सम्पत्ति मिलेगी। भले ही वह सम्पत्ति ज्यादा मात्रा में न हो। ऐसे जातक के जीवन में वाहन दुर्घटना के द्वारा विकलांग होने का भय रहता है।

3. तुलालग्न में चंद्र के साथ मंगल हो तो यहां मंगल उच्च का 'रूचक योग', 'महालक्ष्मी योग' बनायेगा। जातक राजा के समान पृथ्वीपति व धनवान होगा।

4. तुलालग्न में चंद्र के साथ बुध हो तो भाग्य उत्तम पर माता के निर्णय ज्यादा ठीक नहीं होंगे।

5. तुलालग्न में चंद्र के साथ शुक्र हो तो परिश्रम का पूरा लाभ मिलेगा। जातक के पास एकाधिक वाहन होंगे।

6. तुलालग्न में चंद्र के साथ शनि हो तो यहां शनि स्वगृही होने से 'शश योग' बनायेगा। जातक राजा के समान पृथ्वीपति एवं धनवान होगा।

7. तुलालग्न में चंद्र के साथ राहु हो तो वाहन दुर्घटना का भय रहेगा।

8. तुलालग्न में चंद्र के साथ केतु हो तो वाहन में चोट पहुंचेगी। वाहन खर्चीला होगा।

तुलालग्न में चंद्रमा की स्थिति पंचम स्थान में

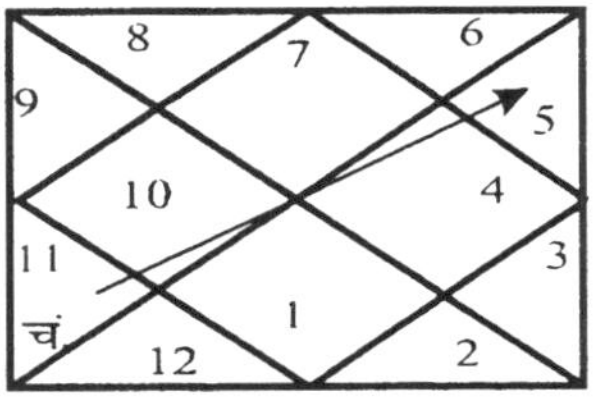

तुलालग्न में चंद्रमा दशम स्थान का स्वामी, राज्येश होने से शुभ फल प्रदाता व राजयोग कारक है। यह लग्नेश शुक्र का मित्र है। यहां पंचम स्थान में चंद्रमा कुंभ राशि का होगा। चंद्रमा की यह स्थिति अपनी राशि में आठवें स्थान पर होने से थोड़ी अशुभ फलदायक है। जातक एकान्त प्रिय तथा थोड़ा ईर्ष्यालु स्वभाव का होता है। ऐसा जातक धनी होता है। दार्शनिक होता है। ज्योतिष एवं अन्य रहस्यमय विद्याओं का ज्ञाता होता है।

दृष्टि–पंचमस्थ चंद्रमा की दृष्टि एकादश भाव (सिंह राशि) पर होगी। फलतः जातक को रहस्यमय विद्याओं व व्यापार से लाभ होगा।

निशानी–जातक को कन्या सन्तति अधिक होती है।

दशा–चंद्रमा की दशा-अन्तर्दशा मध्यम फल देगी।

चंद्रमा का अन्य ग्रहों से सम्बन्ध–

1. तुलालग्न के पंचम स्थान में चंद्र के साथ गुरु यह युति वस्तुतः राज्येश चंद्रमा की तृतीयेश+षष्ठेश बृहस्पति के साथ युति होगी। बृहस्पति यहां पापी व अशुभ ग्रह होते हुए भी आपको शुभ सन्तति देगा। इसकी दृष्टि भाग्य भाव, लाभ भवन एवं लग्न स्थान पर है। फलतः आपके भाग्य का उदय किसी की मदद

से होगा। व्यापार-व्यवसाय में आपको समय-समय लाभ पर मिलता रहेगा। आपकी उन्नति चहुंमुखी होगी। एक साथ अनेक कार्यों से आपको लाभ होगा।

2. तुलालग्न में चंद्र+सूर्य की युति पंचम स्थान में होने के कारण जातक का जन्म फाल्गुन कृष्ण अमावस्या रात्रि 10 बजे के आस-पास होगा। सूर्य+चंद्र की कुंभ राशिगत पंचम स्थान में यह युति वस्तुत: राज्येश चंद्र की लाभेश सूर्य के साथ युति होगी। तुलालग्न में चंद्रमा राज्येंश होने से शुभ फलदायक है। सूर्य यहां शत्रुक्षेत्री होने से अशुभ फलदायक है। ऐसे जातक की सन्तति का क्षरण होता है या मृत सन्तति हाथ लगती है।
3. तुलालग्न में चंद्र के साथ मंगल हो तो सन्तति का गर्भपात होगा।
4. तुलालग्न में चंद्र के साथ बुध हो तो शल्य चिकित्सा होगी, खासकर पत्नी की।
5. तुलालग्न में चंद्र के साथ शुक्र हो त्रो पत्नी की शल्य चिकित्सा, सिजेरियन चाइल्ड सम्भव।
6. तुलालग्न में चंद्र के साथ शनि हो तो शनि यहां त्रिकोण में स्वगृही होने से राजयोग बनता है।
7. तुलालग्न में चंद्र के साथ राहु हो तो राहु यहां मानसिक उन्माद उत्पन्न करेगा। सन्तान में बाधा होगी।
8. तुलालग्न में चंद्र के साथ केतु हो तो कन्या सन्तति ऑपरेशन से होगी।

तुलालग्न में चंद्रमा की स्थिति षष्टम् स्थान में

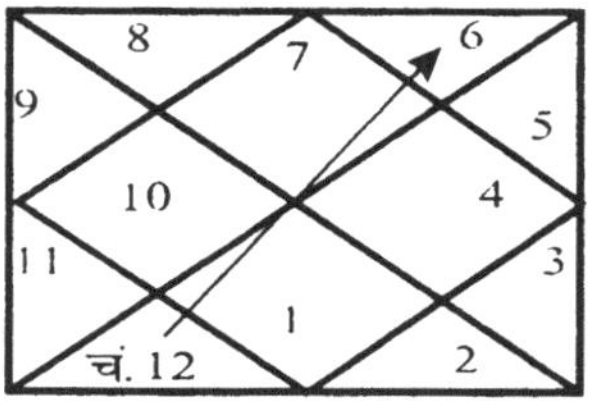

तुलालग्न में चंद्रमा दशम स्थान का स्वामी, राज्येश होने से शुभ फल प्रदाता व राजयोग कारक है। यह लग्नेश शुक्र का मित्र है। यहां षष्ट स्थान में चंद्रमा होने से मीन राशि का होगा। चंद्रमा छठे जाने से 'राजभंग योग' बनेगा। जीवन मे नौकरी, व्यापार, रोजी-रोजगार के लिए संघर्ष की स्थिति रहेगी। जातक मानसिक परेशानी व तनाव में रहेगा। ऐसा जातक पिता सुख से हीन व शत्रुओं से तंग रहता है।

दृष्टि–छठे भाव में स्थित चंद्रमा की दृष्टि व्यय भाव (कन्या राशि) पर रहेगी। फलत: जातक खर्चों के प्रति चिन्तित रहेगा।

निशानी–जातक चतुर होने पर भी धन की कमी रहती है।

दशा–चंद्रमा की दशा-अन्तर्दशा रोग व शत्रुओं के प्रति सावधानी रखने की है।

चंद्रमा का अन्य ग्रहों से सम्बन्ध–

1. तुलालग्न के षष्ट्म स्थान में चंद्र के साथ गुरु यह युति वस्तुत: राज्येश चंद्रमा की तृतीयेश+षष्ठेश बृहस्पति के साथ युति होगी। बृहस्पति यहां स्वगृही होगा। तथा उसकी दृष्टि दशम भाव, व्यय स्थान एवं धन स्थान पर होगी। फलत: रोग का नाश होगा। यहां पर क्रमश: 'पराक्रमभंग योग' एवं 'राज्यभंग योग' की सृष्टि दु:खद है। कोई अन्यतम मित्र, जिस पर आप ज्यादा भरोसा करते हैं, धोखा देगा। सरकार से, कोर्ट कचहरी से दण्ड भी मिल सकता है, सावधान रहें। फिर भी कुल मिलाकर आपको इस योग के कारण कोई गंभीर नुकसान नहीं होगा। प्रतिष्ठा बनी रहेगी।
2. तुलालग्न में चंद्र+सूर्य की युति छठे स्थान में होने के कारण जातक का जन्म चैत्र कृष्ण अमावस्या रात्रि 8 बजे के आस-पास होगा। सूर्य+चंद्र की मकर राशिगत चतुर्थ स्थान में यह युति वस्तुत: राज्येश चंद्र की लाभेश सूर्य के साथ युति होगी। चंद्रमा खड्डे में जाने से 'राजभंग योग' तथा सूर्य के खड्डे में जाने से 'लाभभंग योग' बना। इन दोनों ग्रहों की यह स्थिति निकृष्ट है। जातक को राज्य प्राप्ति (सरकारी नौकरी) एवं व्यापार-व्यवसाय में लाभ की प्राप्ति हेतु जीवन पर्यन्त संघर्ष करना पड़ेगा।
3. तुलालग्न में चंद्र के साथ मंगल हो तो पत्नी व गृहस्थ सुख में विवाद होगा।
4. तुलालग्न में चंद्र के साथ बुध हो तो भाग्योदय में रुकावट होगी।
5. तुलालग्न चंद्र के साथ में शुक्र हो तो प्रारम्भ में परिश्रम का फल नहीं पर अन्तिम सफलता जोरदार होगी।
6. तुलालग्न मे चंद्र के साथ शनि हो तो सुख-संसाधनों व सन्तति प्राप्ति में बाधा रहेगी।
7. तुलालग्न में चंद्र के साथ राहु हो तो रोग, संघर्ष में मुक्ति नहीं मिलेगी।
8. तुलालग्न में चंद के साथ केतु हो तो संघर्ष में वृद्धि होती रहेगी।

तुलालग्न में चंद्रमा की स्थिति सप्तम स्थान में

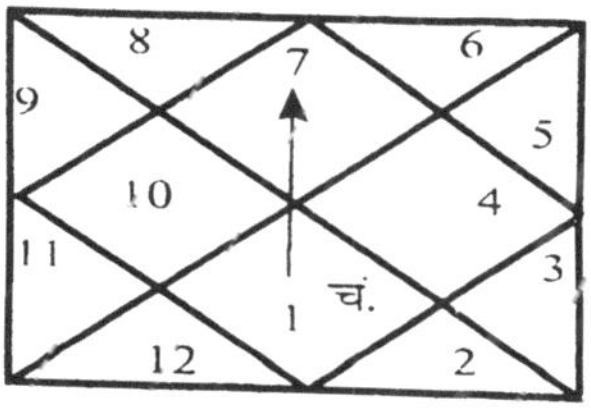

तुलालग्न में चंद्रमा दशम स्थान का स्वामी, राज्येश होने से शुभ फल प्रदाता व राजयोग कारक है। यह लग्नेश शुक्र का मित्र है। यहां सप्तम भाव चंद्रमा मेष राशि अपनी मित्र राशि में हैं। चंद्रमा की यह स्थिति स्वराशि में दशम, अर्थात् दशम भाव में होने से महत्वपूर्ण है। ऐसे जातक

सुन्दर आकर्षक व प्रभावशाली व्यक्तित्व के धनी होते हैं। जीवन साथी भी प्रभावशाली एवं सुन्दर होता है। जातक माता-पिता, राज्य, नौकरी-व्यवसाय व सन्तान से सुखी होता है।

दृष्टि–चंद्रमा की दृष्टि लग्न भाव(तुला राशि) पर होने से जातक शीघ्र उन्नति करेगा।

निशानी–जातक सत्य खोजी व अन्वेषण (अनुसंधान) में रुचि रखता है।

दशा–चंद्रमा की दशा-अन्तर्दशा में जातक उन्नति, राजपद, प्रतिष्ठा एवं पिता की सम्पत्ति को प्राप्त करता है।

चंद्रमा का अन्य ग्रहों से सम्बन्ध–

1. तुलालग्न के सप्तम स्थान में चंद्र के साथ गुरु यह युति वस्तुत: राज्येश चंद्रमा की तृतीयेश+षष्ठेश बृहस्पति के साथ युति होगी। यहां दोनों केन्द्रस्थ होने से 'यामिनीनाथ योग' की सृष्टि कर रहे हैं। इन दोनों शुभ ग्रहों की दृष्टि लाभ स्थान, लग्न स्थान एवं पराक्रम स्थान पर होगी। फलत: आपके कारोबार में आपको तरक्की-उन्नति मिलेगी। व्यापार-व्यवसाय में समय-समय पर धन की प्राप्ति होती रहेगी। और पराक्रम से, मित्र सर्किल, समाज में कीर्ति व यश की प्राप्ति होगी। बृहस्पति व चंद्रमा दोनों की दशाएं शुभ फल देंगी।
2. तुलालग्न में चंद्र+सूर्य की युति सप्तम स्थान में होने के कारण जातक का जन्म बैशाख कृष्ण अमावस्या को सूर्यास्त के समय होगा। सूर्य+चंद्र की मेष राशिगत सप्तम स्थान में यह युति वस्तुत: राज्येश चंद्र की लाभेश सूर्य के साथ युति होगी। सूर्य यहां उच्च का है अत: 'रविकृत राजयोग' बना रहा है। चंद्रमा राज्येश होकर उच्चभिलाषी है। जातक महत्वाकांक्षी होगा एवं राजातुल्य ऐश्वर्य व राजलक्ष्मी को भोगेगा।
3. तुलालग्न में चंद्र के साथ मंगल हो तो 'महालक्ष्मी योग' के कारण धन की बरकत रहेगी।
4. तुलालग्न में चंद्र के साथ बुध हो तो भाग्य बलवान रहेगा पर निर्णय विवादास्पद होंगे।
5. तुलालग्न में चंद्र के साथ शुक्र हो जातक की उन्नति होती रहेगी।
6. तुलालग्न में चंद्र के साथ शनि हो तो जातक को सन्तान व शिक्षा का सुख मिलेगा।
7. तुलालग्न में चंद्र के साथ राहु हो तो पति-पत्नी में समर्पण की भावना का अभाव रहेगा।
8. तुलालग्न में चंद्र के साथ केतु हो तो पति-पत्नी में मनमुटाव रहेगा।

तुलालग्न में चंद्रमा की स्थिति अष्टम स्थान में

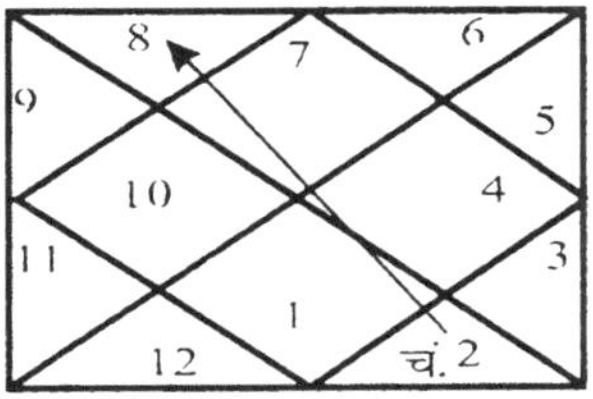

तुलालग्न में चंद्रमा दशम स्थान का स्वामी, राज्येश होने से शुभ फल प्रदाता व राजयोग कारक है। यह लग्नेश शुक्र का मित्र है। यहां अष्टमस्थ चंद्रमा वृष राशि का होगा। यह चंद्रमा की उच्च राशि है। इसके तीन अंशों तक चंद्रमा परमोच्च का होता है। चंद्रमा अष्टम में जाने से 'राजभंग योग' की सृष्टि हुई। उच्च के चंद्रमा के कारण जातक दीर्घजीवी होगा। पाराशर ऋषि के अनुसार जातक कर्महीन एवं पर निन्दक होगा। जातक को धन की कमी चिन्तित करती रहेगी।

दृष्टि–अष्टम भावगत चंद्रमा की दृष्टि धन भाव (वृश्चिक राशि) पर होगी। फलत: जातक खर्च की अधिकता को लेकर चिन्तित रहेगा।

निशानी–जातक को माता-पिता के सुख में न्यूनता रहेगी।

दशा–चंद्रमा की दशा-अन्तर्दशा मिश्रित फल देगी।

चंद्रमा का अन्य ग्रहों से सम्बन्ध–

1. तुलालग्न के अष्टम स्थान में चंद्र के साथ गुरु यह युति वस्तुत: राज्येश चंद्रमा की तृतीयेश+षष्ठेश बृहस्पति के साथ युति होगी। यहां चंद्रमा उच्च का होगा तथा दोनों ग्रह की दृष्टि व्यय भाव, धन स्थान एवं सुख स्थान पर होगी। फलत: खर्च ज्यादा होगा। रुपयों की बरकत नहीं होगी तथा सुख प्राप्ति में कुछ न कुछ बाधा आती रहेगी। यहां बृहस्पति के कारण पराक्रमभंग योग एवं चंद्रमा के कारण राज्यभंग योग भी बन रहा है। इसका प्रभाव भी 40 प्रतिशत जातक के जीवन पर पड़ेगा अत: सरकारी अधिकारियों से न उलझें तथा मित्रों के साथ व्यवहार सही रखें।
2. तुलालग्न में चंद्र+सूर्य की युति अष्टम स्थान में होने के कारण जातक का जन्म ज्येष्ठ कृष्ण अमावस्या सायंकाल 4 बजे के लगभग होगा। सूर्य+चंद्र की वृष राशिगत अष्टम स्थान में यह युति वस्तुत: राज्येश चंद्र की लाभेश सूर्य के साथ युति होगी। सूर्य के खड्डे में गिरने से 'राजभंग योग' बना। इन दोनों ग्रहों की यह स्थिति निकृष्ट है। हालांकि चंद्रमा यहां उच्च का होगा। जातक को राज्य, (सरकारी नौकरी) प्राप्ति एवं व्यापार-व्यवसाय में लाभ की प्राप्ति हेतु जीवन भर संघर्ष करना पड़ेगा।

3. तुलालग्न में चंद्र के साथ मंगल हो तो धन का अभाव रहेगा। गृहस्थ सुख में बाधा रहेगी।
4. तुलालग्न में चंद्र के साथ बुध हो तो भाग्य में रुकावट पर अन्तिम सफलता।
5. तुलालग्न में चंद्र के साथ शुक्र हो तो परिश्रम का लाभ विलम्ब से मिलेगा।
6. तुलालग्न में चंद्र के साथ शनि हो तो शिक्षा व सन्तति में बाधा होगी।
7. तुलालग्न में चंद्र के साथ राहु हो तो गुप्त रोग की सम्भावना तथा मानसिक पीड़ा रहेगी।
8. तुलालग्न में चंद्र के साथ केतु हो तो जातक को मानसिक सन्ताप रहेगा।

तुलालग्न में चंद्रमा की स्थिति नवम स्थान में

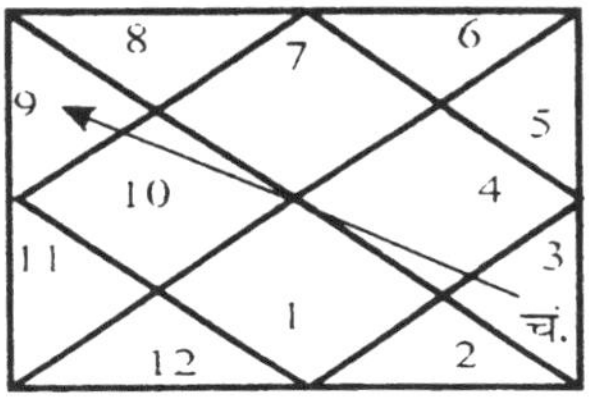

तुलालग्न में चंद्रमा दशम स्थान का स्वामी, राज्येश होने से शुभ फल प्रदाता व राजयोग कारक है। यह लग्नेश शुक्र का मित्र है। यहां नवम भाव गत चंद्रमा मिथुन राशि में होगा। जो कि चंद्रमा की शत्रु राशि है। यहां दशमेश चंद्रमा अपनी राशि में द्वादश भाव में स्थित होकर जातक के जीवन में गौरव एवं प्रतिष्ठाशाली रोजगार की कमी दिलवाता है। पाराशर ऋषि के अनुसार ऐसा जातक राजकुलोत्पन्न राजा या राजपुरुष होता है। परन्तु पूर्वजों की प्रतिष्ठा कायम नहीं रख पाता।

दृष्टि–नवम भावगत चंद्रमा की दृष्टि तृतीय स्थान (धनु राशि) पर होगी फलत: जातक प्रबल पराक्रमी होगा।

निशानी–जातक का जन्म उच्चकुल में होगा।

दशा–चंद्रमा की दशा-अन्तर्दशा में जातक शक्ति-सम्पन्न होगा तथा राजपद को प्राप्त करेगा।

चंद्रमा का अन्य ग्रहों से सम्बन्ध–

1. चंद्र के साथ गुरु तुलालग्न के नवम स्थान में यह युति वस्तुत: राज्येश चंद्रमा की तृतीयेश+षष्ठेश बृहस्पति के साथ युति होगी। चंद्रमा शत्रुक्षेत्री है तथा बृहस्पति पापी है। इन दोनों शुभ ग्रहों की दृष्टि लग्न स्थान, पराक्रम स्थान एवं पंचम भाव पर है फलत: जातक का भाग्योदय 24 वर्ष की आयु में हो जाएगा जातक की उन्नति, भाग्योदय थोड़े संघर्ष के बाद होगा। जातक प्रजावान होगा। संघर्ष के बाद विजय मिलेगी। जीवन सफल रहेगा।

2. तुलालग्न में चंद्र+सूर्य की युति नवम स्थान में होने के कारण जातक का जन्म आषाढ़ कृष्ण अमावस्या को दोपहर 2 बजे के आस-पास होगा। सूर्य+चंद्र की मिथुन राशिगत नवम स्थान में यह युति वस्तुत: राज्येश चंद्र की लाभेश सूर्य के साथ युति होगी। राज्येश चंद्रमा यहां शत्रु क्षेत्री है। सुखेश सूर्य का भाग्य स्थान में बैठना शुभ है। जातक के भाग्योदय को लेकर संघर्ष की स्थिति रहेगी। फिर भी चंद्रमा पराक्रमी व धनी होगा।
3. तुलालग्न में चंद्र के साथ मंगल हो तो जातक धनी होगा।
4. तुलालग्न में चंद्र के साथ बुध हो तो भाग्य में वृद्धि होती रहेगी।
5. तुलालग्न में चंद्र के साथ शुक्र हो तो परिश्रम का लाभ बराबर मिलेगा।
6. तुलालग्न में चंद्र के साथ शनि हो तो जातक को शिक्षा व सन्तति का लाभ मिलेगा।
7. तुलालग्न में चंद्र के साथ राहु हो तो धन प्राप्ति हेतु संघर्ष रहेगा।
8. तुलालग्न में चंद्र के साथ केतु हो तो भाग्य में रुकावटें आएंगी।

तुलालग्न में चंद्रमा की स्थिति दशम स्थान में

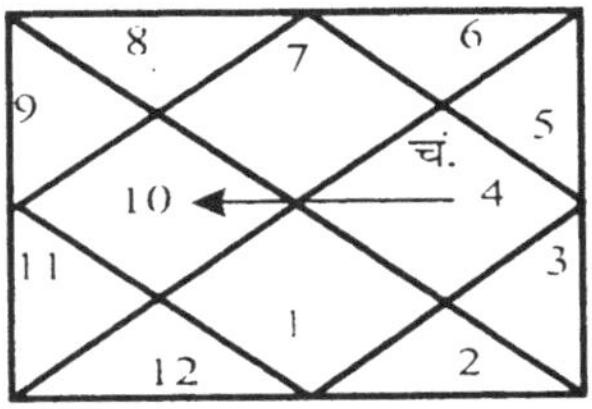

तुलालग्न में चंद्रमा दशम स्थान का स्वामी, राज्येश होने से शुभ फल प्रदाता व राजयोग कारक है। यह लग्नेश शुक्र का मित्र है। दशम भावगत चंद्रमा यहां स्वगृही होगा। यहां 'यामिनीनाथ योग' 'पद्मसिहांसन योग' बनेगा। ऐसा जातक उत्तम नौकरी व्यवसाय को प्राप्त करता है। माता-पिता के सुख से युक्त, माता-पिता की सम्पत्ति को प्राप्त करता है। गुरु की भक्ति व शक्ति को प्राप्त करता है। जातक धनी व यशस्वी होता है।

दृष्टि–दशमस्थ चंद्रमा की दृष्टि चतुर्थ भाव (मकर राशि) पर होगी फलत: जातक को माता की सम्पत्ति मिलेगी। माता का घर, ननिहाल समृद्ध होगा।

निशानी–जातक की माता दीर्घायु होती है।

दशा–चंद्रमा की दशा-अन्तर्दशा में जातक अद्वितीय कीर्ति, धन, यश व प्रतिष्ठा को प्राप्त करेगा।

चंद्रमा का अन्य ग्रहों से सम्बन्ध–

1. तुलालग्न के दशम स्थान में चंद्र के साथ गुरु की युति वस्तुत: राज्येश चंद्रमा की तृतीयेश+षष्ठेश बृहस्पति के साथ युति होगी। यहां चंद्रमा स्वगृही का एवं

बृहस्पति उच्च का होगा। 'किम्बहुना योग' के कारण यह इस योग की सर्वोत्तम स्थिति है। इन दोनों शुभ ग्रहों की दृष्टि व धन स्थान, सुख स्थान एवं षष्टम भाव पर है। फलत: धन की प्राप्ति 24 वर्ष की आयु से होनी शुरु हो जाएगी। जातक को उत्तम वाहन की प्राप्ति होगी। मां का सुख मिलेगा एवं जातक अपने शत्रुओं का नाश करने में पूर्ण सक्षम होगा।

2. तुलालग्न में चंद्र+सूर्य की युति दशम स्थान में होने के कारण जातक का जन्म श्रावण कृष्ण अमावस्या को दिन के 2 बजे के आस-पास होगा। सूर्य+चंद्र की कर्क राशिगत दशम स्थान में यह युति वस्तुत: राज्येश चंद्र की लाभेश सूर्य के साथ युति होगी। चंद्रमा यहां स्वगृही होकर 'चंद्रकृत राजयोग' बनायेगा। सूर्य केन्द्रवर्ती होकर स्वगृहाभिलाषी होगा। ऐसा जातक राजातुल्य प्रतापी एवं ऐश्वर्यवान होगा।
3. तुलालग्न में चंद्र के साथ मंगल हो तो यहां 'नीचभंग राजयोग' के कारण जातक महाधनी होगा। पराक्रमी होगा एवं बड़ी भू-सम्पत्ति का स्वामी होगा।
4. तुलालग्न में चंद्र के साथ बुध हो तो जातक भाग्यशाली होगा पर भाग्योदय विलम्ब से होगा।
5. तुलालग्न में चंद्र के साथ शुक्र हो तो जातक आगे बढ़ेगा। जातक राजातुल्य ऐश्वर्यशाली होगा। सरकारी काम फटाफट होंगे।
6. तुलालग्न में चंद्र के साथ शनि हो तो जातक के पास एकाधिक वाहन व बंगले होंगे।
7. तुलालग्न में चंद्र के साथ राहु हो तो सरकारी काम में बाधा, राजनीति के लाभ पर पीठ पीछे बदनामी होगी।
8. तुलालग्न में चंद्र के साथ केतु हो तो जातक की उन्नति में छोटी-छोटी बाधाएं आती रहेंगी।

तुलालग्न में चंद्रमा की स्थिति एकादश स्थान में

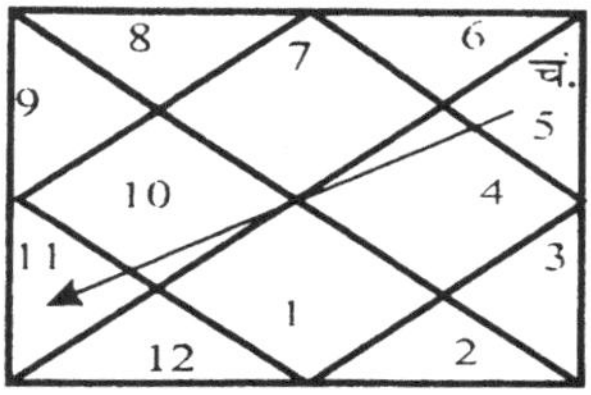

तुलालग्न में चंद्रमा दशम स्थान का स्वामी, राज्येश होने से शुभ फल प्रदाता व राजयोग कारक है। यह लग्नेश शुक्र का मित्र है। यहां एकादश भाव में चंद्रमा सिंह राशि में होगा जो कि उसके मित्र की राशि है। ऐसे जातक को पिता, राज्य नौकरी-व्यवसाय से, बड़े भाई से धन व यश

की प्राप्ति होती है। पाराशर ऋषि के अनुसार ऐसा जातक धन-पुत्र-पौत्रादि से युक्त होकर दीर्घजीवी होता है।

दृष्टि-सिंहस्थ चंद्रमा की दृष्टि पंचम भाव (कुंभ राशि) पर होगी फलत: विद्या, बुद्धि एवं संतान के उत्तम सुख की प्राप्ति होती है।

निशानी–जातक व्यवहार कुशल होगा तथा दूसरों से अपना काम निकलवाने में माहिर होगा।

दशा–चंद्रमा की दशा-अन्तर्दशा में जातक को यथेष्ट लाभ की प्राप्ति होती रहेगी।

चंद्रमा का अन्य ग्रहों से सम्बन्ध–

1. तुलालग्न के एकादश स्थान में चंद्र के साथ गुरु यह युति वस्तुत: राज्येश चंद्रमा की तृतीयेश+षष्ठेश बृहस्पति के साथ युति होगी। यहां बैठकर दोनों शुभ ग्रह पराक्रम भाव, पंचम स्थान एवं सप्तम भाव को पूर्ण दृष्टि से देखेंगे फलत: जातक का पराक्रम बढ़ेगा। उसे पुत्र सन्तति की प्राप्ति होगी। पत्नी सुन्दर मिलेगी। जातक का वैवाहिक जीवन सुखमय होगा।
2. तुलालग्न में चंद्र+सूर्य की युति एकादश स्थान में होने के कारण जातक का जन्म भाद्र कृष्ण अमावस्या सुबह 10 बजे के लगभग होगा। सूर्य+चंद्र की सिंह राशिगत एकादश स्थान में यह युति वस्तुत: राज्येश चंद्र की लाभेश सूर्य के साथ युति होगी। यहां सूर्य स्वगृही होकर 'रविकृत राजयोग' बनायेगा व उत्तम सन्तति देगा। जातक राजातुल्य प्रतापी एवं ऐश्वर्यवान होगा।
3. तुलालग्न में चंद्र के साथ मंगल हो तो जातक उद्योगपति व धनी होगा।
4. तुलालग्न में चंद्र के साथ बुध हो तो जातक भाग्यशाली व धनी होगा।
5. तुलालग्न में चंद्र के साथ शुक्र हो तो जातक उन्नति पथ पर आगे बढ़ता जाएगा।
6. तुलालग्न में चंद्र के साथ शनि हो जातक महाधनी होगा। सन्तति उत्तम होगी।
7. तुलालग्न में चंद्र के साथ राहु हो तो लाभांश में बाधा रहेगी।
8. तुलालग्न में चंद्र के साथ केतु हो तो आध्यात्मिक सुख में वृद्धि पर भौतिक सुख में संघर्ष रहेगा।

तुलालग्न में चंद्रमा की स्थिति द्वादश स्थान में

तुलालग्न में चंद्रमा दशम स्थान का स्वामी, राज्येश होने से शुभ फल प्रदाता व राजयोग कारक है। यह लग्नेश शुक्र का मित्र है। यहां द्वादश स्थान में चंद्रमा कन्या

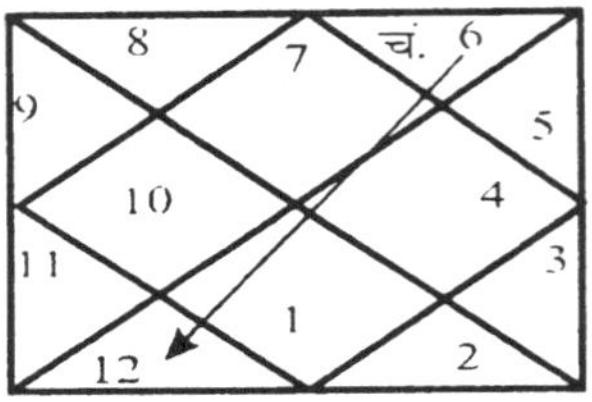

राशि अपनी शत्रु राशि में होगा। ऐसा जातक प्रायः नेत्र रोगी होता है, खासकर बांयी आंख कमजोर होगी। 'राजभंग योग' के कारण जातक मान-प्रतिष्ठा, नौकरी-व्यवसाय, पिता राजनीति, शासन व कोर्ट-कचहरी द्वार कष्ट-अपमान व परेशानियों का अनुभव करता है।

दृष्टि–द्वादश चंद्रमा की दृष्टि छठे भाव (मीन राशि) पर होगी। फलतः जातक रोग व शत्रु पक्ष से पीड़ित रहेगा।

निशानी–व्यक्ति चतुर होने पर भी सदा चिन्तित रहता है, पर यात्राओं में धन अर्जित करने में कुशल होता है। विदेश यात्रा करता है।

दशा–चंद्रमा की दशा-अन्तर्दशा में जातक शासन से, राजनीति से सम्बन्धित कार्यों में कष्ट पाता है।

चंद्रमा का अन्य ग्रहों से सम्बन्ध–

1. तुलालग्न के द्वादश स्थान में चंद्र के साथ गुरु यह युति वस्तुतः राज्येश चंद्रमा की तृतीयेश+षष्ठेश बृहस्पति के साथ युति होगी। यहां बैठकर यह दोनों शुभ ग्रह चतुर्थ भाव, षष्टम स्थान एवं अष्टम भाव को पूर्ण दृष्टि से देखेंगे तथा 'पराक्रमभंग योग' एवं 'राजभंग योग' की सृष्टि भी करेंगे फलतः गजकेसरी योग की यहां ज्यादा सार्थकता नहीं है। फिर भी सुख में वृद्धि होगी। शत्रुओं का नाश होगा तथा जातक का दुर्घटनाओं से बचाव होता रहेगा। जातक को संघर्ष के बाद सफलताएं मिलती रहेंगी जो कि सफल जीवन के लिए बहुत जरूरी है।
2. चंद्र के साथ सूर्य होने से तुलालग्न में चंद्र+सूर्य की युति द्वादश स्थान में होने के कारण जातक का जन्म आश्विनी कृष्ण अमावस्या सुबह 8 बजे के लगभग होगा। सूर्य+चंद्र की कन्या राशिगत द्वादश स्थान में यह युति वस्तुतः राज्येश चंद्र की लाभेश सूर्य के साथ युति होगी। चंद्रमा बारहवें होने से 'राजभंग योग' तथा सूर्य का बारहवां होने से 'लाभभंग योग' की सृष्टि होती है। इन दोनों ग्रहों की यह स्थिति निकृष्ट है। जातक को राज्य (सरकारी नौकरी) की प्राप्ति हेतु एवं व्यापार-व्यवसाय में लाभ की प्राप्ति हेतु जीवन भर संघर्ष करना पड़ेगा।
3. तुलालग्न में चंद्र के साथ मंगल हो तो इस युति के कारण पारिवारिक सुखों में हानि होगी।

4. तुलालग्न में चंद्र के साथ बुध हो तो यहां बुध उच्च का होगा। जातक का भाग्य यात्राओं से चमकेगा। ट्रांसपोर्ट, ट्रेवल ऐजेन्सी व कोरियर के व्यवसाय में लाभ होगा।
5. तुलालग्न में चंद्र के साथ शुक्र हो तो जातक के अन्य स्त्रियों के साथ यौन सम्बन्ध, कभी लाभ, कभी हानि की स्थिति रहेगी। शुक्र यहां नीच का होने से गुप्त रोगों की शल्य चिकित्सा भी सम्भव है।
6. तुलालग्न में चंद्र के साथ शनि हो तो जातक को शिक्षा एवं सन्तान सुख में बाधा महसूस होगी।
7. तुलालग्न में चंद्र के साथ राहु हो तो यहां यह युति शुभ है। जातक ऊर्जावान होगा व देश-विदेश में ख्याति अर्जित करेगा।
8. तुलालग्न में चंद्र के साथ केतु हो तो जातक ईर्ष्यालु व झगड़ालू स्वभाव का होगा।

❑❑❑

तुलालग्न में सूर्य की स्थिति

तुलालग्न में सूर्य की स्थिति प्रथम भाव में

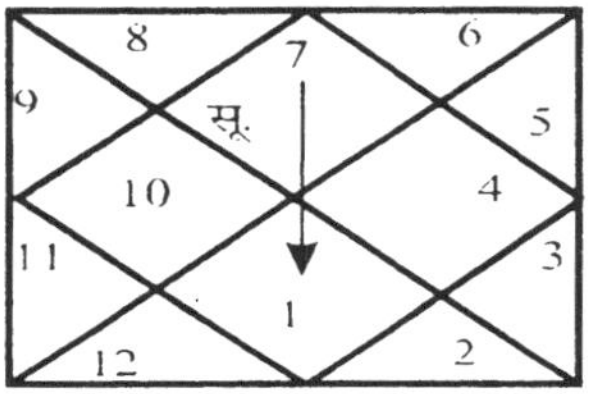

तुलालग्न में सूर्य लग्नेश है। यह लग्नेश शुक्र का शत्रु होने से यहां पाप फलप्रद है। लग्नस्थ सूर्य यहां तुला राशि में है। तुला राशि सूर्य की नीच राशि है। यहां सूर्य 10 अंशों तक परम नीच का होता है। ज्योतिष शास्त्र के अनुसार तुलालग्न में यदि सूर्य, बुध और शुक्र लग्नस्थ हो तो जातक भाग्यशाली व धनवान होता है। यहां सूर्य अपनी राशि से तीसरे स्थान पर है अत: जातक पराक्रमी होगा, पर थोड़ा रूखा एवं उष्ण स्वभाव का होगा तुला राशिगत सूर्य की दृष्टि सातवें भाव (मेष राशि) पर होगी जो कि उसकी उच्च राशि है फलत: जातक का ससुराल सम्पन्न व प्रतिष्ठित होगा। जातक स्वयं प्रभावशाली व्यक्तित्व का धनी होगा।

निशानी–जातक की देह पर कम बाल होंगे।

दशा–सूर्य की दशा-अन्तर्दशा लाभकारी व उन्नतिदायक साबित होगी।

सूर्य का अन्य ग्रहों से सम्बन्ध–

1. **सूर्य + बुध**–भोजसंहिता के अनुसार तुलालग्न में सूर्य लाभेश होगा। प्रथम स्थान में तुला राशिगत यह युति वस्तुत: लाभेश सूर्य की भाग्येश+खर्चेश बुध के साथ युति कहलाएगी। सूर्य यहां नीच का है। यहां बैठकर दोनों ग्रह सप्तम भाव को पूर्ण दृष्टि से देखेंगे। जहां सूर्य उच्च राशि स्थित है। फलत: जातक बुद्धिमान एवं भाग्यशाली होगा। विवाह के तत्काल बाद जातक का भाग्योदय होगा। बुध के लग्न में स्थित होने में 'कुलदीपक योग' बना। जातक समाज का प्रतिष्ठित व्यक्ति होगा। इस कारण अपनी जाति, कुटुम्ब, परिवार का नाम दीपक के समान रोशन करेगा।

2. तुलालग्न में सूर्य+चंद्र की युति प्रथम स्थान में होने पर जातक का जन्म कार्तिक कृष्ण अमावस्या को प्रात: 6 से 8 बजे के मध्य होगा। सूर्य+चंद्र की तुला राशिगत प्रथम स्थान में यह युति वस्तुत: दशमेश चंद्र की लाभेश सूर्य के साथ युति कहलाएगी। तुलालग्न में चंद्रमा राज्येश होने से शुभ फलदायक है, जबकि लग्नेश शुक्र का शत्रु होने से सूर्य अशुभ फलदायक है। सूर्य लग्न में नीच राशि का भी है जातक को सरकारी नौकरी नहीं मिलेगी। फिर भी जातक पराक्रमी होगा। जातक की पत्नी सुन्दर होगी।

3. **सूर्य + मंगल**—लाभेश सूर्य के साथ धनेश, सप्तमेश मंगल, ससुराल से लाभ की प्राप्ति, व्यापार से लाभ की प्राप्ति कराने में सहायक है।

4. **सूर्य + बृहस्पति**—लाभेश सूर्य की षष्टेश (पापी) बृहस्पति के साथ युति कष्टदायक है।

5. **सूर्य + शुक्र**—यहां 'नीचभंग राजयोग' बना। क्योंकि शुक्र स्वगृही है। ऐसा जातक राजातुल्य ऐश्वर्य को भोगेगा। जातक बुद्धिमान होगा एवं उच्चविद्या प्राप्त करेगा।

6. **सूर्य + शनि**—यहां 'नीचभंग राजयोग' बना। क्योंकि शनि उच्च का है, ऐसा जातक राजातुल्य ऐश्वर्य को भोगेगा। यहां शनि राजयोग कारक होने से यह युति बहुत लाभप्रद है।

7. **सूर्य + राहु**—राहु सूर्य के तेज को नष्ट करता है। जातक निरंकुश होगा।

8. **सूर्य + केतु**—केतु के साथ सूर्य निर्बल होगा।

तुलालग्न में सूर्य की स्थिति द्वितीय स्थान में

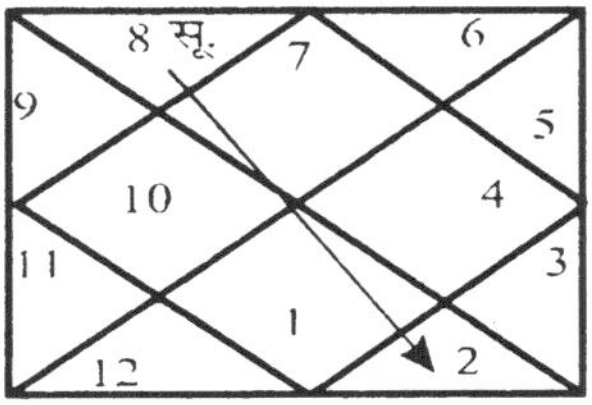

तुलालग्न में सूर्य लग्नेश है। यह लग्नेश शुक्र का शत्रु होने से यहां पाप फलदायक है। तुलालग्न के द्वितीय स्थान में सूर्य वृश्चिक राशि में है। वृश्चिक राशि सूर्य की मित्र राशि है। सूर्य लाभेश होकर धन स्थान में होने से धन संग्रह में सहायक है। ऐसा जातक सब कार्य में सिद्धि पाने वाला धर्मात्मा व सुखी होता है।

दृष्टि—सूर्य की दृष्टि अष्टम भाव (वृष राशि) पर होने से जातक निरोगी होगा एवं कर्मशील होगा। कार्य करने में भरपूर विश्वास रखेगा।

दशा—सूर्य की दशा जातक को धनवान बनाएगी।

सूर्य का अन्य ग्रहों से सम्बन्ध–

1. **सूर्य + बुध**–भोजसंहिता के अनुसार तुलालग्न में सूर्य लाभेश होगा। द्वितीय स्थान में वृश्चिक राशिगत यह युति वस्तुत: लाभेश सूर्य की भाग्येश+खर्चेश बुध के साथ युति कहलाएगी। यहां बैठकर दोनों ग्रह अष्टम भाव को देखेंगे। फलत: जातक बुद्धिशाली व धनवान होगा। जातक में रोग व शत्रु से लड़ने की शक्ति होगी। जातक भाग्यशाली भी होगा तथा समाज के लब्ध-प्रतिष्ठित व्यक्तियों में जातक का नाम होगा।
2. तुलालग्न में सूर्य+चंद्र की युति द्वितीय स्थान में होने पर जातक का जन्म मार्गशीर्ष कृष्ण अमावस्या को सूर्योदय के पूर्व प्रात: 5 बजे के आस-पास होगा। सूर्य+चंद्र की वृश्चिक राशिगत द्वितीय स्थान में यह युति वस्तुत: दशमेश चंद्र की लाभेश सूर्य के साथ युति कहलाएगी। तुलालग्न में चंद्रमा राज्येश होने से शुभ फलदायक है, जबकि लग्नेश शुक्र का शत्रु होने के कारण सूर्य प्रतिकूल है। चंद्रमा यहां नीच का होगा। ये दोनों ग्रह यहां धन हानि देने वाले हैं। अष्टम स्थान (वृष राशि) पर इनकी दृष्टि जातक के जीवन में रोग उत्पन्न कराने वाली है तथा आयु के लिए अनिष्ट सूचक है।
3. **सूर्य + मंगल**–मंगल यहां स्वगृही होगा। फलत: जातक को ससुराल से धन लाभ होगा। जातक को व्यापार से लाभ होगा। जातक धनी होगा।
4. **सूर्य + बृहस्पति**–जातक पराक्रमी होगा पर धीमी गति से कमाएगा।
5. **सूर्य + शुक्र**–जातक धनी होगा एवं संघर्षशील रहेगा।
6. **सूर्य + शनि**–जातक बहुत पैसे वाला होगा पर भाग्योदय पिता की मृत्यु के बाद होगा।
7. **सूर्य + राहु**–धन की स्थिति कष्टदायक होगी।
8. **सूर्य + केतु**–धन को लेकर संघर्ष बना रहेगा।

तुलालग्न में सूर्य की स्थिति तृतीय स्थान में

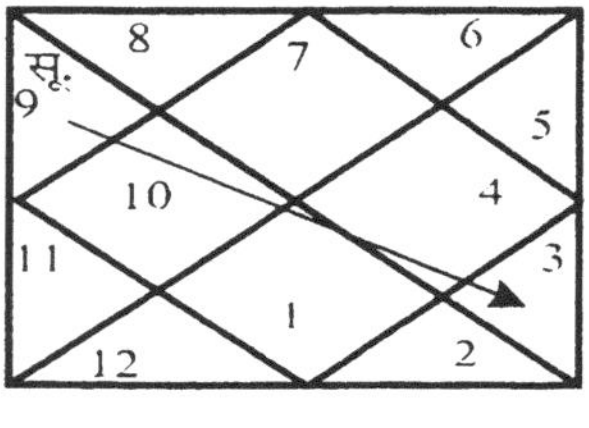

तुलालग्न में सूर्य लग्नेश है। यह लग्नेश शुक्र का शत्रु होने से यहां पाप फलदायक है। तुलालग्न के तृतीय स्थान में सूर्य धनु का होगा। यह इसकी मित्र राशि है। ऐसे व्यक्ति परिश्रमी एवं निर्भीक होते हैं। यहां सूर्य की स्थिति अपनी सिंह राशि से पंचम

स्थान पर होने से जातक को धन, पद, प्रतिष्ठा, वीरता, पराक्रम एवं उत्तम भवन, मित्रों की प्राप्ति कराता है। पाराशर ऋषि कहते हैं-'धनी भ्रातृसुखोपेत: शूलरोगभयं क्व्चित्' ऐसे जातक को भाईयों का सुख रहता है। जातक धनी होता है पर कभी-कभी शूल रोग से पीड़ित रहता है।

दृष्टि–धनु राशिगत सूर्य की दृष्टि भाग्य स्थान (मिथुन राशि) पर होगी। फलत: जातक का भाग्योदय 32 वर्ष की आयु में होगा।

दशा–सूर्य की दशा उन्नतिदायक रहेगी।

सूर्य का अन्य ग्रहों से सम्बन्ध–

1. **सूर्य + बुध**-भोजसंहिता के अनुसार तुलालग्न में सूर्य लाभेश होगा। तृतीय स्थान में धनु राशिगत यह युति वस्तुत: लाभेश सूर्य की भाग्येश+खर्चेश बुध के साथ युति कहलाएगी। यहां बैठकर दोनों ग्रह नवम भाव को देखेंगे। फलत: जातक बुद्धिमान, पराक्रमी एवं भाग्यशाली होगा। जातक का भाग्योदय शीघ्र होगा। जातक को जीवन में परिजनों व मित्रों का सहयोग मिलता रहेगा। मित्रों के सहयोग से जातक का भाग्योदय होगा। जातक समाज का लब्ध प्रतिष्ठित व्यक्ति होगा।
2. **सूर्य + चंद्र**-तुलालग्न में सूर्य+चंद्र की युति तृतीय स्थान में होने पर जातक का जन्म पौष कृष्ण अमावस्या को सूर्योदय के पूर्व रात्रि 3 बजे के आस-पास होगा। सूर्य+चंद्र की धनु राशिगत तृतीय स्थान में यह युति वस्तुत: राज्येश चंद्र की लाभेश सूर्य क साथ युति कहलाएगी। तुलालग्न में चंद्रमा राज्येश होने से शुभ फलदायक है, जबकि शुक्र का शत्रु होने के कारण सूर्य प्रतिकूल है। ये दोनों अग्नि संज्ञक राशि में होने से तृतीय स्थान के शुभ फल को नष्ट करेंगे पर इनकी दृष्टि भाग्य स्थान पर शुभ है। ऐसे जातक को भाई-बहन दोनों का सुख रहेगा।
3. **सूर्य + मंगल**–मित्रों से, भाईयों की मदद से बिगड़े कार्य सुधरेंगे।
4. **सूर्य + बृहस्पति**–जातक को बड़े भाई का सुख मिलेगा।
5. **सूर्य + शुक्र**–मित्रों से लाभ रहेगा।
6. **सूर्य + शनि**–जातक के मित्र सम्पन्न होंगे। पुत्र उत्पत्ति के बाद जातक का पराक्रम बढ़ेगा। छोटे-बड़े भाईयों की मृत्यु के लिए ग्रह स्थिति जिम्मेदार है।
7. **सूर्य + राहु**–भाईयों से धोखा होगा। राज्यपक्ष से भी धोखा होगा।
8. **सूर्य + केतु**–मित्र दगा देंगे। बड़े भाइ की मृत्यु हेतु यह स्थिति जिम्मेदार है।

तुलालग्न में सूर्य की स्थिति चतुर्थ स्थान में

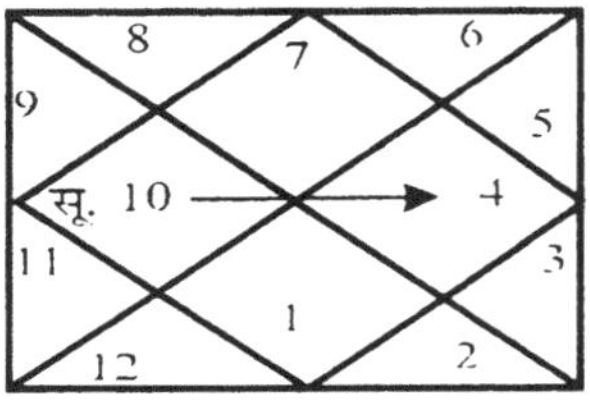

तुलालग्न में सूर्य लग्नेश है। यह लग्नेश शुक्र का शत्रु होने से यहां पाप फलदायक है। चतुर्थ स्थान में सूर्य मकर राशि में होने से शत्रुक्षेत्री होगा। इस स्थान में सूर्य अपनी राशि में छठे स्थान पर होने से सुखों में कमी कराएगा। ऐसे जातक को माता के सुख में कमी व भूमि सुख में विवाद की स्थिति रहती है। जातक को भौतिक सुखों की प्राप्ति हेतु काफी संघर्ष करना पड़ेगा।

दृष्टि–मकर राशिगत सूर्य की दृष्टि राज्य स्थान (कर्क राशि) पर होगी। फलत: जातक को साधारण नौकरी मिलेगी।

निशानी–जातक को उच्च रक्तचाप होगा या किराए के मकान में रहेगा।

दशा–सूर्य की दशा संघर्षमय रहेगी।

सूर्य का अन्य ग्रहों से सम्बन्ध–

1. **सूर्य + बुध**–भोजसंहिता के अनुसार तुलालग्न में सूर्य लाभेश होगा। चतुर्थ स्थान में मकर राशिगत यह युति वस्तुत: लाभेश सूर्य की भाग्येश+खर्चेश बुध के साथ युति कहलाएगी। सूर्य यहां पर शत्रुक्षेत्री होगा। बुध केन्द्र में होने से 'कुलदीपक योग' बना। यहां बैठकर दोनों ग्रह दशम भाव को देखेंगे। फलत: जातक बुद्धिशाली होगा। उसे माता की संपत्ति मिलेगी। उसे उत्तम वाहन सुख, उत्तम मकान का सुख भी मिलेगा। जातक समाज का लब्ध प्रतिष्ठित व्यक्ति होगा।
2. तुलालग्न में सूर्य+चंद्र की युति चतुर्थ स्थान में होने पर जातक का जन्म माघ कृष्ण अमावस्या को मध्य रात्रि 12 बजे के आस-पास होगा। सूर्य+चंद्र की मकर राशिगत चतुर्थ स्थान में यह युति वस्तुत: राज्येश चंद्र की लाभेश सूर्य के साथ युति कहलाएगी। तुलालग्न में चंद्रमा राज्येश होने से शुभ फलदायक है, पर सूर्य यहां शत्रुक्षेत्री होने से अशुभ फलदायक है। ऐसे जातक को माता-पिता की सम्पत्ति मिलेगी। भले ही वह सम्पत्ति ज्यादा मात्रा में न हो। ऐसे जातक के जीवन में वाहन दुर्घटना के द्वारा विकलांग होने का भय रहता है।
3. **सूर्य + मंगल**–यहां मंगल उच्च का होने से सूर्य बलवान होकर 'राजयोग' बनायेगा। 'रूचक योग' के कारण जातक धनवान होगा। राजातुल्य ऐश्वर्य को भोगेगा।

4. **सूर्य + बृहस्पति**–षष्टेश गुरु यहां नीच का होगा। फलतः अशुभ फलों में वृद्धि होगी।
5. **सूर्य + शुक्र**–लग्नेश केन्द्र में होने से 'कुलदीपक योग' बनेगा परन्तु शुभ ग्रह के साथ होने से सुख प्राप्ति हेतु संघर्ष की स्थिति रहेगी।
6. **सूर्य + शनि**–शनि यहां स्वगृही होगा। 'शश योग' बनाएगा। जातक राजातुल्य ऐश्वर्य भोगेगा, पर वाहन दुर्घटना का भय रहेगा।
7. **सूर्य + राहु**–जातक मस्तिष्क रोगी, एकान्तवासी, पैतृक सम्पत्ति से हीन होगा।
8. **सूर्य + केतु**–जातक को पिता का सुख कम मिलेगा। सिर दर्द की शिकायत रहेगी।

तुलालग्न में सूर्य की स्थिति पंचम स्थान में

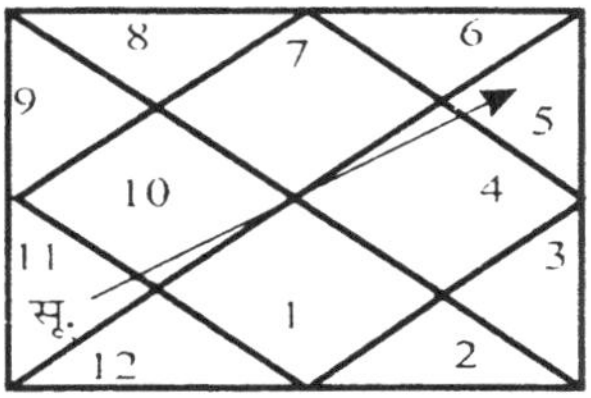

तुलालग्न में सूर्य लग्नेश है। यह लग्नेश शुक्र का शत्रु होने से यहां पाप फलदायक है। यहां पंचमस्थ सूर्य कुंभ राशि में शत्रुक्षेत्री होगा। परन्तु अपनी सिंह राशि से सातवें स्थान पर होकर अपने ही घर लाभ स्थान को पूर्ण दृष्टि से देखेगा। फलतः जातक को धन, पद-प्रतिष्टा, मान-सम्मान, मकान व संतान का सुख मिलेगा। पाराशर ऋषि के अनुसार ऐसे जातक के पुत्र सुखी एवं विद्वान होते हैं। जातक स्वयं सुशील, धर्मात्मा एवं सुखी होता है।

निशानी–पुत्र सन्तति जरूर होगी।

दशा–सूर्य की दशा-अन्तर्दशा शुभ फल देगी।

सूर्य का अन्य ग्रहों से सम्बन्ध–

1. **सूर्य + बुध**–भोजसंहिता के अनुसार तुलालग्न में सूर्य लाभेश होगा। पंचम स्थान में कुम्भ राशिगत यह युति वस्तुतः लाभेश सूर्य की भाग्येश-खर्चेश बुध के साथ युति कहलाएगी। सूर्य यहां पर शत्रुक्षेत्री होगा। यहां बैठकर दोनों ग्रह लाभ स्थान को देखेंगे। जो कि कन्या सन्तति की अधिकता रहेगी पर सूर्य की कृपा से एक पुत्र भी होगा। जातक समाज का लब्ध-प्रतिष्ठित व्यक्ति होगा।
2. तुलालग्न में सूर्य+चंद्र की युति पंचम स्थान में होने पर जातक का जन्म फाल्गुन कृष्ण अमावस्या को रात्रि 10 बजे के आस-पास होगा। सूर्य+चंद्र की कुंभ राशिगत पंचम स्थान में यह युति वस्तुतः राज्येश चंद्र की लाभेश सूर्य के साथ युति कहलाएगी। तुलालग्न में चंद्रमा राज्येश होने से शुभ फलदायक है, जबकि

सूर्य यहां शत्रुक्षेत्री होने से अशुभ फलदायक है। ऐसे जातक सन्तति का क्षरण होता है या मृत सन्तति हाथ लगती है।

3. **सूर्य** + **मंगल**—मंगल साथ होने से गुप्त शत्रु पीड़ा पंहुचाएंगे।
4. **सूर्य** + **बृहस्पति**—एकाध पुत्र सन्तति की अकाल मृत्यु सम्भव है।
5. **सूर्य** + **शुक्र**—प्रथम सन्तति के बाद उन्नति होगी।
6. **सूर्य** + **शनि**—जातक को पुत्र व कन्या दोनों सन्तति होंगी।
7. **सूर्य** + **राहु**—भृगुसूत्र के अनुसार -''सर्पशापात् सुतः क्षय'' सर्पदोष से पुत्र सन्तति नष्ट होगी।
8. **सूर्य** + **केतु**—भृगुसूत्र के अनुसार - ''सर्पशापात् सुतः क्षय'' सर्पदोष से पुत्र सन्तति नष्ट होगी।

तुलालग्न में सूर्य की स्थिति षष्ट्म स्थान में

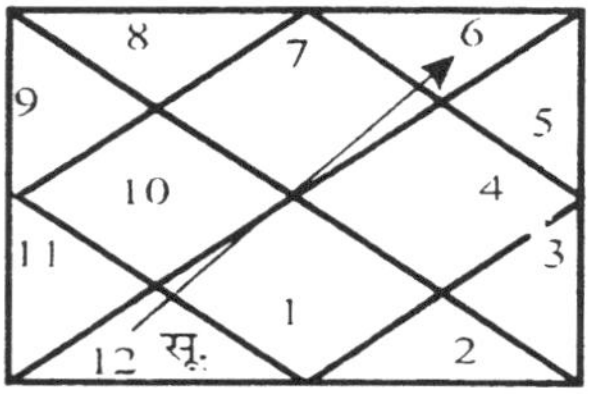

तुलालग्न में सूर्य लग्नेश है। यह लग्नेश शुक्र का शत्रु होने से यहां पाप फलदायक है। यहां छठे स्थान में सूर्य मीन राशि का होगा। अपनी मित्र राशि में होगा। फिर भी 'लाभभंग योग' के कारण जीवन में उन्नति, लाभ की प्राप्ति हेतु बहुत संघर्ष करना पड़ेगा।

दृष्टि—मीन राशिगत सूर्य की दृष्टि व्यय भाव (कन्या राशि) पर होगी। फलतः रोग में रुपया खर्च होगा। यदि जातक को कोई रोग नहीं है तो ईर्ष्या, राग-द्वेष के कारण, अहम् की प्राप्ति हेतु रुपया खर्च करेगा।

निशानी—ऋषि पाराशर के अनुसार 'लभ्ययाप्रश्च भवेतु दीर्घ प्रथमें मरण स्त्रियः' जातक की स्त्री का मरण उसके समक्ष होगा अथवा जातक शत्रुओं से पीड़ित रहेगा। स्व जाति में शत्रुओं की बाहुल्यता रहेगी।

दशा—सूर्य की दशा अनिष्ट सूचक नहीं होगी। परन्तु जातक को जमीन-जायदाद का लाभ कराएगी।

सूर्य का अन्य ग्रहों से सम्बन्ध—

1. **सूर्य** + **बुध**-भोजसंहिता के अनुसार तुलालग्न में सूर्य लाभेश होगा। छठे स्थान में मीन राशिगत यह युति वस्तुतः लाभेश सूर्य की भाग्येश+खर्चेश बुध के साथ युति कहलाएगी। यहां बैठकर दोनों ग्रह व्यय भाव को देख रहे हैं। फलतः जातक बुद्धिशाली होगा व शत्रुओं का नाश करने में सक्षम होगा। सूर्य छठे

जाने से 'लाभभंग योग' तथ बुध के छठे जाने से 'भाग्यभंग योग' बना। फलत: यहां पर यह युति ज्यादा सार्थक नहीं है। जातक को भाग्योदय हेतु काफी संघर्ष करना पड़ेगा। व्यापार में लाभ के प्रति जातक शंकित रहेगा। व्ययेश छठे जाने से विमल योग बना इस योग के कारण जातक समाज का लब्ध व्यक्ति होगा।

2. **सूर्य + चंद्र**-तुलालग्न में सूर्य+चंद्र की युति छठे स्थान में होने पर जातक का जन्म चैत्र कृष्ण अमावस्या को रात्रि 8 बजे के आस पास होगा। सूर्य+चंद्र की मीन राशिगत षष्टम स्थान में यह युति वस्तुत: राज्येश चंद्र की लाभेश सूर्य के साथ युति कहलाएगी। चंद्रमा खड्डे में जाने से 'राजभंग योग' तथा सूर्य के खड्डे में जाने से 'लाभभंग योग' बना। इन दोनों ग्रहों की यह स्थिति निकृष्ट है। जातक को राज्य प्राप्ति (सरकारी नौकरी) एवं व्यापार-व्यवसाय में लाभ की प्राप्ति हेतु जीवन पर्यन्त संघर्ष करना पड़ेगा।
3. **सूर्य + मंगल**–धन व गृहस्थ सुख में लगातार कमी रहेगी।
4. **सूर्य + बृहस्पति**–पराक्रम भंग होगा। मित्रों व रिश्तेदारों से धोखा मिलेगा।
5. **सूर्य + शुक्र**–परिश्रम का लाभ नहीं मिलेगा।
6. **सूर्य + शनि**–पुत्र सन्तति में बाधा। भौतिक सुख में लगातार बाधा मिलेगी।
7. **सूर्य + राहु**–लाभ प्राप्ति में रुकावट, रोग में वृद्धि व राज्यसुख मिलेगा।
8. **सूर्य + केतु**–व्यापार में हानि सम्भव।

तुलालग्न में सूर्य की स्थिति सप्तम स्थान में

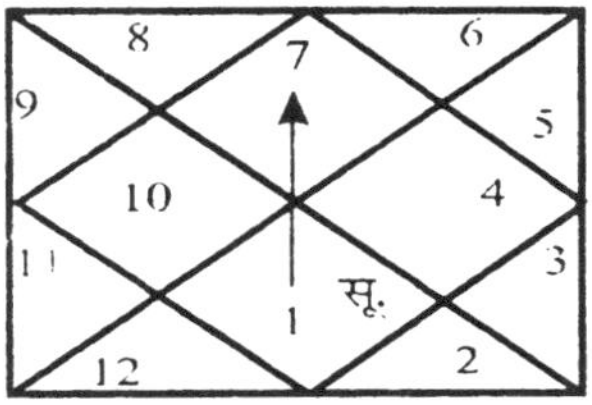

तुलालग्न में सूर्य लग्नेश है। यह लग्नेश शुक्र का शत्रु होने से यहां पाप फलदायक है। यहां सूर्य सप्तम भाव में मित्र राशि में बैठकर उच्च का होगा। यहां सूर्य दस अंशों तक परमोच्च का होगा। फलत: कुण्डली में 'रविकृतभंग योग' बना। फलत: जातक राजातुल्य ऐश्वर्य को भोगेगा। जातक महान बुद्धिमान, ज्ञानी एवं दार्शनिक होगा। ऐसा जातक ससुराल से लाभ पाने वाला, विवाह क पश्चात् उन्नति को प्राप्त करता है।

दृष्टि–सप्तमस्थ सूर्य की दृष्टि लग्न भाव (तुला राशि) पर होगी फलत: जातक अपने स्वयं के पराक्रम व पुरुषार्थ से उन्नति प्राप्त करेगा, अपने आगे बढ़ने का मार्ग स्वयं बनाएगा पर स्वार्थी व लम्पट होगा।

निशानी–'भोजसंहिता' के अनुसार-''कामीजनो भार्यात्रिशानुग:'' ऐसा जातक

अति कामी होगा। कामाग्नि तृप्त नहीं होगी। जातक सदैव पत्नी की आज्ञा (वश) में रहेगा।

दशा—सूर्य की दशा-अन्तर्दशा में जातक का भाग्योदय होगा। जातक उन्नति पथ की ओर आगे बढ़ेगा।

सूर्य का अन्य ग्रहों से सम्बन्ध—

1. **सूर्य + बुध**—भोजसंहिता के अनुसार तुलालग्न में सूर्य लाभेश होगा। सप्तम स्थान में मेष राशिगत यह युति वस्तुत: लाभेश सूर्य की भाग्येश+खर्चेश बुध के साथ युति कहलाएगी। यहां बैठकर सूर्य उच्च का होगा तथा दोनों ग्रह लग्न स्थान को पूर्ण दृष्टि से देखेंगे। फलत: जातक बुद्धिशाली व भाग्यशाली होगा। विवाह के तत्काल बाद जातक का भाग्योदय होगा। 'कुलदीपक योग' एवं 'रविगत राजयोग' के कारण जातक अपने कुटुम्ब-परिवार का नाम दीपक के समान रोशन करेगा एवं सरकारी क्षेत्र में उच्च पद-प्रतिष्ठा की प्राप्ति करेगा।
2. तुलालग्न में सूर्य+चंद्र की युति सप्तम स्थान में होने पर जातक का जन्म वैशाख कृष्ण अमावस्या को सूर्यास्त के समय होगा। सूर्य+चंद्र की मेष राशिगत सप्तम स्थान में यह युति वस्तुत: राज्येश चंद्र की लाभेश सूर्य के साथ युति कहलाएगी। सूर्य यहां उच्च का है अत: 'रविकृत योग' बना रहा है। चंद्रमा राज्येश होकर उच्चाभिलाषी है। जातक महत्वाकांक्षी होगा एवं राजातुल्य ऐश्वर्य व राजलक्ष्मी को भोगेगा।
3. **सूर्य + मंगल**—सूर्य के साथ मंगल होने से 'किम्बहुना योग' बनेगा। इससे अधिक और क्या? ऐसा जातक अति घमण्डी एवं अमानवीय व्यवहार से ओत प्रोत रहेगा।
4. **सूर्य + बृहस्पति**—षष्टेश गुरु की सूर्य से युति के कारण जातक को गुप्त रोग एवं गुप्त शत्रु पीड़ा पहुंचाएंगे।
5. **सूर्य + शुक्र**—शुक्र के कारण 'कुलदीपक योग', 'लग्नाधिपति योग' बनेगा। जातक जाति व समाज में नामचीन व्यक्ति, एक सफल व्यक्ति होगा, परन्तु अति कामुकता के कारण उसे गुप्त रोग रहेगा।
6. **सूर्य + शनि**—यहां 'नीचभंग राजयोग' की सृष्टि होगी। जातक निश्चय ही धनी एवं बड़ी भू-सम्पत्ति का स्वामी होगा पर पत्नी के लिए समर्पित नहीं होगा।
7. **सूर्य + राहु**—ऐसा जातक अपने जीवन साथी के प्रति अव्यवहारिक होगा। अमानवीय दृष्टिकोण रहेगा।
8. **सूर्य + केतु**—जीवन साथी से विचार नहीं मिलेंगे।

तुलालग्न में सूर्य की स्थिति अष्टम स्थान में

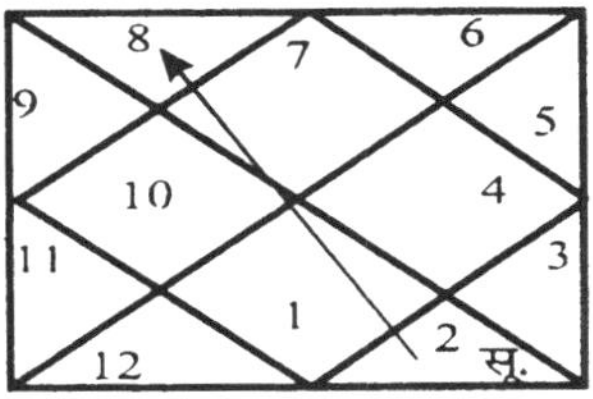

तुलालग्न में सूर्य लाभेश है। यह लग्नेश शुक्र का शत्रु होने से यहां पाप फलदायक है। यहां सूर्य वृष राशि में शत्रुक्षेत्री होगा। यह 'लाभभंग योग' बनाएगा। सूर्य की दृष्टि धन भाव (वृश्चिक राशि) पर होगी। ऐसा जातक दुर्बल, रुग्ण व रोगी होगा। व्यापार में लाभ की कमी एवं हृदय में उत्साह की कमी रहेगी। प्रत्येक कार्य में हानि की सम्भावना अधिक रहेगी।

निशानी–पाराशर ऋषि के अनुसार 'तस्य आयुश्च भवेतु दीर्घ प्रथमे मरणं स्त्रियः' जातक की स्त्री का मरण उसके समक्ष होगा। जातक स्वयं दीर्घजीवी होगा।

दशा–सूर्य की दशा-अन्तर्दशा अशुभ फल देगी। बचाव अनिवार्य है।

सूर्य का अन्य ग्रहों से सम्बन्ध–

1. **सूर्य + बुध**–भोजसंहिता के अनुसार तुलालग्न में सूर्य लाभेश होगा। अष्टम स्थान में वृष राशिगत यह युति वस्तुतः लाभेश सूर्य को भाग्येश+खर्चेश बुध के साथ युति कहलाएगी। यहां बैठकर दोनों ग्रह 'धन भाव' को देखेंगे। सूर्य आठवें जाने से 'लाभभंग योग' तथा बुध आठवें जाने से 'भाग्यभंग योग' की सृष्टि होगी। फलतः यहां यह युति ज्यादा सार्थक नहीं है। जातक बुद्धिशाली होगा। भाग्यशाली भी होगा परन्तु भाग्योदय हेतु संघर्ष बहुत करना पड़ेगा। व्यापार-व्यवसाय में लाभ के प्रति भी जातक आशंकित रहेगा। व्ययेश आठवें जाने से 'विमल योग' बना अतः जातक समाज का अग्रगण्य लब्ध प्रतिष्ठित व्यक्ति होगा।
2. तुलालग्न में सूर्य+चंद्र की युति अष्टम स्थान में होने के कारण जातक का जन्म ज्येष्ठ कृष्ण अमावस्या को सायंकाल 4 बजे के लगभग होगा। सूर्य+चंद्र की वृष राशिगत अष्टम स्थान में यह युति वस्तुतः राज्येश चंद्र की लाभेश सूर्य के साथ युति कहलाएगी। सूर्य के खड्डे में गिरने से 'राजभंग योग' बना। इन दोनों ग्रहों की यह स्थिति निकृष्ट है। हालांकि चंद्रमा यहां उच्च का होगा। जातक को राज्य (सरकारी नौकरी) प्राप्ति एवं व्यापार-व्यवसाय में लाभ की प्राप्ति हेतु जीवन भर संघर्ष करना पड़ेगा।
3. **सूर्य + मंगल**–पत्नी से उग्र विवाद, तलाक (बिछोह), मुकदमा बाजी की सम्भावना रहेगी।

4. **सूर्य + बृहस्पति**–'हर्ष योग' के कारण दुर्घटना से बचाव सम्भव पर दुर्घटना जरूर होगी।
5. **सूर्य + शुक्र**–पैर में चोट, रोग, कष्ट की प्राप्ति सम्भव है।
6. **सूर्य + शनि**–पैर में चोट, वाहन दुर्घटना सम्भव।
7. **सूर्य + राहु**–अचानक दुर्घटना का भय रहेगा।
8. **सूर्य + केतु**–लड़ाई-झगड़े से मृत्यु संभव है।

तुलालग्न में सूर्य की स्थिति नवम स्थान में

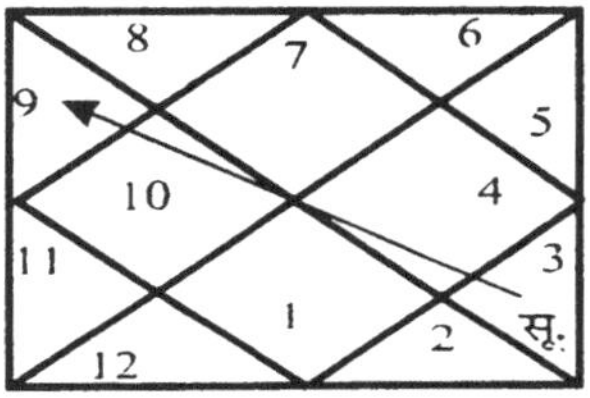

तुलालग्न में सूर्य लग्नेश है। यह लग्नेश शुक्र का शत्रु होने से यहां पाप फलदायक है। यहां नवमस्थ सूर्य मिथुन राशि में होकर तृतीय स्थान (धनु राशि) को पूर्ण दृष्टि से देखेगा। सूर्य यहां अपनी सिंह राशि से एकादश स्थान को प्राप्त होकर त्रिकोण में स्थित होने से अत्यन्त शुभ फलदायक हो गया है। ऐसे जातक को निश्चय ही धन, विद्या, बुद्धि सौभाग्य एवं पराक्रम वृद्धि का सुख प्राप्त होगा।

पाराशर ऋषि के अनुसार-'लाभेशे भाग्यभवस्थे भाग्यवान् जायते नर:' लाभेश भाग्य स्थान में होने से जातक धनवान एवं भाग्यशाली होगा।

निशानी–जातक का भाग्योदय 22 व 24 वर्ष के मध्य होगा।

दशा–सूर्य की दशा-अन्तर्दशा जातक का भाग्योदय तीव्रगति से करायेगी।

सूर्य का अन्य ग्रहों से सम्बन्ध–

1. **सूर्य + बुध**–भोजसंहिता के अनुसार तुलालग्न में सूर्य लाभेश होगा। नवम स्थान में मिथुन राशिगत यह युति वस्तुत: लाभेश सूर्य की भाग्येश+खर्चेश बुध के साथ युति कहलायेगी। यहां बैठकर दोनों ग्रह पराक्रम स्थान को देखेंगे। फलत: जातक बुद्धिशाली, भाग्यशाली एसं महान पराक्रमी होगा। जातक को पिता की सम्पत्ति मिलेगी तथा मित्रों एवं परिजनों का सहयोग समय-समय मिलता रहेगा। जातक समाज का लब्ध प्रतिष्ठित व्यक्ति होगा।
2. **सूर्य + चंद्र**–तुलालग्न में सूर्य+चंद्र की युति नवम स्थान में होने पर जातक का जन्म आषाढ़ कृष्ण अमावस्या को दोपहर 2 बजे के आस पास होगा। सूर्य+चंद्र की मिथुन राशिगत नवम स्थान में यह युति वस्तुत: राज्येश चंद्र की लाभेश

सूर्य के साथ युति कहलायेगी। राज्येश चंद्रमा यहां शत्रुक्षेत्री है। सुखेश सूर्य का भाग्य स्थान में बैठना शुभ है। जातक के भाग्योदय को लेकर संघर्ष की स्थिति रहेगी। फिर भी चंद्रमा पराक्रमी व धनी होगा।

3. **सूर्य** + **मंगल** -व्यापार में अद्वितीय लाभ होगा।
4. **सूर्य** + **बृहस्पति** - पराक्रम बढ़ेगा, मित्र लाभ देंगे।
5. **सूर्य** + **शुक्र** -भाग्योदय तीव्रगति से होगा। व्यापार में लाभ होगा।
6. **सूर्य** + **शनि** -जीवन में सभी प्रसार के भौतिक सुखों की प्राप्ति होगी।
6. **सूर्य** + **राहु** -पिता के सुख में कमी रहेगी।
7. **सूर्य** + **केतु** - पिता के सुख में न्यूनता रहेगी।

तुलालग्न में सूर्य की स्थिति दशम स्थान में

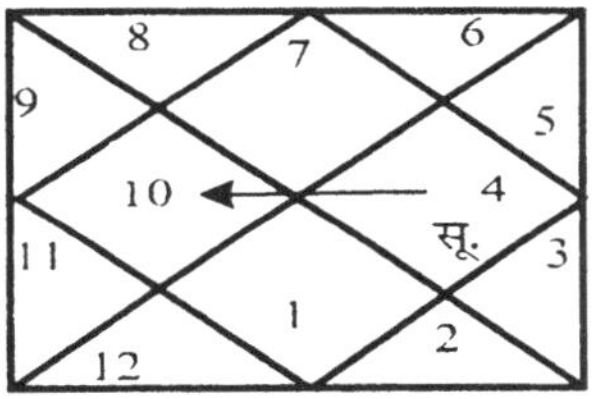

तुलालग्न में सूर्य लाभेश है। यह लग्नेश शुक्र का शत्रु होने से यहां पाप फलदायक है। यहां पर दशम स्थान में सूर्य कर्क राशि का होगा। जातक को धन, यश, पद-प्रतिष्ठा की बराबर प्राप्ति होगी। जातक राजमान्य होगा। राजनीति क्षेत्र में उसका हस्तक्षेप रहेगा। ऐसा जातक सत्य वक्ता एवं जितेन्द्रिय होगा।

दृष्टि–कर्कस्थ सूर्य की दृष्टि चतुर्थ भाव (मकर राशि) पर होगी फलतः जातक का घर का मकान एवं निजी वाहन होगा। सूर्य के साथ शुभ ग्रह हो तो जातक नौकर-चाकर से युक्त होकर अनेक भवनों का स्वामी होगा।

निशानी–जातक प्रायः मातृभक्त एवं पितृद्वेषी होगा।

दशा–सूर्य की दशा-अन्तर्दशा में उन्नति होगी। नौकरी लगेगी। सुख की प्राप्ति होगी।

सूर्य का अन्य ग्रहों से सम्बन्ध–

1. **सूर्य** + **बुध**-भोजसंहिता के अनुसार तुलालग्न में सूर्य लाभेश होगा। दशम स्थान में कर्क राशिगत यह युति वस्तुतः लाभेश सूर्य की भाग्येश+खर्चेश बुध के साथ युति कहलाएगी। यहां बैठकर दोनों ग्रह सुख भाव को देखेंगे। बुध यहां शत्रुक्षेत्री होगा। फलतः जातक बुद्धिशाली होगा। राज्य पक्ष, सरकारी क्षेत्र में उसका दबदबा, वर्चस्व होगा जातक को माता की सम्पत्ति मिलेगी। 'कुलदीपक

योग' के कारण जातक अपने कुटुम्ब परिवार का नाम दीपक के समान रोशन करेगा। जातक समाज का प्रतिष्ठित व्यक्ति होगा।

2. **सूर्य + चंद्र**–तुलालग्न में सूर्य+चंद्र की युति दशम स्थान में होने पर जातक का जन्म श्रावण कृष्ण अमावस्या को दिन के 2 बजे के आस-पास होगा। सूर्य+चंद्र की कर्क राशिगत दशम स्थान में यह युति वस्तुत: राज्येश चंद्र की लाभेश सूर्य के साथ युति कहलाएगी। चंद्रमा यहां स्वगृही होकर 'चंद्रकृत राजयोग' बनाएगा। सूर्य केन्द्रवर्ती होकर स्वगृहाभिलाषी होगा। ऐसा जातक राजातुल्य प्रतापी एवं ऐश्वर्यवान होगा।
3. **सूर्य + मंगल**–व्यापार में अद्वितीय लाभ होगा।
4. **सूर्य + बृहस्पति**–यहां बृहस्पति उच्च का होगा। 'हंस योग' 'पद्मसिंहासन योग' के कारण जातक अनेक भवन, एकाधिक वाहनों एवं नौकरों का स्वामी होकर राजा तुल्य ऐश्वर्य को प्राप्त करेगा।
5. **सूर्य + शुक्र**–परिश्रम व पुरुषार्थ से धन की प्राप्ति होगी। पिता की सम्पत्ति भी मिलेगी।
6. **सूर्य + शनि**–वाहन सुख मिलेगा। पुत्र सुख मिलेगा। पुत्र पराक्रमी होगा।
7. **सूर्य + राहु**–राज्य से दण्ड मिलेगा। नौकरी छूटेगी।
8. **सूर्य + केतु**–नौकरी में अवनति। व्यापार में नुकसान सम्भव।

तुलालग्न में सूर्य की स्थिति एकादश स्थान में

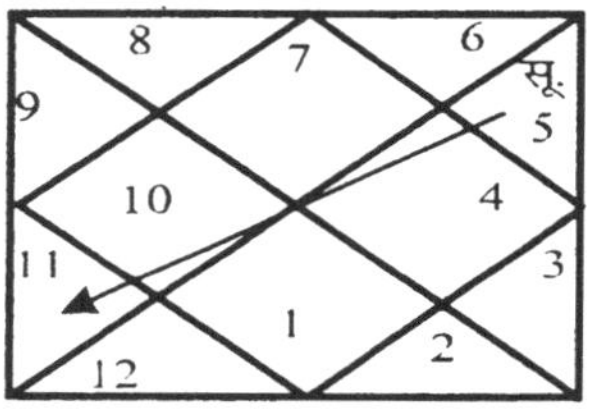

तुलालग्न में सूर्य लग्नेश है। यह लग्नेश शुक्र का शत्रु होने से यहां पाप फलदायक है। यहां पर एकादश स्थान में सूर्य स्वगृही होकर सिंह राशि का होगा। सूर्य यहां अंशों तक मूल त्रिकोण का होकर उच्च जैसा फल देगा। ऐसा जातक धन, स्त्री, पुत्र-पौत्र, वाहन, नौकरी एवं व्यापार से युक्त समृद्धिशाली, ऐश्वर्यशाली जीवन का यापन करता है। ऐसा जातक पण्डित-विद्वान व सुखी होगा। 22 वर्ष की आयु के पश्चात उसे दिन-प्रतिदिन हर कार्य में सफलता मिलती जाएगी।

दृष्टि–एकादशस्थ सूर्य की दृष्टि पंचम भाव (कुंभ राशि) पर होगी फलत: जातक स्वयं शिक्षित होगा। संतान भी सुशिक्षित होगी।

निशानी–जातक राष्ट्रभक्त होगा। पुत्र-पौत्र से युक्त होगा।

सूर्य का अन्य ग्रहों से सम्बन्ध–

1. **सूर्य + बुध**-भोजसंहिता के अनुसार तुलालग्न में सूर्य लाभेश होगा। एकादश स्थान में सिंह राशिगत यह युति वस्तुतः लाभेश सूर्य की भाग्येश+खर्चेश बुध के साथ युति कहलाएगी। यहां सूर्य स्वगृही होगा तथा दोनों ग्रहों की दृष्टि पंचम भाव पर होगी। फलतः जातक बुद्धिशाली व शिक्षिता होगा। जातक की सन्तति भी शिक्षित होगी। जातक व्यापार में रुचि लेगा तथा उसकी आमदनी के जरिए एक से अधिक होंगे। जातक भाग्यशाली होगा।
2. **सूर्य + चंद्र**-तुलालग्न में सूर्य+चंद्र की युति एकादश स्थान में होने के कारण जातक का जन्म भाद्रकृष्ण अमावस्या को सुबह 10 बजे के लगभग होगा। सूर्य+चंद्र की सिंह राशिगत एकादश स्थान में यह युति वस्तुतः राज्येश चंद्र की लाभेश सूर्य के साथ युति कहलाएगी। यहां सूर्य स्वगृही होकर 'रविकृत राजयोग' बनाएगा। उत्तम सन्तति देगा। जातक राजातुल्य प्रतापी एवं ऐश्वर्यवान होगा।
3. **सूर्य + मंगल** -यदि यहां मंगल हो तो व्यक्ति अदम्य साहसी होगा। धर्म व न्याय के लिए मर मिटेगा।
4. **सूर्य + बृहस्पति** -बड़े भाई का सुख मिलेगा। बुजुर्गों की सलाह से लाभ।
5. **सूर्य + शुक्र**-व्यापार में लाभ पुरुषार्थ-परिश्रम से लाभ होगा।
6. **सूर्य + शनि** -भौतिक सुख, सम्पन्नता में वृद्धि, व्यापार से लाभ, सन्तति शिक्षित होगी।
7. **सूर्य + राहु** -विद्या एवं व्यापार में रुकावट।
8. **सूर्य + केतु** -व्यापार में बदलाव होता रहेगा।

तुलालग्न में सूर्य की स्थिति द्वादश स्थान में

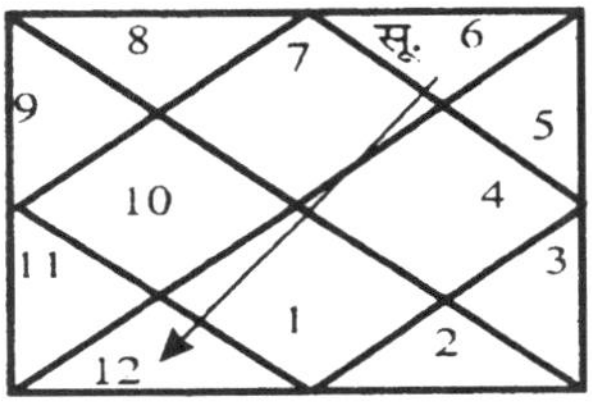

तुलालग्न में सूर्य लाभेश है। यह लग्नेश शुक्र का शत्रु होने से यहां पाप फलदायक है। यहां द्वादश स्थान में सूर्य कन्या राशि में होकर नीचाभिलाषी होगा। सूर्य अपनी राशि (सिंह) में दूसरे स्थान पर होने के कारण धन का खर्च शुभकार्य, परोपकार, धार्मिक क्रिया-कलाप में होगा। जातक विदेशी सम्बन्ध एवं विदेशी व्यापार के माध्यम से ज्यादा धन कमाने में सक्षम होगा।

दृष्टि–कन्या राशिगत सूर्य की दृष्टि छठे स्थान (मीन राशि) पर होगी। फलत: ऐसा जातक अपने शत्रुओं व रोगों का नाश करने में पूर्ण सक्षम होगा।

निशानी–सपने सच आएंगे।

दशा–सूर्य की दशा-अन्तर्दशा शुभ फल एवं आध्यात्मिक लाभ देगी।

सूर्य का अन्य ग्रहों से सम्बन्ध–

1. **सूर्य + बुध**–भोजसंहिता के अनुसार तुलालग्न में सूर्य लाभेश होगा। द्वादश स्थान में कन्या राशिगत यह युति वस्तुत: लाभेश सूर्य की भाग्येश+खर्चेश बुध के साथ युति कहलाएगी। बुध बारहवें जाने से 'भाग्यभंग योग' तथा सूर्य के कारण 'लाभभंग योग' बना। अत जातक एक बार ऊपर चढ़कर नीचे गिरेगा। खर्च अधिक करेगा। तीर्थाटन, धार्मिक यात्राओं में रुपया खर्च करेगा। व्ययेश स्वगृही होकर बारहवें होगा जातक परोपकारी, दानी एवं समाज का लब्ध प्रतिष्ठित व्यक्ति होगा।
2. **सूर्य + चंद्र**–तुलालग्न में सूर्य+चंद्र की युति द्वादश स्थान में होने पर जातक का जन्म आश्विनी कृष्ण अमावस्या को सुबह 8 बजे के लगभग होगा। सूर्य+चंद्र की कन्या राशिगत द्वादश स्थान में यह युति वस्तुत: राज्येश चंद्र की लाभेश सूर्य के साथ युति कहलाएगी। चंद्रमा बारहवें में होने से 'राजभंग योग' तथा सूर्य बारहवां होने से 'लाभभंग योग' की सृष्टि होती है। इन दोनों ग्रहों की यह स्थिति निकृष्ट है। जातक को राज्य (सरकारी नौकरी) की प्राप्ति हेतु एवं व्यापार-व्यवसाय में लाभ की प्राप्ति हेतु जीवन भर संघर्ष करना पड़ेगा।
3. **सूर्य + मंगल**–प्रखर वक्ता, जातक का स्वभाव खर्चीला होगा।
4. **सूर्य + बृहस्पति**–जातक महाविद्वान, ज्योतिषी होगा।
5. **सूर्य + शुक्र**–विद्वान होगा पर परिश्रम का लाभ नहीं। 'लग्नभंग योग' बनेगा।
6. **सूर्य + शनि**–अस्पष्टभाषी, जुआरी व विद्या व्यसनी होगा।
7. **सूर्य + राहु**–वाणी में स्खलन, यात्रा में नुकसान होगा या चोरी होगी।
8. **सूर्य + केत**–यात्रा में धन लाभ एवं खर्च दोनों होंगे।

❑❑❑

तुलालग्न में मंगल की स्थिति

तुलालग्न में मंगल की स्थिति प्रथम स्थान में

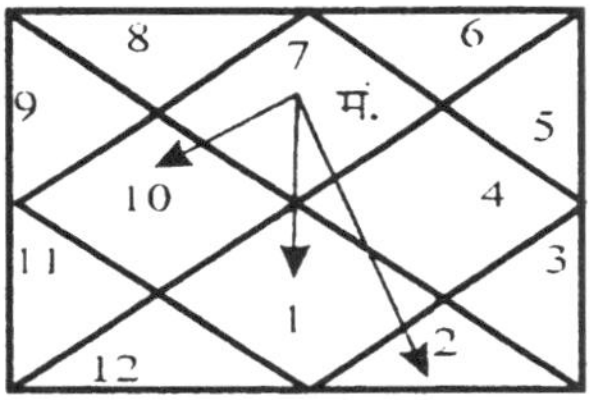

तुलालग्न में मंगल द्वितीयेश एवं सप्तमेश होने से मुख्य मारक ग्रह है। यह निष्फल योग कर्त्ता एवं अशुभ फल को देने वाला है। यहां लग्नस्थ मंगल तुला राशि में है यह मंगल की शत्रु राशि है। जातक का स्वभाव कर्मठ, क्रोधी एवं उत्साही होगा। जातक की जबान का शब्द पत्थर की लकीर होगा। जातक वीर एवं निर्भीक होगा। उसके पास जमीन-जायदाद, धन-सम्पत्ति की कमी नहीं होगी।

दृष्टि–लग्नस्थ मंगल की दृष्टि चतुर्थ भाव (मकर राशि), सप्तम भाव (मेष राशि) एवं अष्टम भाव (वृष राशि) पर होगी। फलतः जातक को वाहन का सुख, पत्नी एवं दीर्घ आयु का सुख मिलेगा।

निशानी–जातक पुत्रवान होगा। आप अकेला भाई न होगा। बड़ा भाई जरूर होगा पर बड़े भाई का सुख किस्मत में ज्यादा नहीं रहेगा।

दशा–मंगल की दशा-अन्तर्दशा में जातक धनवान होगा। उसका व्यक्तित्व निखरेगा। जातक उन्नति मार्ग की ओर आगे बढ़ेगा।

मंगल का अन्य ग्रहों से सम्बन्ध–

1. **मंगल + चंद्र**–चंद्रमा की युति के कारण 'लक्ष्मी योग' बनेगा। जातक महाधनी होगा। पत्नी सुदंर होगी।
2. **मंगल + सूर्य**–सूर्य यहां नीच का होते हुए विपरीत राजयोग बनाएगा। जातक राजा का सेनापति होगा अथवा उसके समकक्ष पद को धारण करेगा।

3. **मंगल + बुध**–भाग्येश व धनेश की युति व्यक्ति के सौभाग्य में अपूर्व वृद्धि करेगी।
4. **मंगल + बृहस्पति**–धनेश व तृतीयेश की युति भाईयों व मित्रों से धन दिलाएगी।
5. **मंगल + शुक्र**–यहां स्वगृही शुक्र 'मालव्य योग' एवं अन्य राजयोग बनाएगा। जातक की व्यक्तिगत, सामाजिक एवं राजनैतिक उन्नति होगी।
6. **मंगल + शनि**–यहां उच्च का शनि 'शश योग' एवं अन्य राजयोग बनाएगा। जातक की व्यक्तिगत सामाजिक एवं राजनैतिक उन्नति होगी।
7. **मंगल + राहु**–जातक जिद्दी व हठी होगा। परन्तु राजा तुल्य ऐश्वर्यशाली होगा।
8. **मंगल + केतु**–जातक क्रोधी होगा।

तुलालग्न में मंगल की स्थिति द्वितीय स्थान में

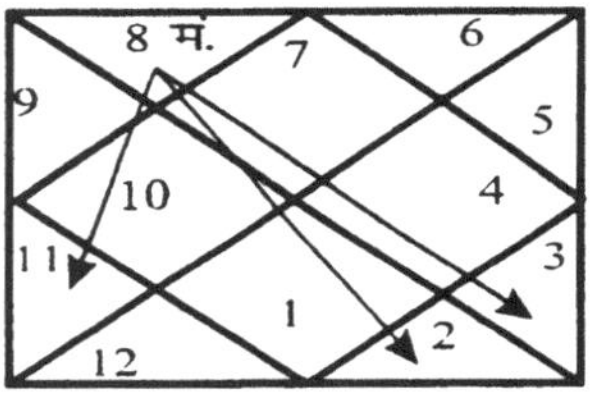

तुलालग्न में मंगल द्वितीयेश एवं सप्तमेश होने से मुख्य मारक ग्रह है। यह निष्फल योग कर्त्ता एवं अशुभ फल को देने वाला है। यहां द्वितीय स्थान में मंगल वृश्चिक राशि का होकर स्वगृही होगा। ऐसे जातक का जन्म पिता के लिए शुभ होता है। जातक के जन्म के बाद पिता की तरक्की होती है। विवाह के बाद जातक की तरक्की होती है। जातक को स्त्री द्वारा धन लाभ होता है। जातक दीर्घसूत्री होता है। जातक की वाणी स्पष्ट, तेज व प्रखर होती है जमीन-जायदाद में धन लाभ होता है। जातक समाज का धनी व्यक्ति होता है।

दृष्टि–द्वितीयस्थ मंगल की दृष्टि पंचम भाव (कुंभ राशि), अष्टम भाव (वृष राशि) एवं भाग्य भवन (मिथुन राशि) पर होगी। फलतः जातक को विद्या लाभ, सन्तान लाभ, दीर्घायु के साथ भाग्य में उन्नति होगी।

निशानी–जातक गुप्त विद्याओं का जानकार होता है।

दशा–मंगल की दशा अन्तर्दशा में जातक धनाढ्य होगा।

मंगल का अन्य ग्रहों से सम्बन्ध–

1. **मंगल + चंद्र**–चंद्र के कारण 'नींचभंग राजयोग' बनेगा। जातक महाधनी होगा।
2. **मंगल + सूर्य**–जातक को व्यापार में नौकरी से अतिरिक्त आय होगी।
3. **मंगल + बुध**–जातक धनी व भाग्यशाली होगा।

4. **मंगल + बृहस्पति**–भाईयों से धन लाभ होगा।
5. **मंगल + शुक्र**–परिश्रम का यथेष्ट पुरस्कार मिलेगा।
6. **मंगल + शनि**–जातक को शिक्षा व सन्तान से धन मिलेगा।
7. **मंगल + राहु**–जितना कमाएगा खर्च होता चला जाएगा।
8. **मंगल + केतु**–धन आएगा पर बरकत कम होगी।

तुलालग्न में मंगल की स्थिति तृतीय स्थान में

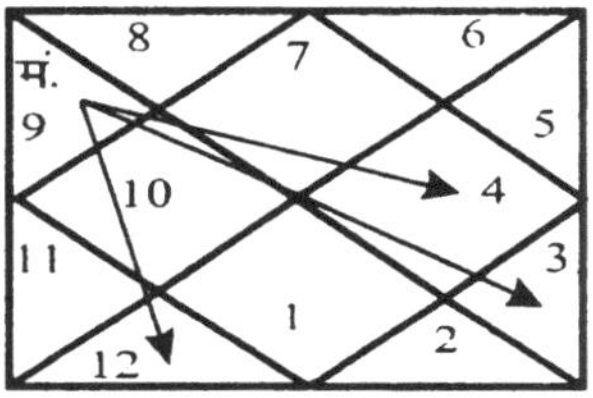

तुलालग्न में मंगल द्वितीयेश एवं सप्तमेश होने से मुख्य मारक ग्रह है। यह निष्फल योग कर्त्ता एवं अशुभ फल को देने वाला है। यहां तृतीय स्थान में मंगल धनु राशि पर होगा। यह मंगल की मित्र राशि है। ऐसे जातक के छोटे-बड़े भाई-बहन जरूर होंगे। प्राय: जातक की किस्मत चमकती है। जातक को कोर्ट-कचहरी में विजय मिलेगी ऐसा जातक नीतिवान एवं सिद्धान्तवादी होगा। जातक के बहुत यत्न से एक पुत्र जीवित रह सकता है। मंगल की यह स्थिति प्राय: सन्तति सम्बन्धी कष्ट का संकेत देती है।

दृष्टि–तृतीयस्थ मंगल की दृष्टि छठे स्थान (मीन राशि), भाग्य स्थान (मिथुन राशि) एवं राज्य स्थान (कर्क राशि) पर होगी। फलत: जातक रोग और शत्रु पर विजय प्राप्त करने में सक्षम होगा। जातक सौभाग्यशाली होगा तथा उसका राजनीति में भी हस्तक्षेप रहेगा।

निशानी–जातक के तीन भााई होंगे।

दशा–मंगल की दशा-अन्तर्दशा में जातक का वास्तविक पराक्रम बढ़ेगा।

मंगल का अन्य ग्रहों से सम्बन्ध–

1. **मंगल + चंद्र**–जातक धनी होगा। राजनीति व प्रशासन में उसका हस्तक्षेप रहेगा।
2. **मंगल + सूर्य**–जातक सरकारी क्षेत्र में प्रभावशाली व्यक्ति होगा।
3. **मंगल + बुध**–जातक बुद्धिमान तथा परम सौभाग्यशाली होगा।
4. **मंगल + बृहस्पति**–जातक को बड़े भाई का सुख होगा।
5. **मंगल + शुक्र**–जातक मित्रों की मदद से आगे बढ़ेगा। व्यापार वर्गीय होगा।
6. **मंगल + शनि**–जातक को छोटे भाई का सुख नही होगा।

7. **मंगल + राहु**–भृगुसूत्र के अनुसार 'राहु केतु युते वैश्या संगम' जातक अन्य स्त्रियों से शारीरिक सम्बन्ध रखता है।

8. **मंगल + केतु**–भृगुसूत्र के अनुसार 'राहु केतु युते वैश्या संगम' जातक पर स्त्री गामी होता है।

तुलालग्न में मंगल की स्थिति चतुर्थ स्थान में

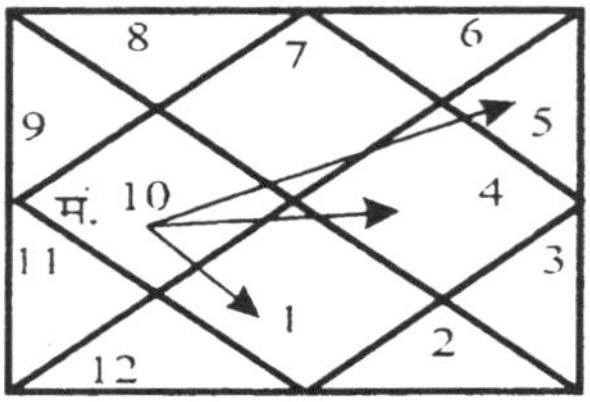

तुलालग्न में मंगल द्वितीयेश एवं सप्तमेश होने से मुख्य मारक ग्रह है। यह निष्फल योग कर्त्ता एवं अशुभ फल को देने वाला है। यहां चतुर्थ भावगत मंगल मकर राशि में है मकर राशि में मंगल उच्च का होता है तथा 28 अंशों में परमोच्च का होता है। फलत: कुण्डली में 'रूचक योग' बनता है। मंगल यहां दिग्बली होने से जातक राजा तुल्य ऐश्वर्यशाली, वैभव सम्पन्न एवं बड़ी भूमि व सम्पत्ति पाता है। जातक चार पहिए के वाहन का स्वामी होता है। दो मंजिला मकान एवं नौकर-चाकर के सुख से परिपूर्ण जीवन जीता है।

दृष्टि–चतुर्थ भावगत मंगल की दृष्टि सप्तम भाव (मेष राशि), दशम भाव (कर्क राशि), तथा लाभ भाव (सिंह राशि) को पूर्ण दृष्टि से देखेगा। फलत: जातक को पैतृक सम्पत्ति मिलेगी। राज्य (सरकार) में उसका वर्चस्व होगा तथा व्यापार में उसे बराबर लाभ मिलता रहेगा।

निशानी–ऐसे जातक अपने काम में दूसरों का हस्तक्षेप हर्गिज बर्दाश्त नहीं करेंगे। मंगल यहां 'मांगलिक योग' बनाएगा जो कहीं न कहीं जीवन साथी के साथ मनमुटाव की स्थिति उत्पन्न करेगा।

दशा–मंगल की दशा-अन्तर्दशा में जातक भूमि, भवन एवं वाहन सुख की प्राप्ति करेगा।

मंगल का अन्य ग्रहों से सम्बन्ध–

1. **मंगल + चंद्र**–चंद्र की युति से 'महालक्ष्मी योग' बनेगा। जातक अत्यधिक धनी व्यक्ति होगा। सरकार से धन मिलेगा। पिता की सम्पत्ति मिलेगी।

2. **मंगल + सूर्य**–सूर्य की युति से जातक महान तेजस्वी व्यक्ति होगा एवं व्यापार में लाभ अर्जित करेगा।

3. **मंगल + बुध**–बुध की युति जातक को 'महाभाग्यशाली' बनाएगी। जातक बुद्धिबल से कुल का नाम रोशन करेगा।

4. **मंगल + बृहस्पति**–गुरु के कारण 'नीचभंग राजयोग', 'केसरी योग', 'कुलदीपक योग' बनेगा। जातक कुल श्रेष्ठ पूजनीय व्यक्ति होगा।

5. **मंगल + शुक्र**–शुक्र के कारण जातक परिश्रम से धन अर्जित करेगा। खूब रुपया कमाएगा।

6. **मंगल + शनि**–शनि के कारण 'किम्बहुना योग' बनेगा। जातक निश्चय ही राजा या राजा से किसी भी प्रकार से कम न होगा।

7. **मंगल + राहु**–राहु यहां सुख में बाधक है। माता व भाईयों में विक्षेप करेगा।

8. **मंगल + केतु**–केतु भी मातृसुख में बाधक है। वाहन से दुर्घटना सम्भव है।

तुलालग्न में मंगल की स्थिति पंचम स्थान में

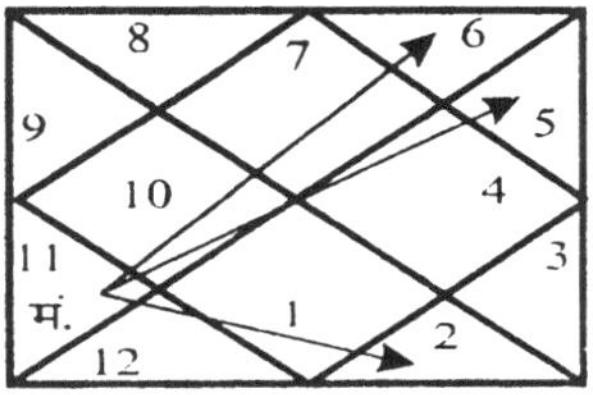

तुलालग्न में मंगल द्वितीयेश एवं सप्तमेश होने से मुख्य मारक ग्रह है। यह निष्फल योग कर्त्ता एवं अशुभ फल को देने वाला है। यहां पंचम स्थान में मंगल कुंभ राशि का होगा। जो इसकी शत्रु राशि है। फिर भी ऐसा जातक धनी होगा। पाराशर ऋषि के अनुसार जातक का पुत्र भी धनी होगा। जातक के बाप-दादा धनी होंगे। जातक को स्त्री सुख, पुत्र सुख की प्राप्त होगी। परन्तु मंगल के कारण गर्भपात होंगे तथा एक-दो सन्तानों की अकाल, अपरिपकव मृत्यु सम्भव है।

दृष्टि–पंचमस्थ मंगल की दृष्टि अष्टम भाव (वृष राशि), लाभ स्थान (सिंह राशि) एवं व्यय भाव (कन्या राशि) पर होगी। फलत: जातक की आयु दीर्घ होगी। उसे व्यापार में लाभ होगा। जातक का धन शुभ कार्य में खर्च होगा।

निशानी–जातक के नर सन्तति जरूर होगी।

दशा–मंगल की दशा-अन्तर्दशा में जातक को पुत्र व धन का लाभ होगा।

मंगल का अन्य ग्रहों से सम्बन्ध–

1. **मंगल + चंद्र**–जातक को पुत्र-पुत्री दोनों होंगे।
2. **मंगल + सूर्य**–जातक के पुत्र तेजस्वी होंगे।
3. **मंगल + बुध**–जातक को पुत्र-पुत्री दोनों होंगे।
4. **मंगल + बृहस्पति**–भाग्यवान सन्तति उत्पन्न होगी पुत्र अधिक होंगे।
5. **मंगल + शुक्र**–कन्या सन्तति अधिक, पुत्र भी होंगे।

6. **मंगल** + **शनि**–शनि यहां स्वगृही होने के कारण 'राजयोग' बनेगा। जातक को धन, पद, प्रतिष्ठा व अधिकारों की प्राप्ति होगी।
7. **मंगल** + **राहु**–एकाध पुत्र सन्तति का गर्भपात सम्भव है।
8. **मंगल** + **केतु**–गर्भस्राव अवश्य होगा।

तुलालग्न में मंगल की स्थिति षष्ट्म स्थान में

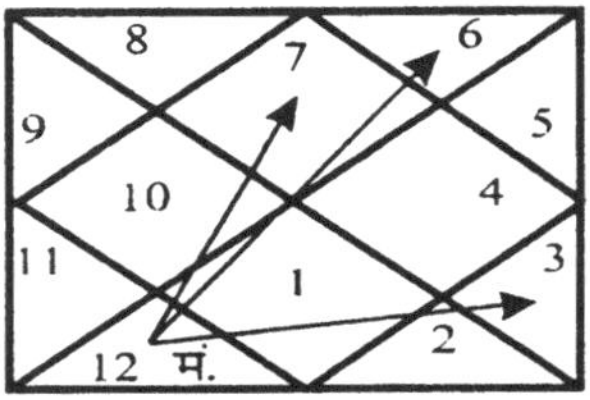

तुलालग्न में मंगल द्वितीयेश एवं सप्तमेश होने से मुख्य मारक ग्रह है। यह निष्फल योग कर्त्ता एवं अशुभ फल को देने वाला है। यहां छठे स्थान में मंगल मीन राशि का होगा। मीन इसकी मित्र राशि है। मंगल की यह स्थिति 'धनहीन योग' एवं 'विवाहभंग योग' की सृष्टि करती है। ऐसा जातक शत्रुओं का नाश करने में सक्षम होता है, परन्तु धन प्राप्ति एवं गृहस्थ सुख की प्राप्ति हेतु यह स्थिति कष्टदायक है।

दृष्टि–षष्टस्थ मंगल की दृष्टि भाग्य भाव (मिथुन राशि), व्यय भाव (कन्या राशि) एवं लग्न भाव (तुला राशि) पर होगी। फलतः जातक सौभाग्यशाली होगा। उन्नति प्राप्त करेगा। एवं खर्चीले स्वभाव का होगा।

निशानी–जातक विलम्ब से तरस कर ली गई संतान होगा।

दशा–मंगल की दशा मिश्रित फल देगी।

मंगल का अन्य ग्रहों से सम्बन्ध–

1. **मंगल** + **चंद्र**–राजपक्ष कमजोर रहेगा।
2. **मंगल** + **सूर्य**–राजा से आर्थिक दण्ड मिलेगा।
3. **मंगल** + **बुध**–भाग्य में लगातार रुकावटें आएंगी।
4. **मंगल** + **बृहस्पति**–गुरु यहां स्वगृही होगा। भाईयों से खटपट रहेगी।
5. **मंगल** + **शुक्र**–शुक्र यहां नीच का रहेगा। परिश्रम का लाभ नहीं मिलेगा।
6. **मंगल** + **शनि**–सन्तति की चिन्ता रहेगी।
7. **मंगल** + **राहु**–शत्रु परेशान करेंगे।
8. **मंगल** + **केतु**–शत्रु गुप्त चिन्ता देंगे।

तुलालग्न में मंगल की स्थिति सप्तम स्थान में

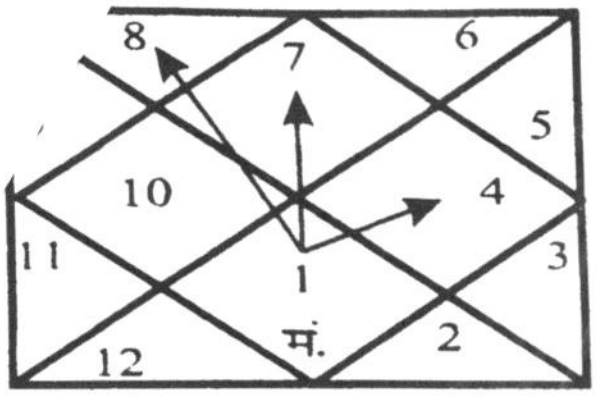

तुलालग्न में मंगल द्वितीयेश एवं सप्तमेश होने से मुख्य मारक ग्रह है। यह निष्फल योग कर्त्ता एवं अशुभ फल को देने वाला है। यहां सप्तम स्थान में स्थित मंगल मेष राशि का होकर स्वगृही होगा। फलतः 'रूचक योग' की सृष्टि होगी। ऐसा जातक राजातुल्य, ऐश्वर्यशाली, धनवान एवं भू-सम्पत्ति का स्वामी होगा। जातक सुंदर पतली देह का स्वामी होगा। जातक क्रोधी तथा कामुक होगा। जातक भाईयों से मुक्त होगा तथ जातक के स्वयं का भाग्योदय विवाह के बाद होगा। ससुराल से लाभ की प्राप्ति होगी। यह स्थिति कुण्डली को 'मांगलिक' भी बनाती है। फलतः सुख में व्यवधान पड़ता है। विलम्ब विवाह सम्भव है।

दृष्टि—सप्तमस्थ मंगल की दृष्टि राज्य स्थान (कर्क राशि), लग्न स्थान (तुला राशि) एवं धन स्थान (वृश्चिक राशि) पर होगी। जातक उन्नति मार्ग की ओर आगे बढ़ने वाला, धनी तथा राजनीति में प्रवीण होगा।

निशानी—जीवनसाथी से असंतोष एवं उच्च रक्तचाप की बीमारी सम्भव है।

दशा—मंगल की दशा-अन्तर्दशा में जातक धनी होगा। उन्नति पथ की ओर आगे बढ़ेगा। उसे पद व प्रतिष्ठा मिलेगी।

मंगल का अन्य ग्रहों से सम्बन्ध—

1. **मंगल + चंद्र**—जातक महाधनी होगा। लक्ष्मी प्रसन्न रहेगी।
2 **मंगल + बुध**—सूर्य के कारण 'रविकृत राजयोग', 'किम्बहुना योग' बनेगा। जातक राजा के समान वैभवशाली, पराक्रमी होगा। उसके पास धन की कमी नहीं रहेगी।
3. **मंगल + बुध**—जातक परम भाग्यशाली होगा।
4. **मंगल + बृहस्पति**—भाईयों व परिजनों से लाभ संभव है।
5. **मंगल + शुक्र**—मेहनत का मीठा फल मिलेगा।
6. **मंगल + शनि**—शनि के कारण 'नीचभंग राजयोग' बनेगा। जातक निश्चय ही राजा के समान वैभवशाली, पराक्रमी होगा। शनि के साथ 'शिशनचुम्बन योग'
7. **मंगल + राहु**—गृहस्थ सुख में कलह ज्यादा रहेगी। अहं का टकराव होगा।
8. **मंगल + केतु**—गृहस्थी में विवाद रहेगा।

तुलालग्न में मंगल की स्थिति अष्टम स्थान में

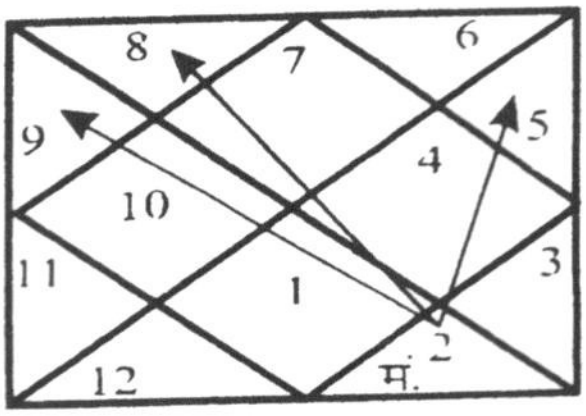

तुलालग्न में मंगल द्वितीयेश एवं सप्तमेश होने से मुख्य मारक ग्रह है। यह निष्फल योग कर्त्ता एवं अशुभ फल को देने वाला है। यहां अष्टम स्थान में मंगल वृष राशि का होगा। वृष मंगल की शत्रु राशि है। मंगल की इस स्थिति से 'धनहीन योग', 'विवाहभंग योग' एवं कुण्डली 'मांगलिक दोष' से युक्त होगी। ऐसा जातक शत्रु को जीतने वाला मेहनती व पराक्रमी होगा। परन्तु धन की कमी, गृहस्थ सुख में कमी बराबर अखरती रहेगी। परन्तु जातक निर्भीक व साहसी होगा।

दृष्टि–अष्टमस्थ मंगल की दृष्टि लाभ भाव (सिंह राशि), धन भाव (वृश्चिक राशि) एवं पराक्रम भाव (धनु राशि) पर होगी।

निशानी–जातक के गुप्त शत्रु बहुत होंगे।

दशा–मंगल की दशा-अन्तर्दशा मिश्रित फल देगी।

मंगल का अन्य ग्रहों से सम्बन्ध–

1. **मंगल + चंद्र**–राज्यपक्ष कमजोर होगा।
2. **मंगल + सूर्य**–राजा से दण्डित होने के योग हैं।
3. **मंगल + बुध**–भाग्य में पग-पग पर रुकावट महसूस करेंगे।
4. **मंगल + बृहस्पति**–भाईयों से मनमुटाव रहेगा।
5. **मंगल + शुक्र**–गुप्त बीमारी, रक्त विकार, वीर्यदोष सम्भव।
6. **मंगल + शनि**–सन्तति की बीमारी से जातक चित्रित रहेगा।
7. **मंगल + राहु**–आयु में रुकावट, दुर्घटना से अंग भंग सम्भव।
8. **मंगल + केतु**–लम्बी बीमारी रहेगी। रक्तविकार सम्भव।

तुलालग्न में मंगल की स्थिति नवम स्थान में

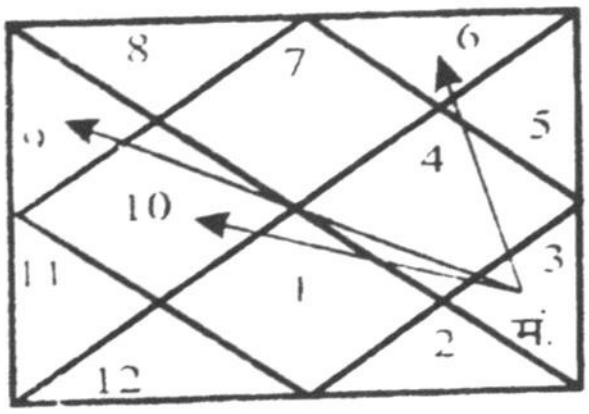

तुलालग्न में मंगल द्वितीयेश एवं सप्तमेश होने से मुख्य मारक ग्रह है। यह निष्फल योग कर्त्ता एवं अशुभ फल को देने वाला है। यहां नवम स्थान में मंगल मिथुन राशि में होगा। मिथुन मंगल की मित्र राशि है। जातक स्वाभिमानी होगा। युद्ध के

मैदान में, कोर्ट-कचहरी में बुद्धिबल से शत्रु को परास्त करता हुआ विजय श्री का वरण करेगा। ऐसा जातक भाईयों, कुटम्बी-परिजनों के साथ रहना पसन्द करेगा।

दृष्टि—नवम स्थान गत मंगल की दृष्टि व्यय भाव (कन्या राशि) पराक्रम स्थान (धनुराशि) एवं चतुर्थभाव (मकर राशि) पर होगी। फलत: ऐसा जातक प्रबल पराक्रमी होगा। जीवन में वाहन सुख एवं सभी प्रकार के भौतिक सुखों को प्राप्त करने वाला, खर्चीले स्वभाव का होगा।

निशानी—ऐसा जातक अपनी किस्मत आप जगायेगा।

दशा—मंगल की दशा-अन्तर्दशा में जातक का भाग्योदय होगा। जातक को धन, स्त्री सुख इत्यादि की प्राप्ति होगी।

मंगल का अन्य ग्रहों से सम्बन्ध—

1. **मंगल** + **चंद्र**—जातक महाधनी होगा।
2. **मंगल** + **सूर्य**—जातक को राजकीय सम्मान मिलेगा।
3. **मंगल** + **बुध**—जातक करोड़पति होगा।
4. **मंगल** + **बृहस्पति**—भाईयों से लाभ रहेगा।
5. **मंगल** + **शुक्र**—मेहनत की मीठी रोटी मिलेगी।
6. **मंगल** + **शनि**—जातक शिक्षित होगा। सभ्य होगा।
7. **मंगल** + **राहु**—भाग्य में ठोकरें बहुत आयेंगी।
8. **मंगल** + **केतु**—भाग्योदय हेतु संघर्ष करना पड़ेगा।

तुलालग्न में मंगल की स्थिति दशम स्थान में

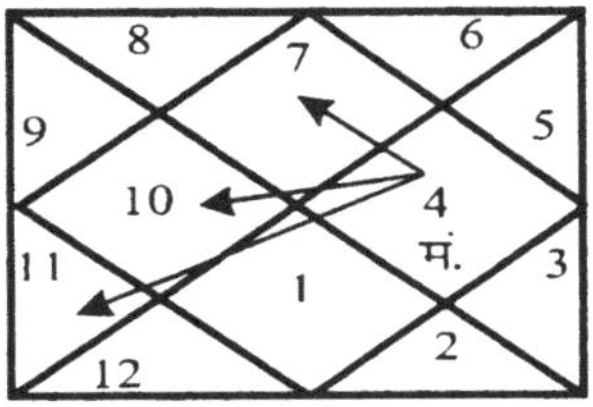

तुलालग्न में मंगल द्वितीयेश एवं सप्तमेश होने से मुख्य मारक ग्रह है। यह निष्फल योग कर्त्ता एवं अशुभ फल को देने वाला है। यहां दशम स्थान में मंगल नीच राशि (कर्क) में होगा। कर्क के अंशों में मंगल परम नीच का होगा। मंगल यहां दिग्बली है। दिग्बली मंगल 'कुलदीपक योग' की सृष्टि भी करेगा। ऐसा जातक मैकेनिक व टैक्नीकल, इंजिनिरिंग, ठेकेदारी, निर्माण कार्य में दक्ष होगा। जातक बड़ी जमीन-जायदाद का स्वामी होगा। जातक फौजी कार्य, साहस के कार्य में रुचि रखेगा।

दृष्टि—दसमस्थ मंगल की दृष्टि लग्न स्थान (तुला राशि), चतुर्थ स्थान (मकर राशि)एवं पंचम भाव (कुंभ राशि) पर होगी। ऐसे जातक को अपने परिश्रम-पुरुषार्थ

का पूरा-पूरा लाभ मिलेगा। जातक को उत्तम, वाहन भवन की प्राप्ति होगी। जातक विद्यावान होगा।

निशानी–जातक के जन्म से माता-पिता एवं पूरे परिवार की उन्नति होगी।

दशा–मंगल की दशा-अन्तर्दशा में जातक आर्थिक, सामाजिक व राजनैतिक उन्नति को प्राप्त करेगा।

मंगल का अन्य ग्रहों से सम्बन्ध–

1. **मंगल + चंद्र**–चंद्रमा यहां स्वगृही होने से 'नीचभंग राजयोग' बनेगा। 'पद्मसिंहासन योग' भी बनेगा। जातक महाधनी होगा।
2. **मंगल + सूर्य**–जातक का राज्य में वर्चस्व रहेगा।
3. **मंगल + बुध**–जातक भाग्यशली होगा। धनवान होगा।
4. **मंगल + बृहस्पति**–बृहस्पति उच्च का होकर 'नीचभंग राजयोग' बनायेगा। जातक राजा तुल्य पराक्रमी, ऐश्वर्यशाली होगा।
5. **मंगल + शुक्र**–जातक उत्तम वाहन से युक्त होगा।
6. **मंगल + शनि**–जातक एकाधिक मकानों का स्वामी होगा।
7. **मंगल + राहु**–पिता की सम्पत्ति में विवाद, भाईयों में झगड़ा होगा।
8. **मंगल + केतु**–पैतृक सम्पत्ति विवादात्मक होगी।

तुलालग्न में मंगल की स्थिति एकादश स्थान में

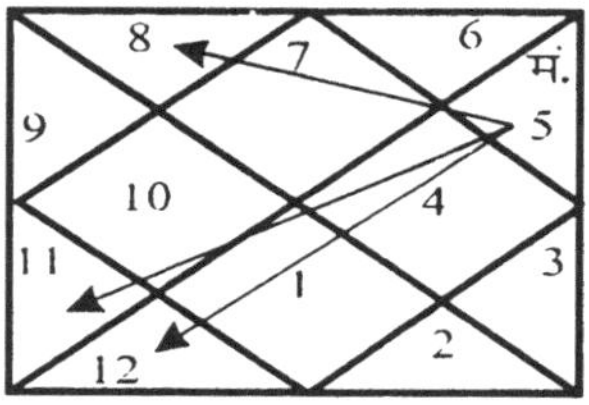

तुलालग्न में मंगल द्वितीयेश एवं सप्तमेश होने से मुख्य मारक ग्रह है। यह निष्फल योग कर्त्ता एवं अशुभ फल को देने वाला है। यहां एकादश स्थान में मंगल सिंह राशि में होगा। सिंह राशि मंगल की मित्र राशि है। जातक धनवान होगा। यहां मंगल बहुत श्रेष्ठ फल देगा। जातक अपने पराक्रम से पुरुषार्थ से उत्तम धन एवं उत्तम विद्या को अर्जित करेगा। जातक गुरुभक्त होगा। अपने बड़े-बुद्ढों व बुजुर्गों का सम्मान करागा। अपने ऊपर किये गये एहसान को भूलेगा नहीं। जातक कृतज्ञ, व्यवहारिक होगा। एवं कुछ रौबीले स्वभाव का होगा।

दृष्टि–एकादश स्थान में स्थित मंगल की दृष्टि धन स्थान जो कि मंगल का स्वगृह है (वृश्चिक राशि), पंचम स्थान (कुंभ राशि) एवं षष्ट्म स्थान (मीन राशि)

पर होगी। फलतः जातक धन सम्बन्धी उत्तम लाभ अर्जित करेगा। जातक विद्या सम्बन्धी लाभ, उच्च शैक्षणिक डिग्री मिलेगी। जातक शत्रुओं का नाश करने में सक्षम होगा।

निशानी–जातक का चरम भाग्योदय 28 से 32 वर्ष के बीच होगा।

दशा–मंगल की दशा-अन्तर्दशा में जातक उन्नति पथ पर आगे बढ़ेगा, धन अर्जित करेगा।

मंगल का अन्य ग्रहों से सम्बन्ध–

1. **मंगल** + **चंद्र**–
2. **मंगल** + **सूर्य**–यहां पर यदि सूर्य हो तो स्वगृही होगा फलतः 'रविकृत राजयोग' बनेगा। जातक खूब धन, यश व पद-प्रतिष्ठा को प्राप्त करेगा।
3. **मंगल** + **बुध**–जातक उद्योगपति होगा।
4. **मंगल** + **बृहस्पति**–जातक का उद्योग दिक्कतों से परिपूर्ण होगा।
5. **मंगल** + **शुक्र**–जातक को व्यापार से लाभ होगा।
6. **मंगल** + **शनि**–जातक सफल उद्योगपति होगा।
7. **मंगल** + **राहु**–उद्योग फैक्ट्री में ग्रहण लगा रहेगा।
8. **मंगल** + **केतु**–व्यापार में संघर्ष रहेगा।

तुलालग्न में मंगल की स्थिति द्वादश स्थान में

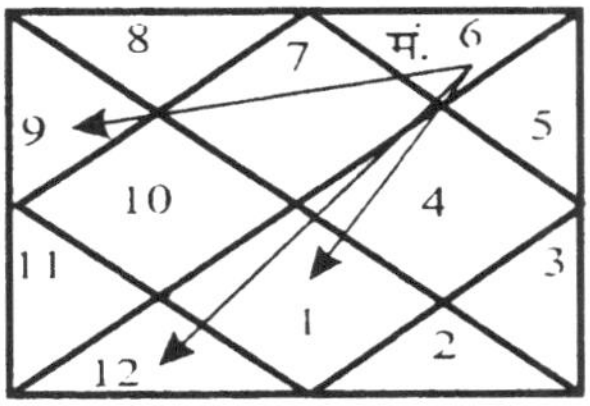

तुलालग्न में मंगल द्वितीयेश एवं सप्तमेश होने से मुख्य मारक ग्रह है। यह निष्फल योग कर्त्ता एवं अशुभ फल को देने वाला है। यहां द्वादश स्थान में मंगल कन्या राशि में होगा। कन्या मंगल की मित्र राशि है। मंगल की इस स्थिति में कुण्डली में 'धनहीन योग', 'विवाहभंग योग' एवं 'मांगलिक योग' बनेगा। निश्चय ही जातक को धन प्राप्ति हेतु, जीवनसाथी के चयन हेतु, विवाह के बाद सुखी दाम्पत्य सुख हेतु कुछ दिक्कतों का सामना करना पड़ेगा।

दृष्टि–द्वादश भावगत मंगल की दृष्टि पराक्रम स्थान (धनु राशि), षष्टम भाव (मीन राशि) एवं सप्तम भाव स्वयं के घर (मेष राशि) पर होगी। फलतः जातक पराक्रमी होगा, दीर्घ आयु वाला होगा। पत्नी पक्ष में खटपट रहेगी। समझौता वादी दृष्टिकोण से ही जीवन सुखी रहेगा।

निशानी–जातक प्रायः धूर्त, स्वार्थी, रिश्वतखोर, पराये धन पर नजर रखने वाला होता है।

दशा–मंगल की दशा-अन्तर्दशा मिश्रित फल देगी।

मंगल का अन्य ग्रहों से सम्बन्ध–

1. **मंगल + चंद्र**–धन प्राप्ति होगी पर खर्च प्रबल रहेगा।
2. **मंगल + सूर्य**–राज्यपक्ष से मदद टूटेगी। नौकरी छूटेगी।
3. **मंगल + बुध**–भाग्य में बाधाओं का सामना करना पड़ेगा।
4. **मंगल + बृहस्पति**–भाईयों में विवाद होगा। कोर्ट केस सम्भव।
5. **मंगल + शुक्र**–परिश्रम का लाभ नहीं मिलेगा।
6. **मंगल + शनि**–विद्या में रुकावट, संतान में बाधा।
7. **मंगल + राहु**–'पापयुते दाम्भिक' जातक महा घमण्डी होगा।
8. **मंगल + केतु**–'पापयुते दाम्भिक' जातक घमण्डी होगा।

❑❑❑

तुलालग्न में बुध की स्थिति

तुलालग्न में बुध की स्थिति प्रथम स्थान में

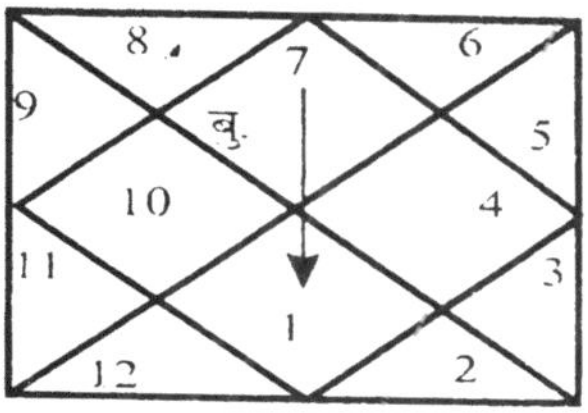

तुलालग्न में बुध खर्चेश एवं भाग्येश होने से राजयोग कारक है एवं शुभ फलों को देने वाला ग्रह है। यहां लग्नस्थ बुध तुला राशि में है जो इसकी मित्र राशि है। ऐसा जातक गोरे रंग का, विनम्र, सौम्य एवं मृदु स्वभाव का व्यक्ति होता है। ऐसा जातक भाग्यवान, राजमान्य, विद्वान एवं लोकपूज्य होता है।

दृष्टि–लग्नस्थ बुध की दृष्टि सप्तम भाव (मेष राशि) पर होगी। फलत: जातक का जीवन साथी सुंदर व सौभाग्यशाली होगा।

निशानी–जातक खर्चीले स्वभाव का होगा।

दशा–बुध की दशा-अन्तर्दशा में जातक का भाग्योदय होगा। जातक का बौद्धिक विकास व उन्नति होगी।

बुध का अन्य ग्रहों से सम्बन्ध–

1. **बुध + सूर्य**–भोजसहिंता के अनुसार तुलालग्न में सूर्य लाभेश होगा। प्रथम स्थान में तुला राशिगत यह युति वस्तुत: लाभेश सूर्य की भाग्येश+खर्चेश बुध के साथ युति कहलाएगी। सूर्य यहां नीच का है। यहां बैठकर दोनों ग्रह सप्तम भाव को पूर्ण दृष्टि से देखेंगे। जहां सूर्य की उच्च राशि स्थित है। फलत: जातक बुद्धिमान एवं भाग्यशाली होगा। विवाह के तत्काल बाद जातक का भाग्योदय होगा। बुध के लग्न में स्थित होने में 'कुलदीपक योग' बना। जातक समाज का प्रतिष्ठित व्यक्ति होगा। इस कारण अपनी जाति, कुटुम्ब, परिवार का नाम दीपक के समान रोशन करेगा।

2. **बुध + चंद्र**–जातक का जीवन साथी सुंदर होगा।
3. **बुध + मंगल**–धनेश व भाग्येश की युति लग्न स्थान में जातक को सौभाग्यशाली बना देगी।
4. **बुध + गुरु**–जातक को मित्रों से लाभ हागा। मित्र भाग्यशाली होगा।
5. **बुध + शुक्र**–जातक शान्ति प्रिय एवं सहज जिन्दगी जीने वाला परन्तु 'मालव्य योग' के कारण राजा का प्रिय व्यक्ति होगा। राजनीति में महत्वपूर्ण पद प्राप्त करेगा।
6. **बुध + शनि**–यहां शनि उच्च का होने से 'शश योग' बनेगा। जातक राजा होगा। महान राजनीतिज्ञ होगा। जातक का जीवन ऐश्वर्यशाली होगा।
7. **बुध + राहु**–राहु व्यक्ति को हठी बनाएगा। ऐसा जातक व्यापार बदलता रहेगा।
8. **बुध + केतु**–जातक का दिमाग बदलता रहेगा।

तुलालग्न में बुध की स्थिति द्वितीय स्थान में

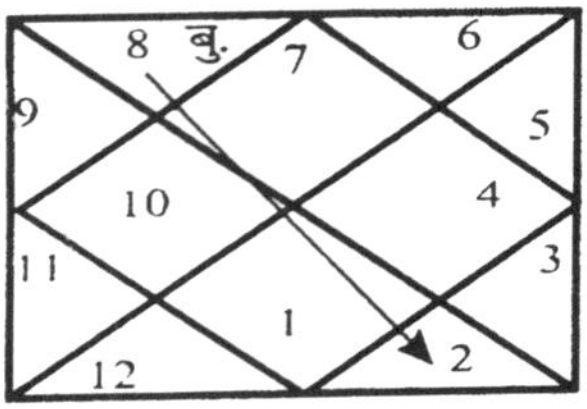

तुलालग्न में बुध खर्चेश एवं भाग्येश होने से राजयोग कारक है एवं शुभ फलों को देने वाला ग्रह है। यहां द्वितीय स्थान में बुध वृश्चिक राशि का होगा। ऐसा जातक वाक्पटु होगा। इसके मुख और वाणी में आकर्षण रहेगा। पाराशर ऋषि के अनुसार ऐसे जातक महापण्डित, लोकप्रिय, धनी एवं पुत्र-पौत्रादि से युक्त सुखी इंसान होते हैं।

दृष्टि–द्वितीयस्थ बुध की दृष्टि अष्टम भाव (वृष राशि) पर होगी। फलतः ऐसे जातक ऋण व रोगों का नाश करने में सक्षम होते हैं।

निशानी–ऐसे जातक अपने वाक्चातुर्य के द्वारा दूसरों को प्रभावित करने में कुशल होते हैं।

दशा–बुध की दशा-अन्तर्दशा में जातक धनवान होगा। उसका भाग्योदय होगा।

बुध का अन्य ग्रहों से सम्बन्ध–

1. **बुध + सूर्य**–भोजसहिंता के अनुसार तुलालग्न में सूर्य लाभेश होगा। द्वितीय स्थान में वृश्चिक राशिगत यह युति वस्तुतः लाभेश सूर्य की भाग्येश+खर्चेश बुध के साथ युति कहलाएगी। यहां बैठकर दोनों ग्रह अष्टम भाव को देखेंगे। फलतः जातक बुद्धिशाली व धनवान होगा। जातक में रोग व शत्रु से लड़ने की शक्ति होगी। जातक भाग्यशाली होगा तथा समाज के लब्ध प्रतिष्ठित व्यक्ति में जातक का नाम होगा।

2. **बुध + चंद्र**–चंद्रमा यहां नीच का होगा। धन हेतु स्थिति संघर्षशील रहेगी।
3. **बुध + मंगल**–मंगल की युति से जातक का भाग्योदय 28 एवं 32 वर्ष की आयु के मध्य होगा।
4. **बुध + गुरु**–जातक के ज्ञान में आध्यात्मिक वृद्धि होगी।
5. **बुध + शुक्र**–जातक अपने पुरुषार्थ में खूब धन कमाएगा।
6. **बुध + शनि**–जातक धनवान होगा। ऊंचे भवन का स्वामी होगा।
7. **बुध + राहु**–जातक की वाणी दूषित होगी।
8. **बुध + केतु**–जातक की बुद्धि कपटी एवं मायावी होती है।

तुलालग्न में बुध की स्थिति तृतीय स्थान में

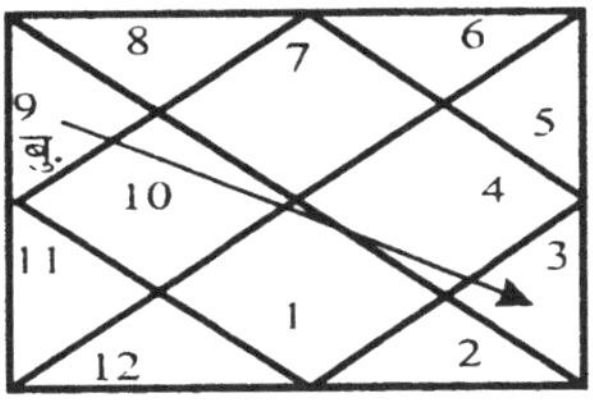

तुलालग्न में बुध खर्चेश एवं भाग्येश होने से राजयोग कारक एवं शुभ फलों को देने वाला ग्रह है। यहां तृतीयस्थ बुध धनु राशि में है। यह बुध की राशि है। तृतीयेश बुध भाई-बहन का सुख देता है। ऐसा जातक धनी व गुणी होता है। उसे मित्रों का सहयोग भी पग-पग पर मिलता रहेगा।

दृष्टि–तृतीयस्थ बुध की दृष्टि भाग्य भवन (मिथुन राशि) पर है जो कि उसके स्वयं का स्वगृह है। फलतः जातक को धर्म, भाग्य, पिता के सुखों में वृद्धि होगी।

निशानी–जातक परद्वेषी व स्वार्थी होता है।

दशा–बुध की दशा-अन्तर्दशा में जातक का भाग्योदय होगा, पराक्रम बढ़ेगा।

बुध का अन्य ग्रहों से सम्बन्ध–

1. **बुध + सूर्य**–भोजसहिंता के अनुसार तुलालग्न में सूर्य लाभेश होगा। तृतीय स्थान में धनु राशिगत यह युति वस्तुतः लाभेश सूर्य की भाग्येश+खर्चेश बुध के साथ युति कहलाएगी। यहां बैठकर दोनों ग्रह नवम भाव का देखेंगे। फलतः जातक बुद्धिमान, पराक्रमी एवं भाग्यशाली होगा। जातक का भाग्योदय शीघ्र होगा। जातक को परिजनों व मित्रों का सहयोग जीवन में मिलता रहेगा। मित्रों के सहयोग से जातक का भाग्योदय होगा। जातक समाज का लब्ध प्रतिष्ठित व्यक्ति होगा।
2. **बुध + चंद्र**–चंद्रमा की युति से बहनें अधिक होंगी।
3. **बुध + मंगल**–मंगल से मित्रों द्वारा धन मिलेगा।

4. **बुध + गुरु**–गुरु यहां स्वगृही होगा। जातक का भाग्योदय परिजनों व मित्रों द्वारा होगा।
5. **बुध + शुक्र**–शुक्र की युति के कारण जातक स्वयं पराक्रमी होगा।
6. **बुध + शनि**–शनि की युति से जातक को शिक्षा व भूमि से लाभ होगा।
7. **बुध + राहु**–राहु पराक्रम भंग करेगा।
8. **बुध + केतु**–केतु कपट मित्र उत्पन्न करेगा।

तुलालग्न में बुध की स्थिति चतुर्थ स्थान में

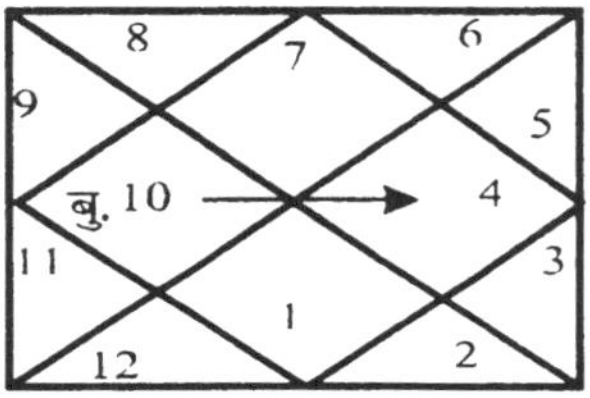

तुलालग्न में बुध खर्चेश एवं भाग्येश होने से राजयोग कारक एवं शुभ फलों को देने वाला ग्रह है। यहां चतुर्थ स्थान में बुध मकर राशि का होगा जो कि इसकी मित्र राशि है। ऐसे जातक को माता-पिता, जमीन-जायदाद, का पूर्ण सुख मिलता है। 'कुलदीपक योग' के कारण जातक अपने कुटुम्ब-परिवार का नाम रोशन करता है। उसे पैतृक सम्पत्ति एवं नौकर-वाहन इत्यादि का सुख मिलता है।

दृष्टि–चतुर्थ भावस्थ बुध की दृष्टि दशम भाव (कर्क राशि) पर होगी। फलतः जातक को प्रथम नौकरी, उसके बाद व्यापार में लाभ होगा।

निशानी–वाहन व नौकरों के रख-रखाव में खर्चा होता रहेगा।

दशा–बुध की दशा-अन्तर्दशा में जातक को सभी प्रकार के भौतिक सुखों की प्राप्ति होगी।

बुध का अन्य ग्रहों से सम्बन्ध–

1. **बुध + सूर्य**–भोजसहिंता के अनुसार तुलालग्न में सूर्य लाभेश होगा। चतुर्थ स्थान में मकर राशिगत यह युति वस्तुतः लाभेश सूर्य की भाग्येश+खर्चेश बुध के साथ युति कहलाएगी। सूर्य यहां शत्रुक्षेत्री होगा। बुध केन्द्र में होने से 'कुलदीपक योग' बना। यहां बैठकर दोनों ग्रह दशम भाव को देखेंगे। फलतः जातक बुद्धिशाली होगा। उसे माता की संपत्ति मिलेगी। उसे उत्तम वाहन सुख, उत्तम मकान का सुख भी मिलेगा। जातक समाज का लब्ध एवं प्रतिष्ठित व्यक्ति होगा।
2. **बुध + चंद्र**–जातक को माता की संपत्ति मिलेगी।

3. **बुध + मंगल**–जातक का भाग्य पग-पग पर साथ देगा। 'रूचक योग' के कारण जातक राजा या राजपुरुष से कम नहीं होगा।

4. **बुध + गुरु**–गुरु यहां नीच का होगा, पर केंद्रस्थ होने से जातक को जीवन में सफलताएं मिलती रहेगी।

5. **बुध + शुक्र**–शुक्र लग्नेश होकर केंद्र में 'कुलदीपक योग' बनाएगा। जातक यशस्वी होगा। धनवान होगा।

6. **बुध + शनि**–शनि स्वगृही होने के कारण 'शश योग' बनेगा। जातक राजा तुल्य ऐश्वर्य को भोगेगा।

7. **बुध + राहु**–माता-पिता के सुख में कमी रहेगी।

8. **बुध + केतु**–जीवन में संघर्ष अधिक होगा।

तुलालग्न में बुध की स्थिति पंचम स्थान में

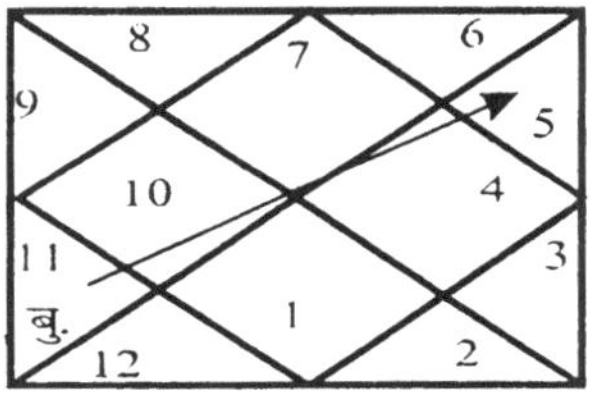

तुलालग्न में बुध खर्चेश एवं भाग्येश होने से राजयोग कारक एवं शुभ फलों को देने वाला ग्रह है। यहां पंचमस्थ बुध कुंभ राशि का होगा। जो कि उसकी मित्र राशि है। बुध को यहां पंचन एवं नवम दोनों भाव का बल मिलता है। जातक विद्या, बुद्धि व धर्म के मामले में अग्रगण्य सम्मानित व्यक्ति होता है उसे शैक्षणिक डिग्री मिलती है। जातक की सन्तति आज्ञाकारी व शिक्षित होती है। कम्प्यूटर कार्यों से जातक को लाभ होगा।

दृष्टि–पंचम भावस्थ बुध की दृष्टि लाभ स्थान (सिंह राशि) पर होगी। फलत: जातक व्यापार-व्यवसाय में धन अर्जित करेगा।

निशानी–जातक पुत्र के लिए तीर्थ, व्रत व खर्च करने वाला होता है। जातक के दो कन्या होती हैं।

दशा–बुध की दशा-अन्तर्दशा में जातक को शैक्षणिक उपाधि, कीर्ति, यश की प्राप्ति होगी। जातक के व्यापार-व्यवसाय में उन्नति होगी।

बुध का अन्य ग्रहों से सम्बन्ध–

1. **बुध + सूर्य**-भोजसहिंता के अनुसार तुलालग्न में सूर्य लाभेश होगा। पंचम स्थान में कुंभ राशिगत यह युति वस्तुत: लाभेश सूर्य की भाग्येश+खर्चेश बुध के साथ युति कहलाएगी। सूर्य यहां शत्रुक्षेत्री होगा। यहां बैठकर दोनों ग्रह लाभ

स्थान को देखेंगे जो कि सूर्य का स्वयं का घर है। फलतः जातक बुद्धिशाली, शिक्षित होगा। जातक की सन्तति भी शिक्षित होगी। जातक को कन्या सन्तति की अधिकता रहेगी, पर सूर्य की कृपा से एक पुत्र भी होगा। जातक समाज का लब्ध एवं प्रतिष्ठित व्यक्ति होगा।

2. **बुध + चंद्र**–कन्या सन्तति की बाहुल्यता रहेगी।
3. **बुध + मंगल**–बौद्धिक चातुर्य बढ़ेगा।
4. **बुध + गुरु**–जातक धर्मगुरु व महान दार्शनिक होगा।
5. **बुध + शुक्र**–तीव्र बुद्धि, कन्या सन्तति की बाहुल्यता रहेगी।
6. **बुध + शनि**–जातक दूरदर्शिता से परिपूर्ण होगा, भाग्योदय शीघातिशीघ्र होगा।
7. **बुध + राहु**–जातक विपरीत बात कहने वाला, पुत्र सन्तति में बाधा पाता है। 'सर्पशापात युतः क्षय' होता है।
8. **बुध + केतु**–जातक की विद्या में हल्की रुकावट आती है। गर्भपात का भय रहता है।

तुलालग्न में बुध की स्थिति षष्ट्म स्थान में

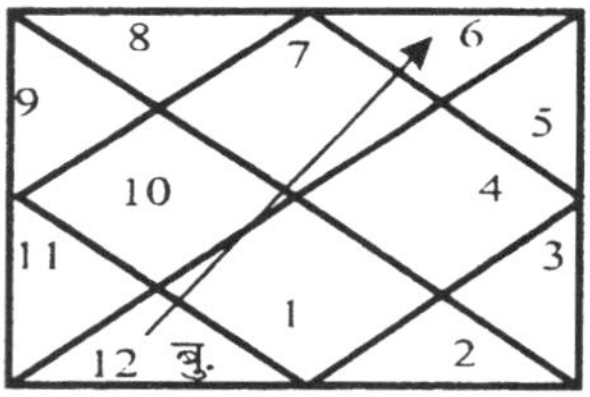

तुलालग्न में बुध खर्चेश एवं भाग्येश होने से राजयोग कारक एवं शुभ फलों को देने वाला ग्रह है। यहां छठे स्थान में बुध मीन राशि का होगा। जो कि इसकी शत्रु राशि है। बुध यहां नीच का है जातक के गृहस्थ सुख में बाधाएं आएंगी। यहां 'भाग्यभंग योग' बनने से जातक की उन्नति में बहुत बाधाएं आएंगी। उसे शत्रु बहुत परेशान करेंगे। विद्या कई बार कुण्ठित रहेगी। यहां 'सरल योग' के कारण जातक शत्रुओं को परास्त करने में समर्थ होगा।

दृष्टि–षष्टम बुध की दृष्टि व्यय भाव (कन्या राशि) पर होगी जो कि उसके स्वयं का स्वगृह है। फलतः जातक परोपकार, धर्मकार्य में रुपया खर्च करेगा।

निशानी–जातक परस्त्री गामी होता है।

दशा–बुध की दशा-अन्तर्दशा में जातक का भाग्योदय होगा। खर्च भी प्रबल होगा पर मिले-जुले परिणाम प्राप्त होंगे।

बुध का अन्य ग्रहों से सम्बन्ध–

1. **बुध + सूर्य**–भोजसहिंता के अनुसार तुलालग्न में सूर्य लाभेश होगा। षष्ट्म स्थान में मीन राशिगत यह युति वस्तुतः लाभेश सूर्य की भाग्येश+खर्चेश बुध

के साथ युति कहलाएगी। यहां बैठकर दोनों ग्रह व्यय भाव को देख रहे हैं, फलत: जातक बुद्धिशाली होगा। जातक शत्रुओं का नाश करने में सक्षम होगा। सूर्य छठे जाने से 'लाभभंग योग' तथा बुध के छठे जाने से 'भाग्यभंग योग' बना। फलत: यहां पर यह युति ज्यादा सार्थक नहीं है। जातक को भाग्योदय हेतु काफी संघर्ष करना पड़ेगा। व्यापार में लाभ के प्रति जातक शंकित रहेगा। व्ययेश छठे जाने से 'विमल योग' बना इस योग के कारण जातक समाज का लब्ध एवं प्रतिष्ठित व्यक्ति होगा।

2. **बुध + चंद्र**–जातक की आय अनैतिक संसाधनों से होगी।
3. **बुध + मंगल**–जातक का आर्थिक पतन होगा।
4. **बुध + गुरु**–जातक का 'पराक्रम भंग' होगा।
5. **बुध + शुक्र**–शुक्र के कारण 'नीचभंग राजयोग' बनेगा। जातक राजा तुल्य ऐश्वर्य, वैभव का स्वामी होगा पर जीवन का उन्नति मार्ग कंटकपूर्ण होगा।
6. **बुध + शनि**–जातक का पतन होगा। संतान प्राप्ति में बाधाएं आएंगी। विद्या में रुकावटें आएंगी।
7. **बुध + राहु**–जातक पर शत्रुओं का प्रकोप रहेगा।
8. **बुध + केतु**–जातक को बौद्धिक परशानी रहेगी।

तुलालग्न में बुध की स्थिति सप्तम स्थान में

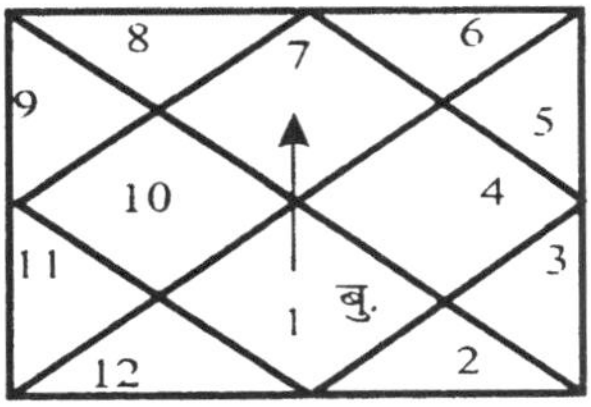

तुलालग्न में बुध खर्चेश एवं भाग्येश होने से राजयोग कारक एवं शुभ फलों को देने वाला ग्रह है। यहां सप्तमस्थ बुध मेष राशि का होगा। ऐसा जातक हठी, क्रोधी, निर्लज्ज व स्वेच्छाचारी होगा। जातक को ससुराल व स्त्रीकुल से धनलाभ होगा। जातक का जीवन साथी भाग्यशाली होगा।

दृष्टि–सप्तमस्थ बुध की दृष्टि लग्न स्थान (तुला राशि) पर होगी। फलत: जातक को परिश्रम का लाभ मिलेगा।

निशानी–स्त्री सुख में बीमारी या अन्य कारणों से कुछ न कुछ न्यूनता बनी रहती है।

दशा–बुध की दशा-अन्तर्दशा में भाग्योदय होगा। उन्नति के नये मार्ग खुलेंगे।

बुध का अन्य ग्रहों से सम्बन्ध–

1. **बुध + सूर्य**–भोजसहिंता के अनुसार तुलालग्न में सूर्य लाभेश होगा। सप्तम स्थान में मेष राशिगत यह युति वस्तुत: लाभेश सूर्य की भाग्येश-खर्चेश बुध

के साथ युति कहलाएगी। यहां बैठकर सूर्य उच्च का होगा तथा दोनों ग्रह लग्न स्थान को पूर्ण दृष्टि से देखेंगे। फलतः जातक बुद्धिशाली व भाग्यशाली होगा। विवाह के तत्काल बाद जातक का भाग्योदय होगा। 'कुलदीपक योग' एवं 'रविगत राजयोग' के कारण जातक अपने कुटुम्ब-परिवार का नाम दीपक के समान रोशन करेगा एवं सरकारी क्षेत्र में उच्चपद-प्रतिष्ठा की प्राप्ति करेगा।

2. **बुध + चंद्र**–जातक की पत्नी सुंदर होगी। पेट का ऑपरेशन होगा।
3. **बुध + मंगल**–यहां 'रूचक योग' के कारण जातक राजा तुल्य ऐश्वर्य धन को भोगेगा।
4. **बुध + गुरु**–पेट की बीमारी सम्भव है।
5. **बुध + शुक्र**–जातक निर्दयी व सेक्सी होगा।
6. **बुध + शनि**–जातक परम भाग्यशाली होगा।
7. **बुध + राहु**–जातक की प्रवृत्ति आपराधिक होगी।
8. **बुध + केतु**–जातक स्वेच्छाचारी होगा।

तुलालग्न में बुध की स्थिति अष्टम स्थान में

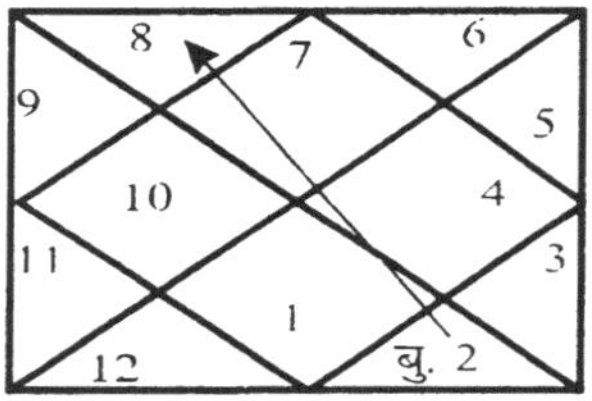

तुलालग्न में बुध खर्चेश एवं भाग्येश होने से राजयोग कारक एवं शुभ फलों को देने वाला ग्रह है। यहां अष्टमस्थ होने से बुध वृष राशि का होगा। जो कि इसकी मित्र राशि है पर यहां 'भाग्यभंग योग' के कारण जातक के भाग्योदय में देरी होगी। भाग्योदय हेतु थोड़ा संघर्ष करना पड़ेगा। परन्तु व्ययेश का अष्टम स्थान में जाना 'सरल योग' के कारण शुभ माना गया है। जातक को संघर्ष के बाद सफलता निश्चित रूप से मिलेगी।

दृष्टि–अष्टमस्थ बुध की दृष्टि धन भाव (वृश्चिक राशि) पर होगी। फलतः जातक को धन की कमी नहीं रहेगी।

निशानी–जातक को खर्च की अधिकता के कारण कर्ज लेना पड़ेगा।

दशा–बुध की दशा-अन्तर्दशा में जातक का भाग्योदय तो होगा परन्तु संघर्ष से मुक्ति नहीं मिलेगी। जातक को यह दशा मिश्रित फलकारी होगी।

बुध का अन्य ग्रहों से सम्बन्ध–

1. **बुध + सूर्य**–भोजसहिंता के अनुसार तुलालग्न में सूर्य लाभेश होगा। अष्टम

स्थान में वृष राशिगत यह युति वस्तुत: लाभेश सूर्य की भाग्येश+खर्चेश बुध के साथ युति कहलाएगी। यहां बैठकर दोनों ग्रह धन भाव को देखेंगे सूर्य के आठवें जाने से 'लाभभंग योग' तथा बुध आठवें जाने से 'भाग्यभंग योग' की सृष्टि होगी। फलत: यहां यह युति ज्यादा सार्थक नहीं है। जातक बुद्धिशाली होगा। भाग्यशाली भी होगा परन्तु भाग्योदय हेतु संघर्ष बहुत करना पड़ेगा। व्यापार-व्यवसाय में लाभ के प्रति भी जातक आशंकित रहेगा। व्ययेश आठवें जाने से 'विमल योग' बना अत: जातक समाज का अग्रगण्य लब्ध एवं प्रतिष्ठित व्यक्ति होगा।

2. **बुध + चंद्र**–रोग के कारण शल्य चिकित्सा होगी।
3. **बुध + मंगल**–धन की कमी सताती रहेगी।
4. **बुध + गुरु**–गुप्त बीमारी होगी।
5. **बुध + शुक्र**–जातक सांसारिक सुख एवं वासनाओं से ग्रसित होगा।
6. **बुध + शनि**–पुत्र को लेकर चिन्ता होगी।
7. **बुध + राहु**–गुप्त बीमारियां होंगी।
8. **बुध + केतु**–लम्बी बीमारी सम्भव है।

तुलालग्न में बुध की स्थिति नवम स्थान में

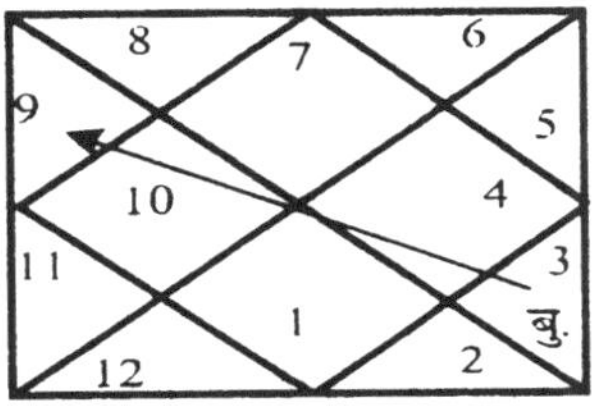

तुलालग्न में बुध खर्चेश एवं भाग्येश होने से राजयोग कारक है एवं शुभ फलों को देने वाला ग्रह है। यहां नवम भावस्थ बुध मिथुन राशि में स्वगृही होगा। ऐसा जातक महान, सौभाग्यशाली व भाग्यवान होगा। ऐसा जातक शालीन व विनम्र होता है। अपनी व्यवहार कुशलता के कारण मित्रों व समाज में जातक की अच्छी छवि होती है। जातक राजा तुल्य ऐश्वर्यवान, न्यायप्रिय एवं बुद्धिशाली होता है।

दृष्टि–नवम भावस्थ बुध की दृष्टि तृतीय भाव (धनु राशि) पर होगी। जातक को मित्रों व सहोदरों से लाभ होगा।

निशानी–जातक सदैव आशावादी एव रचनात्मक कार्यों में रुचि लेगा।

दशा–बुध की दशा-अन्तर्दशा में जातक का जबरदस्त भाग्योदय होगा।

बुध का अन्य ग्रहों से सम्बन्ध–

1. **बुध + सूर्य**–भोजसहिंता के अनुसार तुलालग्न में सूर्य लाभेश होगा। नवम स्थान में मिथुन राशिगत यह युति वस्तुत: लाभेश सूर्य की भाग्येश+खर्चेश बुध के

साथ युति कहलाएगी। यहां बैठकर दोनों ग्रह पराक्रम स्थान को देखेंगे। फलत: जातक बुद्धिशाली, भाग्यशाली एवं महान पराक्रमी होगा। जातक को पिता की संपत्ति मिलेगी तथा मित्रों एवं परिजनों का सहयोग समय-समय पर मिलता रहेगा। जातक समाज का लब्ध एवं प्रतिष्ठित व्यक्ति होगा। योग घटित होने के समय सूर्य की दशा-अन्तर्दशा शुभ फल देगी। बुध की दशा-अन्तर्दशा में जातक का भाग्योदय होगा।

2. **बुध** + **चंद्र**–पिता (पैतृक) की संपत्ति मिलेगी।
3. **बुध** + **मंगल**–जातक महाधनी होगा।
4. **बुध** + **गुरु**–भाईयों व परिजनों की मदद बहुत रहेगी।
5. **बुध** + **शुक्र**–परिश्रम का लाभ मिलेगा। जातक व्यापारी होगा।
6. **बुध** + **शनि**–जातक शिक्षित होगा व विदेशी भाषा पढ़ेगा।
7. **बुध** + **राहु**–भाग्योदय में रुकावट, बना काम बिगड़ेगा।
8. **बुध** + **केतु**–भाग्योदय में संघर्ष महसूस होगा।

तुलालग्न में बुध की स्थिति दशम स्थान में

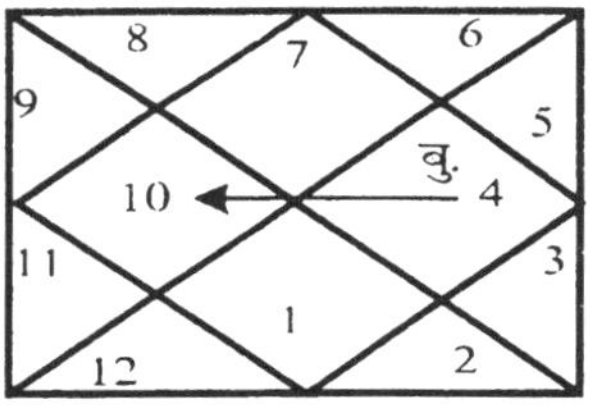

तुलालग्न में बुध खर्चेश एवं भाग्येश होने से राजयोग कारक एवं शुभ फलों को देने वाला ग्रह है। यहां दशम स्थान में बुध कर्क राशि में होगा। जो इसकी शत्रु राशि है। ऐसे जातक की प्रतिष्ठा अपनी जाति व समाज में बहुत होती है। जातक आर्थिक, सामाजिक व राजनैतिक दृष्टि से सुख सम्पन्न होता है जातक जर-जोरू, जमीन-जायदाद, व पैतृक संपत्ति के पक्ष में सुखी होता है। जातक की सोच सकारात्मक होती है। बुद्धि प्रौढ़ होती हैं। जातक अच्छे सलाहकार के रूप में विख्यात 'कुलदीपक' होता है।

दृष्टि–दशमस्थ बुध की दृष्टि चतुर्थ भाव (मकर राशि पर होगी। फलत: जातक को वाहन व नौकर-चाकर का पूर्णसुख होगा।

निशानी–जातक को पिता का सुख स्वल्प होता है। जातक लोकमान्य होता है।

दशा–बुध की दशा-अन्तर्दशा में जातक का भाग्योदय होगा। उसे उत्तम नौकरी की प्राप्ति होगी। उसका व्यापार-व्यवसाय बढ़ेगा।

बुध का अन्य ग्रहों से सम्बन्ध–

1. **बुध + सूर्य–**भोजसहिंता के अनुसार तुलालग्न में सूर्य लाभेश होगा। दशम स्थान में कर्क राशिगत यह युति वस्तुतः लाभेश सूर्य की भाग्येश+खर्चेश बुध के साथ युति कहलायेगी। यहां बैठकर दोनों ग्रह सुख भाव को देखेंगे। बुध यहां शत्रुक्षेत्री होगा। फलतः जातक बुद्धिशाली होगा। राज्य पक्ष, सरकारी क्षेत्र में उसका दबदबा, वर्चस्व होगा जातक को माता की संपत्ति मिलेगी। 'कुलदीपक योग' के कारण जातक अपने कुटुम्ब परिवार का नाम दीपक के समान रोशन करेगा। जातक समाज का लब्ध एवं प्रतिष्ठित व्यक्ति होगा।
2. **बुध + चंद्र–**जातक को अच्छी नौकरी, अच्छा वाहन मिलेगा।
3. **बुध + मंगल–**जातक धनी होगा। मंगल यहां दिग्बली होगा।
4. **बुध + गुरु–**मित्रों से लाभ होगा। 'हंस योग' के कारण जातक राजातुल्य पराक्रमी होगा।
5. **बुध + शुक्र–**जातक सम्पन्न होगा। उसके पास एकाधिक वाहन होंगे।
6. **बुध + शनि–**जातक के पास बड़ी गाड़ी व बड़ा बंगला होगा।
7. **बुध + राहु–**राज्यपथ में रुकावट।
8. **बुध + केतु–**वाहन दुर्घटना का भय रहेगा।

तुलालग्न में बुध की स्थिति एकादश स्थान में

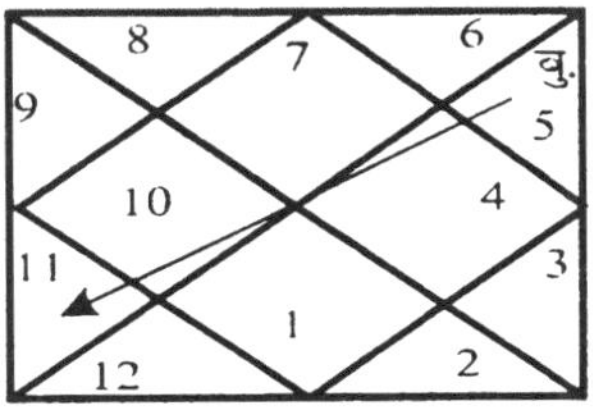

तुलालग्न में बुध खर्चेश एवं भाग्येश होने से राजयोग कारक एवं शुभ फलों को देने वाला ग्रह है। यहां एकादश स्थान में बुध सिंह राशि में होगा जो इसकी मित्र राशि है। ऐसे जातक उत्तम लेखक, साहित्यकार, सम्पादक व प्रकाशक होते हैं। जातक संवेदनशील होता है तथा लोगों के मनोभावों को समझने की संवेदना, योग्यता रखता है। जातक गुरुजनों का भक्त एवं पुण्यात्मा होता है।

दृष्टि–एकादश भाव में स्थित बुध की दृष्टि पंचम भाव (कुंभ राशि) पर होगी। फलतः जातक को शैक्षणिक डिग्री मिलेगी। जातक विद्या-बुद्धि, पद-प्रतिष्ठा, स्त्री व संतान से सुखी होता है।

निशानी–जातक को दूसरों का धन मिलता है। यात्राएं जातक के लिए लाभप्रद होंगी।

दशा–बुध की दशा-अन्तर्दशा में जातक को व्यापार-व्यवसाय में लाभ होगा।

बुध का अन्य ग्रहों से सम्बन्ध–

1. **बुध + सूर्य**–भोजसहिंता के अनुसार तुलालग्न में सूर्य लाभेश होगा। एकादश स्थान में सिंह राशिगत यह युति वस्तुत: लाभेश सूर्य की भाग्येश+खर्चेश बुध के साथ युति कहलाएगी। यहां सूर्य स्वगृही होगा तथा यहां बैठकर दोनों ग्रह पंचम भाव को देखेंगे, फलत: जातक बुद्धिशाली होगा व शिक्षित होगा। जातक की सन्तति भी शिक्षित होगी। जातक व्यापार में रुचि लेगा तथा उसकी आमदनी के जरिए एक से अधिक होंगे। जातक भाग्यशाली होगा।
2. **बुध + चंद्र**–व्यापार में लाभ होगा।
3. **बुध + मंगल**–व्यापार में धन लाभ, पत्नी के नाम वाले धंधे में लाभ होगा।
4. **बुध + गुरु**–जातक के पुत्र जरूर होगा।
5. **बुध + शुक्र**–कन्या संतति की बाहुल्यता रहेगी।
6. **बुध + शनि**–कन्या व पुत्र दोनों के योग।
7. **बुध + राहु**–लाभ में व्यवधान।
8. **बुध + केतु**–व्यापार में घाटा होगा।

तुलालग्न में बुध की स्थिति द्वादश स्थान में

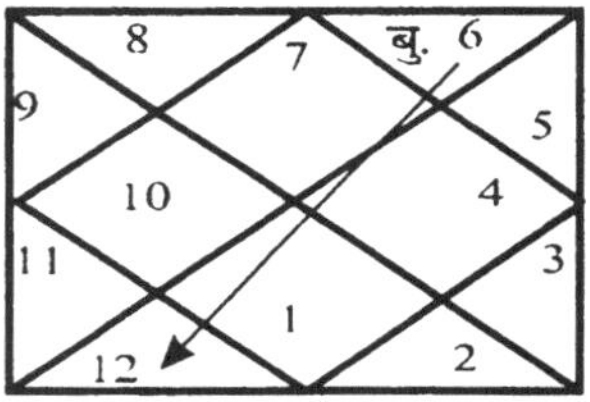

तुलालग्न में बुध खर्चेश एवं भाग्येश होने से राजयोग कारक है एवं शुभ फलों को देने वाला ग्रह है। यहां द्वादश स्थान में बुध अपनी स्वराशि कन्या में होगा। जो इसकी उच्च राशि है। जहां अंशों तक बुध परमोच्च कहलाता है। जातक महान दानी होता है। परोपकारी एवं पुण्यात्मा होता है। 'भाग्यभंग योग' के कारण जातक मेहमान नवाज होता है। अतिथियों के आदर-सत्कार एवं यारबाजी, दोस्ती निभाने में खूब रुपया खर्च करता है। द्वादशेश का द्वादश में होना 'सरल योग' बनाता है। जिससे जातक विदेश में Export-Import के कार्य में धन कमाने में विशेष सफलता प्राप्त करता है।

दृष्टि–द्वादशस्थ बुध की दृष्टि छठे भाव (मीन राशि) पर होगी फलत: जातक रोग व शत्रुओं का नाश करने में पूर्णत: सक्षम होता है।

दशा–बुध की दशा-अन्तर्दशा में जातक का भाग्योदय होगा। खूब धन आएगा पर खर्च भी होता रहेगा।

बुध - अन्य ग्रहों से सम्बन्ध–

बुध + सूर्य–भोजसहिंता के अनुसार तुलालग्न में सूर्य लाभेश होगा। द्वादश स्थान में कन्या राशिगत यह युति वस्तुतः लाभेश सूर्य की भाग्येश+खर्चेश बुध के साथ युति कहलाएगी। बुध बारहवें जाने से 'भाग्यभंग योग' तथा सूर्य के कारण 'लाभभंग योग' योग बना। अतः जातक एक बार ऊपर चढ़कर नीचे गिरेगा। खर्च अधिक होगा। तीर्थाटन, धार्मिक यात्राओं में रुपया खर्च करेगा। व्ययेश स्वगृही होकर बारहवें होने से जातक परोपकारी दानी एवं समाज का लब्ध प्रतिष्ठित व्यक्ति होगा।

2. **बुध + चंद्र**–चंद्र यहां शत्रु राशि में अपने पुत्र परन्तु प्रच्छन्न शत्रु के साथ स्थित होने से उद्विग्न रहेगा।

3. **बुध + मंगल**–मंगल भंग होने से जातक सट्टेबाज होगा। जुआ में जातक की रुचि रहेगी।

4. **बुध + गुरु**–गुरु साथ होने से 'पराक्रमभंग योग' होगा। जातक के चलते कार्य में रुकावटें बहुत आएंगी।

5. **बुध + शुक्र**–शुक्र साथ होने से 'नीचभंग राजयोग' बनेगा। जातक को शैय्या सुख मिलेगा। पर स्त्रियों से यौन संपर्क रहेगा।

6. **बुध + शनि**–यहां शनि साथ होने से 'विद्याभंग योग' एवं 'सुखहीन योग' क्रमशः बनेंगे। जातक को भौतिक उपलब्धियों की प्राप्ति हेतु काफी संघर्ष करना पड़ेगा।

7. **बुध + राहु**–तीर्थ यात्रा में चोरी. बौद्धिक परेशानी रहेगी।

8. **बुध + केतु**–तीर्थ यात्रा में धन खर्च होगा।

❑❑❑

तुलालग्न में गुरु की स्थिति

तुलालग्न में गुरु की स्थिति प्रथम स्थान में

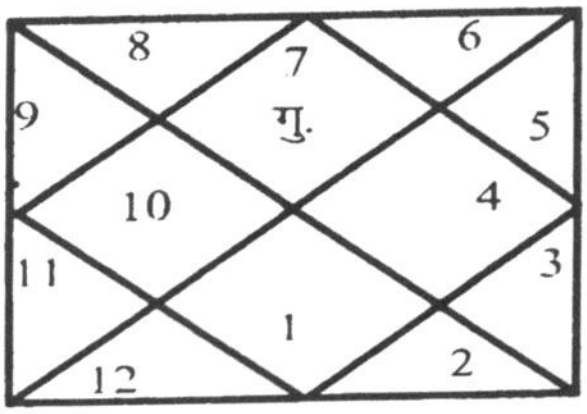

तुलालग्न में गुरु तृतीयेश एवं षष्ठेश होने से पाप फलदायक है। बृहस्पति तुलालग्न वालों के लिए द्वितीय मारकेश का काम करेगा एवं परम पापी है। यहां लग्नस्थ बृहस्पति तुला राशि में होगा जो इसकी शत्रु राशि है। ऐसा जातक धर्म न्याय व नैतिक आचरणों से परिपूर्ण जीवन को जीयेगा। लग्नस्थ बृहस्पति 'केसरी योग' एवं 'कुलदीपक योग' की सृष्टि करेगा। जातक अपने परिवार कुटुम्ब का नाम दीपक के समान रोशन करेगा। जीवन मे कोई काम अटका हुआ नहीं रहेगा।

दृष्टि–लग्नस्थ बृहस्पति की दृष्टि पंचम भाव (कुंभ राशि), सप्तम भाव (मेष राशि) एवं नवम भाव (मिथुन राशि) पर होगी। इसके कारण स्वस्थ देह, स्त्री सुख, संतान सुख की प्राप्ति होगी।

निशानी–जातक अपने सम्बन्धियों से ईर्ष्या रखता है।

दशा–बृहस्पति की दशा-अन्तर्दशा में जातक को विद्या सुख, स्त्री सुख, संतान सुख की प्राप्ति होगी।

गुरु का अन्य ग्रहों से सम्बन्ध–

1. **गुरु + चंद्र**-तुलालग्न के प्रथम स्थान में यह युति वस्तुत: राज्येश चंद्रमा की तृतीयेश+षष्ठेश बृहस्पति के साथ युति होगी। यहां बैठकर दोनों शुभ ग्रह पंचम स्थान, सप्तम भाव एवं भाग्य स्थान को पूर्ण दृष्टि से देखेंगे। तुलालग्न में यह योग ज्यादा सार्थक नहीं है। क्योंकि तुलालग्न के लिए बृहस्पति पापी ग्रह है। अशभ फल प्रदाता है। फलत: ऐसे जातक के पराक्रम में न्यूनता आएगी।

जातक की प्रथम सन्तति की मृत्यु होगी। जातक को भाग्योदय हेतु काफी संघर्ष करना पड़ेगा। फिर भी अन्तिम रूप से सफल रहेंगे।

2. **गुरु + सूर्य**–सूर्य नीच का होकर एक हजार राजयोग नष्ट करेगा। जातक को प्राईवेट नौकरी करनी पड़ेगी।
3. **गुरु + मंगल**–भाईयों तथा मित्रों से लाभ होगा।
4. **गुरु + बुध**–भाग्य प्रबल रहेगा। बुद्धिबल से लाभ होगा।
5. **गुरु + शुक्र**–'मालव्ययोग' के कारण जातक राजा के समान ऐश्वर्यशाली होगा।
6. **गुरु + शनि**–'शश योग' के कारण जातक निश्चय ही राजातुल्य पराक्रमी होगा। धर्म शास्त्र का ज्ञाता होगा।
7. **गुरु + राहु**–यहां राहु व्यक्ति को धर्म का ज्ञाता व तार्किक स्वभाव का बनायेगा।
8. **गुरु + केतु**–जातक कुछ क्रोधी होगा पर गंभीर होगा।

तुलालग्न में गुरु की स्थिति द्वितीय स्थान में

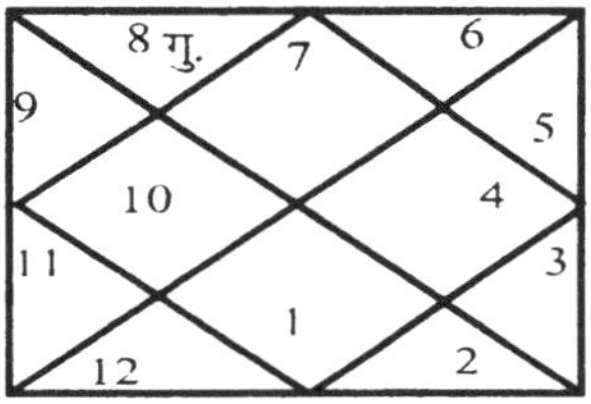

तुलालग्न में गुरु तृतीयेश एवं षष्ठेश होने से पाप फलदायक है। बृहस्पति तुलालग्न वालों के लिए द्वितीय मारकेश का काम करेगा एवं परम पापी है। यहां द्वितीयस्थ बृहस्पति वृश्चिक राशि में होगा जो इसकी मित्र राशि है। ऐसा जातक वाक्पटु होता है। मीठा एवं नीतिप्रिय वाणी को बोलता है। ऐसा जातक अध्ययन-अध्यापन, वकील, ज्यातिषी, धर्मोपदेशक के रूप में ज्यादा कीर्ति अर्जित करता है।

दृष्टि–द्वितीय भाव में स्थित बृहस्पति की दृष्टि छठे भाव (मीन राशि), अष्टम भाव तुला राशि एवं दसम भाव (कर्क राशि) पर होगी। फलतः जातक ऋण, रोग व शत्रुओं को नष्ट करने में सक्षम होगा। राज सरकार व राजनीति में भी उसका हस्तक्षेप होगा।

निशानी–जातक विदेशवासी, परस्त्रीगामी एवं साहसी होता है।

गुरु का अन्य ग्रहों से सम्बन्ध–

1. **गुरु + चंद्र**-तुलालग्न के द्वितीय स्थान में यह युति वस्तुतः राज्येश चंद्रमा की तृतीयेश+षष्ठेश बृहस्पति के साथ युति होगी। यहां बैठकर दोनों शुभ ग्रह

षष्टम स्थान, अष्टम स्थान एवं राज्य स्थान को पूर्ण दृष्टि से देखेंगे। यह युति यहां ज्यादा सार्थक नहीं है। फिर भी जातक के शत्रुओं का नाश होगा। जातक की आयु बढ़ेगी। राजपक्ष में प्रभाव पड़ेगा। ऋण-रोग और शत्रु का भय तो रहेगा परन्तु इस शुभ योग के कारण जातक का बचाव होता रहेगा। मुसीबत में मदद मिलती रहेगी।

2. **गुरु + सूर्य**–जातक को स्वतन्त्र व्यापार में लाभ होगा।
3. **गुरु + मंगल**–जातक धनी होगा। भाईयों व मित्रों से लाभ होगा।
4. **गुरु + बुध**–जातक भाग्यशाली होगा।
5. **गुरु + शुक्र**–जातक को परिश्रम का पूरा लाभ मिलेगा।
6. **गुरु + शनि**–जातक धनी होगा। सभी प्रकार के भौतिक सुखों की प्राप्ति होगी।
7. **गुरु + राहु**–धन के घड़े में छेद है। जो कुछ प्राप्त होगा, नष्ट होता चला जाएगा।
8. **गुरु + केतु**–धन प्राप्ति में संघर्ष है।

तुलालग्न में गुरु की स्थिति तृतीय स्थान में

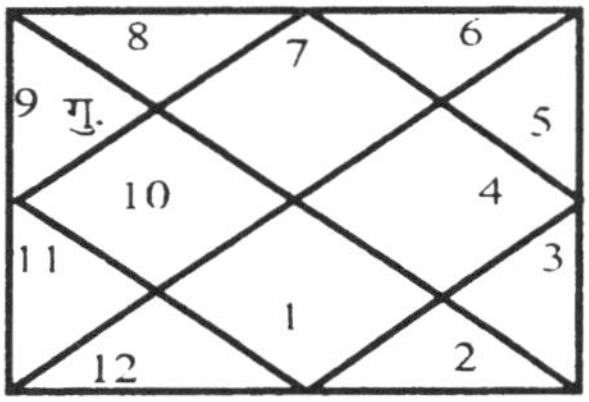

तुलालग्न में गुरु तृतीयेश एवं षष्ठेश होने से पाप फलदायक है बृहस्पति तुलालग्न वालों के लिए द्वितीय मारकेश का काम करेगा एवं परम पापी है। यहां तृतीय स्थान में बृहस्पति धनु राशि में होकर स्वगृही होगा। ऐसा जातक पराक्रमी होता है। जातक पिता, बड़े भाई, छोटे भाई-बहन व परिवार की सेवा करने वाला, मित्रों में सच्चा मित्र होता है। जातक लेखक, सम्पादक, प्रकाशक, धार्मिक कार्य व जनसम्पर्क से धनोपार्जन करने में सक्षम होगा।

दृष्टि–तृतीयस्थ बृहस्पति की दृष्टि सप्तम भाव (मेष राशि) भाग्य भवन (मिथुन राशि) एवं व्यय भाव (कन्या राशि) पर होगी। फलतः जातक की पत्नी पतिव्रता, धार्मिक होगी। जातक सौभाग्यशाली होगा एवं परोपकार के कार्यों में धन का व्यय करेगा।

निशानी–जातक हमेशा समझौते वादी दृष्टिकोण में विश्वास रखेगा। अपने परम शत्रु से भी सौहार्दपूर्ण व प्रेमपूर्ण तरीके से बात करना चाहेगा।

गुरु का अन्य ग्रहों से सम्बन्ध–

1. **गुरु + चंद्र**–तुलालग्न के तृतीय स्थान में यह युति वस्तुतः राज्येश चंद्रमा की तृतीयेश+षष्ठेश बृहस्पति के साथ युति होगी। बृहस्पति तुलालग्न के लिए पापी व अशुभ फलकर्त्ता है। परन्तु यहां तृतीय स्थान में धनु राशि में बृहस्पति स्वगृही होगा। जहां से वह सप्तम भाव, भाग्य स्थान एवं लाभ स्थान को पूर्ण दृष्टि से देखेगा। फलतः आपका पराक्रम तेज रहेगा। विवाह के शीघ्र आपका भाग्योदय होगा। आपकी गणना भाग्यशाली लोगों में होगी। इस गजकेसरी योग के कारण आपको व्यापार-व्यवसाय में भी उचित लाभ होता रहेगा।
2. **गुरु + सूर्य**–जातक पराक्रमी होगा। जनसम्पर्क से लाभ होगा।
3. **गुरु + मंगल**–जातक को मित्रों द्वारा धन मिलेगा। बड़े भाई से लाभ होगा।
4. **गुरु + बुध**–जातक परम सौभाग्यशाली होगा। गुरुजनों से लाभ होगा।
5. **गुरु + शुक्र**–जातक को परिश्रम का मीठा फल मिलेगा।
6. **गुरु + शनि**–जातक धनी होगा।
7. **गुरु + राहु**–धन के घड़े में छेद मित्रों के कारण होगा।
8. **गुरु + केतु**–भाईयों से मनमुटाव रहेगा।

तुलालग्न में गुरु की स्थिति चतुर्थ स्थान में

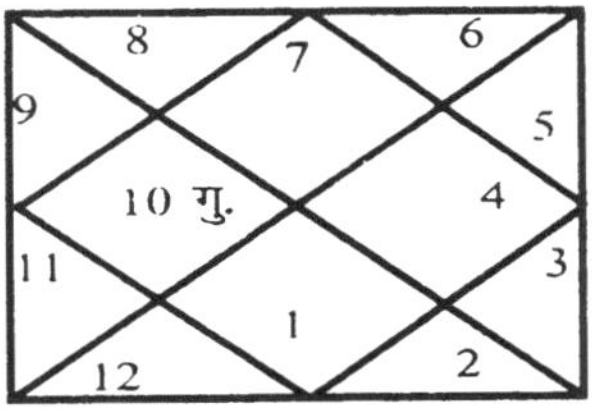

तुलालग्न में गुरु तृतीयेश एवं षष्ठेश होने से पाप फलदायक है। बृहस्पति तुलालग्न वालों के लिए द्वितीय मारकेश का काम करेगा एवं परम पापी है। यहां चतुर्थ भावस्थ बृहस्पति मकर राशि में होकर नीच का होगा। बृहस्पति अंशों पर परम नीच का होगा। बृहस्पति केन्द्रस्थ होने के कारण 'केसरी योग' एवं 'कुलदीपक योग' बनेगा। जातक कुल का नाम रोशन करने वाला, रोग व ऋण का नाश करने में समर्थ होगा। फिर भी शत्रुओं के कारण धन व मान की हानि होगी। मातृ पक्ष से कष्ट, पुलिस व अदालत के कार्यों में धन व समय का अपव्यय होगा।

दृष्टि–चतुर्थ भावस्थ बृहस्पति की दृष्टि अष्टम भाव (वृष राशि), दशम भाव (कर्क राशि) एवं व्यय भाव (कन्या राशि) पर होगी। फलतः जातक लम्बी आयु वाला, राज पक्ष में सम्मान पाने वाला एवं धार्मिक कार्य में रुपया खर्च करने वाला उदार हृदय का व्यक्ति होगा।

निशानी–जातक दुष्टा स्त्री का पति होगा।

दशा–बृहस्पति की दशा-अन्तर्दशा मिश्रित फल देगी।

गुरु का अन्य ग्रहों से सम्बन्ध–

1. **गुरु + चंद्र**–तुलालग्न के चतुर्थ स्थान में यह युति वस्तुत: राज्येश चंद्रमा की तृतीयेश+षष्ठेश बृहस्पति के साथ युति होगी। इन दोनों शुभ ग्रहों की दृष्टि अष्टम भाव, राज्य स्थान एवं व्यय भाव पर होगी। इस युति के कारण माता का सुख मिलेगा, आयु लंबी होगी। धन खर्च बहुत होगा पर खर्चा शुभ होगा। जीवन में कोई कार्य रुका हुआ नहीं रहेगा। अन्तिम सफलता निश्चित है।
2. **गुरु + सूर्य**–जातक पराक्रमी होगा। व्यापार से धन कमाएगा।
3. **गुरु + मंगल**–'रूचक योग' के कारण जातक राजातुल्य पराक्रमी होगा। 'यहां नीचभंग राजयोग' भी बनेगा। जातक के पास अनेक वाहन व मकान होंगे।
4. **गुरु + बुध**–जातक भाग्यशाली होगा। बुद्धि बल से धन कमाएगा।
5. **गुरु + शुक्र**–जातक धनी व एकाधिक वाहनों का स्वामी होगा।
6. **गुरु + शनि**–'शश योग' के कारण जातक राजातुल्य पराक्रमी होगा। यहां 'नीचभंग राजयोग' भी बनेगा। जातक के पास अनेक वाहन व मकान होंगे।
7. **गुरु + राहु**–जातक की माता बीमार रहेगी।
8. **गुरु + केतु**–माता का सुख कमजोर रहेगा।

तुलालग्न में गुरु की स्थिति पंचम स्थान में

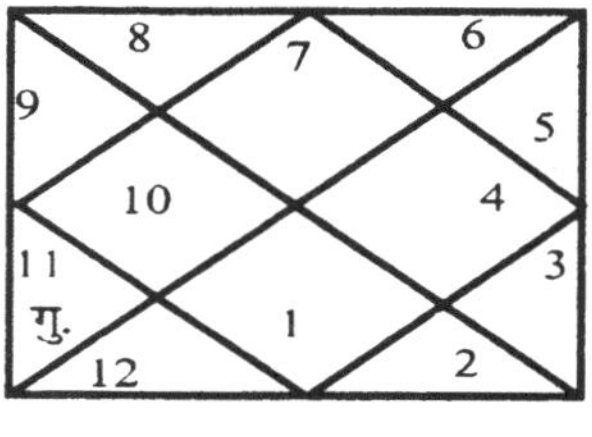

तुलालग्न में गुरु तृतीयेश एवं षष्ठेश होने से पाप फलदायक है। बृहस्पति तुलालग्न वालों के लिए द्वितीय मारकेश का काम करेगा एवं परम पापी है। यहां पंचम स्थान बृहस्पति कुंभ राशि में होगा। गुरु यहां षष्टम भाव से द्वादश स्थान पर होने के कारण पाप फल से मुक्त होगा। ऐसा जातक बौद्धिक गुणों से भरपूर-चिन्तनशील प्रवृत्ति का होगा। जातक दार्शनिक एवं धार्मिक उपदेशक होगा। जातक भरे-पूरे कुटुम्ब का स्वामी होगा। जातक चुपचाप उन्नति पथ पर आगे बढ़ने वाला, कठोर परिश्रमी होगा।

दृष्टि–पंचमस्थ बृहस्पति की दृष्टि नवम भाव (मिथुन राशि), एकादश भाव (सिंह राशि) एवं लग्न भाव (तुला राशि) पर होगी। जातक सौभाग्यशाली होगा। स्वयं के पुरुषार्थ से धनार्जन करेगा पर गति धीमी होगी।

निशानी–जातक प्राय: तीन या पांच पुत्रों से युक्त होगा परन्तु पुत्रों से विचार नहीं मिलेंगे।

दशा–बृहस्पति की दशा-अन्तर्दशा में जातक की उन्नति होगी। जातक आगे बढ़ेगा।

गुरु का अन्य ग्रहों से सम्बन्ध–

1. **गुरु + चंद्र**–तुलालग्न के पंचम स्थान में यह युति वस्तुत: राज्येश चंद्रमा की तृतीयेश+षष्ठेश बृहस्पति के साथ युति होगी। बृहस्पति यहां पापी ग्रह व अशुभ फलकर्त्ता होते हुए भी आपको शुभ सन्तति देगा। इसकी दृष्टि भाग्य भाव, लाभ भवन एवं लग्न स्थान पर है। फलत: आपके भाग्य का उदय किसी की मदद से होगा। व्यापार-व्यवसाय में भी आपको लाभ समय-समय पर मिलता रहेगा। आपकी उन्नति चहुंमुखी होगी। एक साथ अनेक कार्यों से आपको लाभ होगा।
2. **गुरु + सूर्य**-जातक को पुत्र अवश्य होगा एवं व्यापार में भी लाभ होगा।
3. **गुरु + मंगल** -जातक धनवान होगा। पुत्रवान होगा।
4. **गुरु + बुध** -जातक को कन्या व पुरुष दोनों सन्तति की प्राप्ति होगी।
5. **गुरु + शुक्र**-जातक को कन्या व पुरुष दोनों सन्तति की प्राप्ति होगी।
6. **गुरु + शनि** -जातक को पांच पुत्र हो सकते हैं।
7. **गुरु + राहु** -संतान प्राप्ति में बाधा सम्भव है।
8. **गुरु + केतु** -एक-दो गर्भपात सम्भव हैं।

तुलालग्न में गुरु की स्थिति षष्ट्म स्थान में

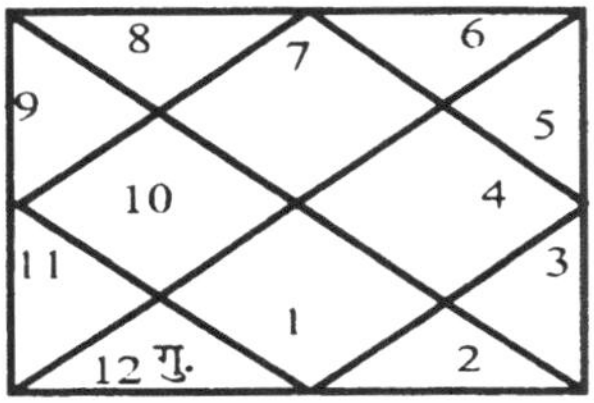

तुलालग्न में गुरु तृतीयेश एवं षष्ठेश होने से पाप फलदायक है। बृहस्पति तुलालग्न वालों के लिए द्वितीय मारकेश का काम करेगा एवं परम पापी है। यहां छठे स्थान में स्थित बृहस्पति मीन राशि में होगा जो इसकी स्वयं की राशि है। बृहस्पति के यहां स्थित होने पर 'पराक्रमभंग योग' की सृष्टि होगी। जातक के मित्र एवं कुटुम्बी विश्वास योग्य नहीं होते। षष्टेश षष्टम में स्वगृही होने से 'हर्षयोग' बना। इसके कारण जातक को नौकरी, व्यापार-व्यवसाय में लाभ होगा। पिता पक्ष मजबूत रहेगा। पद-प्रतिष्ठा बरकरार बनी रहेगी।

दृष्टि–छठे भावगत बृहस्पति की दृष्टि दशम भाव (कर्क राशि), व्यय भाव (कन्या राशि) एवं धन भाव (वृश्चिक राशि) पर रहेगी। फलतः जातक धनप्राप्ति के प्रयासों में सफलता प्राप्त करेगा। राजनीति में जातक का वर्चस्व रहेगा एवं परोपकार के कार्यों में भी जातक रुचि लेगा।

निशानी–जातक की स्वगोत्रियों से शत्रुता परन्तु जाति के अतिरिक्त अन्य लोगों से मित्रता रहेगी।

दशा–बृहस्पति की दशा-अन्तर्दशा मिश्रित फल देगी।

गुरु का अन्य ग्रहों से सम्बन्ध–

1. **गुरु + चंद्र**-तुलालग्न के षष्ट्म स्थान में यह युति वस्तुतः राज्येश चंद्रमा की तृतीयेश+षष्ठेश बृहस्पति के साथ युति होगी। बृहस्पति यहां स्वगृही होगा तथा उसकी दृष्टि दशम भाव, व्यय स्थान एवं धन स्थान पर होगी, फलतः रोग का नाश होगा। यहां पर क्रमशः 'पराक्रमभंग योग' एवं 'राज्यभंग योग' की सृष्टि दुःखद है। कोई अन्यतम मित्र, जिस पर आप ज्यादा भरोसा करते हैं, धोखा देगा। सरकार से, कोर्ट कचहरी से दण्ड भी मिल सकता है सावधान रहें। फिर भी कुल मिलाकर आपको इस योग के कारण कोई गंभीर नुकसान नहीं होगा। प्रतिष्ठा बनी रहेगी।
2. **गुरु + सूर्य**-राजदण्ड की प्राप्ति सम्भव है।
3. **गुरु + मंगल** -धन का अभाव रहेगा। गृहस्थ सुख में कलह रहेगी।
4. **गुरु + बुध** -भाग्य में रुकावट परन्तु 'नीचभंग राजयोग' के कारण अन्तिम सफलता निश्चित है। 'हर्ष योग' से बृहस्पति का अशुभत्व नष्ट होगा।
5. **गुरु + शुक्र**-शुक्र के कारण 'किंबहुना राजयोग' बना। 'हर्ष योग' के कारण बृहस्पति का अशुभत्व नष्ट होगा। जातक राजा के समान ऐश्वर्यशाली होगा।
6. **गुरु + शनि** -भौतिक सुखों की प्राप्ति हेतु संघर्ष रहेगा। सन्तति में बाधा का योग बनता है।
7. **गुरु + राहु** -राहु राजयोग देता है परन्तु गुप्त शत्रु हावी रहेंगे।
8. **गुरु + केतु** -शत्रुओं से सावधान रहना अनिवार्य है।

तुलालग्न में गुरु की स्थिति सप्तम स्थान में

तुलालग्न में गुरु तृतीयेश एवं षष्ठेश होने से पाप फलदायक है। बृहस्पति तुलालग्न वालों के लिए द्वितीय मारकेश का काम करेगा एवं परम पापी है। यहां सप्तम स्थान में बृहस्पति मेष राशि में होगा जो इसकी मित्र राशि है। इसके साथ ही

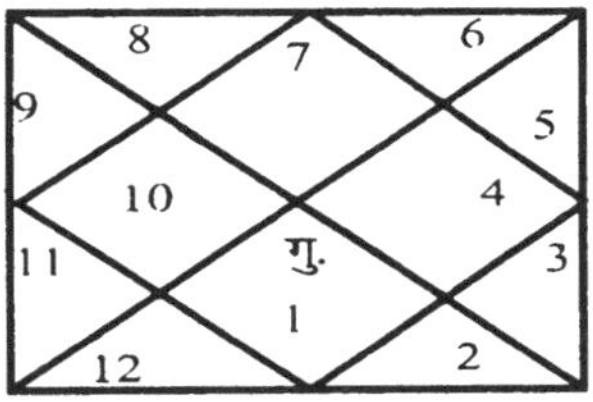

'केसरी योग' एवं 'कुलदीपक योग' की सृष्टि होगी। ऐसा जातक कुल में श्रेष्ठ, अपने उत्साह एवं परिश्रम के द्वारा सभी कार्यों में सफलता प्राप्त करता है। जातक धार्मिक पुस्तकों का लेखक, कर्मकाण्ड का ज्ञाता, ज्योतिष तन्त्र-मन्त्र शास्त्र का ज्ञाता होता है तथा जनसम्पर्क के माध्यम से धनार्जन करने में कुशल होता है।

दृष्टि–बृहस्पति की दृष्टि लाभ भाव (सिंह राशि), लग्न भाव (तुला राशि) एवं पराक्रम भाव (धनु राशि) पर होगी। फलतः जातक महान पराकमी होगा। व्यापार-व्यवसाय व नौकरी के द्वारा लाभ अर्जित करने वाला, पुरुषार्थ के द्वारा सफलता प्राप्त करने में सफल होता है।

निशानी–जातक का भाग्योदय विवाह के बाद होता है। जातक की अन्तिम अवस्था सुखमय होती है।

गुरु का अन्य ग्रहों से सम्बन्ध–

1. **गुरु + चंद्र**–तुलालग्न के सप्तम स्थान में यह युति वस्तुतः राज्येश चंद्रमा की तृतीयेश+षष्ठेश बृहस्पति के साथ युति होगी। इन दोनों शुभ ग्रहों की दृष्टि लाभ स्थान, लग्न स्थान एवं पराक्रम स्थान पर होगी। फलतः आपके कारोबार में आपको तरक्की-उन्नति मिलेगी। व्यापार-व्यवसाय में समय-समय पर धन की प्राप्ति होती रहेगी और पराक्रम से, नित्र सर्किल, समाज में कीर्ति व यश की प्राप्ति होगी। बृहस्पति व चंद्रमा दोनों की दशाएं शुभ फल देंगी।
2. **गुरु + सूर्य**–यहां सूर्य उच्च का होगा। 'रविकृत राजयोग' के कारण राजकीय नौकरी का योग बनता है।
3. **गुरु + मंगल**–यहां मंगल स्वगृही होने से 'रूचक योग' बनेगा। जातक राजातुल्य ऐश्वर्यशाली होगा।
4. **गुरु + बुध**–जातक भाग्यशाली होगा। भाईयों से लाभ होगा।
5. **गुरु + शुक्र**–जातक मित्रों व परिजनों की मदद से उन्नति मार्ग की ओर आगे बढ़ेगा।
6. **गुरु + शनि**–शनि यहां भले ही नीच का है फलतः जातक सुखी भी होगा। सन्तति वाला भी होगा।
7. **गुरु + राहु**–गृहस्थ सुख में बाधा है पर गुरु की वजह से सब कुछ सामान्य रहेगा।

8. **गुरु + केतु** -गृहस्थ सुख में टकराव होगा पर गुरु की वजह से टकराव टल जायेगा।

तुलालग्न में गुरु की स्थिति अष्टम स्थान में

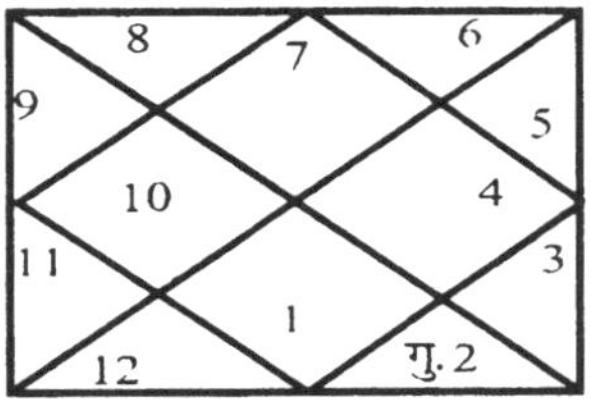

तुलालग्न में गुरु तृतीयेश एवं षष्ठेश होने से पाप फलदायक है एवं बृहस्पति तुलालग्न वालों के लिए द्वितीय मारकेश का काम करेगा एवं परम पापी है। यहां अष्टम भाव में बृहस्पति वृष राशि में होगा जो इसकी शत्रु राशि है। बृहस्पति आठवें जाने से 'पराक्रमभंग योग' की सृष्टि होती है। ऐसे जातक को राजा द्वारा दण्डित होने की सम्भावना रहती है। जातक पण्डितों का शत्रु एवं स्वजाति का द्वेषी होता है। षष्टेश का अष्टम स्थान में होने से 'हर्ष योग' बनता है। जिसके कारण अशुभ फलों की निवृत्ति होकर शुभ फलों की प्राप्ति होती है। जातक को धन, भवन, जमीन-जायदाद, प्रतिष्ठा, अच्छी नौकरी एवं भौतिक सुखों की प्राप्ति होती है।

दृष्टि–बृहस्पति की दृष्टि व्यय भाव (कन्या राशि), धन भाव (वृश्चिक राशि), एवं चतुर्थ भाव (मकर राशि) पर होगी। फलत: जातक की आयु दीर्घ होगी। उसे धन की कमी नहीं रहेगी। उसे मातृपक्ष से सहयोग मिलेगा।

निशानी–जातक दीन-दु:खियों की सेवा करेगा।

दशा–बृहस्पति की दशा-अन्तर्दशा शुभ फल देगी।

गुरु का अन्य ग्रहों से सम्बन्ध–

1. **गुरु + चंद्र**–तुलालग्न के अष्टम स्थान में यह युति वस्तुत: राज्येश चंद्रमा की तृतीयेश+षष्ठेश बृहस्पति के साथ युति होगी। यहां चंद्रमा उच्च का होगा तथा दोनों ग्रहों की दृष्टि व्यय भाव, धन स्थान एवं सुख स्थान पर होगी। रुपयों की बरकत नहीं होगी तथा सुख प्राप्ति में कुछ न कुछ बाधा आती रहेगी। यहां बृहस्पति के कारण पराक्रभंग योग एवं चंद्रमा के कारण 'राज्यभंग योग' भी बन रहा है। इसका प्रभाव भी 40 प्रतिशत जातक के जीवन पर पड़ेगा अत: सरकारी अधिकारियों से न उलझें तथा मित्रों के साथ व्यवहार सही रखें।
2. **गुरु + सूर्य**–राजदण्ड सम्भव है।
3. **गुरु + मंगल**–धन का अभाव रहेगा। गृहस्थ सुख में बाधा पड़ेगी।
4. **गुरु + बुध**–'भाग्यभंग योग' के कारण भाग्योदय में बाधा आएगी।

5. **गुरु + शुक्र**–'लग्नभंग योग' के कारण परिश्रम का फल नहीं मिलेगा।
6. **गुरु + शनि**–'सुखभंग योग' एवं 'संतानहीन योग' बनता है।
7. **गुरु + राहु**–गुप्त बीमारी रहेगी। बीमारी के प्रति लापरवाह न रहें।
8. **गुरु + केतु**–दुर्घटना योग बनता है। सावधानी अनिवार्य है।

तुलालग्न में गुरु की स्थिति नवम स्थान में

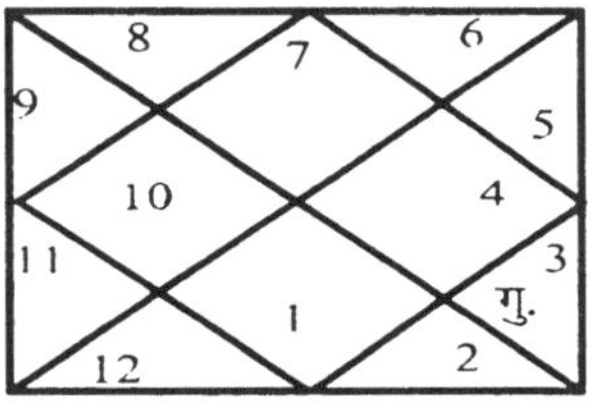

तुलालग्न में गुरु तृतीयेश एवं षष्ठेश होने से पाप फलदायक है। बृहस्पति तुलालग्न वालों के लिए द्वितीय मारकेश का काम करेगा एवं परम पापी है। यहां नवम स्थान में बृहस्पति मिथुन राशि में होगा जो इसकी मित्र राशि है। ऐसे जातक का बौद्धिक स्तर उच्च से उच्चतर होगा। जातक धर्माधिकारी या न्यायाधीश होगा। जातक उच्च पद व प्रतिष्ठा को प्राप्त करेगा। जातक उच्च श्रेणी का ग्रन्थकार, पत्रकार अथवा राजनीतिज्ञ होगा। जातक धर्मशास्त्र, नीति शास्त्र अथवा व्यवहार-शास्त्र का सच्चा उपदेशक होगा।

दृष्टि–नवम भावगत बृहस्पति की दृष्टि लग्न स्थान (तुला राशि), पराक्रम स्थान (धनु राशि), एवं पंचम भाव (कुंभ राशि) पर होगी। फलत: जातक महान पराक्रमी, बुद्धिमान, एवं उन्नति पथ पर निरन्तर गतिमान होगा।

निशानी–जातक में योगी व भोगी दोनों के गुण होंगे।

दशा–बृहस्पति की दशा-अन्तर्दशा में जातक का भाग्योदय होगा।

गुरु का अन्य ग्रहों से सम्बन्ध–

1. **गुरु + चंद्र**–तुलालग्न के नवम स्थान में यह युति वस्तुत: राज्येश चंद्रमा की तृतीयेश+षष्ठेश बृहस्पति के साथ युति होगी। चंद्रमा शत्रुक्षेत्री है तथा बृहस्पति पापी है। इन दोनों शुभ ग्रहों की दृष्टि लग्न स्थान, पराक्रम स्थान एवं पंचम भाव पर है। फलत: जातक का भाग्योदय 24 वर्ष की आयु में हो जाएगा। जातक की उन्नति, भाग्योदय थोड़े संघर्ष के बाद होगा। जातक प्रजावान होगा। संघर्ष के बाद विजय मिलेगी व जीवन सफल रहेगा।
2. **गुरु + सूर्य**–जातक भाग्यशाली होगा। जातक को राजकीय सम्मान मिलेगा।
3. **गुरु + मंगल**–जातक धनवान होगा। गृहस्थ सुख उत्तम होगा।
4. **गुरु + बुध**–जातक महाभाग्यवान होगा। मित्र व जनसम्पर्क से लाभ संभावित है।

5. **गुरु + शुक्र**–जातक का भाग्य पग-पग पर जातक का साथ देगा।

6. **गुरु + शनि**–जातक उच्च भवन का स्वामी होगा।

7. **गुरु + राहु**–जातक भाग्योदय में रुकावट महसूस करेगा पर अन्तिम सफलता निश्चित है।

8. **गुरु + केतु**–जातक का भाग्योदय कुछ विलम्ब से होगा।

तुलालग्न में गुरु की स्थिति दशम स्थान में

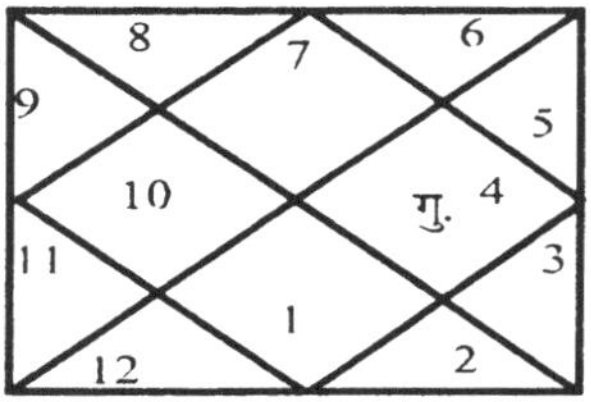

तुलालग्न में गुरु तृतीयेश एवं षष्ठेश होने से पाप फलदायक है। बृहस्पति तुलालग्न वालों के लिए द्वितीय मारकेश का काम करेगा एवं परम पापी है। यहां दशम भाव में बृहस्पति कर्क राशि में होगा फलत: उच्च का होगा। कर्क राशि के अंशों में बृहस्पति परमोच्च का कहलाता है। बृहस्पति की इस स्थिति के कारण यहां 'हर्ष योग', 'केसरी योग' व 'कुलदीपक योग' क्रमश: उत्पन्न हुए। ऐसा जातक राजा, राजातुल्य ऐश्वर्य व सुखों को प्राप्त करता है। व्यक्ति को पैतृक संपत्ति, उत्तम भवन एवं नौकर-चाकर के सुख की प्राप्ति सहज में ही हो जाती है। जातक समाज का प्रभावशाली व्यक्ति होगा।

दृष्टि–दशमस्थ उच्च के बृहस्पति की दृष्टि धन भाव (वृश्चिक राशि), चतुर्थ भाव (मकर राशि) एवं छठे भाव (मीन राशि) पर होगी। फलत: जातक को माता का सुख, धन प्राप्ति का सुख एवं रोग, ऋण व शत्रु को नाश करने का सुख मिलेगा।

निशानी–जातक विदेश जाकर ज्यादा सुखी होता है।

दशा–बृहस्पति की दशा-अन्तर्दशा में जातक को राजं ऐश्वर्य, भौतिक सुखों की प्राप्ति होगी।

गुरु का अन्य ग्रहों से सम्बन्ध–

1. **गुरु + चंद्र**–तुलालग्न के दशम स्थान में यह युति वस्तुत: राज्येश चंद्रमा की तृतीयेश+षष्ठेश बृहस्पति के साथ युति होगी। यहां चंद्रमा स्वगृही एवं बृहस्पति उच्च का होगा। 'किंबहुना योग' के कारण यह इस योग की सर्वोत्तम स्थिति है। इन दोनों शुभ ग्रहों की दृष्टि धन स्थान, सुख स्थान एवं षष्टम भाव पर है। फलत: धन की प्राप्ति 24 वर्ष की आयु से होनी शुरू हो जाएगी। जातक को उत्तम वाहन की प्राप्ति होगी। मां का सुख मिलेगा एवं जातक अपने शत्रुओं का नाश करने में पूर्ण सक्षम होगा।

2. **गुरु + सूर्य**–जातक को राष्ट्रीय स्तर पर राजकीय सम्मान मिलेगा।
3. **गुरु + मंगल**–'नीचभंग राजयोग' के कारण जातक पराक्रमी राजा जैसा जीवन जीएगा।
4. **गुरु + बुध**–जातक परम सौभाग्यशाली होगा।
5. **गुरु + शुक्र**–जातक को उच्च वाहन व पैतृक संपत्ति मिलेगी।
6. **गुरु + शनि**–जातक को माता की संपत्ति मिलेगी। वाहन भी मिलेगा।
7. **गुरु + राहु**–राज्य पक्ष से कष्ट पहुंचेगा।
8. **गुरु + केतु**–राजा से संकट का संदेश आएगा।

तुलालग्न में गुरु की स्थिति एकादश स्थान में

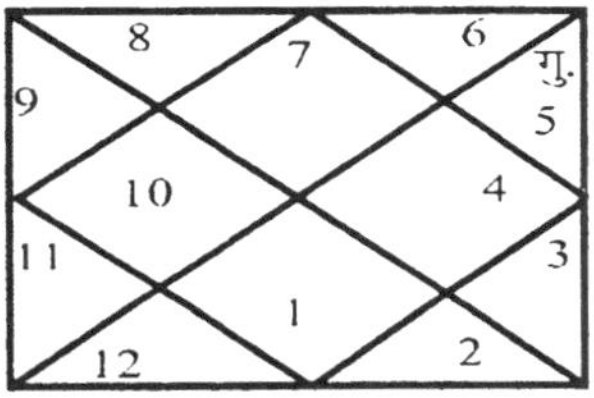

तुलालग्न में गुरु तृतीयेश एवं षष्ठेश होने से पाप फलदायक है। बृहस्पति तुलालग्न वालों के लिए द्वितीय मारकेश का काम करेगा एवं परम पापी है। यहां एकादश भाव में बृहस्पति सिंह राशि में होगा जो इसकी मित्र राशि है। ऐसा जातक शत्रु से धन पाने वाला होता है। जातक साहसी एवं दूसरों की सेवा करने वाला परोपकारी व्यक्ति होता है। जातक प्रतिभावान होता है।

दृष्टि–सिंहस्थ बृहस्पति की दृष्टि यहां तृतीय स्थान (धनु राशि), पंचम भाव (कुंभ राशि), एवं सप्तम भाव (मेष राशि) पर होगी, फलतः जातक पराक्रमी होगा। पर स्त्री व संतान सम्बन्धी कुछ कष्ट पाने वाला होता है।

निशानी–जातक संतान वृद्धि में रुकावट महसूस करेगा।

गुरु का अन्य ग्रहों से सम्बन्ध–

1. **गुरु + चंद्र**–तुलालग्न के एकादश स्थान में यह युति वस्तुतः राज्येश चंद्रमा की तृतीयेश+षष्ठेश बृहस्पति के साथ युति होगी। यहां बैटकर यह दोनों शुभ ग्रहों पराक्रम भाव, पंचम भाव एवं सप्तम भाव को पूर्ण दृष्टि से देखेंगे। फलतः जातक का पराक्रम बढ़ेगा। उसे पुत्र सन्तति की प्राप्ति होगी। पत्नी सुंदर मिलेगी। जातक का वैवाहिक जीवन सुखमय होगा।
2. **गुरु + सूर्य**–राजकीय सम्मान मिलेगा। कुटुम्ब पक्ष मजबूत रहेगा।
3. **गुरु + मंगल**–धन की प्राप्ति होगी। व्यापार से लाभ होगा।
4. **गुरु + बुध**–भाग्य मजबूत रहेगा। मित्रों से लाभ होगा।

5. **गुरु + शुक्र**—जातक उन्नति पथ पर आगे बढ़ता रहेगा। बुजुर्गों की सलाह लाभप्रद रहेगी।

6. **गुरु + शनि**—जातक उद्योगपति होगा एवं उसे सभी सुख संसाधनों की प्राप्ति होगी। पुत्र लाभ भी होगा।

7. **गुरु + राहु**—लाभांश में रुकावट है।

8. **गुरु + केतु**—लाभ प्राप्ति में बाधा आएगी।

तुलालग्न में गुरु की स्थिति द्वादश स्थान में

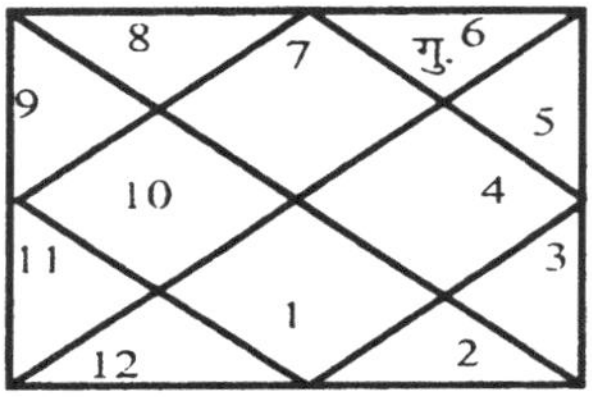

तुलालग्न में गुरु तृतीयेश एवं षष्ठेश होने से पाप फलदायक है। बृहस्पति तुलालग्न वालों के लिए द्वितीय मारकेश का काम करेगा एवं परम पापी है। यहां द्वादश भाव में बृहस्पति कन्या राशि में होगा जो इसकी शत्रु राशि है। बृहस्पति की यह स्थिति 'पराक्रमभंग योग' की सृष्टि करती है। ऐसे जातक के मित्र एवं परिजन अविश्वसनीय होते हैं। जातक की मान-प्रतिष्ठा भंग हो सकती है। यहां षष्टेश का बारहवें स्थान पर होने से 'हर्ष योग' बना। इससे बृहस्पति का अशुभत्व समाप्त हो गया फलत: जातक धनी, मानी, सुखी एवं समाज का जाना-पहचाना व्यक्ति होता है। जातक का जनसम्पर्क विस्तृत होता है।

दृष्टि—द्वादश भावगत बृहस्पति की दृष्टि चतुर्थ भाव (मकर राशि), षष्टम भाव (मीन राशि) एवं अष्टम भाव (वृष राशि) पर होगी। फलत: जातक ऋण, रोग व शत्रु को नष्ट करने में सक्षम व समर्थ होता है।

निशानी—जातक व्यसन में रुपया खर्च करता है।

गुरु का अन्य ग्रहों से सम्बन्ध—

1. **गुरु + चंद्र**—तुलालग्न के द्वादश स्थान में यह युति वस्तुत: राज्येश चंद्रमा की तृतीयेश+षष्ठेश बृहस्पति के साथ युति होगी। यहां बैठकर ये दोनों शुभ ग्रह चतुर्थ भाव, षष्टम भाव एवं अष्टम भाव को पूर्ण दृष्टि से देखेंगे। तथा 'पराक्रभंग योग' एवं 'राज्यभंग योग' की सृष्टि भी करेंगे फलत: गजकेसरी योग की यहां ज्यादा सार्थकता नहीं है फिर भी सुख में वृद्धि होगी। शत्रुओं का नाश होगा तथा जातक का दुर्घटनाओं से बचाव होता रहेगा। जातक को संघर्ष के बाद सफलताएं मिलती रहेंगी। जो कि सफल जीवन के लिए बहुत जरूरी है।

2. **गुरु + सूर्य**–राजदण्ड की सम्भावना है।
3. **गुरु + मंगल**–धन की तकलीफ आएगी। गृहस्थ सुख में बाधा होगी।
4. **गुरु + बुध**–भाग्योदय में रुकावट आएगी।
5. **गुरु + शुक्र**–परिश्रम का लाभ नहीं मिलेगा।
6. **गुरु + शनि**–शिक्षा में रुकावट, सन्तति में बाधा सम्भव है।
7. **गुरु + राहु**–राहु के कारण जातक चिन्ताग्रस्त रहेगा। नींद कम आएगी।
8. **गुरु + केतु**–केतु के कारण नींद कम आएगी।

❑❑❑

तुलालग्न में शुक्र की स्थिति

तुलालग्न में शुक्र की स्थिति प्रथम स्थान में

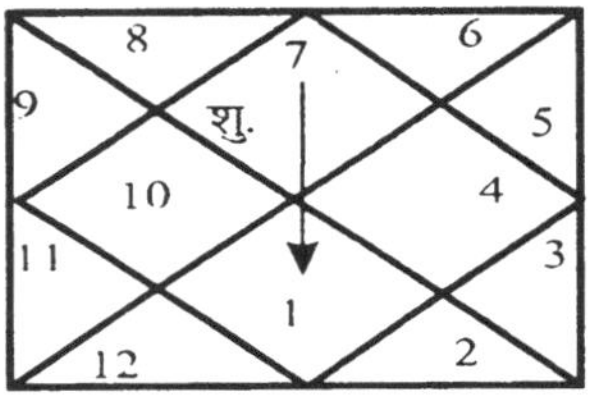

तुलालग्न में शुक्र लग्नेश होने के साथ-साथ अष्टमेश भी है। फलत: दु:स्थान का स्वामी होने से अशुभ फलदाता है परन्तु लग्नेश को अष्टमेश का दोष नहीं लगेगा फलत: शुक्र यहां अशुभ फल नहीं देगा। शुक्र यहां तुला राशि में स्वगृही होकर सप्तम भाव (मेष राशि) को पूर्ण दृष्टि से देख रहा है। शुक्र यहां केन्द्र में होने से 'कुलदीपक योग' बना। ऐसा जातक अपने कुटुम्ब परिवार का नाम दीपक के समान रोशन करने वाला यशस्वी होता है।

मालव्य योग–स्वगृही शुक्र लग्न में होने से यह योग बना। यह पंचमहापुरुष योगों में से उत्तम योग है। ऐसा जातक दूसरों को पालने वाला, सुंदर वाहन एवं चौपायों का स्वामी होता है। जातक अपने परिश्रम व पुरुषार्थ से दो मंजिला सुंदर भवन बनाता है। जातक कूटनीतिज्ञ होता है।

निशानी–'भोजसंहिता' के अनुसार जातक दिखने में कामदेव स्वरूप सुंदर, धनी, मानी व अभिमानी होता है। सुंदर पत्नी व बच्चों का स्वामी होता है।

विशेष–जातक अन्य स्त्रियों को अपनी ओर आकर्षित करने में शत-प्रतिशत सफल होता है। यदि पत्नी के अलावा कोई अन्य स्त्री साथ हो तो जातक राजनीति एवं व्यापार के क्षेत्र में अद्वितीय सफलता प्राप्त करता है।

दिशा–शुक्र की दशा में जातक का विशेष भाग्योदय होगा। शनि एवं बुध की दशाएं भी उत्तरोत्तर उत्तम फल देंगी।

शुक्र का अन्य ग्रहों से सम्बन्ध–

1. **किम्बहुना योग**–शुक्र + शनि की युति से यह योग बनेगा। यहां लग्नेश शुक्र स्वगृही एवं योगकारक शनि उच्च का होने से इससे अधिक और क्या? यह

योग बनेगा। जातक राजाओं का राजा एवं अति पराक्रमी व्यक्ति होगा। यहां 'शश योग' एवं 'मालव्य योग' दोनों ही दिव्य योग स्वत: ही मुखरित हो रहे हैं। जातक के पराक्रम का उल्लंघन कोई नहीं कर पाएगा। जातक बड़ी भू-संपत्ति का स्वामी होगा

2. **नीचभंग राजयोग**–शुक्र+सूर्य से यह युति बनेगी। सूर्य यहां नैसर्गिक रूप से पापी एवं नीच का होकर अशुभ फल देने वाला है। परन्तु शुक्र के साथ होने से उसका अशुभत्व नष्ट हो जाएगा। जातक व्यापार-व्यवसाय व नौकरी में लाभ प्राप्त करने में सक्षम होगा।
3. **शुक्र + मंगल**–यह युति चोट, दुर्घटना व भय उत्पन्न करेगी, क्योंकि मंगल दो मारक स्थानों का स्वामी होकर मारकेश है।
4. **शुक्र + बृहस्पति**–बृहस्पति यहां अशुभ फल देने वाला होकर व्यक्ति को रोग-ग्रसित करेगा।
5. **शुक्र + चंद्र**–जातक स्वयं सुंदर होगा, पत्नी भी सुदंर होगी।
6. **शुक्र + बुध**–लग्नेश, भाग्येश की युति जातक को परम सौभाग्यशाली बना देगी।
7. **शुक्र + राहु**–जातक राजा होगा पर हठी व तुनक मिजाजी होगा।
8. **शुक्र + केतु**–जातक का मस्तिष्क चलायमान रहेगा।

तुलालग्न में शुक्र की स्थिति द्वितीय स्थान में

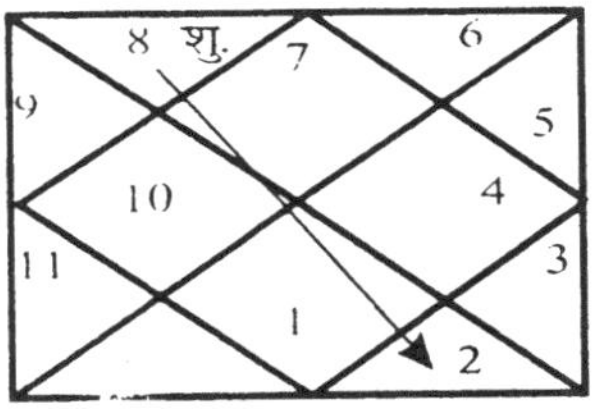

तुलालग्न में शुक्र लग्नेश होने के साथ-साथ अष्टमेश भी है। फलत: दु:स्थान का स्वामी होने से अशुभ फलदाता है। परन्तु लग्नेश को अष्टमेश का दोष नहीं लगेगा फलत: शुक्र यहां अशुभ फल नहीं देगा। शुक्र यहां द्वितीय स्थान में वृश्चिक राशिगत होकर अष्टम भाव, अपने घर वृष राशि को पूर्ण दृष्टि से देखेगा। जातक धनी व्यक्ति होगा। स्त्री व संतान से परिपूर्ण होकर जातक का भाग्योदय 32 वें वर्ष होगा। ऐसा जातक कामी होगा तथा शरीर की पुष्टि हेतु औषधियों का सेवन करेगा या व्यसनी होगा, सुख दु:ख की छाया जीवन में आती रहेगी पर जातक ऐशो-आराम से परिपूर्ण जीवन सुख को भोगने की इच्छा से ग्रसित होगा।

निशानी–जातक प्रजावान होगा पर प्रथम सन्तति विलम्ब से होगी। साठ वर्ष की आयु में जातक गांव का मुखिया होगा।

दिशा–शुक्र की दशा में जातक धनवान होगा। जातक का भाग्योदय बुध या शनि की दशा में होगा।

शुक्र का अन्य ग्रहों से सम्बन्ध–

1. **शुक्र + मंगल**–यह युति अशुभ है क्योंकि मंगल दो मारक स्थानों का स्वामी होकर मुख्य मारकेश है तथा यहां स्वगृही होने से बलवान भी है। यह युति चोट, दुर्घटना एव भय को जन्म देगी। यह युति यहां निष्फल है।
2. **शुक्र + चंद्र**–चंद्रमा तुलालग्न वालों के लिए अशुभ नहीं है परन्तु द्वितीय भाव में नीच राशिगत होने से जातक की वाणी दूषित एवं षड्यन्त्रकारी होगी। जातक का मन निष्कपट एवं स्वच्छ नहीं होगा।
3. **शुक्र + बुध**–लग्नेश, भाग्येश की युति जातक को धनवान बनाएगी।
4. **शुक्र + सूर्य**–लाभेश, लग्नेश की युति धन स्थान में व्यापार से लाभ दिलाएगी।
5. **शुक्र + गुरु**–पराक्रमेश, लग्नेश की युति मित्रों से लाभ देगी।
6. **शुक्र + शनि**–सुखेश, पंचमेश शनि की युति शुक्र से संतान द्वारा धन लाभ दिलाएगी।
7. **शुक्र + राहु**–धन के घड़े में छेद है, खर्च अधिक होगा।
8. **शुक्र + केतु**–आर्थिक परेशानी रहेगी, पुरुषार्थ का अपव्यय होगा।

तुलालग्न में शुक्र की स्थिति तृतीय स्थान में

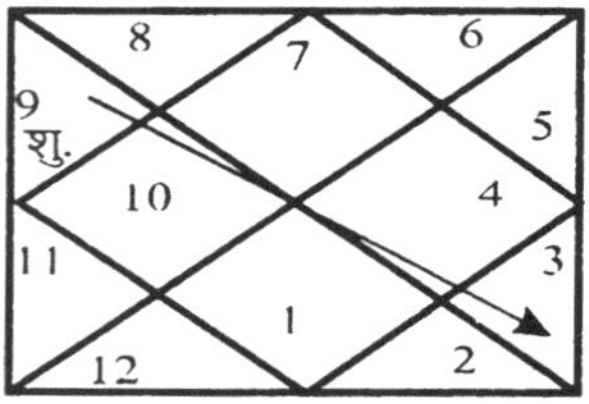

तुलालग्न में शुक्र लग्नेश होने के साथ-साथ अष्टमेश भी है फलत: दु:स्थान का स्वामी होने से अशुभ फलदाता है। परन्तु लग्नेश को अष्टमेश का दोष नहीं लगेगा फलत: शुक्र यहां अशुभ फल नहीं देगा। शुक्र यहां तृतीय स्थान में धनु राशि का होगा तथा भाग्य स्थान (नवम भाव, मिथुन राशि) को पूर्ण दृष्टि से देखेगा। ऐसा जातक पराक्रमी व लक्षाधिपति होते हुए भी दु:खी रहता है। जातक को पिता की संपत्ति (पैतृक धरोहर) मिलती है पर जो लाभ वास्तव में मिलना चाहिए, वो नहीं मिल पाएगा। जातक के अन्य स्त्रियों से भी गहरे सम्पर्क होंगे। आवक के जरिए दो-तीन प्रकार के होंगे।

निशानी–जातक के अन्य भाई-बहन जरूर होंगे पर उनसे सम्बन्ध मधुर नहीं रहेंगे।

शा–शुक्र की दशा मिश्रित फल देगी।

का अन्य ग्रहों से सम्बन्ध–

शुक्र + बृहस्पति–बृहस्पति यहां स्वगृही होगा। जातक को बड़े भाई व बहनों का सुख मिलेगा।

2. **शुक्र + चंद्र**–बहनों का सुख अधिक होगा। जातक को स्त्री-मित्रों से लाभ होगा।
3. **शुक्र + सूर्य**–बड़े भाई का सुख कम होगा। भाई-बहन दोनों का सुख मिलेगा।
4. **शुक्र + मंगल**–ससुराल पराक्रमी होगा।
5. **शुक्र + बुध**–मित्रों से भाग्योदय होगा।
6. **शुक्र + शनि**–पुत्र उत्पत्ति के बाद भाग्योदय होगा।
7. **शुक्र + राहु**–परिजनों से धोखा होगा।
8. **शुक्र + केतु**–मित्रों में अविश्वास रहेगा।

तुलालग्न में शुक्र की स्थिति चतुर्थ स्थान में

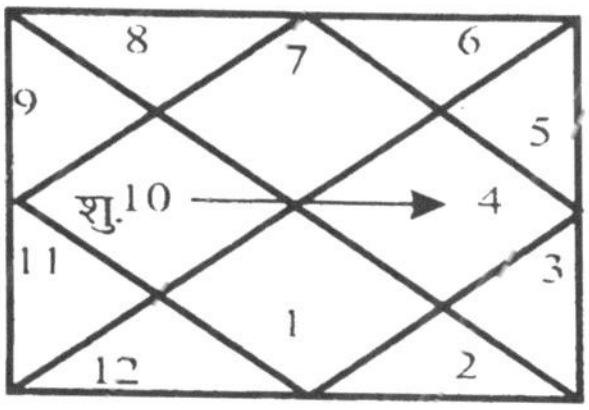

तुलालग्न में शुक्र लग्नेश होने के साथ-साथ अष्टमेश भी है, फलतः एक दुःस्थान का स्वामी होने से अशुभ फलदाता है। परन्तु लग्नेश को अष्टमेश का दोष नहीं लगेगा फलतः शुक्र यहां अशुभ फल नहीं देगा। शुक्र यहां चतुर्थ भाव में मकर राशि का होकर दशम भाव (कर्क राशि) को पूर्ण दृष्टि से देखेगा। शुक्र यहां 'दिग्बली' एवं केन्द्रवर्ती होकर 'कुलदीपक योग' बना रहा है।

ऐसा जातक अपने परिवार व कुटुम्ब का नाम दीपक के समान रोशन करने वाला, सबका चहेता व प्यारा होता है।

विशेष–जातक राजनीति व कूटनीति में रुचि रखने वाला। जातक माता-पिता की सेवा करने वाला, जमीन-जायदाद का स्वामी, वाहन एवं गृहस्थ-सुख से सम्पन्न सुखी व्यक्ति होता है।

निशानी–जातक का अन्य स्त्रियों से संपर्क रहेगा एवं राज में पाशा रहेगा।

दशा–शुक्र की दशा श्रेष्ठ उन्नति दायक है। जबकि शनि की दशा भाग्योदय कराएगी।

शुक्र का अन्य ग्रहों से सम्बन्ध–

1. **शुक्र + शनि**–शनि के कारण 'शश योग' बनेगा। जातक राजा तुल्य पराक्रमी हो।
2. **शुक्र + चंद्र**–जातक को माता की सम्पत्ति मिलेगी।
3. **शुक्र + मंगल**–यहां उच्च का मंगल होने के कारण 'रूचक योग' बनेगा। जातक सेनापति या राजा का मन्त्री होगा। वाहन सुख तेज रहेगा।
4. **शुक्र + सूर्य**–जातक का राजनीति में हस्तक्षेप रहेगा।
5. **शुक्र + गुरु**–बृहस्पति नीच का केन्द्रस्थ होने से जातक पराक्रमी एवं भौतिक ऐश्वर्य से परिपूर्ण होगा।
6. **शुक्र + बुध**–भाग्येश व लग्नेश की युति केन्द्र में सार्थक रहेगी। जातक भाग्यशाली होगा।
7. **शुक्र + राहु**–माता के सुख में कमी रहेगी।
8. **शुक्र + केतु**–वाहन से दुर्घटना का भय रहेगा।

तुलालग्न में शुक्र की स्थिति पंचम स्थान में

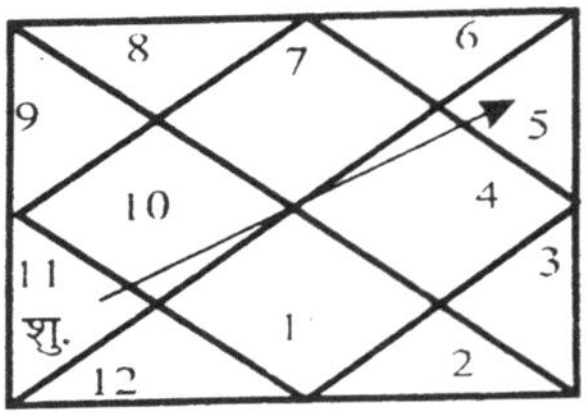

तुलालग्न में शुक्र लग्नेश होने के साथ-साथ अष्टमेश भी है। फलत: एक दु:स्थान का स्वामी होने से अशुभ फलदाता है। परन्तु लग्नेश को अष्टमेश का दोष नहीं लगेगा फलत: शुक्र यहां अशुभ फल नहीं देगा। शुक्र पंचम स्थान में कुंभ राशि का है तथा एकादश स्थान (सिंह राशि) को पूर्ण दृष्टि से देख रहा है। जातक की पत्नी उच्च घराने की होती है। ऐसा जातक चाल-चलन का पक्का, दृढ़ निश्चयी, अचानक लॉटरी, सट्टे से धन प्राप्त करने वाला, विद्या व्यसनी व संतान पक्ष से सुखी होता है। जातक को राजनीति में सफलता मिलती है।

निशानी–यदि किसी पुरुष ग्रह की दृष्टि पंचम भाव पर न हो तो जातक को कन्या संतति की बाहुल्यता रहेगी। जातक सूफी धर्मात्मा होगा।

दिशा–शुक्र की दशा बहुत उत्तम फल देगी। शनि की दशा भाग्योदय कराएगी एवं बुध की दशा-अन्तर्दशा में विशेष उन्नति होगी।

शुक्र का अन्य ग्रहों से सम्बन्ध–

1. **शुक्र + शनि**–शुक्र शनि की युति राजयोग कारक है। जातक को सुयोग्य पुत्र रत्नों की प्राप्ति होगी। जातक राजातुल्य ऐश्वर्य को भोगने वाला परम तेजस्वी

एवं यशस्वी जातक होता है।

2. **शुक्र + चंद्र**—जातक को कन्या संतति अधिक होगी। यदि यहां पर शनि, मंगल छठे, आठवें या बारहवें हो तो जातक के संतान नहीं होती।
3. **शुक्र + सूर्य**—जातक की पुत्र+कन्या दोनों संतति होंगी।
4. **शुक्र + बुध**—जातक को कन्या संतति अधिक होंगी।
5. **शुक्र + मंगल**—जातक को पुत्र+कन्या दोनों संतति होंगी।
6. **शुक्र + गुरु**—जातक को मित्रों से लाभ होगा।
7. **शुक्र + राहु**—संतति में बाधा, खासकर पुत्र संतति में बाधा रहेगी।
8. **शुक्र + केतु**—विद्या में रुकावट एवं एक-दो गर्भपात सम्भव है।

तुलालग्न में शुक्र की स्थिति षष्ट्म स्थान में

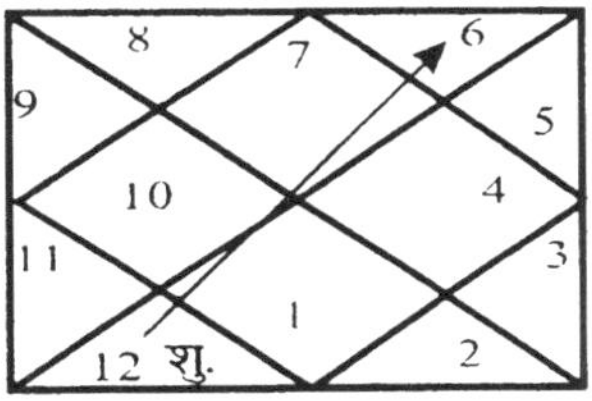

तुलालग्न में शुक्र लग्नेश होने के साथ-साथ अष्टमेश भी है। फलतः दुःस्थान का स्वामी होने से अशुभ फलदाता है, परन्तु लग्नेश को अष्टमेश का दोष नहीं लगेगा फलतः शुक्र यहां अशुभ फल नहीं देगा। शुक्र यहां षष्ट्म स्थान में उच्च राशि (मीन) का है तथा उसकी दृष्टि द्वादश स्थान (कन्या) राशि पर है। ऐसा जातक शत्रुओं का मान-मर्दन करने में पूर्ण सक्षम होता है। जातक महत्त्वाकांक्षी होता है।

लग्नभंग योग—लग्नेश छठे होने से यह योग बना। जातक को किए गए प्रयत्न व परिश्रम का पूरा फल नहीं मिलता।

निशानी—जातक की लड़कियां अधिक होंगी व स्त्री को नंगे पांव रहने की आदत होगी।

दिशा—शुक्र की दशा कष्टपूर्ण होगी व मिश्रित फल देगी।

शुक्र का अन्य ग्रहों से सम्बन्ध—

1. **शुक्र + बृहस्पति**—शुक्र, बृहस्पति की युति से 'किम्बहुना योग' बनेगा। शुक्र उच्च का व बृहस्पति स्वगृही, इससे अधिक और क्या हो? जातक राजातुल्य ऐश्वर्यशाली होगा।
2. **शुक्र + चंद्र**—जातक को राज्यपक्ष से नुकसान पहुंचेगा।
3. **शुक्र + बुध**—शुक्र, बुध की युति से यहां 'नीचभंग राजयोग' की सृष्टि होगी। जातक राजातुल्य ऐश्वर्य को भोगेगा।

4. **शुक्र + सूर्य**–जातक को व्यापार में नुकसान होगा।
5. **शुक्र + मंगल**–मंगल 'धनहीन योग' बनाएगा। जातक का गृहस्थ जीवन कष्टमय रहेगा।
6. **शुक्र + शनि**–जातक को विद्या में बाधा पहुंचेगी। भौतिक सुखों की उपलब्धि भी कष्टपूर्ण रहेगी।
7. **शुक्र + राहु**–गुप्त शत्रुओं का प्रकोप रहेगा।
8. **शुक्र + केतु**–जातक को गुप्तेन्द्री में रोग होगा।

तुलालग्न में शुक्र की स्थिति सप्तम स्थान में

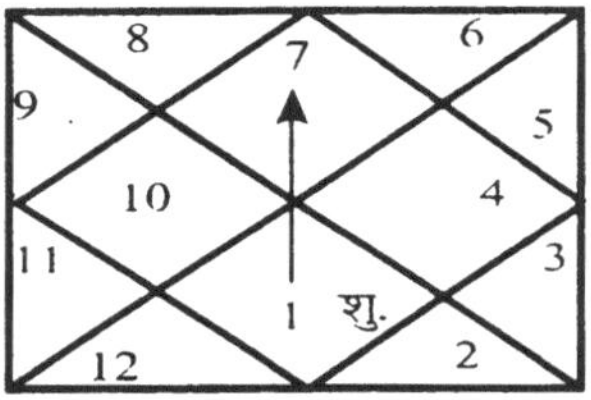

तुलालग्न में शुक्र लग्नेश होने के साथ-साथ अष्टमेश भी है। फलत: एक दु:स्थान का स्वामी होने से अशुभ फलदाता है परन्तु लग्नेश को अष्टमेश का दोष नहीं लगेगा फलत: शुक्र यहां अशुभ फल नहीं देगा। सप्तम भाव में स्थित शुक्र मेष (शत्रु) राशि में स्थित होकर अपने ही घर तुला राशि को पूर्ण दृष्टि से देखेगा। ऐसा जातक सुंदर स्त्री वाला एवं कामुक प्रवृत्ति का जातक होता है। ससुराल व स्त्री से धन लाभ होने पर भी दोनों स्थानों से असन्तुष्ट रहता है।

कुलदीपक योग–शुक्र केन्द्र में होने से यह योग बना। ऐसा जातक अपने कुटुम्ब परिवार का नाम दीपक के समान रोशन करने वाला सबका चहेता व प्यारा होता है।

निशानी–स्त्री प्राय: रोगी रहती है। शरीर में गुप्तरोग रहता है।

दिशा–शुक्र की दशा-अन्तर्दशा शुभ फल देगी।

शुक्र का अन्य ग्रहों से सम्बन्ध–

1. **शुक्र + मंगल**–की युति के कारण जातक के विरोधी बहुत होते हैं। जातक को गुप्तरोग एवं दुर्घटना का भय रहेगा।
2. **शुक्र + चंद्र**–जातक का जीवन साथी सुंदर होगा। पत्नी धन की देवी होगी।
3. **शुक्र + सूर्य**–जातक को व्यापार में मुनाफा होगा।
4. **शुक्र + बुध**–लग्नेश, भाग्येश की युति जातक को सौभाग्यशाली बनाएगी।
5. **शुक्र + गुरु**–तृतीयेश+लग्नेश की युति से जातक को मित्रों से लाभ होगा।

6. **शुक्र + शनि**–सुखेश शनि यहां नीच का होगा। उसकी दृष्टि उच्च की होगी तथा जातक खूब धनवान होगा।
7. **शुक्र + राहु**–जातक का गृहस्थ जीवन दु:खमय होगा
8. **शुक्र + केतु**–जातक का गृहस्थ जीवन विषैला होगा।

तुलालग्न में शुक्र की स्थिति अष्टम स्थान में

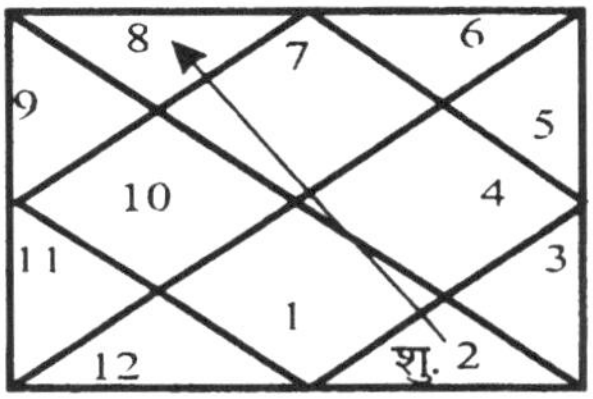

तुलालग्न में शुक्र लग्नेश होने के साथ-साथ अष्टमेश भी है फलत: दु:स्थान का स्वामी होने से अशुभ फलदाता है। परन्तु लग्नेश को अष्टमेश का दोष नहीं लगेगा फलत: शुक्र यहां अशुभ फल नहीं देगा। शुक्र अष्टम भाव में स्थित होने से स्वगृही तुला राशि का होगा एवं द्वितीय भाव (वृश्चिक राशि) को पूर्ण दृष्टि से देखेगा। ऐसे जातक की स्त्री की जबान का शब्द पत्थर की लकीर होगा। विवाह 25 वर्ष को आयु के बाद होगा विवाह के बाद किस्मत चमकेगी।

सरलयोग–अष्टमेश अष्टम स्थान में स्वगृही होने से यह योग बना। जातक को शत्रु का अशुभ फल न मिलकर, शुभफल ही मिलेगा।

निशानी–अशुभ वचन जो अनायास मुंह से निकलेंगे, सच हो जाएंगे।

दिशा–शुक्र की दशा-अन्तर्दशा शुभ फल देगी।

शुक्र का अन्य ग्रहों से सम्बन्ध–

1. **शुक्र + चंद्र**–राज्यपक्ष से दण्ड मिल सकता है, पर चंद्रमा की वजह से 'किम्बहुना योग' बनेगा। जातक राजा तुल्य ऐश्वर्यशाली होगा।
2. **शुक्र + सूर्य**–व्यापार में परशेानी, जातक को परिश्रम का लाभ नहीं मिलेगा।
3. **शुक्र + मंगल**–धन की परेशानी रहेगी। गृहस्थ जीवन कष्टमय होगा।
4. **शुक्र + बुध**–बुध के कारण 'भाग्यभंग योग' बनेगा। जातक भाग्यहीन होगा।
5. **शुक्र + गुरु**–गुरु के कारण 'पराक्रमभंग योग' बनेगा। मित्रों से यश नहीं मिलेगा।
6. **शुक्र + शनि**–शनि के कारण 'सुखभंग योग' व 'संतानहीन योग' बनेगा। जातक को भौतिक सुखों की प्राप्ति हेतु संघर्ष करना पड़ेगा।
7. **शुक्र + राहु**–राहु आयु में हानि करेगा व गुप्त बीमारी देगा।

8. **शुक्र + केतु**—केतु भी यहां कष्ट दायक है। जातक के जीवन में दो बार ऑपरेशन होंगे।

तुलालग्न में शुक्र की स्थिति नवम स्थान में

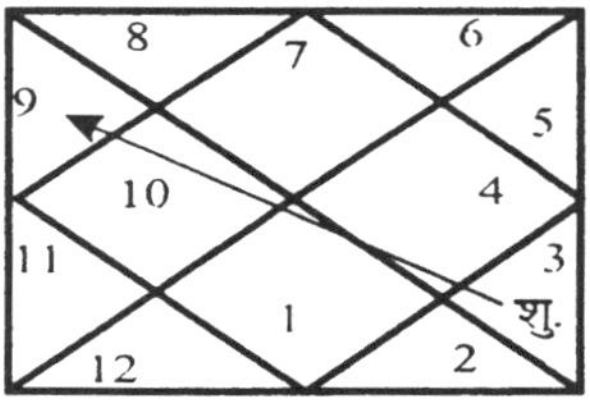

तुलालग्न में शुक्र लग्नेश होने के साथ-साथ अष्टमेश भी है फलत: एक दु:स्थान का स्वामी होने से अशुभ फलदाता है। परन्तु लग्नेश को अष्टमेश का दोष नहीं लगेगा फलत: शुक्र यहां अशुभ फल नहीं देगा। शुक्र भाग्य (नवम) स्थान में मिथुन राशि का मित्र क्षेत्र में है। तथा तृतीय भाव (धनु राशि) को पूर्ण दृष्टि से देखेगा। जातक का जन्म, माता-पिता एवं दादा-दादी के लिए शुभ होता है। जातक राजनीति में निर्विघ्न सफलता प्राप्त करता है। जातक देशाटन करने वाला जनता का सेवक, समाज में प्रतिष्ठित एवं पूर्ण यशस्वी व्यक्ति होता है।

दिशा—शुक्र की दशा-अन्तर्दशा में जातक की उन्नति होगी।

शुक्र का अन्य ग्रहों से सम्बन्ध—

1. **शुक्र + बुध**—बुध यहां स्वगृही होने से जातक को राजा तुल्य ऐश्वर्य एवं धनवान बनाएगा।
2. **शुक्र + सूर्य**—लाभेश व लग्नेश की युति भाग्य में वृद्धि करेगी।
3. **शुक्र + चंद्र**—चंद्रमा शत्रुक्षेत्री होगा। फिर भी जातक को राज्य से सम्मान मिलेगा।
4. **शुक्र + मंगल**—जातक धनवान व भाग्यशाली होगा।
5. **शुक्र + गुरु**—गुरु के कारण जातक को भाईयों का सुख मिलेगा।
6. **शुक्र + शनि**—जातक बड़ी जमीन-जायदाद का स्वामी होगा।
7. **शुक्र + राहु**—जातक के भाग्य द्वार में रुकावट होगी।
8. **शुक्र + केतु**—भाग्योदय हेतु जातक को काफी कष्ट उठाने पड़ेंगे।

तुलालग्न में शुक्र की स्थिति दशम स्थान में

तुलालग्न में शुक्र लग्नेश होने के साथ-साथ अष्टमेश भी है, फलत: दु:स्थान का स्वामी होने से अशुभ फलदाता है। परन्तु लग्नेश को अष्टमेश का दोष नहीं लगेगा फलत: शुक्र यहां अशुभ फल नहीं देगा। दशम स्थान में कर्क राशिगत शुक्र

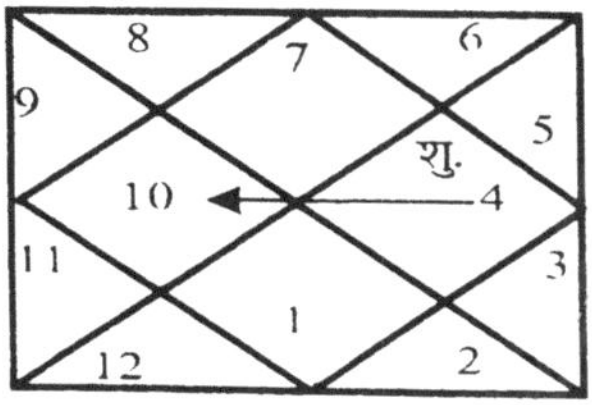

चतुर्थ भाव (मकर राशि) को पूर्ण दृष्टि से देखेगा। शुक्र की यह स्थिति अत्यन्त शुभ फलदायी है। ऐसा जातक इंसाफ तोलने वाला, न्यायप्रिय, चतुर वक्ता, राजमंत्री अथवा प्रसिद्ध जनसेवक होता है। ऐसा जातक जमीन-जायदाद भूमि से लाभ प्राप्त करने वाला, सुंदर मकान व नौकर-चाकर से युक्त होता है।

कुलदीपक योग–शुक्र केन्द्र में होने से यह योग बना। ऐसा जातक अपने कुटुम्ब-परिवार का नाम दीपक के समान रोशन करने वाला, सबका चहेता व प्यारा होता है।

दिशा–शुक्र की दशा-अन्तर्दशा में राजकीय सम्मान व यश मिलेगा।

शुक्र का अन्य ग्रहों से सम्बन्ध–

1. **शुक्र** + **चंद्र**–यहां 'यामिनीनाथ योग' के कारण जातक राजातुल्य शक्तिशाली होगा।
2. **शुक्र** + **सूर्य**–सूर्य की युति से व्यापार-व्यवसाय में लाभ होगा।
3. **शुक्र** + **मंगल**–मंगल धन दौलत को बढ़ाएगा।
4. **शुक्र** + **बुध**–बुध की युति राज्य में पद दिलाएगी।
5. **शुक्र** + **गुरु**–गुरु यहां उच्च का होकर 'हंसयोग' बनाएगा। जातक राजा या राजा से कम नहीं होगा।
6. **शुक्र** + **शनि**–शनि की युति भूमि एवं वाहन सुख की दृष्टि करेगी।
7. **शुक्र** + **राहु**–राजपक्ष से हानि, पिता से विवाद रहेगा।
8. **शुक्र** + **केतु**–व्यापार में कष्ट, पिता से मनमुटाव रहेगा।

तुलालग्न में शुक्र की स्थिति एकादश स्थान में

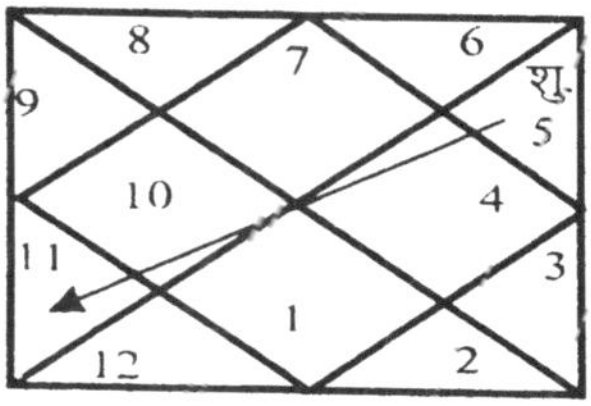

तुलालग्न में शुक्र लग्नेश होने के साथ-साथ अष्टमेश भी है फलतः दुःस्थान का स्वामी होने से अशुभ फलदाता है। परन्तु लग्नेश को अष्टमेश का दोष नहीं लगेगा फलतः शुक्र यहां अशुभ फल नहीं देगा। शुक्र एकादश स्थान में शत्रुक्षेत्री सिंह राशि का होकर पंचम भाव (कुंभ राशि) को पूर्ण दृष्टि से देखेगा। ऐसा जातक राजनीति, कूटनीति एवं युद्धनीति का ज्ञाता होता है। जातक

सुंदर एवं सुयोग्य संतति का स्वामी होता है। जातक ज्योतिष, तन्त्र-मन्त्र एवं अध्यातम विद्या का ज्ञाता होता है। पाराशर ऋषि के अनुसार जातक सुशील, कीर्तिवान व यशस्वी होगा।

निशानी—स्त्री के प्रायः तीन भाई होते हैं। जातक को कन्या संतति की बाहुल्यता रहती है।

दिशा—शुक्र की दशा-अन्तर्दशा व्यापार में लाभ देगी।

शुक्र का अन्य ग्रहों से सम्बन्ध–

1. **शुक्र + सूर्य**—यहां शुक्र शत्रुक्षेत्री पर सूर्य स्वगृही है। जातक को सरकारी ठेके से लाभ होगा।
2. **शुक्र + चंद्र**—जातक को राज्यपक्ष से लाभ होगा।
3. **शुक्र + शनि**—यहां पर दोनों ग्रह शत्रक्षेत्री हैं। फलतः लाभ प्राप्ति में विवाद रहेगा।
4. **शुक्र + मंगल**—मंगल की युति से जातक व्यापार से धन कमाएगा।
5. **शुक्र + बुध**—बुध की युति सौभाग्य को बढ़ाएगी।
6. **शुक्र + गुरु**—गुरु की युति ज्यादा ठीक नहीं।
7. **शुक्र + राहु**—राहु लाभांश में कटौती करेगा।
8. **शुक्र + केतु**—केतु की यहां उपस्थिति से लाभांश का प्रतिशत घट जाएगा।

तुलालग्न में शुक्र की स्थिति द्वादश स्थान में

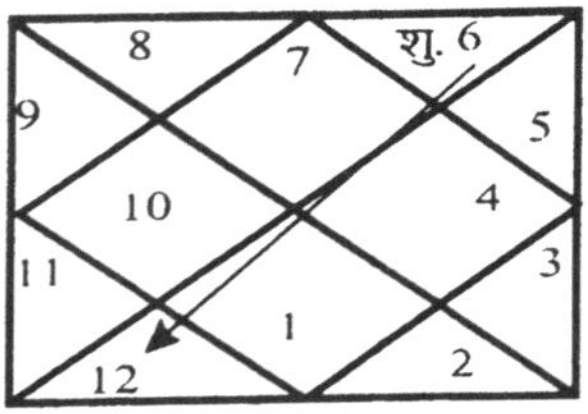

तुलालग्न में शुक्र लग्नेश होने के साथ-साथ अष्टमेश भी है फलतः दुःस्थान का स्वामी होने से अशुभ फलदाता है। परन्तु लग्नेश को अष्टमेश का दोष नहीं लगेगा फलतः शुक्र यहां अशुभ फल नहीं देगा। लग्नेश द्वादश भाव में स्थित होने से इस कुण्डली के योगकारक ग्रह बुध की राशि में होते हुए भी नीच का होता है। कन्या राशि में स्थित शुक्र यहां स्वगृहाभिलाषी होता हुआ छठे स्थान (मीन राशि) को पूर्ण दृष्टि से देखेगा। जातक सभी प्रकार की सुख-सुविधा व ऐश्वर्य को भोगने वाला होकर राजनीति में अत्यधिक रुचि लेगा, पर राजनीति में उतार-चढ़ाव आते रहेंगे।

यदि सप्तमेश मंगल की स्थिति अच्छी न हो तो जातक के 'द्विभार्या योग' बनता है। जातक कामुक एवं प्रतिपल स्त्री सहवास की कामना रखने वाला, अन्य स्त्रियों में भी ज्यादा रुचि लेता है।

निशानी–ऐसे जातक की स्त्री की सेहत खराब रहती है एवं प्रथम संतति कन्या होती है।

द्वादशशुक्र योग–जातक राजा तुल्य ऐश्वर्य को भोगता है।

शुक्र का अन्य ग्रहों से सम्बन्ध–

1. **शुक्र** + **बुध**–बुध उच्च का, शुक्र नीच का होने से 'नीचभंग राजयोग' की सृष्टि होगी। ऐसे में दोनों ग्रह राजयोग कारक स्थिति बनाएंगे। जातक राजातुल्य, ऐश्वर्य, वैभव एवं संपत्ति को भोगेगा।
2. **शुक्र** + **मंगल**–मंगल की युति 'धनहीन योग' बनाएगी। गृहस्थ सुख में कमी रहेगी।
3. **शुक्र** + **सूर्य**–सूर्य के कारण व्यापार में हानि होगी।
4. **शुक्र** + **शनि**–सुख में कमी, विद्या में बाधा आएगी।
5. **शुक्र** + **चंद्र**–चंद्रमा की युति राज्यसुख, पिता के सुख में बाधक है।
6. **शुक्र** + **गुरु**–गुरु भाईयों के सुख में बाधक है।
7. **शुक्र** + **राहु**–राहु यात्राएं कराएगा। नींद में बाधक है।
8. **शुक्र** + **केतु**–केतु जातक को दु:स्वप्न देगा।

❑❑❑

तुलालग्न में शनि की स्थिति

तुलालग्न में शनि की स्थिति प्रथम स्थान में

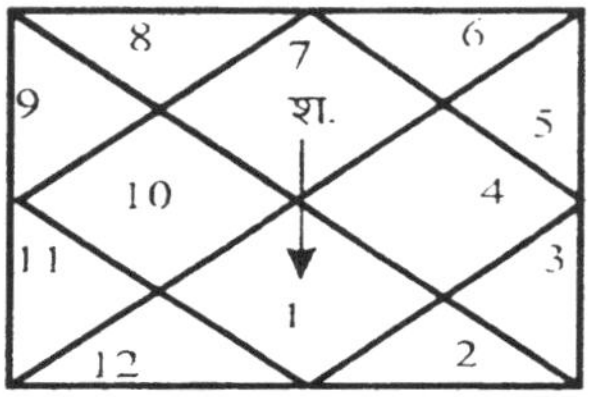

तुलालग्न में शनि चतुर्थेश व पंचमेश होने से राजयोग कारक होकर शुभ फलदाई है। यह लग्नेश शुक्र का मित्र भी है। यहां लग्नस्थ शनि तुला में होगा। तुला राशि में शनि उच्च का होता है। फलत: 'शश योग' की सृष्टि होगी। जातक राजा या राजा का मंत्री होगा। जातक अपने आप में पूर्ण सक्षम व समर्थ व्यक्ति होता है।

दृष्टि–लग्नस्थ शनि की दृष्टि पराक्रम भाव (धनु राशि), सप्तम भाव (मेष राशि) एवं दशम भाव (कर्क राशि) पर होगी। फलत: जातक महान पराक्रमी होगा। पत्नी का सुख एवं राज्य सरकार में जातक का अच्छा दबदबा (प्रभाव) रहेगा।

निशानी–जातक पुत्रवान होगा तथा मातृपक्ष से सुखी होगा।

दशा–शनि की दशा-अन्तर्दशा में जातक को भौतिक सुखों की प्राप्ति होगी। वाहन सुख व संतति सुख मिलेगा।

शनि का अन्य ग्रहों से सम्बन्ध–

1. **शनि + सूर्य**–के कारण 'नीचभंग राजयोग' बनेगा। जातक राजा तुल्य ऐश्वर्यशाली एवं पराक्रमी होगा।
2. **शनि + चंद्र**–जातक की पत्नी सुंदर एवं लक्ष्मी स्वरूप होगी।
3. **शनि + मंगल**–जातक अति धनवान होगा पर लड़ाकू होगा।
4. **शनि + बुध**–जातक परम भाग्यशाली एवं धनवान होगा।
5. **शनि + बृहस्पति**–जातक समाज का अग्रगण्य प्रतिष्ठित व्यक्ति होगा।
6. **शनि + शुक्र**–यहां 'किम्बहुना योग' बनेगा। इससे अधिक और क्या? जातक

निश्चय ही राजा होगा। राजपुरुष होग। यहां 'मालव्य योग' व 'शश योग' की संयुक्त सृष्टि होगी।

7. **शनि + राहु**–जातक हठी व जिद्दी नेता होगा। अपना नुकसान खुद करेगा।

8. **शनि + केतु**–जातक जिद्दी होगा।

तुलालग्न में शनि की स्थिति द्वितीय स्थान में

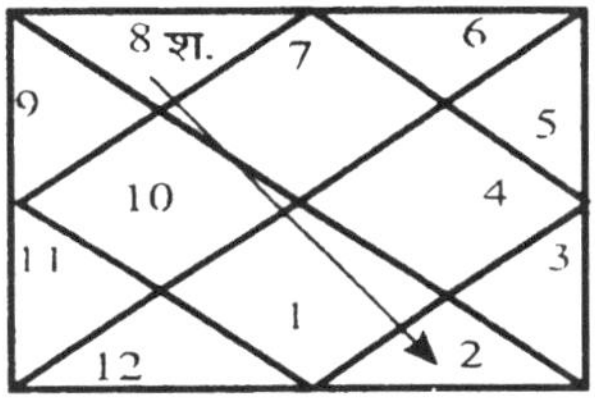

तुलालग्न में शनि चतुर्थेश व पंचमेश होने से राजयोग कारक होकर शुभ फलदाई है। यह लग्नेश शुक्र का मित्र भी है। यहां द्वितीय स्थान में शनि वृश्चिक राशि का होगा। यह शनि की शत्रु राशि है। फिर भी जातक धन, मकान, भूमि, विद्या-बुद्धि स्त्री व संतान का पूर्ण सुख मिलेगा। जातक को पुत्र संतति होगी तथा पुत्र द्वारा धन लाभ भी होगा। जातक के आवक के जरिए मायावी (गुप्त) होंगे।

दृष्टि–द्वितीयस्थ शनि की दृष्टि सुख स्थान (मकर राशि), अष्टम स्थान (वृष राशि) एवं लाभ स्थान (सिंह राशि) पर होगी। फलतः जातक की आयु लंबी होगी। उसे वाहन का सुख मिलेगा। व्यापार में यथेष्ट धन लाभ होगा।

निशानी–जातक को परिश्रम के अनुसार फल मिलेगा।

दशा–शनि की दशा-अन्तर्दशा में धन, ऐश्वर्य सुख-संपत्ति एवं उत्तम संतति की प्राप्ति होगी।

शनि का अन्य ग्रहों से सम्बन्ध–

1. **शनि + चंद्र**–जातक की वाणी कड़वी, जहरीली होगी।

2. **शनि + सूर्य**–जातक की वाणी में विरोधाभास होगा।

3. **शनि + मंगल**–शनि के साथ मंगल हो तो जातक हकला कर बोलेगा पर बलवान धने की सुखेश पंचमेश के साथ होने पर 'मातृमूल धनयोग' एवं 'पुत्रमूल धनयोग' के कारण पुत्र से, माता से एवं भूमि से जातक को धन मिलेगा।

4. **शनि + बुध**–जातक सौभाग्यशाली व कूटनीतिज्ञ होगा।

5. **शनि + बृहस्पति**–जातक की वाणी में विद्वत्ता, गम्भीरता होगी।

6. **शनि + शुक्र**–जातक धनवान होगा। परिश्रम का मीठा फल मिलेगा।
7. **शनि + राहु**–जातक की वाणी कर्कश होगी फलतः धन का नुकसान होगा।
8. **शनि + केतु**–जातक की वाणी में प्रतिशोध होगा।

तुलालग्न में शनि की स्थिति तृतीय स्थान में

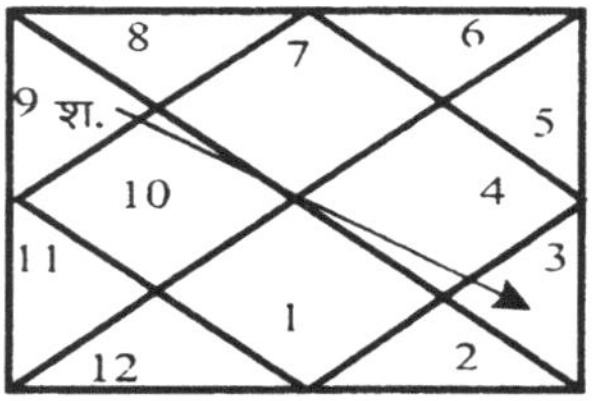

तुलालग्न में शनि चतुर्थेश व पंचमेश होने से राजयोग कारक होकर शुभ फलदाई है। यह लग्नेश शुक्र का मित्र भी है। यहां तृतीयस्थ शनि धनु राशि में होगा। यहां शनि आध्यात्मिक ग्रह का चरित्र धारण करेगा। ऐसा जातक धार्मिक होगा एवं सहोदरों का प्रिय होगा। ऐसा जातक पराक्रमी, नौकरों से युक्त, अच्छे मित्रों वाला, सम्पन्न व सुखी होता है।

दृष्टि–तृतीयस्थ शनि की दृष्टि पंचम भाव अपने स्वयं के घर (कुंभ राशि), भाग्य भवन (मिथुन राशि), एवं व्यय भाव (कन्या राशि) पर होगी। फलतः जातक को पुत्र से लाभ मिलेगा। जातक विद्यावान व अनुभवी होगा। जातक का भाग्य सदैव जातक का साथ देगा। जातक का रुपया शुभ कार्यो में खर्च होगा।

निशानी–जातक के छोटे भाई का नाश होता है। पाराशर ऋषि भी इस बात का समर्थन करते हैं-''अग्रेजातं रविर्दृन्ति, पृष्ठे जातं शनैश्चरः''।

दशा–शनि की दशा-अन्तर्दशा में जातक को भौतिक एवं आध्यात्मिक सुखों की प्राप्ति होती है।

शनि का अन्य ग्रहों से सम्बन्ध–

1. **शनि + सूर्य**–जातक को छोटे-बड़े दोनों भाईयों का नुकसान होगा।
2. **शनि + चंद्र**–जातक को भाई-बहनों का सुख मिलेगा।
3. **शनि + मंगल**–जातक को भाईयों का सुख मिलेगा पर मन नहीं मिलेगा।
4. **शनि + बुध**–जातक की बहन अधिक होंगी।
5. **शनि + बृहस्पति**–जातक को बड़े भाई का सुख रहेगा।
6. **शनि + शुक्र**–जातक के पुरुषार्थ से पराक्रम बढ़ेगा।
7. **शनि + राहु**–जातक के परिजनों में प्रेम नहीं होगा।
8. **शनि + केतु**–जातक के परिजनों में अविश्वास अधिक होगा।

तुलालग्न में शनि की स्थिति चतुर्थ स्थान में

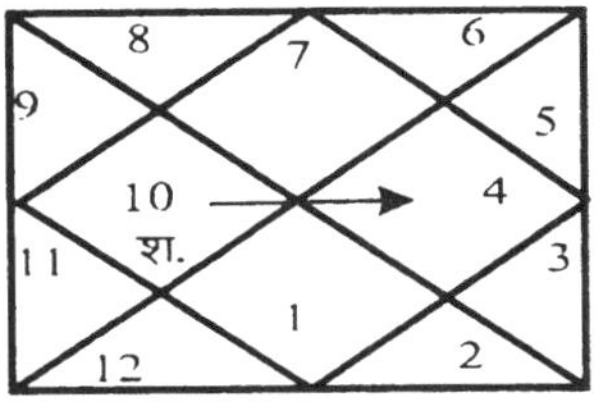

तुलालग्न में शनि चतुर्थेश व पंचमेश होने से राजयोग कारक होकर शुभ फलदाई है। यह लग्नेश शुक्र का मित्र भी है। यहां चतुर्थ भाव में शनि मकर राशि का होकर स्वगृही होगा एव कुण्डली में 'शश योग' का निर्माण करेगा। ऐसा जातक राजा के समान ऐश्वर्यशाली, पराक्रमी, साहसी व धनवान होता है।

दृष्टि–चतुर्थस्थ शनि की दृष्टि छठे भाव (मीन राशि) राज्य भाव (कर्क राशि) एवं लग्न स्थान (तुला राशि) पर होगी। फलत: जातक रोग व शत्रुओं का नाश करने में समर्थ होता है। जातक राजनीति में प्रवीण होगा एवं उन्नति पथ की ओर बढ़ता रहेगा।

दशा–शनि की दशा-अन्तर्दशा में जातक सभी प्रकार के सुखों को प्राप्त करेगा। जातक को संतति की प्राप्ति होगी। ज्ञानार्जन में विशेष वृद्धि होगी।

शनि का अन्य ग्रहों से सम्बन्ध–

1. **शनि + चंद्र**–जातक को माता का सुख मिलेगा।
2. **शनि + सूर्य**–जातक का भाग्योदय पिता की मृत्यु से होगा।
3. **शनि + मंगल**–यदि मंगल साथ हो तो 'किम्बहुना योग' नामक 'राजयोग' बनेगा। इससे अधिक और क्या जातक निश्चय ही राजपुरुष होगा।
4. **शनि + बुध**–जातक के पास अनेक वाहन एवं मकान होंगे।
5. **शनि + बृहस्पति**–जातक के अनेक नौकर होंगे पर मित्रवत् होंगे।
6. **शनि + शुक्र**–यहां शुक्र की युति 'कुलदीपक योग' के साथ राजयोग प्रदाता है।
7. **शनि + राहु**–जातक की माता बीमार रहेगी। हृदय रोग संभव है।
8. **शनि + केतु**–जातक की माता को अस्थमा होगा।

तुलालग्न में शनि की स्थिति पंचम स्थान में

तुलालग्न में शनि चतुर्थेश व पंचमेश होने से राजयोग कारक होकर शुभ फलदाई है। यह लग्नेश शुक्र का मित्र भी है। यहां पंचमस्थ शनि कुंभ राशि में होगा। कुंभ शनि की मूलत्रिकोण राशि है। ऐसा जातक राजातुल्य ऐश्वर्य को भोगता है तथा

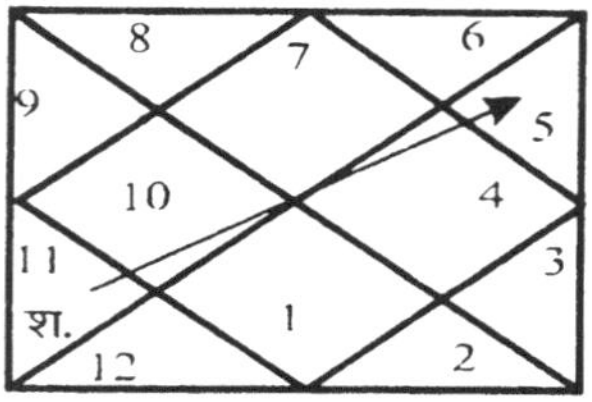

राजनीति में भाग लेकर उच्च पद को प्राप्त करता है। जातक विद्या, स्त्री-पुत्र, धन इत्यादि सुखों से परिपूर्ण गृहस्थ सुख को भोगता है।

दृष्टि–पंचमस्थ शनि की दृष्टि सप्तम भाव (मेष राशि), लाभ स्थान (सिंह राशि) एवं धन स्थान (वृश्चिक राशि) पर होगी।

निशानी–जातक के प्राय: पांच पुत्र होते हैं।

शनि का अन्य ग्रहों से सम्बन्ध–

1. **शनि** + **सूर्य**–पुत्र जरूर होगा। व्यापार में लाभ होगा।
2. **शनि** + **चंद्र**–पुत्र-पुत्री दोनों होंगे। दो कन्या जरूर होंगी।
3. **शनि** + **मंगल**–जातक को तीन या पांच पुत्र जरूर होंगे।
4. **शनि** + **बुध**–जातक को पुत्र-पुत्री दोनों का लाभ होगा।
5. **शनि** + **बृहस्पति**–जातक के पांच पुत्र होते हैं।
6. **शनि** + **शुक्र**–जातक को कन्या संतति की बाहुल्यता रहेगी।
7. **शनि** + **राहु**–जातक के पुत्र संतति में बाधा आएगी।
8. **शनि** + **केतु**–जातक के पुत्र संतति विलम्ब से होगी।

तुलालग्न में शनि की स्थिति षष्ट्म स्थान में

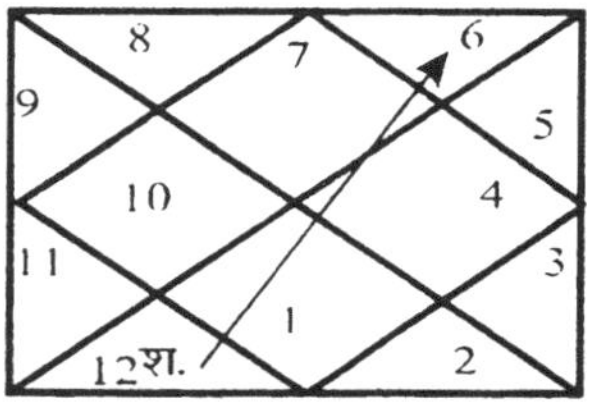

तुलालग्न में शनि चतुर्थेश व पंचमेश होने से राजयोग कारक होकर शुभ फलदाई है। यह लग्नेश शुक्र का मित्र भी है। यहां छठे भाव में शनि मीन राशि में होगा। मीन राशि शनि की सम राशि ऐसा जातक भौतिक सुख-समृद्धि एवं भौतिक उन्नति की प्राप्ति में विश्वास रखते हैं। शनि के छठे जाने से 'सुखभंग योग' एवं 'संततिहीन योग' की सृष्टि हुई है। जातक कानून व गूढ़ शास्त्रों का ज्ञाता होगा। परन्तु भौतिक सुखों व उपलब्धियों की प्राप्ति हेतु जातक को काफी संघर्ष करना पड़ेगा।

दृष्टि–छठे भावगत शनि की दृष्टि अष्टम स्थान (वृष राशि), व्यय भाव (कन्या राशि) एवं पराक्रम भाव (धनु राशि) पर होगी। फलत: जातक ऋण, रोग व शत्रु से बाधित रहेगा। जातक खर्चीले स्वभाव का होगा।

निशानी–ऐसा जातक माता के सुख से हीन अथवा दत्तक पुत्र वाला होता है।

दशा–शनि की दशा-अन्तर्दशा मिश्रित फलकारी होती है।

शनि का अन्य ग्रहों से सम्बन्ध–

1. **शनि + चंद्र**–राज्यपक्ष में विरोध मिलेगा। मुकदमें हारेंगे।
2. **शनि + सूर्य**–सरकारी दण्ड मिलेगा।
3. **शनि + मंगल**–भृगुसूत्र के अनुसार 'कुजयुतें देशान्तर संचारी' जातक विदेश में जाकर धन कमाएगा।
4. **शनि + बुध**–'भाग्यभंग योग' के कारण भाग्योदय में अनेक बाधाएं आएंगी।
5. **शनि + बृहस्पति**–हर्ष योग के कारण जातक पराक्रमी होगा।
6. **शनि + शुक्र**–जातक के उत्साह में कमी रहेगी।
7. **शनि + राहु**–शत्रु परेशान करेंगे पर जातक शत्रुओं को नष्ट करने में समर्थ होगा।
8. **शनि + केतु**–गुप्त शत्रु होंगे।

तुलालग्न में शनि की स्थिति सप्तम स्थान में

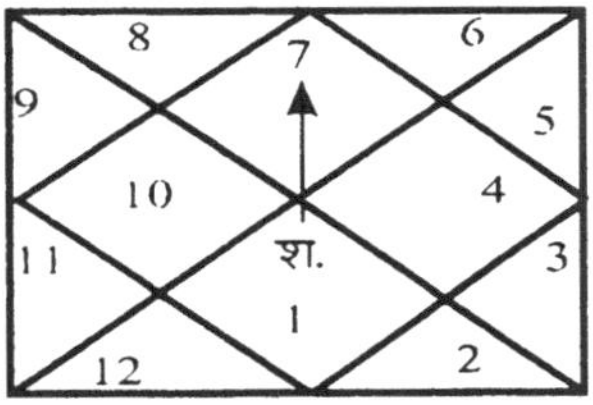

तुलालग्न में शनि चतुर्थेश व पंचमेश होने से राजयोग कारक होकर शुभ फलदाई है। यह लग्नेश शुक्र का मित्र भी है। यहां सप्तम स्थान में शनि मेष राशि में होगा। जो कि शनि की नीच राशि है। यहां शनि व 20 अंशों में परम नीच का होगा। ऐसे जातक की शिक्षा पूर्ण नहीं होती। पाराशर ऋषि कहते हैं-''सभायां मूकवद भवेत्'' कि जातक सभा में गूंगा हो जाता है। जो बात जहां कहनी चाहिए, कह नहीं पाता। जातक परोपकारी होता है पर जीवनसाथी से विचार कम मिलते हैं। गृहस्थ सुख में खटपट होती रहती है।

दृष्टि–सप्तमस्थ नीच के शनि की दृष्टि भाग्य भवन (मिथुन राशि), लग्न स्थान (तुला राशि) एवं चतुर्थ भाव (मकर राशि) पर होगी। फलतः जातक उत्तम वाहन वाला, अच्छे व्यक्तित्व व प्रभाव वाला भाग्यशाली जातक होगा।

निशानी–जातक प्रेम या अन्तर्जातीय विवाह के लिए उत्सुक रहता है तथा अपने जीवन साथी से असंतुष्ट रहता है।

दशा–शनि की दशा-अन्तर्दशा में जातक की उन्नति होगी।

शनि का अन्य ग्रहों से सम्बन्ध–

1. **शनि + चंद्र**–जातक की पत्नी सुंदर होगी पर क्रोधी स्वभाव की होगी।
2. **शनि + सूर्य**–'नीचभंग राजयोग' के कारण जातक राजपुरुष होगा। पराक्रमी होगा
3. **शनि + मंगल**–मंगल की युति से 'नीचभंग राजयोग' बनेगा। जातक स्त्री की योनि 'गुप्तांगों' का चुम्बन करता है।
4. **शनि + बुध**–जातक बौद्धिक क्षमता से धनार्जन करेगा।
5. **शनि + बृहस्पति**–जातक को मित्रों व परिजनों से लाभ होगा।
6. **शनि + शुक्र**–शास्त्रकार कहते हैं "शुक्रयुते भग चुम्बन पर:" शनि के साथ शुक्र होने पर जातक अत्यधिक कामी होकर भग चुम्बन करता है।
7. **शनि + राहु**–गृहस्थ सुख में अहम् का टकराव रहेगा।
8. **शनि + केतु**–भृगुसूत्र के अनुसार "केतुयुते स्त्री सम्भोगी" जातक अन्य स्त्रियों के संपर्क में रहता है।

तुलालग्न में शनि की स्थिति अष्टम स्थान में

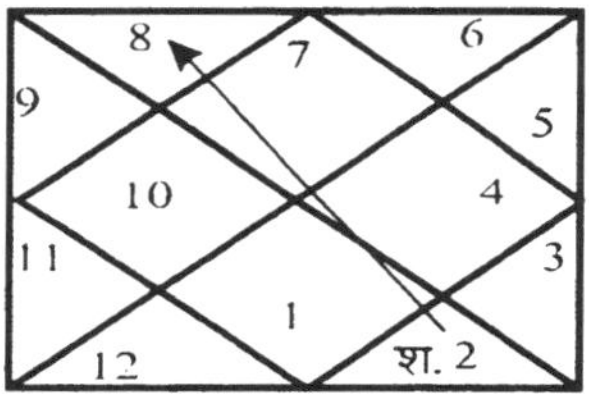

तुलालग्न में शनि चतुर्थेश व पंचमेश होने से राजयोग कारक होकर शुभ फलदाई है। यह लग्नेश शुक्र का मित्र भी है। यहां अष्टमस्थ शनि वृष राशि में होगा जो कि शनि की मित्र राशि है। शनि की इस स्थिति से 'सुखहीन योग' एवं 'संततिहीन योग' की सृष्टि होती है। ऐसा जातक दीर्घायु को प्राप्त तो करता है परंतु अच्छे मकान, अच्छे वाहन, अच्छी शिक्षा की प्राप्ति हेतु जीवन भर संघर्ष करता रहता है। पर संघर्ष के बाद अन्तिम सफलता निश्चित है। जातक प्राय: क्रोधी अथवा नपुंसक होता है।

दृष्टि–अष्टमस्थ शनि की दृष्टि राज्य भाव (कर्क राशि), धन भाव (वृश्चिक राशि) एवं पंचम भाव स्वयं की (कुंभ राशि) राशि पर होगी। फलत: जातक राजनीति में सिद्ध हस्त होगा। जातक धनवान होगा एवं पुत्रवान भी होगा।

निशानी–जातक की पीठ पीछे जातक की बहुत बुराई होगी।

दशा–शनि की दशा-अन्तर्दशा मिश्रित फल, शुभ अशुभ दोनों परिणाम देगी।

शनि का अन्य ग्रहों से सम्बन्ध–

1. **शनि + चंद्र**–चंद्रमा उच्च का होते हुए भी राजा से भय मिलेगा।

2. **शनि + सूर्य**–राजदण्ड की सम्भावना प्रबल है।

3. **शनि + मंगल**–धन की हानि, गृहस्थ सुख में बाधा रहेगी।

4. **शनि + बुध**–'भाग्यभंग योग' के कारण भाग्योदय में रुकावटें आएंगी। जातक भौतिक सुखों की प्राप्ति हेतु तरसेगा।

5. **शनि + बृहस्पति**–जातक को भाईयों से विरोध मिलेगा।

6. **शनि + शुक्र**–'लग्नभंग योग' के कारण उत्साह में कमी रहेगी। वीर्य दूषित होगा।

7. **शनि + राहु**–गुप्त बीमारी होगी। बीमारी स्थाई होगी।

8. **शनि + केतु**–हल्की दुर्घटना का भय रहेगा।

तुलालग्न में शनि की स्थिति नवम स्थान में

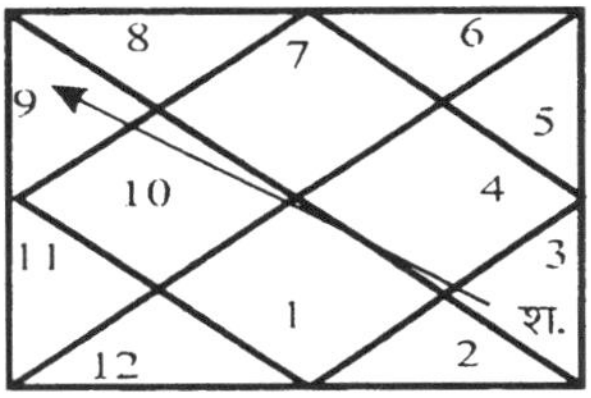

तुलालग्न में शनि चतुर्थेश व पंचमेश होने से राजयोग कारक होकर शुभ फलदाई है। यह लग्नेश शुक्र का मित्र भी है। यहां नवम स्थान में शनि मिथुन राशि में होगा। यह इसकी मित्र राशि है। शनि की यह स्थिति राजयोग प्रदायक है। जातक किस्मत वाला होता है, परिवार की तरक्की करने वाला होता है। जातक को विद्या, बुद्धि, स्त्री सुख, संतान सुख की प्राप्ति सहज में ही हो जाती है। जातक को व्यापार, व्यवसाय, ठेकेदारी के कार्य में लाभ होगा।

दृष्टि–नवम भावगत शनि की दृष्टि लाभ स्थान (सिंह राशि), तृतीय भाव (धनु राशि) एवं छठे स्थान (मीन राशि) पर होगी। फलतः जातक पराक्रमी होगा। मित्रों से लाभ पाने वाला, रोग व शत्रुओं का नाश करने में समर्थ एवं व्यापार (ठेकेदारी) से धन प्राप्त करता है।

निशानी–ऐसे जातक का पुत्र राजातुल्य पराक्रमी होता है।

दशा–शनि की दशा-अन्तर्दशा में जातक का भाग्योदय होता है। उसे सभी भौतिक सुखों की प्राप्ति होती है।

शनि का अन्य ग्रहों से सम्बन्ध–

1. **शनि + चंद्र**–जातक राज्यपक्ष में अति प्रभावशाली व्यक्ति होगा।

2. **शनि + सूर्य**–सरकारी क्षेत्र में सम्मान मिलेगा।

3. **शनि + मंगल**–धन की प्राप्ति हेतु किये गये प्रयासों में सफलता तथा भूमि लाभ मिलेगा।

4. **शनि + बुध**–जीवन के 34वें वर्ष में कोई बड़ा धार्मिक कार्य हाथ में होगा।

5. **शनि + बृहस्पति**–परिजनों-इष्टमित्रों से लाभ संभव है।

6. **शनि + शुक्र**–जातक भाग्यशाली होगा। भाग्य पग-पग पर मदद करेगा।

7. **शनि + राहु**–भाग्योदय में विलम्ब पर सफलता सुनिश्चित है।

8. **शनि + केतु**–विलम्ब से भाग्योदय होगा।

तुलालग्न में शनि की स्थिति दशम स्थान में

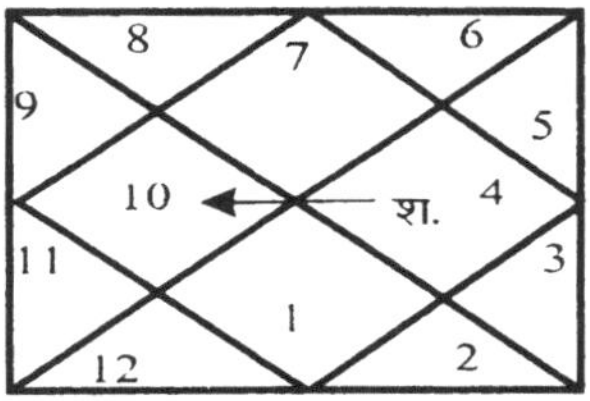

तुलालग्न में शनि चतुर्थेश व पंचमेश होने से राजयोग कारक होकर शुभ फलदाई है। यह लग्नेश शुक्र का मित्र भी है। यहां दशम स्थान में शनि कर्क राशि में होगा। यह शनि की मित्र राशि है। शनि की यह स्थिति राजयोग प्रदायक है। ऐसा जातक मानसागरी के अनुसार ग्राम का मुखिया, नगर दण्डनायक, न्यायाधीश, सरपंच, राजनेता होता है। ऐसे जातक को माता-पिता का सुख, स्त्री-संतान का सुख, विद्या, ज्ञान व शास्त्रों का अर्जन सहज में ही प्राप्त होता है।

दृष्टि–दशमस्थ शनि की दृष्टि व्यय भाव (कन्या राशि), चतुर्थ भाव (मकर राशि) एवं सप्तम भाव (मेष राशि) पर होगी। फलत: जातक को माता का सुख, वाहन का सुख मिलेगा। जातक परोपकारी होगा। पुरुषार्थ व परोपकार के कार्य में धन का सदुपयोग करेगा।

दशा–शनि की दशा-अन्तर्दशा में जातक की नौकरी-व्यवसाय में उन्नति होगी।

शनि का अन्य ग्रहों से सम्बन्ध–

1. **शनि + चंद्र**–जातक परमभाग्यशाली व प्रदेश का प्रमुख व्यक्ति होगा।

2. **शनि + सूर्य**–जातक सरकारी क्षेत्र का प्रधान होगा।

3. **शनि + बुध**–बौद्धिक क्षमता से जातक की उन्नति होगी।

4. **शनि + मंगल**–जातक खूंखार व्यक्तित्व का धनी होगा। मंगल के दिग्बली होने से शक्ति सकारात्मक कार्यों में खर्च होगी।

5. **शनि + बृहस्पति**–गुरु उच्च का होने से 'हंस योग' के कारण जातक राजातुल्य ऐश्वर्य को भोगेगा।
6. **शनि + शुक्र**–जातक सुखी होगा। एकाधिक वाहनों का स्वामी होगा।
7. **शनि + राहु**–जातक को राजकार्य में बाधा मिलेगी। धोखा होगा।
8. **शनि + केतु**–सरकारी क्षेत्र में काम आसानी से नहीं होंगे।

तुलालग्न में शनि की स्थिति एकादश स्थान में

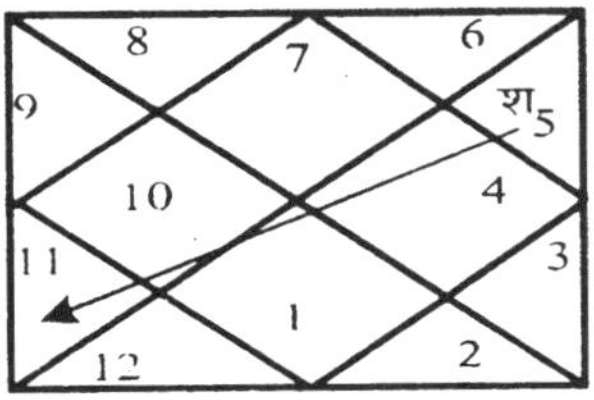

तुलालग्न में शनि चतुर्थेश व पंचमेश होने से राजयोग कारक होकर शुभ फलदाई है। यह लग्नेश शुक्र का मित्र भी है। यहां एकादश स्थान में शनि सिंह राशि में होगा। जो कि शनि की शत्रु राशि है। जातक को उत्तम भवन, उत्तम नौकरी, व्यापार-व्यवसाय की प्राप्ति होगी। जातक राजपूजक होता है। उसको सरकारी अधिकारियों एवं सरकारी ठेकों से लाभ होता है।

निशानी–जातक बहुत पुत्र वाला एवं महाधनी व्यक्ति होगा। ऐसा जातक उम्र से अधिक वय वाला दिखाई देगा।

दृष्टि–एकादश भाव में स्थित शनि की दृष्टि लग्न भाव (तुला राशि), पंचम भाव (कुंभ राशि) अपनी राशि तथा अष्टम भाव (वृष राशि) पर होगी। फलतः जातक को उच्च श्रेणी की विद्या, बुद्धि, संतान लंबी आयु एवं उच्च उन्नति की प्राप्ति होगी।

दशा–शनि की दशा-अन्तर्दशा में जातक का भौतिक सुखों व राजकीय सम्मान की प्राप्ति होगी।

शनि का अन्य ग्रहों से सम्बन्ध–

1. **शनि + चंद्र**–जातक उद्योगपति होगा। जातक की संतति भी धनवान होगी।
2. **शनि + सूर्य**–जातक सरकारी क्षेत्र में प्रभावशाली होगा। राजकीय सम्मान मिलेगा।
3. **शनि + मंगल**–जातक को पुत्र से, शिक्षा से लाभ मिलेगा।
4. **शनि + बुध**–जातक का भाग्य बलवान होगा। जातक उद्योगपति होगा।
5. **शनि + बृहस्पति**–जातक पराक्रमी होगा। मित्रवर्ग श्रेष्ठ होगा।
6. **शनि + शुक्र**–जातक उन्नतिशील होगा। निरन्तर आगे बढ़ेगा।

7. **शनि + राहु** -लाभांश में भारी रुकावट होगी।

8. **शनि + केतु** -लाभ में बाधा आएगी।

तुलालग्न में शनि की स्थिति द्वादश स्थान में

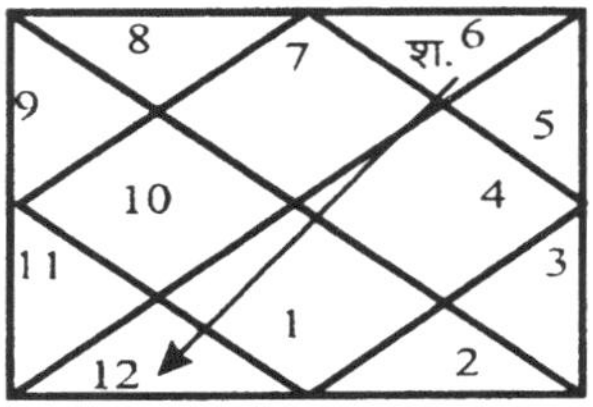

तुलालग्न में शनि चतुर्थेश व पंचमेश होने से राजयोग कारक होकर शुभ फलदाई है। यह लग्नेश शुक्र का मित्र भी है। यहां द्वादश स्थान में शनि कन्या राशि में होगा। यह शनि की मित्र राशि है। हालांकि शनि की इस स्थिति में 'सुखभंग योग' एवं 'संतानहीन योग' की सृष्टि हुई है। यह स्थिति ज्यादा नुकसानदायक नहीं है। जातक को भौतिक सुखों की प्राप्ति में बाधा, घर, धन, वाहन, नौकर-चाकर, सुख मे बाधा महसूस होगी। संतान सुख भी विलम्ब से प्राप्त होगा। जातक को दत्तक पुत्र की प्राप्ति होगी।

दृष्टि–द्वादशस्थ शनि की दृष्टि धन भाव (वृश्चिक राशि), अष्टम भाव (मीन राशि) एवं भाग्य भाव (मिथुन राशि) पर होगी। फलत: धन संग्रह में बाधा रहेगी। कुटुम्ब सुख में कमी एवं भाग्योदय में रुकावट महसूस होगी।

निशानी–जातक आलसी होगा।

दशा–शनि की दशा-अन्तर्दशा में जातक परेशान भी होगा और उपलब्धियों को भी प्राप्त करेगा।

शनि का अन्य ग्रहों से सम्बन्ध–

1. **शनि + चंद्र**–जातक को राजदण्ड का भय रहेगा।
2. **शनि + सूर्य**–व्यापार में राजदण्ड मिलेगा।
3. **शनि + मंगल**–'पापयुते नरक प्राप्ति' जातक को अकाल मृत्यु का भय रहेगा।
4. **शनि + बुध**–जातक कर्जदार होगा।
5. **शनि + बृहस्पति**–जातक का पराक्रम भंग होगा। मानहानि होगी।
6. **शनि + शुक्र**–जातक को जेल जाने का भय रहेगा।
7. **शनि + राहु**–भृगुसूत्र के अनुसार 'पापयुते नेत्रच्छेद' जातक को नेत्र विकार होगा।
8. **शनि + केतु**–जातक को नेत्र विकार होगा।

❑❑❑

तुलालग्न में राहु की स्थिति

तुलालग्न में राहु की स्थिति प्रथम स्थान में

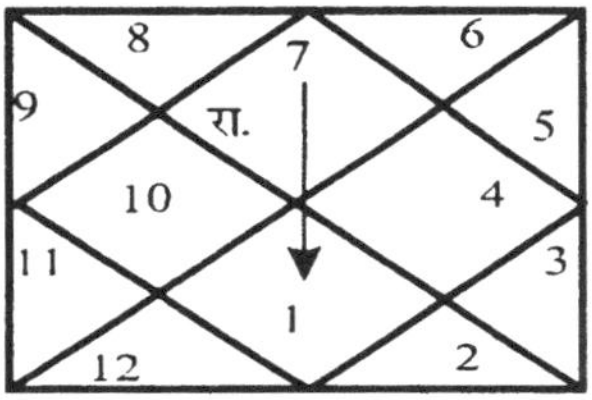

तुलालग्न में राहु अपनी मित्र राशि में है क्योंकि लग्नेश शुक्र राहु का मित्र ग्रह है। तुलालग्न में लग्नस्थ राहु मित्र क्षेत्री होगा। ऐसा जातक विषयासक्त, असंयमी, व्यसनी, दुराचारी, लम्पट और स्वेच्छाचारी होता है। इनका पारिवारिक जीवन, गृहस्थ जीवन असंतोष जनक होता है। जातक को शिक्षा नौकरी व व्यवसाय में रुकावटों का सामना करना पड़ेगा।

निशानी—जातक का जन्म ननिहाल या अस्पताल में होता है।

दशा—यदि कालसर्प योग न हो तो राहु की दशा-अन्तर्दशा शुभ फल देगी।

राहु का अन्य ग्रहों से सम्बन्ध

1. **राहु + चंद्र**—कार्य में रुकावट, नौकरी में रुकावट होगी।
2 **राहु + सूर्य**—सरकारी पक्ष में रुकावट।
3. **राहु + मंगल**—भाईयों में विवाद।
4. **राहु + बुध**—भाग्य में रुकावट।
5. **राहु + बृहस्पति**—मित्रों से मनमुटाव।
6. **राहु + शुक्र**—परिश्रम का लाभ नहीं।
7. **राहु + शनि**—शिक्षा में रुकावट सम्भव।

तुलालग्न में राहु की स्थिति द्वितीय स्थान में

तुलालग्न में राहु अपनी मित्र राशि में है क्योंकि लग्नेश शुक्र राहु का मित्र ग्रह है। यहां द्वितीय स्थान में राहु वृश्चिक राशि का होगा। वृश्चिक राशि में राहु

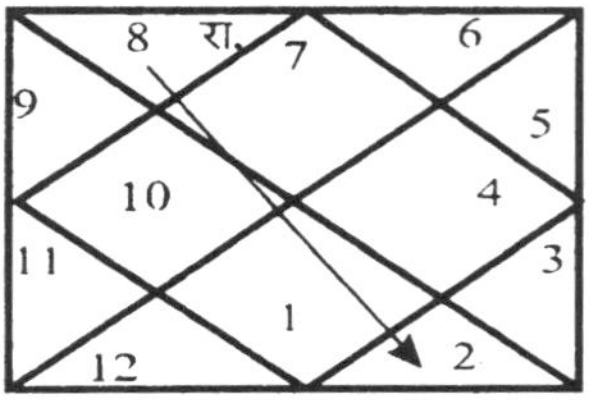

नीच का होता है। यहां राहु की उपस्थिति धन के घड़े में छेद के समान है। जातक में वाणी दोष, गुप्तरोग, कुटुम्ब में असंतोष, प्रारम्भिक विद्या में रुकावट होगी।

दशा–राहु की दशा धन प्राप्ति में बाधक होगी।

राहु का अन्य ग्रहों से सम्बन्ध

1. राहु + **चंद्र**–नेत्र विकार सम्भव है।
2 राहु + **सूर्य**–राजदण्ड से धननाश होगा। नेत्र विकार सम्भव।
3. राहु + **मंगल**–धन आएगा पर खर्च होता चला जाएगा।
4. राहु + **बुध**–भाग्य में रुकावटें।
5. राहु + **बृहस्पति**–धन के कारण भाईयों में विवाद सम्भव।
6. राहु + **शुक्र**–परिश्रम के धन में विवाद सम्भव।
7. राहु + **शनि**–विद्या में व्यवधान।

तुलालग्न में राहु की स्थिति तृतीय स्थान में

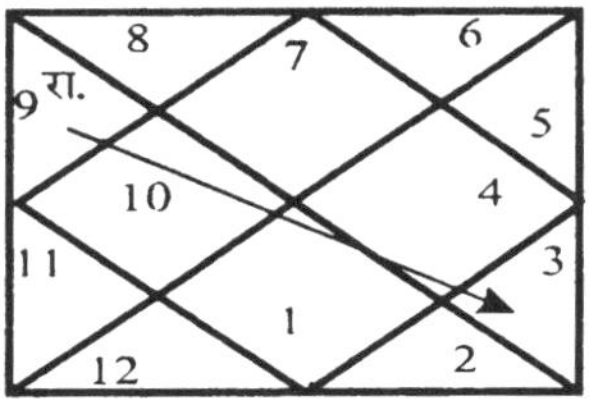

तुलालग्न में राहु अपनी मित्र राशि में है क्योंकि लग्नेश शुक्र राहु का मित्र ग्रह है। यहां तृतीय स्थान में राहु धनु राशि का होगा। धनु राशि राहु की शत्रु राशि है। ऐसे जातक को धन, यश व कीर्ति अर्जित करने में बाधा होगी परिजनों में, भाईयों में, भागीदारों में अविश्वास की स्थिति रहेगी।

दशा–राहु की दशा से पराक्रम में रुकावट होगी।

राहु का अन्य ग्रहों से सम्बन्ध

1. राहु + **चंद्र**–भाई-बहनों में विवाद।
2 राहु + **सूर्य**–सरकारी कर्मचारियों में विवाद।
3. राहु + **मंगल**–एकाध भाई की अकाल मृत्यु।
4. राहु + **बुध**–शिक्षा में रुकावट।
5. राहु + **बृहस्पति**–बड़ों के प्रति अनादर की भावना।
6. राहु + **शुक्र**–परिश्रम में रुकावट।
7. राहु + **शनि**–शिक्षा व संतति में रुकावट।

तुलालग्न में राहु की स्थिति चतुर्थ स्थान में

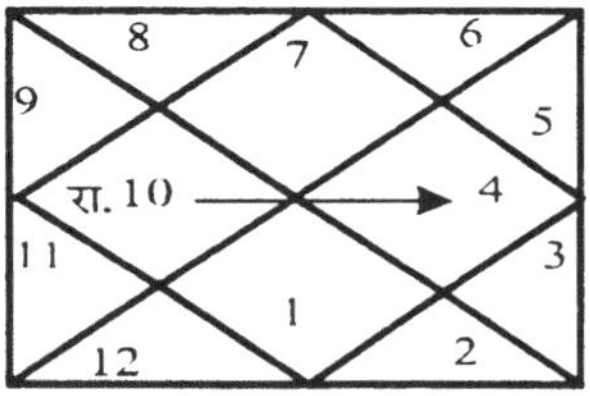

तुलालग्न में राहु अपनी मित्र राशि में है क्योंकि लग्नेश शुक्र राहु का मित्र ग्रह है। यहां चतुर्थ स्थान में राहु मकर राशि का होगा। मकर राशि राहु की सम राशि है। ऐसे जातक जमीन-जायदाद, आर्थिक मामलों, वैभव, ऐश्वर्य एवं प्रतिष्ठा के मामले में खुश किस्मत नहीं होते। जीवन में प्रगति एवं सामान्य सुख से वंचित रहते हैं। अच्छा घर, अच्छा वाहन, एवं अच्छे नौकर के मामले में भाग्यशाली नहीं होते।

दशा–राहु की दशा में सुख प्राप्ति में बाधा आएगी।

राहु का अन्य ग्रहों से सम्बन्ध

1. **राहु + चंद्र**–माता को कष्ट।
2 **राहु + सूर्य**–पिता को कष्ट।
3. **राहु + मंगल**–भाईयों को कष्ट, धन हानि।
4. **राहु + बुध**–उच्च शिक्षा में व्यवधान।
5. **राहु + बृहस्पति**–गुरु से द्वेष, बड़ों का अनादर।
6. **राहु + शुक्र**–वाहन दुर्घटना योग।
7. **राहु + शनि**–वाहन से चोट पहुंचेगी।

तुलालग्न में राहु की स्थिति पंचम स्थान में

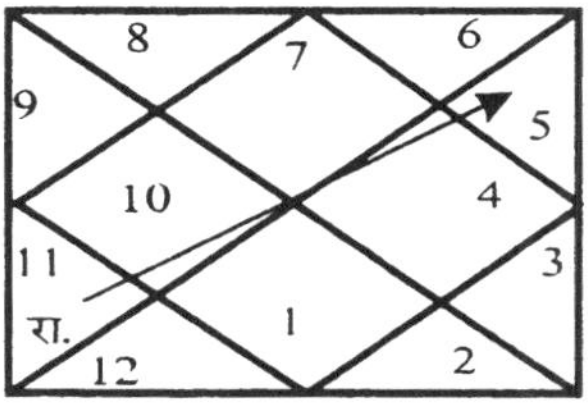

तुलालग्न में राहु अपनी मित्र राशि में है क्योंकि लग्नेश शुक्र राहु का मित्र ग्रह है। यहां पंचम स्थान में राहु कुंभ राशि का होगा। कुंभ राशि राहु की स्वराशि है। ऐसे जातक की विद्या में बाधा आती है। बुद्धि एवं प्रतियोगी परीक्षा, लॉटरी सट्टे व शेयर में भाग्य साथ नहीं देता।

राहु की यह स्थिति पुत्र संतान की प्राप्ति में बाधक है।

दशा–राहु की दशा चिन्ताकारक, विद्या-संतान में रुकावट वाली सिद्ध होगी।

राहु का अन्य ग्रहों से सम्बन्ध

1. **राहु + चंद्र**–कन्या की अकाल मृत्यु।

2 **राहु + सूर्य**–पुत्र संतति का नाश।

3. **राहु + मंगल**–पुत्र व भाई का नाश।

4. **राहु + बुध**–पुत्री का नाश।

5. **राहु + बृहस्पति**–गुरु व ज्ञान का शोषण।

6. **राहु + शुक्र**–गुप्त बीमारी।

7. **राहु + शनि**–शिक्षा में बाधा। सुख में बाधा।

तुलालग्न में राहु की स्थिति षष्ट्म स्थान में

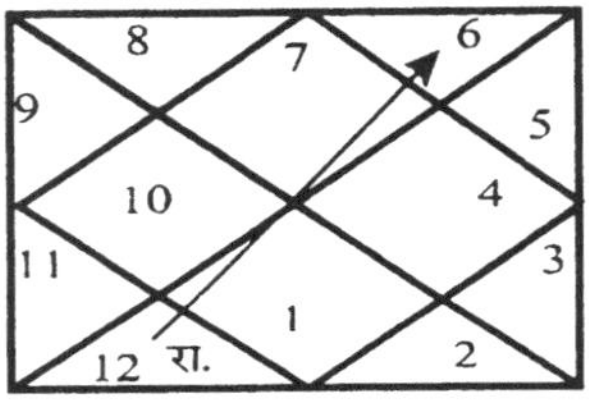

तुलालग्न में राहु अपनी मित्र राशि में है क्योंकि लग्नेश शुक्र राहु का मित्र ग्रह है। यहां छठे स्थान में राहु मीन राशि का होगा। मीन राशि राहु की प्रिय राशि नहीं है। शास्त्रकारों ने छठे स्थान में राहु की स्थिति को राजयोग कारक माना है। कहा गया है-"भिषा एकादशे राहु राजयोगो प्रकश्यते"ऐसे जातक फलत: ऐसे जातक का जीवन उन्नतिशील, प्रतिष्ठा जनक, आर्थिक एवं भौतिक सुख-सुविधाओं से सम्पन्न होता है। जातक अपने शत्रुओं का नाश करने में सक्षम व समर्थ होता है।

दशा–यदि कुण्डली में कालसर्प योग न हो तो राहु की दशा शुभफल देगी।

राहु का अन्य ग्रहों से सम्बन्ध

1. **राहु + चंद्र**–राज्य सम्मान में बाधा।

2 **राहु + सूर्य**–सरकारी कार्य में रोड़ा।

3. **राहु + मंगल**–भाईयों द्वारा धन नाश।

4. **राहु + बुध**–बहनों का सुख नहीं।

5. **राहु + बृहस्पति**–गुरुजनों का सम्मान।

6. **राहु + शुक्र**–परिश्रम के फल में बाधा।

7. **राहु + शनि**–शिक्षा व सुख में बाधा।

तुलालग्न में राहु की स्थिति सप्तम स्थान में

तुलालग्न में राहु अपनी मित्र राशि में है क्योंकि लग्नेश शुक्र राहु का मित्र ग्रह है। यहां सप्तम स्थान में राहु मेष राशि का होगा। मेष राशि राहु की सम राशि

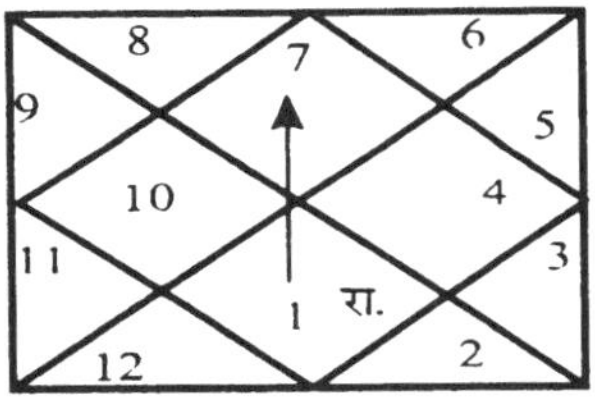

है। ऐसे जातक को धन, पद, प्रतिष्ठा, नौकरी एवं व्यापार में भरपूर सफलता मिलती है। ऐसे जातक राजनीतिज्ञ व कूटनीतिज्ञ होते हैं।

गृहस्थ सुख, पत्नी सुख में राहु की यह स्थिति बाधक होती है। जीवन साथी से मनमुटाव, खटपट, तनाव या विद्रोह की स्थिति बनती है।

निशानी–जातक स्वेच्छाचारी एवं व्याभिचारी होता है।

दशा–राहु की दशा-अन्तर्दशा शुभ फल देगी।

राहु का अन्य ग्रहों से सम्बन्ध

1. **राहु + चंद्र**–पत्नी सुंदर पर गृहस्थ सुख में विवाद रहेगा।
2. **राहु + सूर्य**–राज्यपथ में लाभ पर नौकरी में विवाद रहेगा।
3. **राहु + मंगल**–भाईयों से लाभ पर व्यक्तिगत विवाद रहेगा।
4. **राहु + बुध**–बुद्धि में लाभ पर बुद्धि कुण्ठित होगी।
5. **राहु + बृहस्पति**–भाईयों से लाभ, ज्ञान से लाभ पर कुतर्क अधिक।
6. **राहु + शुक्र**–परिश्रम का पूरा लाभ पर खुद के निर्णय कई बार गलत होंगे।
7. **राहु + शनि**–सुख प्राप्ति पर उपकरण (रास्ता) गलत विदेशी पढ़ाई व स्त्री में रुचि, अर्न्तजातीय विवाह।

तुलालग्न में राहु की स्थिति अष्टम स्थान में

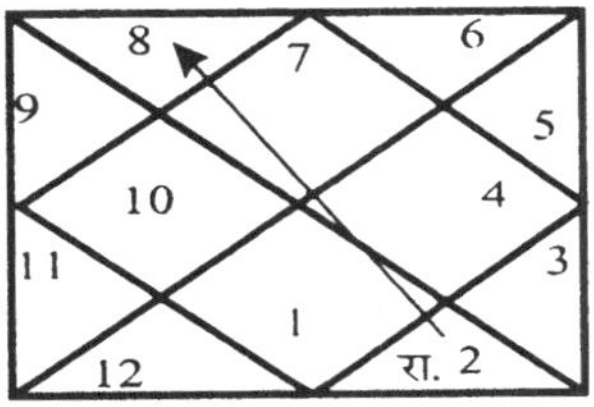

तुलालग्न में राहु अपनी मित्र राशि में है क्योंकि लग्नेश शुक्र राहु का मित्र ग्रह है। यहां अष्टम स्थान में राहु वृष राशि का होगा। वृष राशि में राहु उच्च का कहलता है। यहां राहु की स्थिति दीर्घायु व उत्तम स्वास्थ्य घातक है। राहु गुप्त रोग देता है। अचानक दुर्घटना की स्थिति बनती है। जातक के पैरों में कष्ट हो सकता है। यदि लापरवाही रही तो लाइलाज बीमारी होगी।

दशा–राहु की दशा-अन्तर्दशाा कष्ट पूर्ण होगी। यदि कुण्डली में कालसर्पयोग है तो आयु के लिए घातक दशा होगी।

राहु का अन्य ग्रहों से सम्बन्ध

1. **राहु + चंद्र**–दुर्घटना भय, जलभय रहेगा।
2 **राहु + सूर्य**–दुर्घटना भय, अग्निभय रहेगा।
3. **राहु + मंगल**–दुर्घटना भय, रक्तचाप रहेगा।
4. **राहु + बुध**–भाग्योदय में भयंकर बाधा होगी।
5. **राहु + बृहस्पति**–पिता, श्वसुर, बड़े भाई की चिंता होगी।
6. **राहु + शुक्र**–परिश्रम के लाभ में रुकावट।
7. **राहु + शनि**–शिक्षा व संतति में बाधा। पुत्र की दुर्घटना सम्भव है।

तुलालग्न में राहु की स्थिति नवम स्थान में

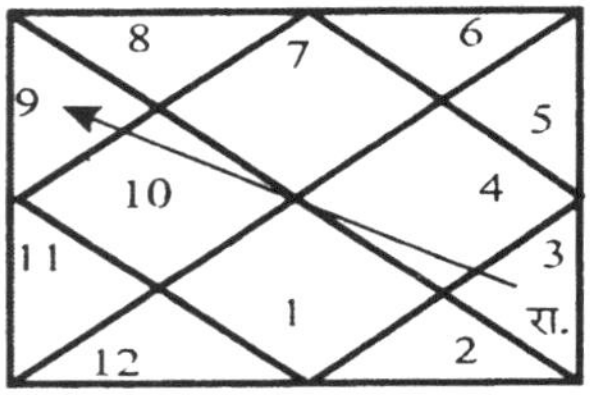

तुलालग्न में राहु अपनी मित्र राशि में है क्योंकि लग्नेश शुक्र राहु का मित्र ग्रह है। यहां नवम स्थान में राहु मिथुन राशि का होगा। मिथुन राशि में राहु स्वगृही राशि कहा गया है। ऐसा जातक राजा के समान ऐश्वर्यशाली व पराक्रमी होता है। राहु राक्षसों का सेनापति है अत: ऐसा जातक साहस, वीरता में अजेय होता है। जातक बुद्धिमान, राजनीतिज्ञ व कूटनीतिज्ञ होता है।

दशा–राहु की दशा-अन्तर्दशा में जातक का भाग्योदय होगा उसे वैभव, पद-प्रतिष्ठा, व धन की प्राप्ति होगी। यदि कुण्डली में कालसर्प योग न हो तो दशा शुभफल ही देगी।

राहु का अन्य ग्रहों से सम्बन्ध

1. **राहु + चंद्र**–भाग्योदय के निर्णय में विवाद रहेगा।
2 **राहु + सूर्य**–व्यापार के निर्णय में विवाद होगा।
3. **राहु + मंगल**–भाईयों के निर्णय में विवाद रहेगा एवं सगाई के निर्णय में विवाद रहेगा।
4. **राहु + बुध**–विद्या सम्बन्धी निर्णय में विवाद रहेगा।
5. **राहु + बृहस्पति**–गुरुजनों के निर्णय में विवाद रहेगा।
6. **राहु + शुक्र**–स्वयं के निर्णय विवादास्पद होंगे।
7. **राहु + शनि**–संतति के निर्णय में विवाद रहेगा।

तुलालग्न में राहु की स्थिति दशम स्थान में

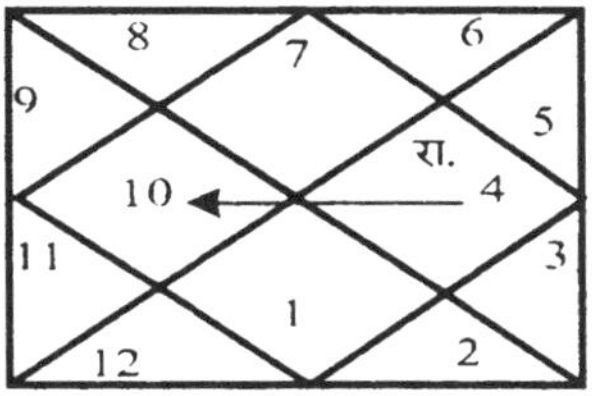

तुलालग्न में राहु अपनी मित्र राशि में है क्योंकि लग्नेश शुक्र राहु का मित्र ग्रह है। यहां दशम स्थान में राहु कर्क राशि का होगा। कर्क राशि राहु की शत्रु राशि है। राहु की केन्द्रगत यह स्थिति जातक को पराक्रमी प्रभावशाली व्यक्तित्व प्रदान करती है। जातक हठी, अति अभिमानी एवं समाजसेवी होता है परन्तु नौकरी, व्यवसाय, व्यापार एवं राजकार्य में बाधा महसूस होगी।

दशा–राहु की दशा-अन्तर्दशा में मिले-जुले फल मिलेंगे। यदि कुण्डली में कालसर्प योग है तो नौकरी एवं सुख-संसाधनों की प्राप्ति में विशेष संघर्ष की दशा होगी।

राहु का अन्य ग्रहों से सम्बन्ध

1. **राहु + चंद्र**–राज्य व नौकरी पक्ष ठीक पर बाधाएं निरन्तर रहेंगी।
2. **राहु + सूर्य**–सरकारी क्षेत्र में कष्ट पहुंचेगा।
3. **राहु + मंगल**–पत्नी व भाईयों में विवाद रहेगा।
4. **राहु + बुध**–भाग्य में बाधा बनी रहेगी।
5. **राहु + बृहस्पति**–'हंसयोग' के कारण जातक राजातुल्य पराक्रमी होगा, परंतु परिजनों में विवाद रहेगा।
6. **राहु + शुक्र**–जातक उन्नति पथ पर ठोकर खाकर आगे बढ़ेगा।
7. **राहु + शनि**–सुख प्राप्ति एवं शिक्षा में बाधा। संतति आज्ञा में नहीं रहेगी।

तुलालग्न में राहु की स्थिति एकादश स्थान में

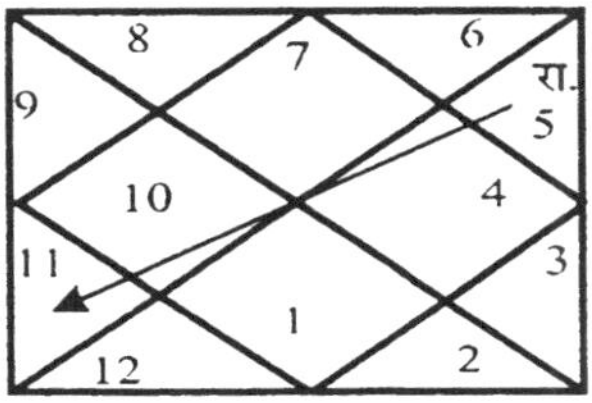

तुलालग्न में राहु अपनी मित्र राशि में है क्योंकि लग्नेश शुक्र राहु का मित्र ग्रह है। यहां एकादश स्थान में राहु सिह राशि का होगा। सिंह राशि राहु के परम शत्रु सूर्य की राशि है। शास्त्रकारों ने एकादश स्थान में स्थित राहु को राजयोग कारक माना है। जातक महान् पराक्रमी एवं शत्रुओं पर विजय पाने वाला होता है। जातक परिश्रम एवं बौद्धिक चातुर्य के माध्यम से जीवन के कंटकाकीर्ण मार्गों में सफलता प्राप्त करता है।

दशा–राहु की दशा-अन्तर्दशा में शुभफलों की प्राप्ति होगी। यदि कुण्डली में कालसर्प योग है तो दशा एकदम नेष्ट अशुभ फल देगी।

राहु का अन्य ग्रहों से सम्बन्ध

1. **राहु + चंद्र**–जातक लोकप्रिय व्यापारी होगा।
2. **राहु + सूर्य**–जातक राज्य सरकार से फायदा उठाएगा।
3. **राहु + मंगल**–जातक को पत्नी के नाम के व्यापार से लाभ मिलेगा।
4. **राहु + बुध**–जातक उद्योगपति होगा पर स्थिति संघर्षशील रहेगी।
5. **राहु + बृहस्पति**–जातक के परिजनों में विवाद रहेगा।
6. **राहु + शुक्र**–उन्नति में बाधा पर अन्त में लाभ होगा।
7. **राहु + शनि**–सुख व संतति में बाधा पर अन्त में लाभ होगा।

तुलालग्न में राहु की स्थिति द्वादश स्थान में

तुलालग्न में राहु अपनी मित्र राशि में है क्योंकि लग्नेश शुक्र राहु का मित्र ग्रह है। यहां द्वादश स्थान में राहु कन्या राशि का होगा। कन्या राशि में राहु स्वगृही माना गया है। ऐसा जातक विदेशों में कमाता है। Export-Import का काम इनके अनुकूल रहता है। जातक की आर्थिक, सामाजिक व व्यवसायिक स्थिति अच्छी होती है। ऐसा जातक कभी भी निराश व हताश नहीं होता। जातक का आत्मबल एवं बुद्धिबल बढ़ा-चढ़ा होता है।

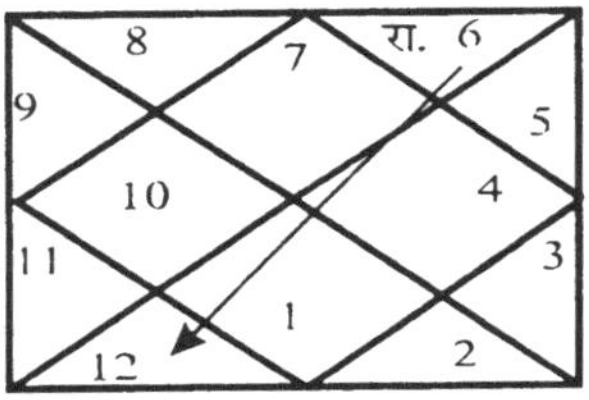

दशा–राहु की दशा-अन्तर्दशा शुभ फल देगी। यदि कुण्डली में कालसर्पयोग है तो यह दशा अशुभ फल देगी।

राहु का अन्य ग्रहों से सम्बन्ध

1. **राहु + चंद्र**–नेत्र विकार, पीड़ा।
2. **राहु + सूर्य**–नेत्र विकार, पीड़ा, सरकारी नुकसान।
3. **राहु + मंगल**–धन का अपव्यय अधिक। पत्नी से झगड़ा।
4. **राहु + बुध**–भाग्योदय होगा पर संघर्ष का साथ, यात्रा ट्रेवल्स-ऐजेन्सी से लाभ होगा।
5. **राहु + बृहस्पति**–भाईयों से मनमुटाव या सुख नहीं मिलेगा।
6. **राहु + शुक्र**–परिश्रम का लाभ कठिनता से मिलेगा।
7. **राहु + शनि**–शिक्षा व संतति में विलम्ब होगा।

❑❑❑

तुलालग्न में केतु की स्थिति

तुलालग्न में केतु की स्थिति प्रथम भाव में

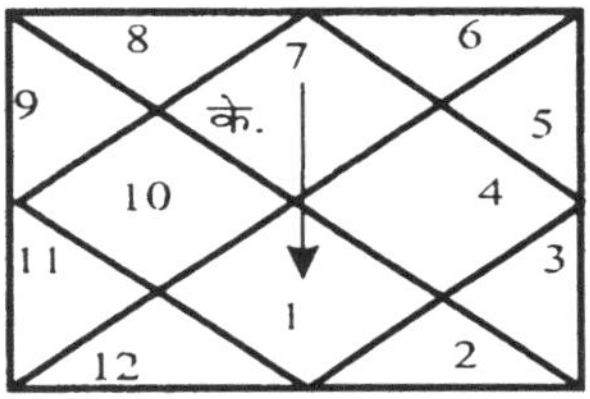

तुलालग्न में केतु अपनी मित्र राशि में है क्योंकि लग्नेश शुक्र केतु का मित्र ग्रह है। पृथ्वी के दक्षिण भाग की छाया राहु तथा उत्तरी छाया को केतु कहा गया है। इसलिए ये दोनों आमने-सामने रहते हैं। जातक में पद-प्रतिष्ठा ऊंचा स्थान प्राप्त करने की महत्त्वाकांक्षा रहेगी। जातक उन्नति मार्ग पर आगे बढ़ने के लिए चेष्टावान्, प्रयत्नशील रहेगा। उसमें उसे सफलता भी मिलेगी। जातक बुजुर्गों के मार्गदर्शन में आगे बढ़ेगा।

निशानी–जातक संयुक्त परिवार में रहना पसन्द करेगा।

दशा–केतु की दशा-अन्तर्दशा उन्नति दायक साबित होगी। यदि कुण्डली में कालसर्प योग न हो तो केतु शुभ रहेगा।

केतु का अन्य ग्रहों से सम्बन्ध–

1. **केतु + चंद्र**–कार्य में रुकावट, नौकरी में रुकावट होगी।
2. **केतु + सूर्य**–सरकारी पथ में रुकावट।
3. **केतु + मंगल**–भाईयों में विवाद।
4. **केतु + बुध**–भाग्य में रुकावट।
5. **केतु + बृहस्पति**–मित्रों से मनमुटाव।
6. **केतु + शुक्र**–परिश्रम का लाभ नहीं।
7. **केतु + शनि**–शिक्षा में रुकावट सम्भव।

तुलालग्न में केतु की स्थिति द्वितीय भाव में

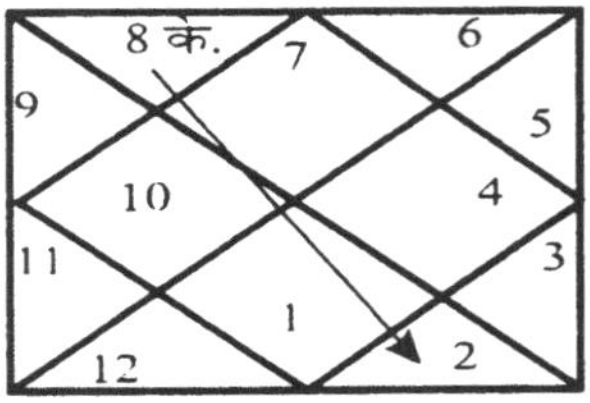

तुलालग्न में केतु अपनी मित्र राशि में है क्योंकि लग्नेश शुक्र केतु का मित्र ग्रह है। पृथ्वी के दक्षिण भाग की छाया राहु तथा उत्तरी छाया को केतु कहा गया है। इसलिए ये दोनों आमने-सामने रहते हैं। यहां द्वितीय स्थान में केतु वृश्चिक राशि में होगा वृश्चिक राशि में केतु उच्च का होता है। केतु की यह स्थिति धन के घड़े में छेद को बताती है। जातक कमाएगा बहुत पर धन की बरकत नहीं होगी। जातक की वाणी दूषित होगी। धनेश मंगल की स्थिति आर्थिक स्थिति को सुस्पष्ट करेगी। अन्यथा आर्थिक संघर्ष का संकेत स्पष्ट है।

निशानी–वाणी में थोड़ी कटुता रहेगी।

दशा–केतु की दशा-अन्तर्दशा संघर्ष की संकेतक है। यदि कुण्डली में कालसर्प योग बना है तो यह दशा कष्टदायक रहेगी।

केतु का अन्य ग्रहों से सम्बन्ध–

1. **केतु + चंद्र**–नेत्र विकार सम्भव है।
2. **केतु + सूर्य**–राज दण्ड से धन नाश होगा। नेत्र विकार सम्भव है।
3. **केतु + मंगल**–धन आएगा पर खर्च होता चला जाएगा।
4. **केतु + बुध**–भाग्य में रुकावटें।
5. **केतु + बृहस्पति**–धन के कारण भाईयों में विवाद सम्भव।
6. **केतु + शुक्र**–परिश्रम के धन में विवाद सम्भव।
7. **केतु + शनि**–विद्या में व्यवधान।

तुलालग्न में केतु की स्थिति तृतीय भाव में

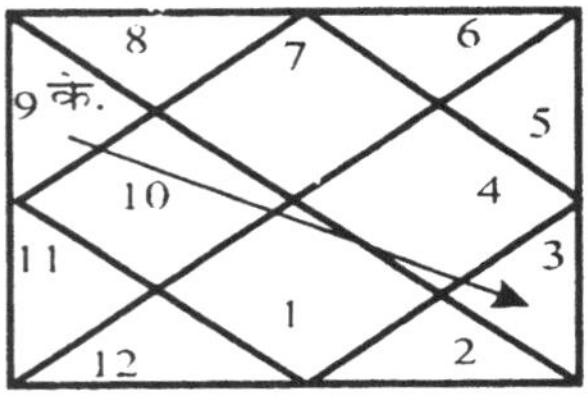

तुलालग्न में केतु अपनी मित्र राशि में है क्योंकि लग्नेश शुक्र केतु का मित्र ग्रह है। पृथ्वी के दक्षिण भाग की छाया राहु तथा उत्तरी छाया को केतु कहा गया है। इसलिए ये दोनों आमने-सामने रहते हैं। यहां तृतीय स्थान में केतु धनु राशि का होगा। धनु राशि में केतु स्वग्रही होता है। केतु की

यह स्थिति व्यक्ति के पराक्रम को बढ़ाती है। जातक धार्मिक अभिरुचि से ओतप्रोत होता है। जातक को आध्यात्मिक मित्रों की तलाश रहेगी। जाताक भाई-बहनों, परिजनों से अच्छा सम्बन्ध बनाने हेतु लालायित रहेगा।

निशानी—जातक धार्मिक ग्रन्थों का अध्येता होगा।

दशा—केतु की दशा-अन्तर्दशा कीर्ति में वृद्धि करेगी। परंतु कुण्डली में यदि कालसर्प योग है तो दशा प्रतिकूल रहेगी। पराक्रम भंग होगा।

केतु का अन्य ग्रहों से सम्बन्ध—

1. **केतु** + **चंद्र**—भाई-बहनों में विवाद।
2 **केतु** + **सूर्य**—सरकारी कर्मचारियों से विवाद।
3. **केतु** + **मंगल**—एकाध भाई की अकाल मृत्यु।
4. **केतु** + **बुध**—शिक्षा में रुकावट।
5. **केतु** + **बृहस्पति**—बड़ों के प्रति अनादर की भावना।
6. **केतु** + **शुक्र**—परिश्रम में रुकावट।
7. **केतु** + **शनि**—शिक्षा व सन्तति में रुकावट।

तुलालग्न में केतु की स्थिति चतुर्थ भाव में

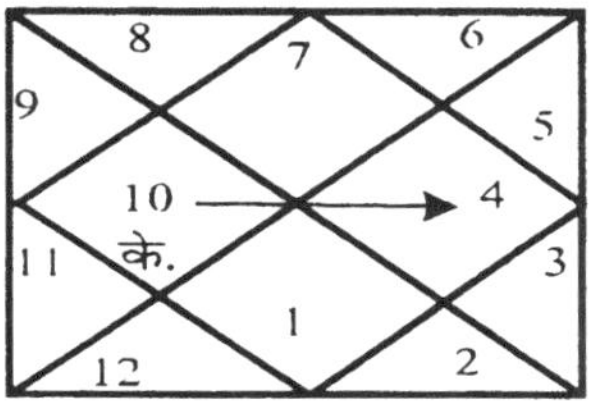

तुलालग्न में केतु अपनी मित्र राशि में है क्योंकि लग्नेश शुक्र केतु का मित्र ग्रह है। पृथ्वी के दक्षिण भाग की छाया राहु तथा उत्तरी छाया को केतु कहा गया है। इसलिए ये दोनो आमने-सामने रहते हैं। यहां चतुर्थ स्थान में केतु मकर राशि का होगा। मकर राशि केतु की मूलत्रिकोण राशि है। केतु की यह स्थिति मातृसुख में बाधक है। शास्त्रों में पांच प्रकार की माताएं कहीं गई हैं। राजा की पत्नी, (राजमाता), पिता की पत्नी (जन्म देने वाली माता), स्वसुर की पत्नी (सासु मां), गुरु की पत्नी (गुरु नां) एवं वृद्ध नित्र की पत्नी माता तुल्य कहीं गई हैं। इनको लेकर कष्ट अथवा जमीन-जायदाद को लेकर कष्ट हो सकता है।

निशानी—वाहन को लेकर खर्चा होता रहेगा।

दशा—केतु की दशा-अन्तर्दशा मध्यम फल देगी। परंतु कुण्डली में यदि कालसर्प योग है तो पूर्णतः अनिष्ट फल देगा।

केतु का अन्य ग्रहों से सम्बन्ध–

1. **केतु** + **चंद्र**–माता को कष्ट।
2 **केतु** + **सूर्य**–पिता को कष्ट।
3. **केतु** + **मंगल**–भाईयों को कष्ट, धन हानि।
4. **केतु** + **बुध**–उच्च शिक्षा में व्यवधान।
5. **केतु** + **बृहस्पति**–गुरु से द्वेष, बड़ों का अनादर।
6. **केतु** + **शुक्र**–वाहन दुर्घटना योग।
7. **केतु** + **शनि**–वाहन से चोट पहुंचे।

तुलालग्न में केतु की स्थिति पंचम भाव में

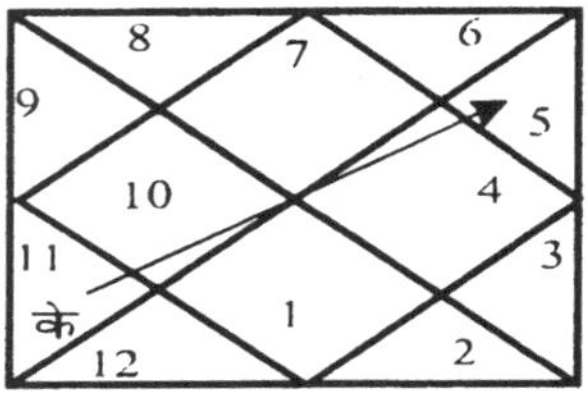

तुलालग्न में केतु अपनी मित्र राशि में है क्योंकि लग्नेश शुक्र केतु का मित्र ग्रह है। पृथ्वी के दक्षिण भाग की छाया राहु तथा उत्तरी छाया को केतु कहा गया है। इसलिए ये दोनो आमने-सामने रहते हैं। यहां पंचम स्थान में केतु कुंभ राशि का होगा। कुंभ राशि केतु की मित्र राशि है। ऐसे जातक को उच्च शैक्षणिक डिग्री की प्राप्ति में दिक्कतों का सामना करना पड़ता है। संतान के मामले में एक दो गर्भपात होते हैं। विद्या प्राय: अधूरी छूट जाती है।

दशा–केतु की दशा प्रतिकूल फल को देने वाली है। यदि कुण्डली में कालसर्प योग की स्थिति हो तो यह प्रतिकूलता ज्यादा बढ़ जाएगी।

केतु का अन्य ग्रहों से सम्बन्ध–

1. **केतु** + **चंद्र**–कन्या की अकाल मृत्यु।
2 **केतु** + **सूर्य**–पुत्र संतति का नाश।
3. **केतु** + **मंगल**–पुत्र व भाई का नाश।
4. **केतु** + **बुध**–पुत्री का नाश।
5. **केतु** + **बृहस्पति**–गुरु व ज्ञान का शोषण।
6. **केतु** + **शुक्र**–गुप्त बीमारी।
7. **केतु** + **शनि**–शिक्षा में बाधा, सुख में बाधा।

तुलालग्न में केतु की स्थिति षष्ट्म भाव में

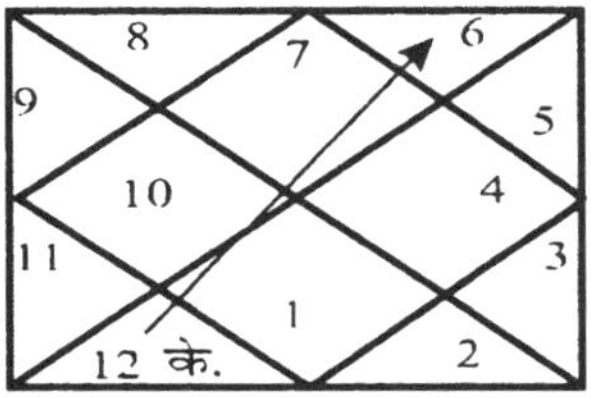

तुलालग्न में केतु अपनी मित्र राशि में है क्योंकि लग्नेश शुक्र केतु का मित्र ग्रह है। पृथ्वी के दक्षिण भाग की छाया राहु तथा उत्तरी छाया को केतु कहा गया है। इसलिए ये दोनों आमने-सामने रहते हैं। यहां षष्ट्म स्थान में केतु मीन राशि का होगा। मीन राशि केतु की स्वराशि है। ऐसे जातक के स्वजन ही जातक के शत्रु होते हैं। जातक के जीवन में गुप्त शत्रुओं की बाहुल्यता रहेगी। गुप्त रोग भी जातक को परेशान करते रहेंगे। जातक उद्विग्न रहेगा। दिमागी शान्ति भंग रहेगी।

दशा–केतु की दशा-अन्तर्दशा अशांति देगी। यदि कुण्डली में कालसर्प योग है तो अशांति चरम सीमा पर रहेगी।

केतु का अन्य ग्रहों से सम्बन्ध–

1. **केतु** + **चंद्र**–राज्य सम्मान में बाधा।
2 **केतु** + **सूर्य**–सरकारी कार्य में रोड़ा।
3. **केतु** + **मंगल**–भाईयों द्वारा धन नाश।
4. **केतु** + **बुध**–बहनों का सुख नहीं।
5. **केतु** + **बृहस्पति**–गुरुजनों का अपमान।
6. **केतु** + **शुक्र**–परिश्रम के फल में बाधा।
7. **केतु** + **शनि**–शिक्षा व सुख में बाधा।

तुलालग्न में केतु की स्थिति सप्तम भाव में

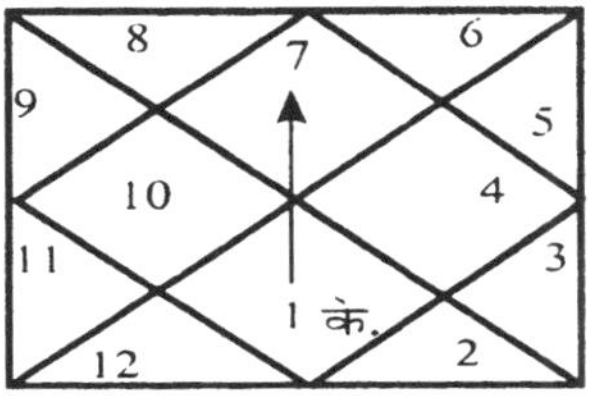

तुलालग्न में केतु अपनी मित्र राशि में है क्योंकि लग्नेश शुक्र केतु का मित्र ग्रह है। पृथ्वी के दक्षिण भाग की छाया राहु तथा उत्तरी छाया को केतु कहा गया है। इसलिए ये दोनो आमने-सामने रहते हैं। यहां सप्तम स्थान में केतु मेष राशि का होगा। मेष राशि केतु की मित्र राशि है। जातक के विचार जीवन साथी से नहीं मिलेंगे। गृहस्था सुख की समरसता हेतु जातक को एक

तरफा समझौता (Adjustment) करना होगा। गुप्त समझौते के लिए भी केतु की यह स्थिति ठीक नहीं है।

दशा–केतु की दशा-अन्तर्दशा मिश्रित फलकारी रहेगी। यदि कुण्डली में कालसर्प योग हो तो केतु की दशा ज्यादा कष्टदायक होगी।

केतु का अन्य ग्रहों से सम्बन्ध–

1. **केतु + चंद्र**–पत्नी सुंदर व गृहस्थ सुख में विवाद।
2. **केतु + सूर्य**–राज्यपक्ष से लाभ पर नौकरी में विवाद।
3. **केतु + मंगल**–भाईयों से लाभ पर व्यक्तिगत विवाद रहेगा।
4. **केतु + बुध**–बुद्धि से लाभ पर बुद्धि कुण्ठित।
5. **केतु + बृहस्पति**–भााईयों से लाभ, ज्ञान से लाभ पर कुतर्क अधिक।
6. **केतु + शुक्र**–परिश्रम का पूरा लाभ पर खुद के निर्णय कई बार गलत होंगे।
7. **केतु + शनि**–सुख प्राप्ति पर उपकरण (रास्ता) गलत। विदेशी पढ़ाई व स्त्री में रुचि, अर्न्तजातीय विवाह।

तुलालग्न में केतु की स्थिति अष्टम भाव में

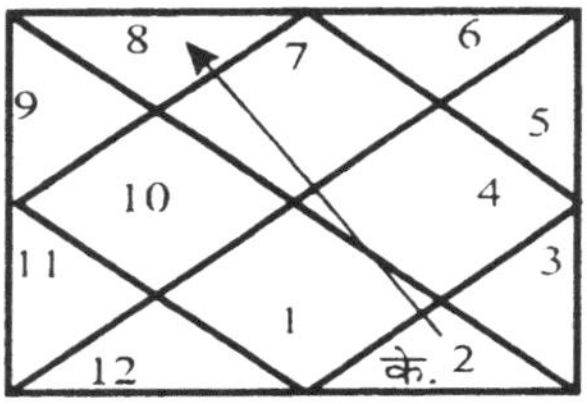

तुलालग्न में केतु अपनी मित्र राशि में है क्योंकि लग्नेश शुक्र केतु का मित्र ग्रह है। पृथ्वी के दक्षिण भाग की छाया राहु तथा उत्तरी छाया को केतु कहा गया है। इसलिए ये दोनों आमने-सामने रहते हैं। यहां अष्टम स्थान में केतु वृष राशि का होगा। वृष राशि में केतु नीच का कहा गया है। केतु की यह स्थिति स्वास्थ्य के लिए प्रतिकूल है। अचानक दुर्घटना से चोट पहुंच सकती है। गुप्त बीमारी भी सम्भव है। संतान के जन्म के बाद जातक की आयु को खतरा नहीं है।

दशा–केतु की दशा-अन्तर्दशा स्वास्थ्य के लिए प्रतिकूल है। यदि कुण्डली में कालसर्प योग हो तो केतु ज्यादा कष्टदायक रहेगा।

विशेष–यदि जातक के मकान की छत पर कुत्ता रोए तो केतु अनिष्ट फल देगा। लाल किताब वालों ने केतु को कुत्ता कहा है। भूरे रंग का कुत्ता।

केतु का अन्य ग्रहों से सम्बन्ध–

1. **केतु + चंद्र**–दुर्घटना भय, जलभय।

2 **केतु + सूर्य**–दुर्घटना भय, अग्नि भय।

3. **केतु + मंगल**–दुर्घटना भय, रक्तस्राव।

4. **केतु + बुध**–भाग्योदय में भयंकर बाधा।

5. **केतु + बृहस्पति**–पिता, श्वसुर, बड़े भाई की चिंता।

6. **केतु + शुक्र**–परिश्रम के लाभ में रुकावट।

7. **केतु + शनि**–शिक्षा व संतति में बाधा। पुत्र की दुर्घटना संभव है।

तुलालग्न में केतु की स्थिति नवम भाव में

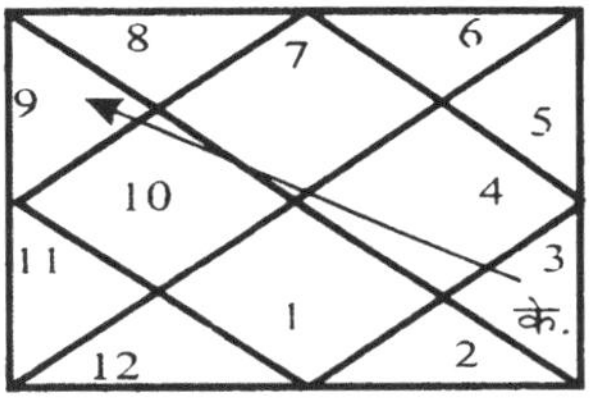

तुलालग्न में केतु अपनी मित्र राशि में है क्योंकि लग्नेश शुक्र केतु का मित्र ग्रह है। पृथ्वी के दक्षिण भाग की छाया राहु तथा उत्तरी छाया को केतु कहा गया है। इसलिए ये दोनों आमने-सामने रहते हैं। यहां नवम स्थान में केतु मिथुन राशि का होगा। मिथुन राशि में केतु नीच का कहा गया है। नवम स्थान भाग्य का द्वार है। केतु यहां भाग्योदय में बाधा डालता है। नवम स्थान में केतु हो व्यक्ति की संतान बलवान एवं उन्नतिशील होती है।

निशानी–यदि ऐसे व्यक्ति की नीयत में बेईमानी आ जाए तो वह कभो दौलतमंद नहीं बन सकता।

दशा–केतु की दशा-अन्तर्दशा मिश्रित फल देगी। यदि कुण्डली नें कालसर्प योग हो तो केतु की दशा भाग्योदय में पूर्ण बाधक का कार्य करेगी।

केतु का अन्य ग्रहों से सम्बन्ध–

1. **केतु + चंद्र**–भाग्योदय के निर्णय में विवाद रहेगा।

2 **केतु + सूर्य**–व्यापार के निर्णय में विवाद रहेगा।

3. **केतु + मंगल**–भाईयों के निर्णय में विवाद रहेगा एवं सगाई के निर्णय में विवाद रहेगा।

4. **केतु + बुध**–विद्या सम्बन्धी निर्णय में विवाद रहेगा।

5. **केतु + बृहस्पति**–गुरुजनों के निर्णय में विवाद रहेगा।

6. **केतु + शुक्र**–स्वयं के निर्णय विवादात्मक होंगे।

7. **केतु + शनि**–संतति के निर्णय में विवाद रहेगा।

तुलालग्न में केतु की स्थिति दशम भाव में

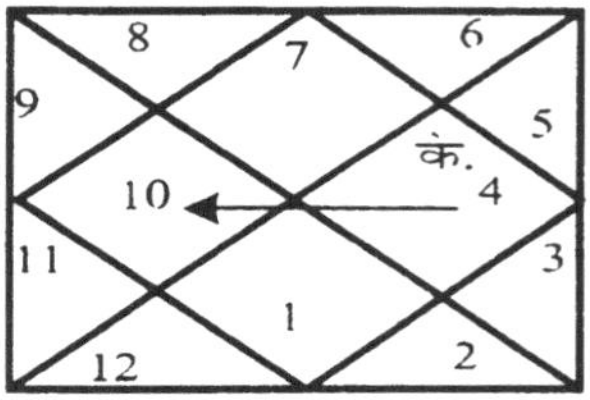

तुलालग्न में केतु अपनी मित्र राशि में है क्योंकि लग्नेश शुक्र केतु का मित्र ग्रह है। पृथ्वी के दक्षिण भाग की छाया को राहु तथा उत्तरी छाया को केतु कहा गया है। इसलिए ये दोनों आमने-सामने रहते हैं। यहां दशम स्थान में केतु कर्क राशि का होगा। जो इसकी शत्रु राशि है। ऐसे जातक को राजकीय व्यक्ति अथवा किसी सरकारी अधिकारी द्वारा धोखा हो सकता है । पिता की संपत्ति में बाधा या पिता की अकृपा संभव है। शास्त्रों में पांच प्रकार के पिता कहे गए हैं। जन्म देने वाला पिता, अन्न देने वाला राजा पिता कहा गया है। भय से बचाने वाला संकट के समय में मदद करने वाला व्यक्ति पिता होता है। सासु का पति भी पिता एवं ज्ञान देने वाला मार्गदर्शक गुरु को भी पिता ही कहा गया है। इनमें से किसी का भी असन्तुष्ट होना केतु की यह स्थिति बताती है।

निशानी–जातक अपनी किस्मत से असन्तुष्ट रहेगा।

दशा–केतु की दशा-अन्तर्दशा अशुभ ही रहेगी। यदि कालसर्प योग है तो यह दशा ज्यादा अशुभ होगी।

केतु का अन्य ग्रहों से सम्बन्ध–

1. **केतु + चंद्र**–राज्य व नौकरी पक्ष ठीक पर बाधाएं निरन्तर रहेगी।
2. **केतु + सूर्य**–सरकारी क्षेत्र में कष्ट पहुंचेगा।
3. **केतु + मंगल**–पत्नी व भाईयों से विवाद रहेगा।
4. **केतु + बुध**–भाग्य में बाधा बनी रहेगी।
5. **केतु + बृहस्पति**–'हंसयोग' के कारण जातक राजा तुल्य पराक्रमी होगा।
6. **केतु + शुक्र**–जातक उन्नति पथ पर ठोकर खाकर आगे बढ़ेगा।
7. **केतु + शनि**–सुख प्राप्ति एवं शिक्षा में बाधा। संतति आज्ञा में नहीं रहेगी।

तुलालग्न में केतु की स्थिति एकादश भाव में

तुलालग्न में केतु अपनी मित्र राशि में है क्योंकि लग्नेश शुक्र केतु का मित्र ग्रह है। पृथ्वी के दक्षिण भाग की छाया राहु तथा उत्तरी छाया को केतु कहा गया है। इसलिए ये दोनों आमने-सामने रहते हैं। यहां एकादश स्थान में केतु सिंह राशि

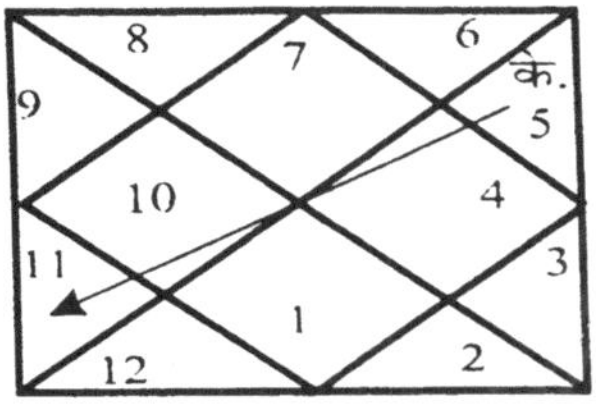

का होगा। जो कि केतु की शत्रु राशि कही गई है। ऐसे जातक के भाग्योदय में बाधा, व्यापार-व्यवसाय की उन्नति में लगातार रुकावट के संकेत केतु की यह स्थिति देती है। सरकारी ठेके एवं धार्मिक कार्यों में यश नहीं मिलेगा।

निशानी–जातक अपने व्यापार, कारोबार, नौकरी से असंतुष्ट रहेगा।

दशा–केतु की दशा-अन्तर्दशा अशुभ फल देगी।

केतु का अन्य ग्रहों से सम्बन्ध–

1. **केतु + चंद्र**–जातक लोकप्रिय व्यापारी होगा।
2. **केतु + सूर्य**–जातक राज्य सरकार से फायदा उठाएगा।
3. **केतु + मंगल**–जातक को पत्नी के नाम के व्यापार से लाभ होगा।
4. **केतु + बुध**–जातक उद्योगपति होगा पर स्थिति संघर्षशील रहेगी।
5. **केतु + बृहस्पति**–जातक के परिजनों में विवाद रहेगा।
6. **केतु + शुक्र**–उन्नति में बाधा पर अन्त में लाभ।
7. **केतु + शनि**–सुख व संतति में बाधा पर अंत में लाभ।

तुलालग्न में केतु की स्थिति द्वादश भाव में

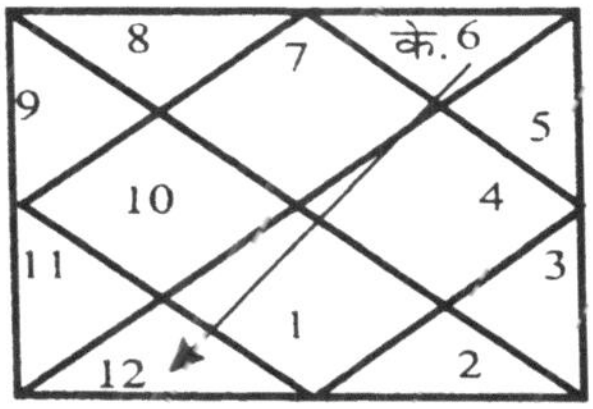

तुलालग्न में केतु अपनी मित्र राशि में है क्योंकि लग्नेश शुक्र केतु का मित्र ग्रह है। पृथ्वी के दक्षिण भाग की छाया राहु तथा उत्तरी छाया को केतु कहा गया है। इसलिए ये दोनों आमने-सामने रहते हैं। यहां द्वादश स्थान में केतु कन्या राशि का होगा। कन्या राशि केतु की मूलत्रिकोण राशि है। केतु की यह स्थिति अनवरत यात्रा को बताती है एवं यात्राओं में लाभ होने का, यश-कीर्ति मिलने का संकेत भी देती है। जातक धार्मिक कार्य, परोपकार के कार्य, समाज-सेवा में बढ़-चढ़कर रुचि लेगा। जातक की बुद्धि तीव्र होगी। जातक 'प्लानिंग मास्टर' होगा।

निशानी–जातक को विदेशी व्यापार से लाभ होगा।

दशा–केतु की दशा-अन्तर्दशा में आध्यात्मिक लाभ होगा। यदि कुण्डली में कालसर्प योग की स्थिति है तो दशा अशुभ फल देगी।

केतु का अन्य ग्रहों से सम्बन्ध–

1. **केतु + चंद्र**–नेत्र विकार, पीड़ा।
2. **केतु + सूर्य**–नेत्र विकार, पीड़ा, सरकारी नुकसान।
3. **केतु + मंगल**–धन का अपव्यय अधिक, पत्नी से झगड़ा।
4. **केतु + बुध**–भाग्योदय होगा पर संघर्ष के साथ, यात्रा ट्रैवल-ऐजेन्सी से लाभ होगा।
5. **केतु + बृहस्पति**–भाईयों से मनमुटाव या सुख नहीं।
6. **केतु + शुक्र**–परिश्रम का लाभ कठिनता से मिलेगा।
7. **केतु + शनि**–शिक्षा व संतति से विलम्ब होगा।

❑❑❑

शुक्रवार व्रत कथा

शुक्रवार का उपवास शुक्र ग्रह की शांति हेतु किया जाता है, दूसरी ओर यह व्रत संतोषी माता के निमित्त सर्व मनोकामनाओं की पूर्ति के लिए भी किया जाता है। शुक्रवार को मां संतोषी का भी वार कहा जाता है। इस व्रत को चाहे संतोषी मां को प्रसन्न करने के लिए किया जाए अथवा शुक्र ग्रह की शांति के लिए, यह दोनों ही स्थितियों में सर्व मनोकामनाओं की पूर्ति करने वाला है।

शुक्र का तांत्रिक मंत्र–ॐ शुं शुक्राय नमः।

विधि विधान–शुक्रवार का व्रत अन्य व्रतों की अपेक्षा ब्रह्ममुहूर्त में किया जाता है। प्रातः काल सूर्योदय के पूर्व उठकर स्नानादि से निवृत्त हो पूर्व दिशा की ओर मुख करके शुक्र के तांत्रिक मंत्र का ग्यारह बार जाप करें। व्रत के पूजन व प्रसाद में सफेद वस्तुओं का पूजन करें। इस व्रत में खट्टी चीजें नहीं खानी चाहिए तथा भोजन एक ही समय करना चाहिए।

व्रत कथा–एक समय की बात है कि एक नगर में कायस्थ ब्राह्मण तथा वैश्य जाति के तीन लड़कों में परस्पर गहरी मित्रता थी। उन तीनों मित्रों का विवाह हो गया था। ब्राह्मण तथा कायस्थ के लड़कों का गौना हो गया था परन्तु वैश्य के लड़के का अभी गौना नहीं हुआ था।

एक दिन कायस्थ के लड़के ने कहा कि हे मित्र तुम भी मुकलावा करके अपनी स्त्री को ले आओ। स्त्री के बिना घर अत्यधिक सूना लगता है। यह बात वैश्य के लड़के को अच्छी लगी।

वह कहने लगा कि मैं अभी जाकर मुकलावा लेकर आता हूं। ब्राह्मण के लड़के ने कहा कि मित्र तुम अभी अपनी स्त्री को लेने मत जाओ क्योंकि शुक्र अस्त हो रहा है। जब उदय हो जाए तब जाकर ले आना।

परन्तु वैश्य का लड़का अपनी जिद पर अड़ गया तथा किसी प्रकार से नहीं माना। उसके घरवालों ने भी उसे बहुत समझाया किंतु सबकी बातें अनसुनी करके वह अपनी स्त्री को लेने के लिए ससुराल चला गया।

उसको आया देखकर ससुराल वाले भी चकराए। दामाद का स्वागत सत्कार करने के बाद उन्होंने उसके आने का कारण पूछा। वैश्य पुत्र ने कहा कि मैं अपनी स्त्री को लेने के लिए आया हूं। ससुराल के व्यक्तियों ने भी उसे अनेक प्रकार से समझाया किंतु वह अपनी बात पर अडिग रहा।

जब वैश्य पुत्र नाना प्रकार से समझाने पर भी न माना तो ससुराल के व्यक्तियों ने लाचार होकर अपनी पुत्री को विदा कर दिया। वैश्य पुत्र पत्नी को रथ में बिठाकर चल दिया। थोड़ी दूर जाने के बाद मार्ग में रथ का पहिया टूट गया तथा बैल का पैर भी टूट गया।

उसकी पत्नी भी गिरकर घायल हो गई तथा रास्ते में डाकुओं ने उनके वस्त्राभूषण छीन लिए। इस प्रकार अनेक कष्टों को सहते हुए वे पति-पत्नी घर पहुंचे तो घर आते ही वैश्य पुत्र को सर्प ने काट लिया। वैध ने भी कह दिया कि यह तीन दिन बाद मर जाएगा। जब उसके दोनों मित्रों को यह सूचना प्राप्त हुई तो उन्होंने कहा कि यदि वह पुन: अपनी स्त्री के साथ ससुराल जाए तथा शुक्रोदय पर लौटे तो निश्चय ही विघ्न टल जाएगा।

सेठ ने अपने पुत्र तथा वधू को तत्काल ही ससुराल पहुंचा दिया। वहां पर पहुंचते ही वैश्य पुत्र की मूर्छा दूर हो गई तथा वह साधारण उपचार के द्वारा ही स्वस्थ हो गया।

ससुराल वाले अति प्रसन्न हुए तथा वैश्य पुत्र अपनी ससुराल में स्वास्थ्य लाभ करता रहा इसके पश्चात् शुक्र उदय होने पर अपनी स्त्री को लेकर पुन: घर लौट गया।

अथ शुक्रवार की आरती

आरती लक्ष्मण बालजती की। असुर संहारन प्राणपति की।।
जगमग ज्योति अवधपुरी राजे। शेषाचल पर आप विराजे।।
घंटाताल पखावज बाजै। कोटि देव आरती साजै।।
क्रीट मुकुट कर धनुष विराजै। तीन लोक जाकि शोभा राजै।।
कंचन थार कपूर सोहाई। आरती करत सुमित्रा माई।।
प्रेम मगन होय आरती गावैं। बसि बैकुण्ठ बहुरि नहीं आवैं।।
भक्त हेतु हरि लाड़ लड़ावैं। जब घनश्याम परम पद पावैं।।

शुक्रस्तवराजः

अस्य श्रीशुक्रस्तवराजस्य प्रजापतिर्ऋषिः, अनुष्टुप् - छन्दः ।
शुक्रो देवता, शुक्रप्रीत्यर्थे जपे विनियोगः।।
नमस्ते, भार्गव श्रेष्ठ, दैत्य - दानव - पूजितः।
वृष्टि रोध प्रकंत्रे, च, वृष्टि कत्रे, नमो नमः।।
देवयानि, पितः तुभ्यम्, वेद वेदांग पारग।
परेण, तपसा, शुद्धः, शंकरः, लोक सुन्दरः।।
प्राप्तः, विद्यां, जीवनाख्यां, तस्मै, शुक्रात्मने नमः।
नमः, तसमै भगवते भृगु पुत्राय् वेधसे।।
तारा मण्डल, मध्यस्थ, स्व भासा - सित - अम्बर।
यस्य - उदये, जगत् - सर्वम्, मंगल - अर्ह, भवेत् - इह।।
अस्तम्, यः - ते, हिं-अरिष्टम्, स्यात् - तस्मै, मंगल रूपिणे।
त्रिपुरा - वासिनः, दैत्यान्, शिव - बाण - प्रपीडितान्।।
विद्यया, अजीवयः, शुक्रः नमस्ते, भृगु नन्दन।
ययाति, गुरवे, तुभ्यम्, नमस्ते, कवि, नन्दन।।
बलि राज्य प्रदः जीवः, तस्मै, जीवात्मने, नमः।
भार्गवाय, मः, तुभ्यम्, पूर्व गीर्वाण वन्दितः।।
जीव पुत्राय्, यः, विद्याम्, प्रादात् तस्मै, नमः नमः।
नमः शुक्राय काव्याय्, भृगुपुत्राय्ः धीमहि।।
नमः, कारण रूपाय्, नमस्ते, कारणात्मने।
स्तवराजम् इमम्, पुण्यम्, भार्गवस्य, महात्मनः।।
यः, पठेत्, श्रेणुयात्, वा, अपि, लभते, वाञ्छितम्, फलम्।
पुत्रकामः, लभेत्, पुत्रान्, श्रीकामः, लभते वियम्।।
राज्य कामः लभेत् राज्यम् स्त्री कामः, स्वियम् उत्तमाम्।

भृगूवारे, प्रयत्नेन, पठितव्यम्, समाहितैः।।
अन्य वारे, तु, होरायाम्, पूजयेत् भृगु नन्दनम्।
रोगार्तः, मुच्यते रोगात्, भयार्तः मच्यते भयात्।।
यत् - यत् प्रार्थयते, जन्तुः तत् - तत् प्राप्नोति सर्वदा।
प्रातः काले प्रकर्तव्या भृगु पूजा प्रयत्नत।।
सर्व पाप विनिर्मुक्त प्राप्नुयात् शिव सन्नि धिम्।।

नोट–सभी प्रकार के ऐश्वर्य तथा पूर्ण रति सुख प्राप्ति हेतु नित्य 108 पाठ करने चाहिए।

शुक्र मंत्र

अन्नात्परिस्रुत इति मंत्रस्य पराशरऋषिः शक्वरीछन्दः शुक्रोदेवता रस ब्रह्मणो इति बीजं शुक्रपीत्यर्थे जपे विनियोगः ॐ पराशरऋषये नमः शिरसि १ॐ शक्वरी छनदसे नमः इति मुखे २.ॐ शुक्रदेवतायै नमः हृदये ३. ॐ रसंब्रह्मा इति बीजाय नमः गुह्ये ४ इति ऋष्यादिन्यासः। 'ॐ अन्नातपरिस्रुतः' इत्यङ्गुष्ठाभयां नमः १ 'ॐ रसंब्रह्मणा व्यपिबत्' इति तर्जनीभ्यां नमः २. 'ॐ क्षत्रं पयः' इति मध्यामाभ्यां नमः ३. 'ॐ सप्रजापतिः' इत्यनामिकाभ्यां नमः ४. 'ॐ इति ऋष्यादिनन्यासः। 'ॐ अन्नातपरिस्रुतः ' इत्यङगुष्ठाभ्यां नमः १ 'ॐ रसंब्रह्मण व्यपिबत्' इति तर्जनीभ्यां नमः २ ' ॐ क्षत्रं पयः ' इति मध्यामायां नमः ३. 'ॐ सोमप्रजापतिः 'इत्यनामिकाभ्यां नमः ऋतेनसत्यमिन्द्रयं विपानर्ठ, शुक्रमन्धसः 'इति कनिष्ठिकाभयां नमः ५. 'इन्द्रस्येन्द्रियमिदं पयोमृतमधु' इति करतलकरपृष्ठाभयां नमः ६. इति करन्यासः।

'ॐ अन्नात्परिस्रुतः 'इति हृदयाम नमः १ ' ॐ रसब्रह्मणाव्यापिबत्' इति शिरसे स्वाहा २ ' ॐ क्षत्रंपयः' इति शिखायै वषट ३.' ॐ सोमंप्रजापतिः' इति कवचाय हुम ४' ' ॐ ऋतेन-सत्यमिन्द्रियं विपानर्ट, शुक्र मन्धसः इति नेत्रयायं वीषट् ५ ' ॐ इन्द्रस्येन्द्रियमिदं पयोमृतंमधु' 'इत्यस्राय फट्' ६ इति हृदयादिन्यासः।

'ॐ अन्नात्परिस्रुतः 'ति शिरसि १ ॐ रसब्रह्मणा इति ललाटे २ 'ॐ व्यपिबतक्षत्रम्' इति मुखे ३ 'ॐ पयः सोमम्' इति हृदये ४ 'ॐ प्रजापतिः 'इत नाभौ ५ 'ॐ ऋतेन सत्यम्' इति कट्याम् ६ 'इन्द्रियं विपानम्' इति गुदे ७ ॐ शुक्रम्' इति वृषणयोंः 'ॐ अंधस' इत्पुर्वोः १ 'ॐ इन्द्रस्येन्द्रियमिदं पयः ''इति जानुनोः ११ 'ॐ अमृतम्' इति पादयोः १ ' ॐ मधु' इति सर्वाङ्गे २ इति मंत्रन्यासं कृत्वा ध्यायेत्-ॐ श्वेताम्बरः श्वेतवपुः किरीटी चतर्भुजौ दैत्यगुरुः प्रशान्तः।

तक्षाक्षसूत्रश्च कमण्डलुञ्च दण्डञ्च व्रिभ्रद्वरदोऽस्तु मह्यम १ इति ध्यात्वा जपेत्-ॐ अन्नात्परिस्रुतोरसम्ब्रण व्यपिबत् क्षत्रवयः सोमं प्रजापतिः।

शुक्रः ध्यानाम्–श्वेताम्बरः श्वेतवपुः किरीटी चतुर्भुजों दैत्यगुरुः प्रशान्तः तथा ऽससुत्रञ्च कमण्डलुश्च, दण्डश्च विप्रदवरदोऽस्तु मह्यम्।।

यह शुक्र परम तेजस्वी श्वेत वस्त्रों को धारण किए हुए हैं। श्वेत शरीर वाला है। श्वेत चमकीला मुकुट पहने हुए है। चार हाथ वाला है। दैत्यों का गुरु है शान्त है। रूद्राक्ष की माला पहने हुए है। हाथ में कमण्डल है, एक हाथ में दण्ड है। तत्काल वर देने वाला है। मुझे भी·वरदायक फलदायक हो जावे। ऐसे तेजस्वी शुक्र का हम ध्यानपूर्वक आह्वान करते हैं।

आह्वान–

शुक्र हाटक नामाग्नि, समिधा–उदुम्बर

(उभटा) फल–खारक, मिश्री

सोमतुल्योदितिप्राज्ञो दानवानां च पुरोहित:। त्राता च सर्वदैत्यानां शुक्रमावहयाम्यहम्।।1।।

भोभो भोजकटेजात शुक्रश्वेताश्ववाहन:। समागच्छश्चतुवाहु भृगुगात्रविभूषण: ।।2।।

परिधाक्षा बलिहस्त कमण्डलु धरप्रद:। पूर्वपत्रेति शुक्रश्च प्राचयां शुक्रं निधापयेत्।।3।।

ॐ शुक्रज्योतिश्चचित्रज्योतिश्च सत्यज्योतिश्च।

ज्योतिष्मांश्च शुक्रश्च ऋतपाश्चातय ठ हा:।17।। 80।।

1. शुक्र ग्रह का वैदिक मन्त्र–ॐ अन्नात्परिस्रुतोरसम्ब्रह्मणा व्यपि वत्क्षत्रम्पय: सोमम्प्रजापति:। ऋतेन सत्यमिन्द्रियं विपान ठ शुक्रमन्धस इन्द्रस्येन्द्रियमिदम्पयोमृतम्मधु ।।19/75।। पूर्वे शुक्रं स्थापयामि–

2. शुक्र का यन्त्र–

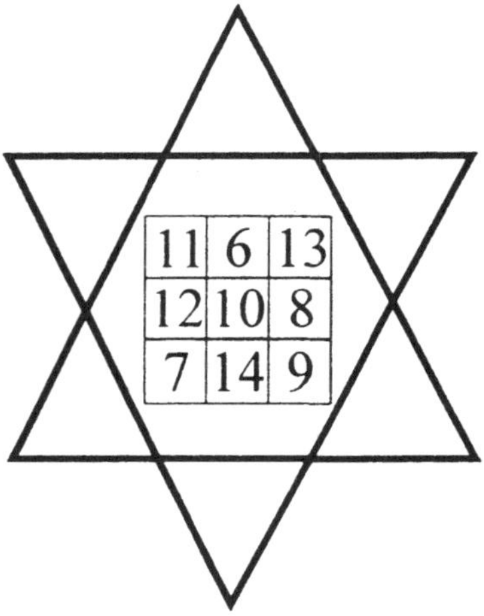

3. तान्त्रिक मन्त्र–ॐ द्राँ द्रीं द्रौं स: शुक्राय नम:।'

4. शुक्र गायत्री–ॐ भृगुवंशजाताय विद्महे श्वेतवाहनाय धीमहि तन्न: कवि: प्रचोदयात्

विशेष–शुक्र के मन्त्रों के सोलह हजार (16,000) जाप से शुक्र प्रसन्न हो जाता है।

❑❑❑

दृष्टांत कुण्डलियां

चैतन्य महाप्रभु

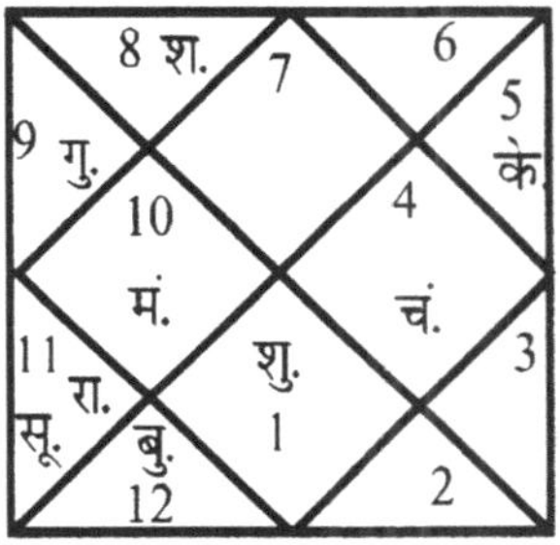

जन्मतिथि-27.2.1488, समय - 8.45 सायं, स्थान-नदिया।

महर्षि रमण

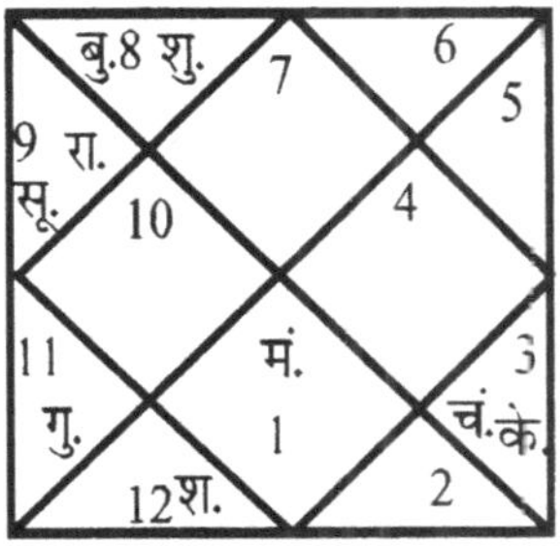

जन्मतिथि-30.12.1879, समय - 1.30 सायं, स्थान-मदुरै।

श्री राम शर्मा आचार्य

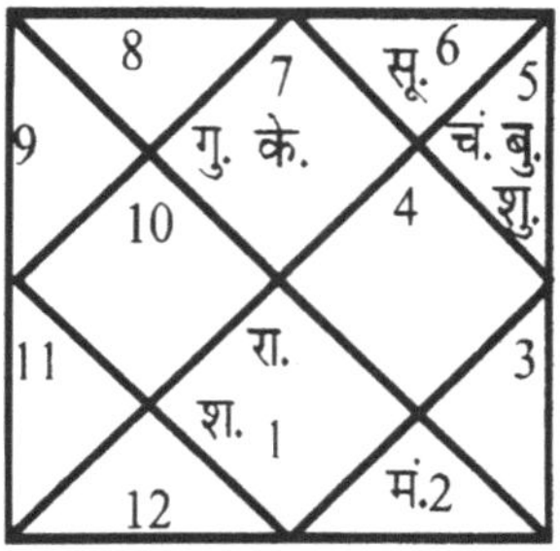

जन्मस्थान-आंवल खेड़ा (आगरा), जन्म 20.9.1911, प्रात: 9.50

लंकापति रावण

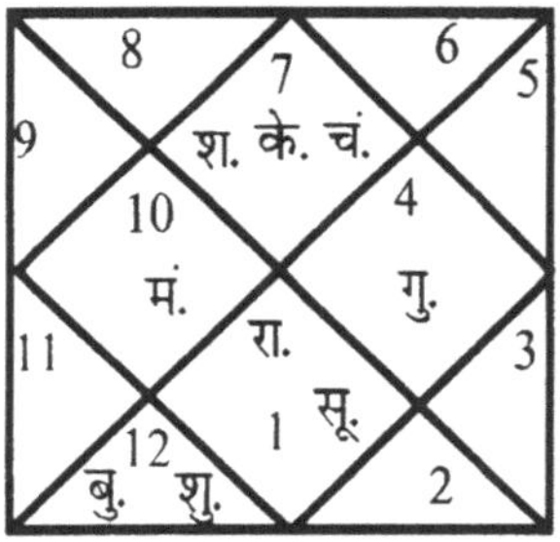

जन्म समय-7.30 बजे सायं, लंकेश रावण भगवान श्रीराम के समकालीन थे। इसलिए उनकी कुण्डली के बहुत से ग्रह श्रीराम की कुण्डली से मिलते हैं।

अटल बिहारी वाजपेयी (पूर्व प्रधानमंत्री)

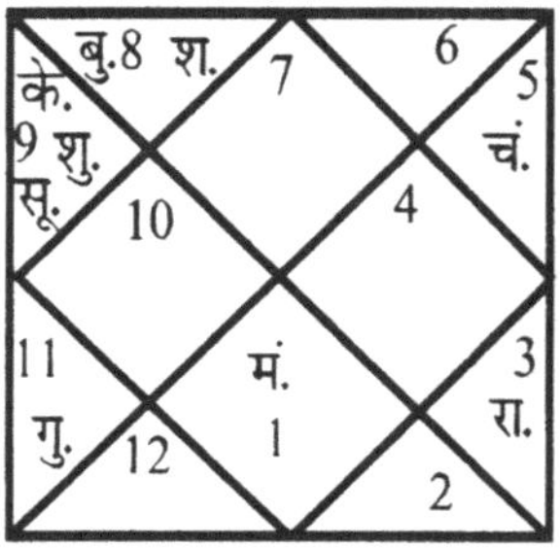

जन्म-25.12.1926, जन्म समय- 2.30 रात्रि, ग्वालियर।

सन्त गोस्वामी तुलसीदास

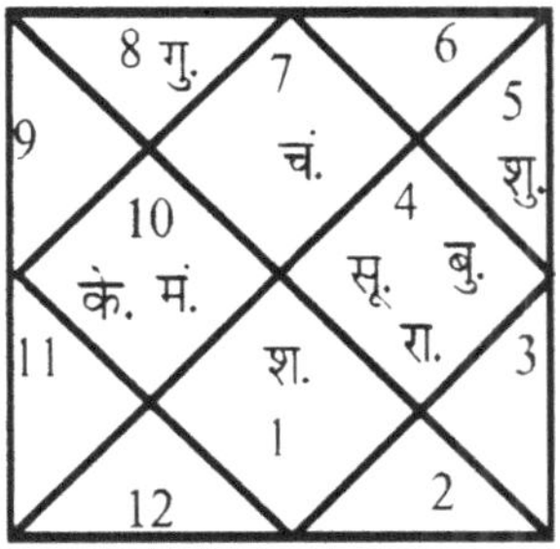

महान् सन्त, कवि गोस्वामी तुलसीदास का ज्योतिषीय परिचय

भारतवर्ष के पवित्र तीर्थ प्रयागराज के पास बांदा जिले में राजापुर नामक एक गांव में सरयू पारीण ब्राह्मण श्री आत्माराज दुबे एवं उनकी धर्मपत्नी हुलसी के गर्भ से महान् सन्त गोस्वामी तुलसीदास का जन्म संवत् 1554 श्रावण शुक्ल सप्तमी के दिन तदनुसार 19.7.1497 को प्रातः 11 बजे हुआ। जन्मते समय बालक के मुख से रोने की जगह 'राम' शब्द निकला। जन्म के समय मुख में दांत थे। मां के गर्भ में बारह महीने रहने के कारण जन्म के समय शिशु का वजन भी बहुत भारी था। तुरन्त सारे गांव-देहात में इस अद्‌भुत बालक के जन्म की चर्चा शुरू हुई। लोगों ने इसका नाम 'रामबोला' रखा। इस बालक के जन्म से ठीक दसवें दिन माता की मृत्यु हो गई। दासी चुनियां ने इस बालक का पालन पोषण किया। तुलसीदास तुला राशि के हिसाब से इनका जन्म नाम था। जब तुलसीदास लगभग साढ़े पांच वर्ष के हुए तो चुनियां का भी देहांत हो गया। जनश्रुति है कि जगत् जननी पार्वती ने ब्राह्मणी का वेश धारण कर इस अनाथ बालक को खाना खिलाया। ज्योतिषशास्त्र कहता है कि चंद्रमा से चौथे पापग्रह हो तो बालक माता के दूध से नहीं बकरी के दूध से पालित होगा।

विक्रम संवत् 1561 माघ शुक्ल पंचमी शुक्रवार को ठीक सात वर्ष की आयु में इस बालक को यज्ञोपवीत संस्कार श्री नरहरि जी महाराज ने अयोध्या में किया। विद्याध्ययन के रूप में रामबोला नामक इस बालक को नरहरि महाराज ने रामचरित्र मानस पढ़ाया। इसके बाद रामबोला ने काशी में शेष सनातन जी के पास रहकर वेद-वेदांग का अध्ययन पंद्रह वर्ष तक किया। तत्पश्चात् गुरु आज्ञा लेकर प्रयाग लौट आए।

यहां पर वे सबको रामकथा बड़े प्रेम से सुनाने लगा। संवत् 1583 ज्येष्ठ शुक्ल 13 गुरुवार को भारद्वाज गोत्र में उत्पन्न सुंदरी नामक कन्या से उनका विवाह 29 वर्ष की आयु में हुआ। क्योंकि मांगलिक प्रभाव वाली कुण्डलियों को 28 वर्ष बाद विवाह का सुख मिलता है। तुलसीदास जी की कुण्डली पूर्ण रुप से त्रिबल मांगलिक थी।

वे अपनी पत्नी के प्यार में पागल थे। एक बार उनकी पत्नी वर्षा ऋतु में मायके चली गई। अंधेरी रात्रि में तुलसीदास जी भी ससुराल पहुंच गए तथा घर की छत पर सांप को रस्सी समझ कर सीधा छत पर पहुंच गए। पत्नी ने इस पर उन्हें बहुत धिक्कारा और कहा-

''हाड़मांस की देह मम, तापर जितनी प्रीति।
तिसु आधी जो राम प्रति, अवसि मिटिहिं भवभीति।''

तुलसीदास को ये शब्द बाण की तरह चुभ गये, सप्तमेश शनि नीच का काम कर गया और वहीं से गृहस्थ धर्म त्यागकर साथ साधु वेश ग्रहण कर काशी चले गए। वे वहां घर-घर रामकथा कहने लगे। एक बार काशी के मरघट पर रामकथा सुनने से एक प्रेत की मुक्ति हुई। उस प्रेत ने उन्हें हनुमान जी का पता बताया। तुलसीदास जी अपने साधना बल एवं राम भक्ति बल के प्रभाव से हनुमान जी से मिले और हनुमान जी से श्री रघुनाथ जी के दर्शन की प्रार्थना की। हनुमान जी ने उन्हें आशीर्वाद दिया कि तुम्हें चित्रकूट के रामघाट पर रघुनाथ जी के दर्शन होंगे। तुलसीदास ने अपना आसन चित्रकूट में जमाया और श्री राम तुलसीदास के सामने बालक रूप में प्रकट होकर चन्दन मांगा, पर तुलसीदास जी इतने मोहित हो गए कि श्रीराम को चन्दन देना ही भूल गए। जनश्रुति में दोहा प्रचलित है।

''चित्रकूट के घाट पर भई संतन की भीर।
तुलसीदास चन्दन घिसे, तिलक करें रघुवीर॥''

संवत् 1628 में श्री हनुमान जी आज्ञा से तुलसीदास जी अयोध्या गए। वहां प्रयागराज में कुंभ मेला था। वहीं इन्हें भारद्वाज ऋषि याज्ञवलक्य मुनि के दर्शन हुए और इनमें कवित्व शक्ति का स्फुरण हुआ। स्वप्न में भगवान् शंकर ने उन्हें आदेश दिया तुम ग्रामीण (बृज) भाषा में काव्य-रचना करो। विक्रम संवत् 1631 में रामनवमी के दिन प्रात: काल में श्री तुलसीदास ने 77 वर्ष की आयु में श्रीरामचरित मानस की रचना प्रारम्भ की। दो वर्ष, सात महीने, छब्बीस दिन के अन्तराल में संवत् 1633 के मार्ग-शीर्ष शुक्ल पक्ष रामविवाह के दिन सातों काण्ड पूरे हो गए। रामकथा का श्रवण करते-करते श्री तुलसीदास जी ने 126 वर्ष की आयु में परिपूर्ण करके विक्रम संवत् 1880 श्रावण शुक्ल तृतीया शनिवार को असीघाट पर राम-राम जपते हुए अपनी शरीर का त्याग किया तथा हिन्दी साहित्य में अजर-अमर हो गए।

संत शिरोमणि तुलसीदास की कुण्डली में चारों केन्द्र भरे हुए होने से 'आसमुद्रात् योग' बना फलत: उनकी कीर्ति दिग्दिन्तर में सात समुद्र पार फैली। पूरे विश्व में संत शिरोमणि तुलसीदास के सानी कोई भक्त कवि नहीं हुआ। जिनकी पूजा भगवान श्रीराम के समकक्ष की जाती है। भक्ति रस में डूबी उनकी चौपाईयां आज भी अमोघ मन्त्र की तरह साधकों के कष्ट-रोग व शोक को दूर करने में अमृत तुल्य उपादेय का काम करती हैं। संत श्री तुलसीदास का जन्म राहु की महादशा में

हुआ तथा उनकी मृत्यु भी राहु की महादशा में हुई इस प्रकार उन्होंने विशोंत्तरी दशा क्रम का एक परिभ्रमण पूरा करके 120 वर्ष की आयु गणना पर सत्यता की मोहर लगा दी।

श्रीमती हिलेरी क्लिंटन

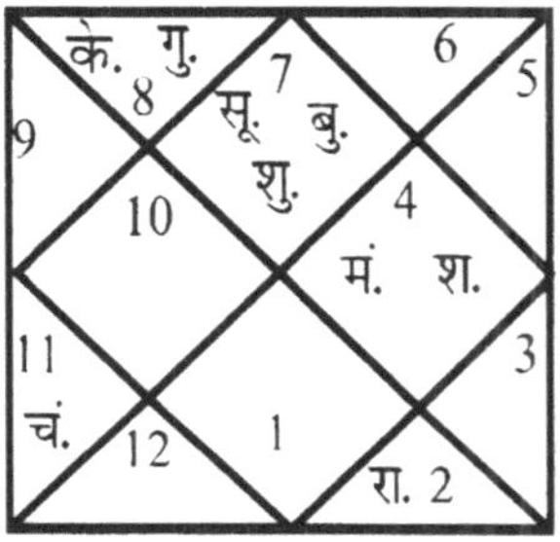

जन्म स्थान-शिकागो, जन्म तिथि-26.10.1947, जन्म समय-8.00 प्रातः।

श्री रामनिवास मिर्धा

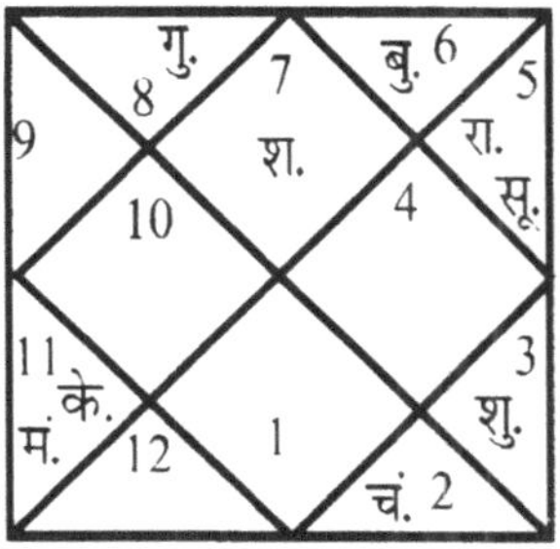

जन्म स्थान-कुचेरा (नागौर), जन्म तिथि-24.8.1924।

श्री रोमेश भण्डारी

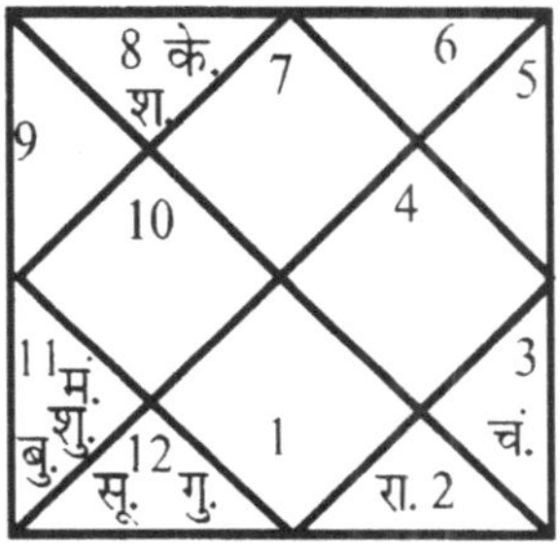

राज्यपाल, जन्म तिथि-29.3.1928, जन्म समय-20.30, जन्म स्थल-पटियाला।

महात्मा गांधी

राष्ट्रपिता महात्मा गांधी और राजयोग

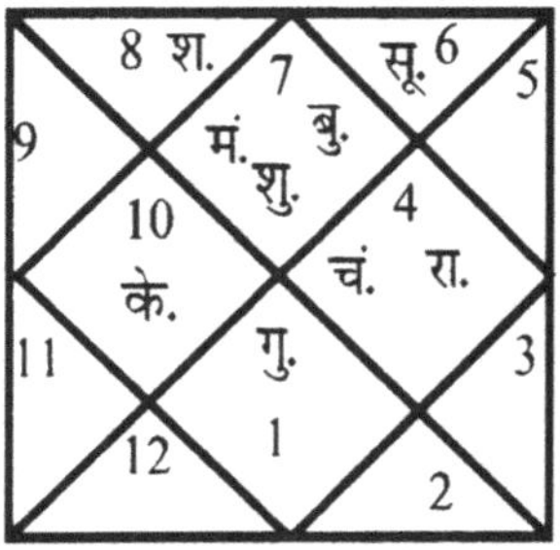

चारों केंद्र में शुभ या पाप ग्रह हुए तो 'चतु: सागर' नाम का राजयोग होता है। भाग्येश बुध राजयोग कारक होकर लग्न में है। मंगल उच्च का शुक्र स्वगृही लग्न में है। सूर्य तुला या बारहवें स्थान में हो तो मानसागरी के अनुसार एक हजार राजयोग नष्ट करता है। फलत: महात्मा गांधी किसी ऊंचे सरकारी पद पर आरूढ़ न हो सके क्योंकि दशम भाव में राहु भी है। परंतु राष्ट्रपिता के रूप में उन्होंने मरणोपरांत जो ख्याति प्राप्त की, उस दृष्टि से इस कुंडली में उपस्थित 'चतु: सागर' योग सार्थक होकर मुखरित हुआ।

महात्मा गांधी का जन्म 2 अक्टूबर 1869 को प्रात: 8.25 मिनट पर पोरबन्दर (कच्छ) गुजरात में हुआ। उनकी कुण्डली में राहु दशमेश चंद्रमा के साथ दशम भाव में स्थित है। किसी भी जन्म कुण्डली के दूसरे, तीसरे, आठवें और बारहवें भाव का सम्बन्ध जातक को जेल अवश्य ले जाता है जब खासकर राहु का सम्बन्ध इन भावों में हो। महात्मा गांधी की कुण्डली में द्वितीय व द्वादश भाव में अशुभ ग्रह बैठे हैं। फलत: महात्मा गांधी आजादी के लिए अनेक बार जेल गए।

महात्मा गांधी की कुण्डली में सबसे अहम् घटना है उनकी गोली मारकर हत्या करना। यहां अष्टमेश शुक्र है। मुख्य मारकेश मंगल द्वितीयेश, बुध भी होकर अष्टमेश के साथ है। इन दोनों की अशुभता बढ़ाने के लिए व्ययेश बुध भी इनके साथ युति कर बैठा। फलत: जातक अष्टमेश, द्वितीयेश, व्ययेश की युति ही उनकी हत्या के लिए जिम्मेदार है। इनकी मृत्यु 1947 में परम पापी बृहस्पति की महादशा में हुई क्योंकि यहां बृहस्पति तृतीयेश व षष्टेश होकर वक्री है तथा मुख्य मारकेश मंगल की राशि में है। 'आंशिक कालसर्प योग' के कारण वे जीवन भर तनाव में रहे।

ननी पालकीवाला

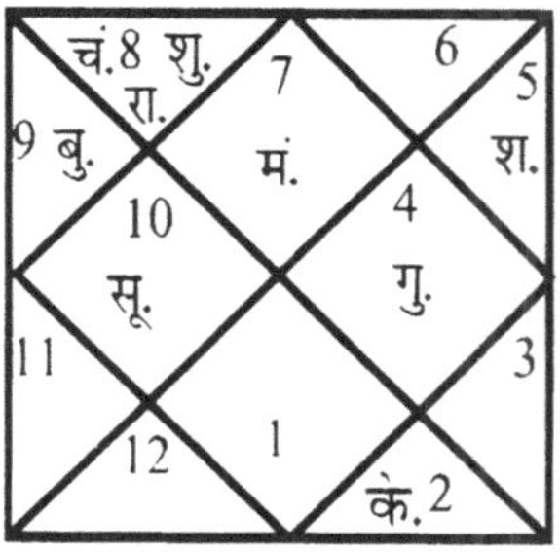

जन्म–16.1.1920, जन्म समय- 00.45 रात्रि, जन्म स्थान–जवसारी

बारोनेस मार्गेट थेचर

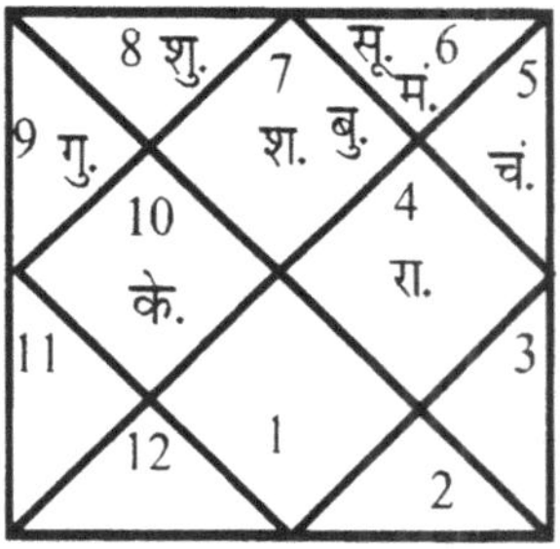

जन्म तिथि–13.10.1928, जन्म समय–9.00, जन्म स्थल–लंदन (यू.के.)

स्व. माधवराव सिन्धिया

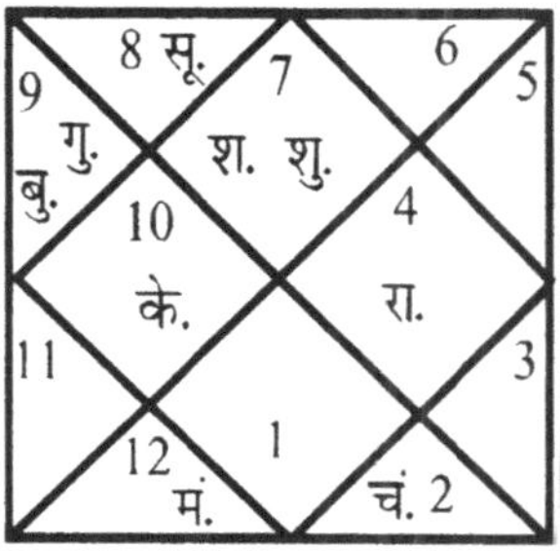

जन्म तिथि–9.3.1945, जन्म समय–00.00 रात्रि, जन्म स्थान–ग्वालियर

श्री गोपीनाथ मुण्डे

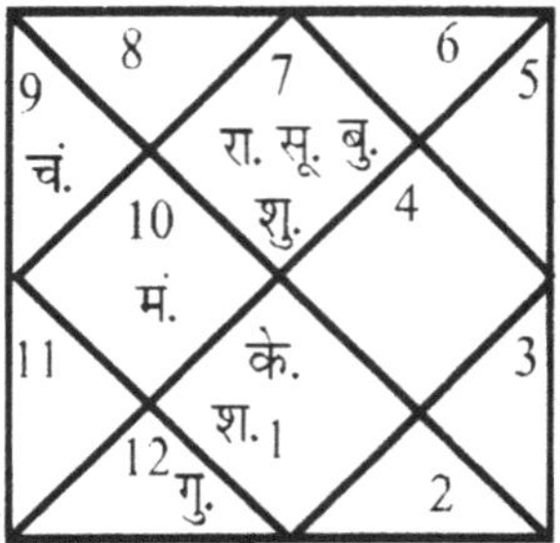

(पुणे, उपमुख्यमंत्री) महाराष्ट्र 18.10.1939 समय 7.30 प्रात: मुम्बई।

प्रस्तुत कुण्डली महाराष्ट्र के पूर्व उपमुख्यमंत्री एवं भारतीय जनता पार्टी के प्रमुख नेता श्री गोपीनाथ मुंडे की है। इनका जन्म 18 अक्टूबर 1939 को प्रात: 7.30 पर बम्बई में हुआ। इनका जन्म "तुलालग्न" लग्न में शुक्र व सूर्य के साथ हुआ, फलत: ये जन्म से ही सिद्धांतवादी एवं स्वाभिमानी व्यक्ति थे। इनका जन्म केतु की दशा में हुआ। फलत: बचपन व युवावस्था संघर्ष में ही व्यतीत हुई।

इनकी कुंडली में राजयोग का प्रबल कारक ग्रह मंगल है जोकि दिग्बली एवं उच्च का होकर केंद्र में बैठा है। इस मंगल के कारण इस कुंडली में "रुचक योग" नामक राजयोग की सृष्टि हुई है जो कि पंचमहापुरूष योगों में से एक योग है। सन् 1995 के लगते ही इनका यह राजयोग प्रबल रुप से प्रभावी हुआ। कोई स्वप्न में ही नहीं सोच सकता था कि बंबई में कभी भाजपा का शासन होगा एवं गोपीनाथ मुंडे उसके उपमुख्यमंत्री बनेंगे।

"श्रीचंडमार्तंड पंचांग" ने दीपावली 1994 को ही लिख दिया था कि आगामी चुनावों में शिवसेना एवं भाजपा गठबंधन उभरेगा। जब 18 मार्च 95 को ये पंक्तियां अक्षरश: सत्य हुईं तो ये शब्द सोने से भी अनमोल हो गए।

उपरोक्त कुंडली हमें मराठी पत्रिका "ग्रहांकित" के फरवरी अंक से प्राप्त हुई। इस दृष्टि से इस समय श्री मुंडे को राहु की महादशा में बुध का अंतर चल रहा है। भाग्येश है तथा लग्न में "बुधादित्ययोग" करके बैठा है, फलत: बलवान् है। यह दशा श्री मुंडे के भाग्योदय की दशा है, जो कुछ इनको जीवन में अब तक न मिला, इस दशा में मिला।

राष्ट्रपति हिटलर (तानाशाह)

जन्म-20.4.1889, जन्म समय-18.30 प्रात, जन्म स्थान-जर्मनी
एकाधिक ग्रह जन्म लग्न को देखने से राजयोग हुआ।

सर्वैर्गगन-भ्रमणैर्दृष्टे लग्ने भवेन्महिपाल:।
बलिभि: सौख्यार्थ-युतो विगतभयो दीर्घजीवी च।

—मानसागरी, श्लोक 88/पृ. 233

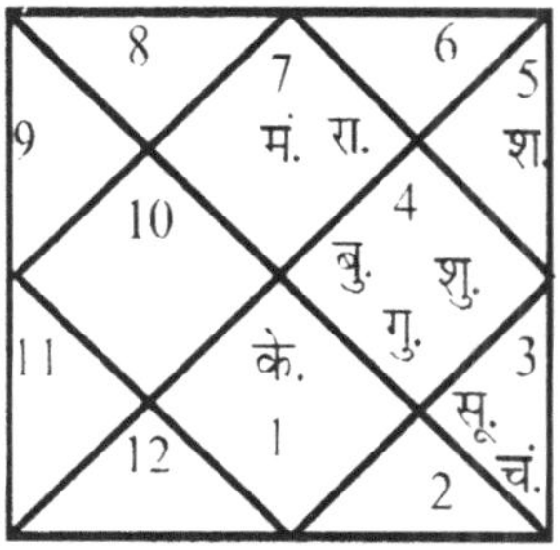

जन्म लग्न को संपूर्ण ग्रह देखते हो तो बलवान सौख्य व अर्थ से युक्त भयरहित राजयोग होता है। लग्नेश लग्न को देखने से 'लग्नाधिपतियोग' बना। उच्च का सूर्य, स्वगृही मंगल ने सप्तम में बैठकर जबरदस्त राजयोग की सृष्टि की है। उच्च का सूर्य एवं स्वगृही मंगल वाला व्यक्ति जीवन में किसी से भी दबता नहीं। कठोर अनुशासन एवं हुक्म चलाना इनकी जन्मजात प्रवृत्ति होती है। तानाशाह हिटलर की यही सबसे बड़ी विशेषता थी।

हिटलर की कुंडली में तृतीय स्थान से नवम भाव वाला **'वासुकी नामक कालसर्पयोग'** बना जिसके कारण अकाल मृत्यु को प्राप्त हुए।

स्टालिन

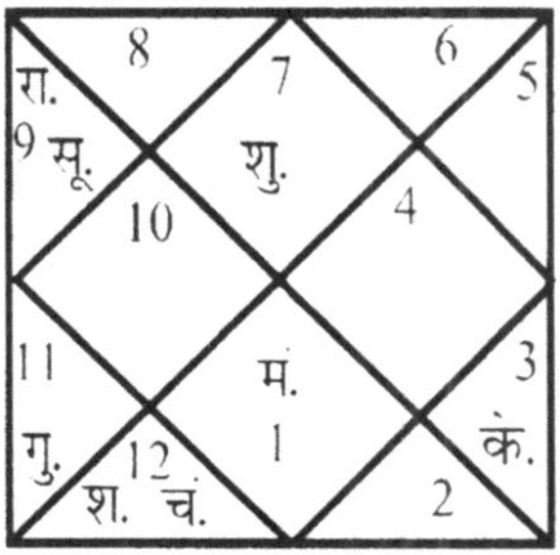

जन्म तिथि-31.12.1878, जन्म समय-02.00 (रात्रि), जन्म स्थान-सोवियत रूस।

प्रस्तुत कुंडली सोवयत गणराज्य (रूस) के महान् नेता स्टॉलिन की है। मानसागरी श्लोक 2 पृष्ठ 220 के अनुसार-

एकः शुक्रो जनमसमये लाभसंस्थे च केन्द्र
जातो वै जन्मराशौ यदि सहजगते प्राप्ते वा त्रिकोणे।
विद्या विज्ञान युक्तो भवति नरपतिः विश्वविख्यात कीर्तिः
दानी मानी च शूरो हमगणसहितः मद्गजै से व्यमानः॥

केंद्र में तुला का अकेला शुक्र राजयोग करता है। फिर स्वगृही मंगल दशम भाव, लग्न एवं स्वराशि वृश्चिक को पूर्ण दृष्टि से देख रहा है। गुरु एवं शनि ने परस्पर राशि परिवर्तन किया। गुरु स्वग्रहाभिलाषी है तथा क्रमश: भाग्यस्थान एवं लग्नस्थान को पूर्ण दृष्टि से देख रहा है।

सम्राट महान् अकबर

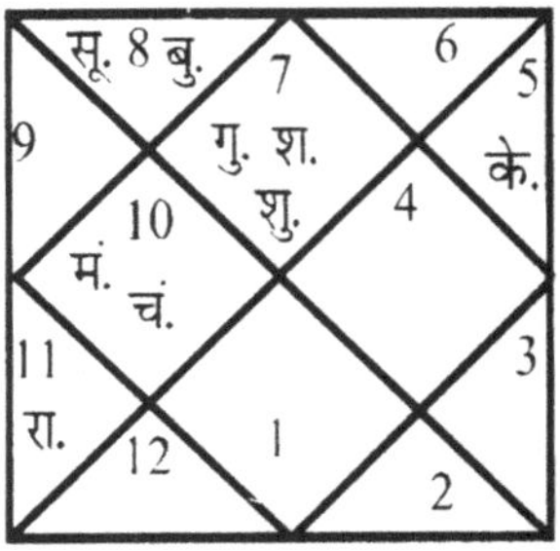

जन्म स्थान-अमरकोट (पाकिस्तान), जन्म तिथि-24.11.1542, जन्म समय-दोपहर 12.30।

मुगल सम्राट हुमायूं के पुत्र अकबर 14 वर्ष की छोटी आयु में ही हिन्दुस्तान के बादशाह बन गये। अकबर के मुख्य संरक्षक बेहराय खान ने सन् 1556 को पानीपत के युद्ध में हेमु को हटाकर अकबर को बादशाह घोषित कर किया। उस समय अकबर की मंगल महादशा चल रही थी। मंगल के कारण 'रुचकयोग' शनि के कारण 'शशयोग' व 'पद्मसिंहासन योग' ने अकबर को चक्रवर्ती सम्राट बना दिया।

इसकी कुंडली की प्रमुख बात है कि अकबर की अनेक पत्नियां होते हुए भी उसके पुत्र नहीं था। पंचमस्थ राहु 'कालसर्पयोग' के कारण पुत्र संतति से बाधक था। फलत: जातक अनेक धार्मिक अनुष्ठान हुए। अकबर नंगे पांव दिल्ली में अजमेर गया और पुत्र के लिए दुआ मांगी। शिवलिंग की स्थापना की तब एक पुत्र हुआ-जहांगीर। अकबर का शासन (1556-1605) तक चला। उसने दिने-ईलाही धर्म चलाया एवं फतेपुर सीकरी का निर्माण किया। उसने राजपूत कन्याओं से विवाह किया तथा अपने दरबार में 'राजज्योतिषी' का पद स्थापित किया। अकबर ने भास्कराचार्य की 'लीलावती' का उर्दू व फारसी में अनुवाद किया। अकबर के समय में 'ताजिक नीलकण्ठी' का भरपूर प्रचार हो चुका था।

केंद्र या त्रिकोण में बुध, बृहस्पति, शुक्र इनमें से कोई भी ग्रह हो तो धर्म, धन, विद्या, यश, कीर्ति, लाभ देने वाला राजयोग होता है।

केन्द्रत्रिकोणे बुधजीवशुक्रा: स्थितान्तराणां यदि जन्मकाले।

धर्मार्थ-विद्या-यश-कीर्ति-लाभ: शांत, सुशील स नराधिप: स्यात्॥

जन्म समय बुध, बृहस्पति और शुक्र केंद्र या त्रिकोण में हों तो धर्म, अर्थ, विद्या, यश, कीर्ति, लाभ, शांत स्वभाव और सुंदर शील इनसे युक्त राजयोग होता है। लग्न में शनि उच्च का, गुरु, एवं स्वगृही तथा चतुर्थ में उच्च का मंगल ने इन्हें बादशाह के पद पर पहुंचाया एवं कीर्ति प्रदान की। पंचम भाव में राहु के कारण कुपुत्र से ये जीवन भर दु:खी रहे। इस कुंडली में एकादश स्थान से लेकर 'विषधर नामक पूर्ण कालसर्पयोग' है। जिसका प्रत्यक्ष प्रभाव इनके संपूर्ण जीवन पर पड़ा।

सम्राट औरंगजेब

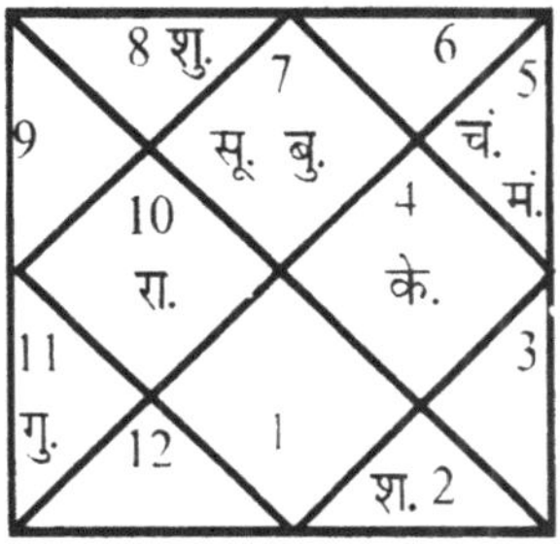

जन्म समय-7.18 प्रात:, जन्म तिथि-14.10.1618 जन्म स्थान-उज्जैन (म. प्रदेश)।

मुगल सल्तनत का अन्तिम शासक औरंगजेब का जन्म 14.10.1618 प्रात: 7. 18 मिनट पर तुलालग्न के 19 अंशों में हुआ। इतिहास में औरंगजेब का कृतघ्न पुत्र तथा अभागा पिता के रूप में याद किया जाता है। मंगल की महादशा तथा राहु व शनि के अन्तर में औरंगजेब ने अपने पिता शाहजहां को आगरा किला में कैद कर खुद शासक बन बैठा। इतना ही नहीं अपने पिता को नित-नई यातनाएं देकर अन्न व दाल के लिए तरसा-तरसा कर मार डाला। पंचम स्थान में गुरु होने के कारण इसके पांच पुत्र थे। औरंगजेब ने अपने दो पुत्रों की खुद ही हत्या कर दी, एक पुत्री को देश निकाला दे दिया। ईस्वी सन् 1662 व 1680 के मध्य औरंगजेब की धार्मिक कट्टरता चरम सीमा पर पंहुची। उसने हिन्दुओं पर 'जजिया कर' लगाया। यह अपने प्र-पितामह अकबर की नीतियों के खिलाफ था। यह 90 वर्ष तक जिया 1705 में बीमार पड़ा। गृहकलह के चलते इसके पुत्र ने ही इसे क्रूर यातना के साथ मारा। इसके 17 पोते थे। सब इसके दुश्मन थे। पर इसका कोई भी वंशज गद्दी पर काबिज नहीं हुआ। मुगल साम्राज्य बिखर गया। इसकी मृत्यु 1707 में हुई। फिर 1719 में मोहम्मद शाह नामक अन्य व्यक्ति दिल्ली की गद्दी पर बैठा। वीर दुर्गादास राठौड़ (जोधपुर) एवं छत्रपति शिवाजी ने औरंगजेब से लोहा लिया। मुगल साम्राज्य के बाद हिन्दुस्तान पर अंग्रेजों का शासन आया।

अंग्रेजों से लोहा लेने वाली रणचण्डी रानी लक्ष्मीबाई

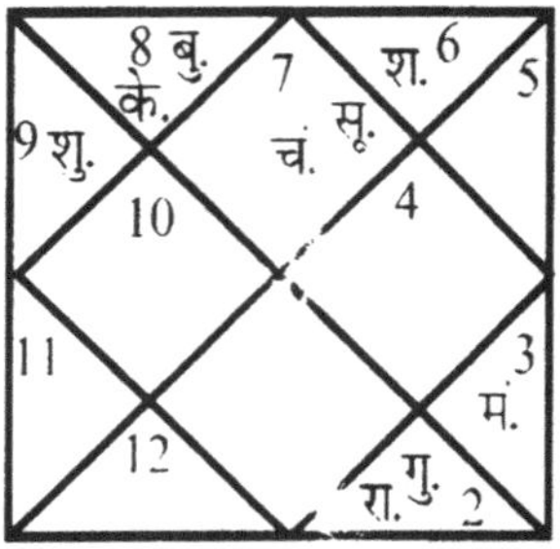

शुक्र, बुध, बृहस्पति-इनमें से कोई भी ग्रह केंद्र में हो और दशम मंगल में हो तो 'कुलदीपक' नाम का राजयोग होता है। ऐसा मानसागरीकार कहते हैं। परंतु यहां मंगल भाग्य भाव में बैठा अपनी उच्च राशि को देख रहा है। फलत: झांसी की महारानी लक्ष्मीबाई के आत्मबल का कोई मुकाबला नहीं था, उन्होंने स्वतंत्रता संग्राम में वो टक्कर ली कि अंग्रेजों के दांत खट्टे हो गए।

उच्च का शनि लग्न में चंद्रमा के साथ होने पर उच्च श्रेणी का 'शश नामक' राजयोग बनाया। पर शनि+चंद्र के कारण ग्रहण योग बना, लग्न में बुध+केतु दो परस्पर शत्रुग्रहों की युति से 'शास्त्रहंता योग' बना। गुरु के साथ राहु होने के कारण चांडाल योग की सृष्टि हुई, अपनों ने ही धोखा दिया और महारानी अंतिम समय तक बड़ी बहादुरी से लड़ती हुई वीरगति को प्राप्त हुई। विश्व के इतिहास में महारानी लक्ष्मीबाई जैसा व्यक्तित्व आज तक नहीं हुआ। इस कुंडली में अष्टम भाव से द्वितीय तक की ग्रह स्थिति के कारण 'आंशिक कालसर्पयोग' की सृष्टि हुई जिसका प्रभाव इनके जीवन पर अमिट छाप छोड़ गया।

पंचमेश शनि बारहवें होने से पुत्र पर आयुष्य का संकट आया। जिसका मुकाबला महारानी ने बड़ी वीरता से किया। तुला का सूर्य एक हजार राजयोग नष्ट करता है। इसलिए महारानी राजसिंहासन प्राप्त नहीं कर पाई।

करिश्मा कपूर

शुक्र ने दी करिश्मा को बेपनाह खूबसूरती एवं सफलता

करिश्मा अपने जीवन के 28वें खूबसूरत वर्ष में प्रवेश कर चुकी है। 25 जून, 1975 को सुप्रसिद्ध फिल्म स्टार रणधीर कपूर एवं अभिनेत्री बबीता के कोख से 'तुला लग्न' और 'धनुराशि' में जन्मी करिश्मा का घरेलू नाम 'लोलो' था। 50 से अधिक महत्वपूर्ण मैग्जीन के मुखपृष्ठ पर छपी करिश्मा ने प्रिन्ट मीडिया एवं इलेक्ट्रोनिक मीडिया को अपनी खूबसूरती व ग्लैमर के चकाचौंध से मोहित कर रखा है। तुला

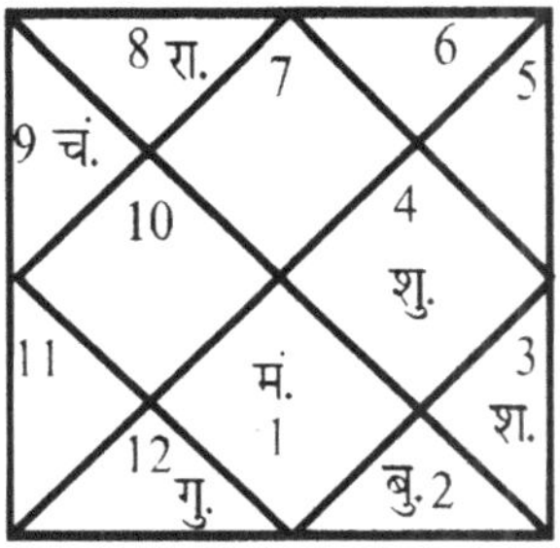

लग्न के माध्यम से कुदरत ने उसे सुंदरता के सांचे में ढाला। वही लग्नेश शुक्र ने केंद्रस्थ होकर करिश्मा की सुंदरता, सौन्दर्य एवं अभिनय की प्रतिभा में चार चांद लगा दिये। शुक्र चंद्रमा की राशि में है और चंद्रमा धनुराशि में है, जिसका स्वामी बृहस्पति इनकी कुण्डली में स्वगृही है। नवमांश में बृहस्पति, चंद्र एवं मंगल वर्गोत्तमी है।

अभिनय का गुण करिश्मा को परम्परागत पैतृक धरोहर के रुप में प्राप्त था। फिर भी इन्होंने अपने कैरियर की शुरुआत बकायदा संगीत एवं नृत्य कॉलेज में ग्रेजुएशन प्राप्त करके प्रारम्भ की। सन् 1994 में 19 वर्ष की आयु में ही इन्होंने फिल्मी दुनिया में प्रवेश कर लिया। इस समय मंगल की दशा चल रही थी। इनकी अभिनय प्रतिभा ने सफलता के चरण छू लिए। 21 वर्ष की आयु में ही करिश्मा को 'सर्वश्रेष्ठ अभिनेत्री' का फिल्म अवार्ड-'राजा हिन्दुस्तानी' के रिलीज होने पर मिला। यही से इनके उत्तरोतर उत्तम कैरियर की शुरुआत सोने की कलम से लिखी गई करिश्मा को राहु की महादशा लगी। राहु जो इनके धन स्थान में है यात्रा कराने लगा तथा यात्राओं के द्वारा धन बरसने लगा। वृश्चिक का राहु, मंगल तुल्य कार्य करने लगा। मंगल जिसके कारण इनकी कुंडली में 'मालव्य नाम्क' महान् राजयोग बना। करिश्मा को 1997 में लक्स जी सिने से फिर श्रेष्ठ अभिनेत्री अवार्ड से नवाजा गया और इसके साथ ही पुन: फिल्मफेयर अवार्ड सर्वश्रेष्ठ सहायक अभिनेत्री 'दिल तो पागल है' में मिला। इस समय मंगल में चंद्रमा का अन्तर चल रहा था। इसके साथ ही 'साजन चले ससुराल', 'जीत, 'राजा हिन्दुस्तानी, 'युद्ध' की बाक्स ऑफिस सफलता ने बालीवुड की दुनिया में तहलका मचा दिया। 22 वर्ष की आयु तक पहुंचते-पहुंचते करिश्मा को इतनी उत्साहवर्धक सफलताएं मिली जितनी किसी को भी उम्मीद नहीं थी। सितारों ने अपना काम किया। करिश्मा अब नई फिल्मों को साइन करने के लिए 75 लाख से एक-एक करोड़ रुपये की डिमाण्ड करने लगी। हर माह अब उनकी नई फिल्मों के कान्ट्रेक्ट होने लगे। ज्यादा समय विदेशी शूटिंग में बीतने लगा। इन्हीं दिनों करिश्मा व अभिषेक बच्चन के प्रेम प्रसंग सूर्खियों में छपने लगे। अमिताभ बच्चन ने एक भव्य समारोह के अन्दर करिश्मा के सगाई के साथ विवाह

की घोषणा कर दी परंतु किस्मत को कुछ और मंजूर था। राहु की महादशा में शनि के अन्तर ने यह सगाई तोड़ दी। करिश्मा की कुंडली पूर्णत: मांगलिक है। ऐसा होना इसके लिए एक शुभ घटना थी क्योंकि मांगलिक कुंडली वालों का एक सगाई होकर टूटना या विवाह होकर छूटना आने वाले जीवन साथी के लिए शुभ संकेत है।

करिश्मा को इस समय राहु की महादशा में शनि और उसमें सूर्य का प्रत्यन्तर चल रहा है फलत: यह शत्रुदशा है इस समय कुछ बदनामी भी होगी तथा सफलता भी संदिग्ध रहेगी। यह समय 9.8.2003 तक है इसके बाद शनि में चंद्रमा का प्रत्यन्तर लगेगा। चंद्रमा दशमेश है और गुरु की राशि में बैठा हुआ भाग्यभवन की पूर्ण दृष्टि से देख रहा है। यह समय 25.12.2003 तक हैं जिसमें करिश्मा के लिए सफलता के नये द्वार खुलेंगे।

स्व. राष्ट्रपति शंकरदयाल शर्मा

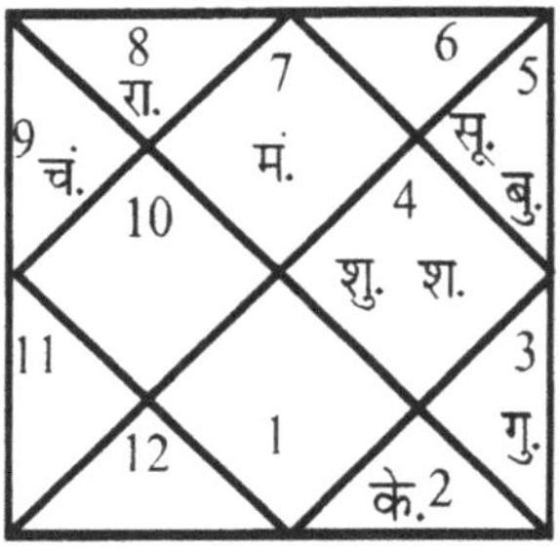

जन्म तिथि-19.8.1918, प्रात: 10.30, जन्म स्थान-भोपाल (म.प्र.)

प्रधानमंत्री श्रीलंका श्रीमती चन्द्रिका कुमार तुंगे

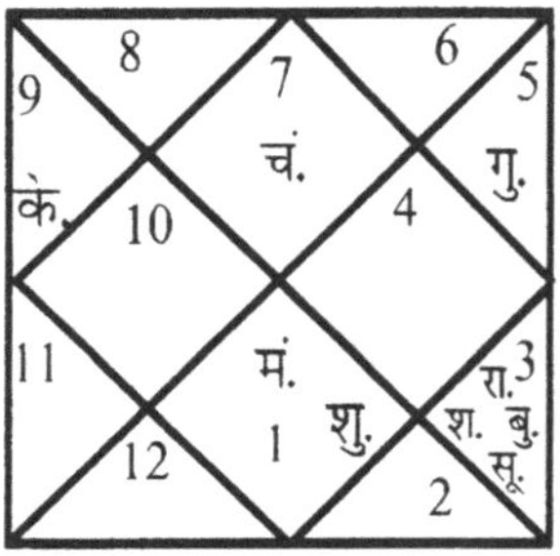

जन्म स्थान-श्रीलंका जन्म तिथि-29.6.1945, जन्म समय-दोपहर 14.30

लारा दत्ता

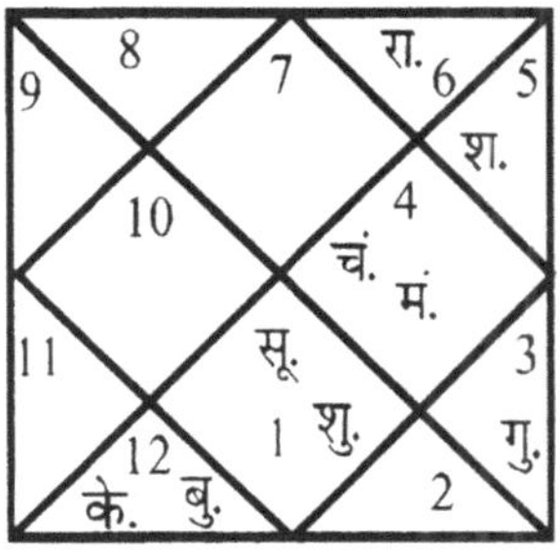

भारत सुन्दरी, जन्म तिथि-6.4.1978, जन्म समय-सायं 19.30

अभिनेता देवानन्द

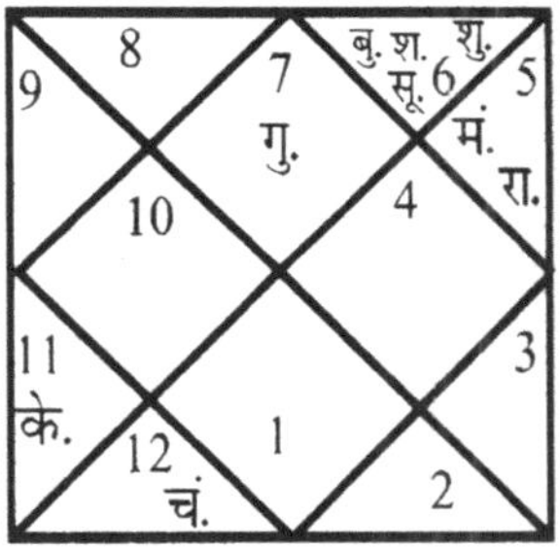

जन्म स्थान-गुरदासपुर, जन्म तिथि-26.9.1923, जन्म समय-दोपहर 9.30

चार्ली चैप्लीन (हास्य अभिनेता)

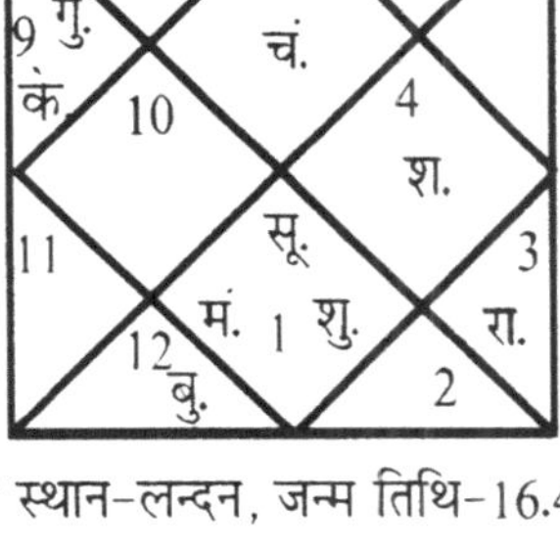

जन्म स्थान-लन्दन, जन्म तिथि-16.4.1889, जन्म समय-20.00

श्री कपिलदेव

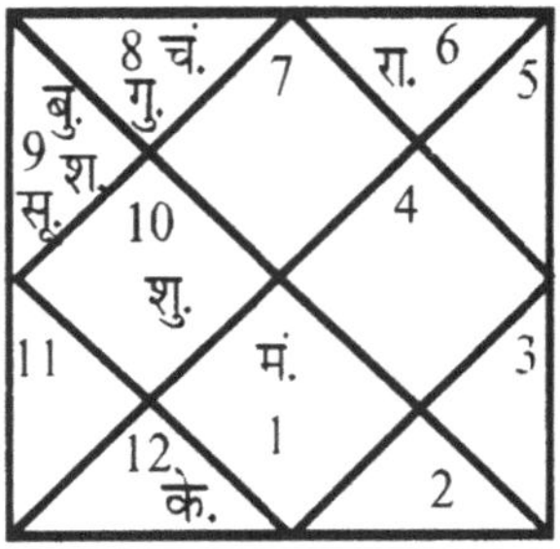

क्रिकेट कैप्टन, जन्म स्थान-चंडीगढ़, जन्म तिथि-6.9.1959, जन्म समय-2.20 रात्रि।

श्री अजीत आगरकर

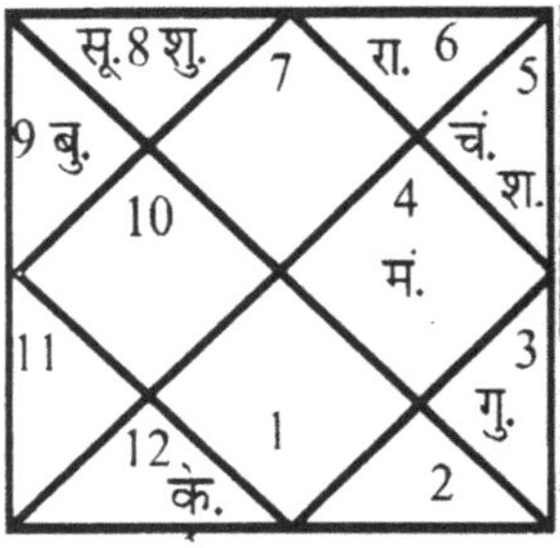

जन्म तिथि-4.12.1977

अभिनेत्री मीना कुमारी

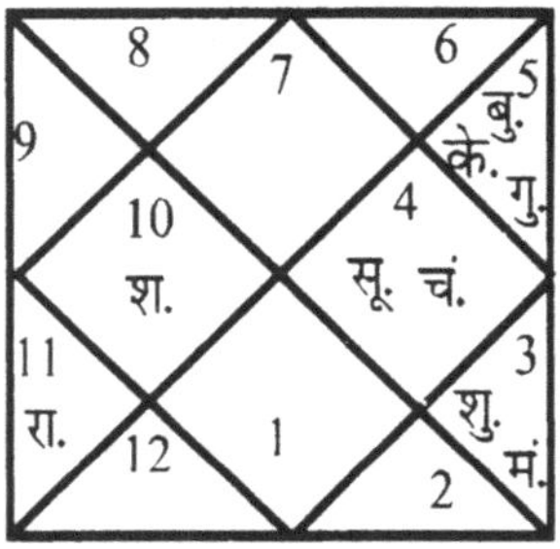

जन्म स्थान-मुम्बई, जन्म तिथि- 1.12.1932, जन्म समय-11.55

अभिनेत्री तब्बू

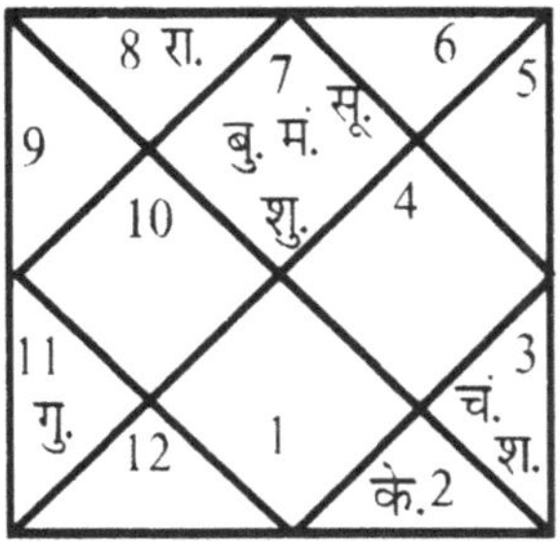

जन्म स्थान-मुंबई, जन्म तिथि- 4.11.1974, जन्म समय-7.00 प्रात:

फिल्म अभिनेत्री रिंकी खन्ना

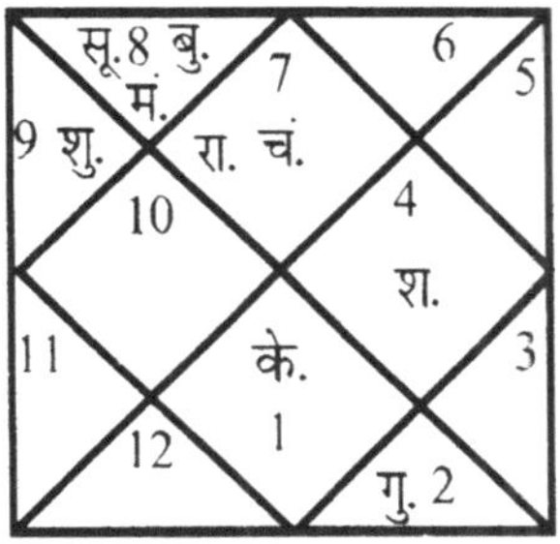

जन्म स्थान-दिल्ली, जन्म तिथि-20.11.1976, जन्म समय-4.46 प्रात:

विंस्टन चर्चिल

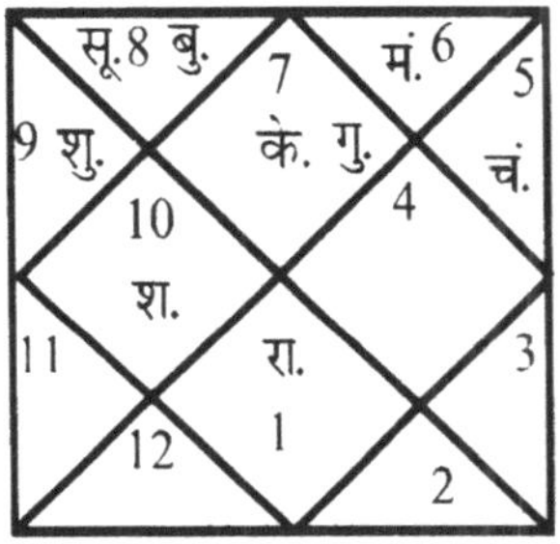

जन्म स्थान-लन्दन, जन्म तिथि-30.11.1874, जन्म समय-5.00

प्रस्तुत कुंडली के प्रधानमंत्री सर विस्टन चर्चिल की है। ज्योतिष शास्त्रानुसार लग्न से या अन्य किसी भी स्थान से क्रमश: सब ग्रह होने से 'एकावली नामक' श्रेष्ठ राजयोग होता है। जैसा कि राष्ट्रपति अय्यूब खान, प्रधानमंत्री मोरार जी देसाई, गृहमंत्री यशवंतराव चव्हाण की कुंडली में यही योग मुखरित हुआ। यहां लग्नस्थ बृहस्पति पूर्ण दृष्टि से भाग्यस्थान को देख रहा है। लग्नेश शुक्र ने बृहस्पति के साथ राशि परिवर्तन योग बनाया है। राजयोगकारक शनि स्वगृही होकर केंद्रस्थ में बैठा राजयोग बना रहा है तथा अपनी उच्च राशि (लग्न) को पूर्ण ताकत प्रदान कर रहा है। इसी प्रकार मंगल बुध के घर में तथा बुध मंगल के घर में परस्पर स्थान परिवर्तन करके बैठा है।

बिपाशा बसु (अभिनेत्री)

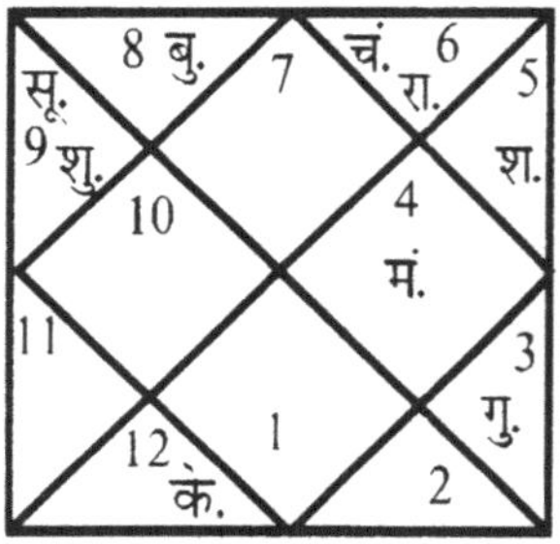

जन्म तिथि-1 जनवरी 1978।

स्व. श्री एन. टी. रामाराव

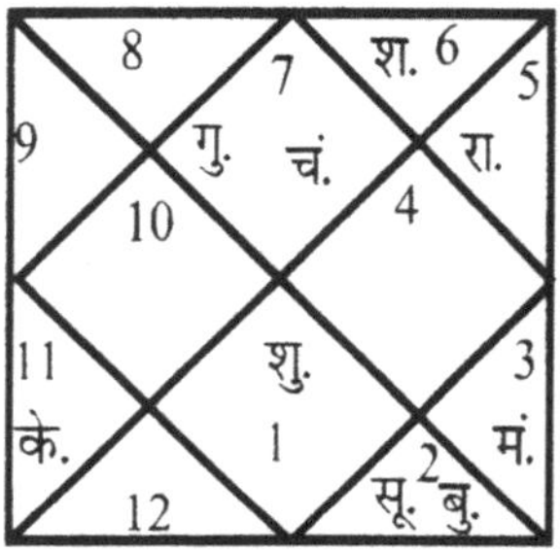

जन्म स्थान-निम्माकर (आंध्र प्रदेश), जन्म 28.5.1923 सायं: 16.23।

फिदेल कास्ट्रो

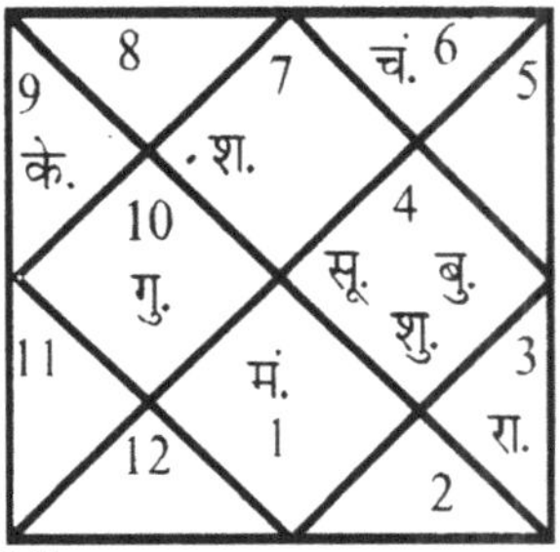

जन्म तिथि-13.8.1926, जन्म समय-11.10, जन्म स्थान-हवाना (क्यूबा)

एस. वी चव्हान

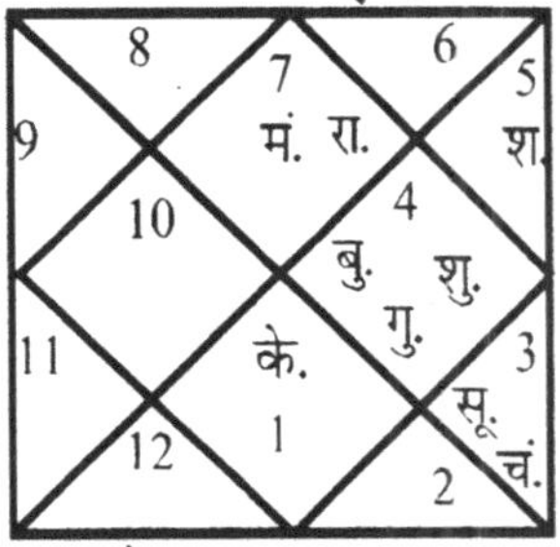

जन्म स्थान-पैथन (महाराष्ट्र), जन्म तिथि- 14.7.1920, जन्म समय- दोपहर 12.30

न्यूटन (वैज्ञानिक)

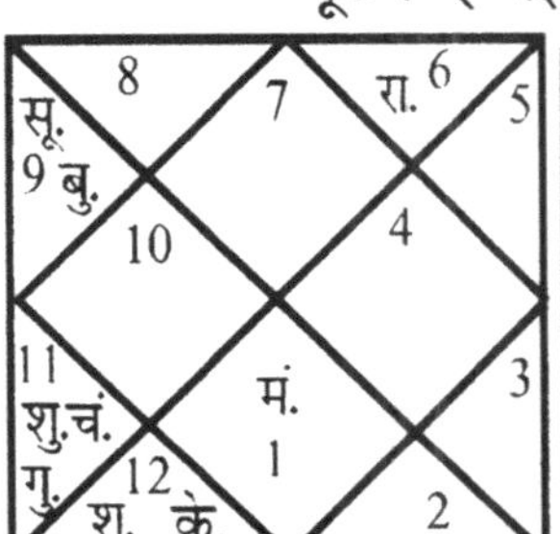

जन्म स्थान-इंग्लैण्ड, जन्म तिथि- 25.12.1642, जन्म समय-2.00 प्रात:।

हरिवंश राय बच्चन (कवि)

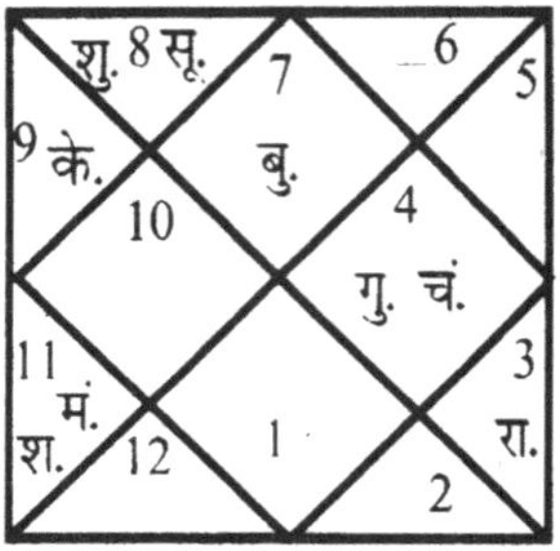

जन्म स्थान-प्रयाग, जन्म तिथि-29.11.1907, जन्म समय-5.30 प्रातः।

जहांगीर (प्रेमी) सम्राट

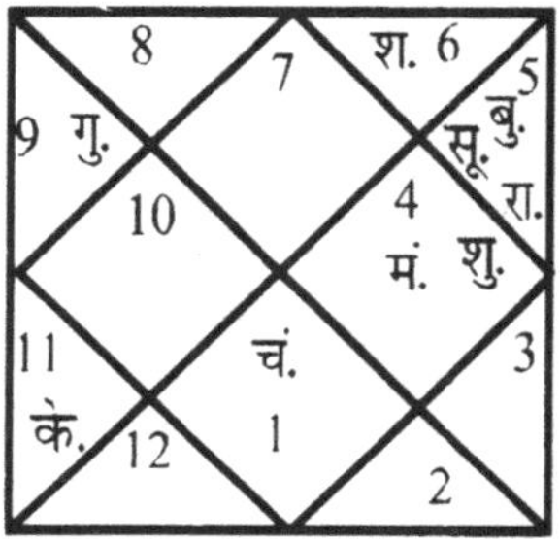

जन्म तिथि-30.8.1559, जन्म समय-14.20, जन्म स्थान-आगरा (उत्तर प्रदेश)

जहांगीर नामा के अनुसार 30 अगस्त 1559 को राजधानी आगरा में तुलालग्न के 24 अंशों में जहांगीर का जन्म जोधाबाई के कोख से हुआ। जहांगीर अकबर का नालायक बेटा था। उसने पिता के खिलाफ विद्रोह किया। रसिक मिजाज का होने के कारण उसने अपनी दासी नूरजहां से विवाह पिता की मर्जी के खिलाफ किया। जहांगीर के कमजोर नेतृत्व से मुगल सल्तनत का पतन शुरू हुआ। जहांगीर के भी पंचमस्थ केतु के कारण संतान समस्या रही। इसके भी अनेक पत्नियां थी। पत्थर-पत्थर को भगवान की तरह पूजने के बाद दुआ कामयाब हुई और इसके भी एक पुत्र हुआ-शाहजहां। इसे बचपन में चेचक हो गई थी। पर बच गया। इसे लोग 'शाहशूजा' के नाम से भी पुकारते थे। शाहजहां अपने पिता की नालायक औलाद निकला। इसने भी अपने पिता के खिलाफ तलवार उठाई।

श्री नाथूराम मिर्धा

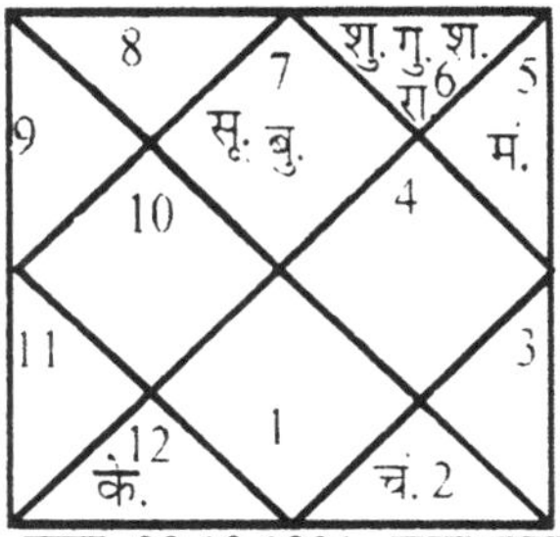

जन्म-20.10.1921, जन्म समय-7.00 प्रात, जन्म स्थान-कुचेरा (नागौर)

स्व. हैदरअली

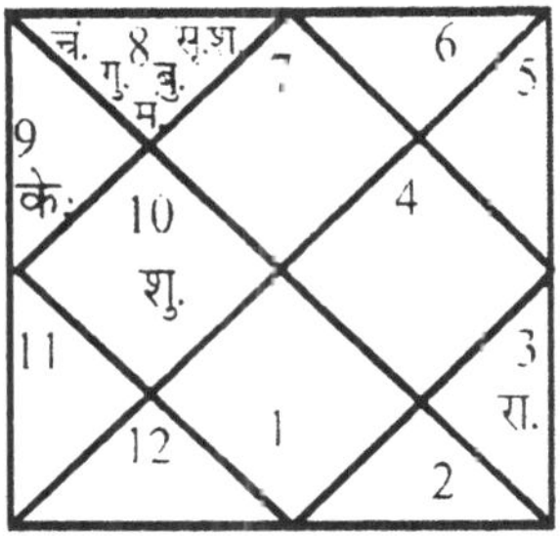

जन्म तिथि-8.12.1722

पं. कुंजीलाल दुबे (विधानसभाध्यक्ष) और राजयोग

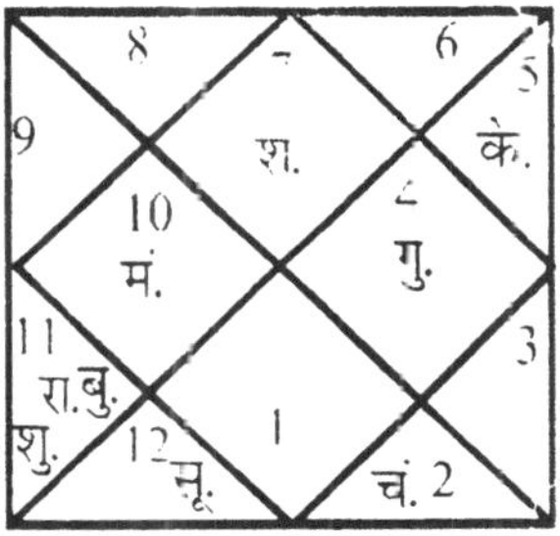

जन्म तिथि-9.3.1896, जन्म समय-21.30 (रात्रि), जन्म स्थान-मध्यप्रदेश

प्रस्तुत कुंडली मध्य प्रदेश के विधानसभाध्यक्ष पं॰ कुंजीलाल दुबे की है। शास्त्रकार कहते हैं कि-

जनयति नृपमेकोऽयुच्चगो मित्रदृष्टः।
प्रचुरधनसमेतं मित्रयोगाच्च सिद्धम्॥

-सर्वार्थ चिंतामणि श्लोक 5/पृ. 165

एक भी ग्रह उच्चगत मित्र ग्रह हो तो बहुत धनसहित मित्र मंडली में संपन्न ऐसा राजयोग होता हैं परंतु यहां तो शनि, मंगल चंद्र और गुरु चार ग्रह उच्च के है उच्चाभिलाषी है। अत: यह बहुत ही यशस्वी एवं प्रतिष्ठावर्द्धक राजयोग की दृष्टांत कुंडली है।

एलिजाबेथ टेलर (हॉलीवुड)

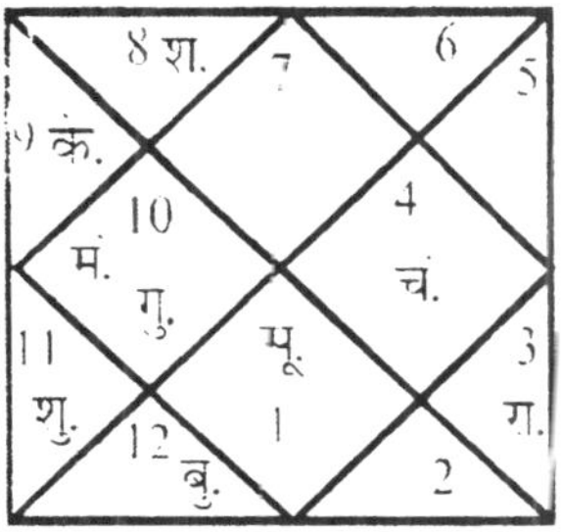

श्री खेत सिंह राठौड़

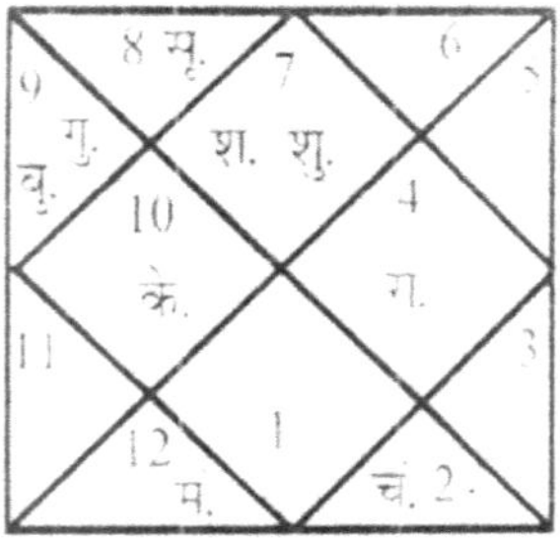

कानून मंत्री (राजस्थान), जन्म तिथि-11.12.1924. प्रात: 3.30

❑❑❑